KB206527

창세기

LOGOVISION

창조의 호흡

조도재

LOGOVISION 창세기

초판 1쇄 인쇄 2022년 2월 16일
초판 1쇄 발행 2022년 2월 22일

지은이 조도재
발행처 이야기나무
발행인 및 편집인 김상아
편집 장원석 한은희
디자인 더기획
홍보/마케팅 전유진
인쇄 삼보아트
등록번호 제25100-2011-304호
등록일자 2011년 10월 20일
주소 서울시 마포구 연남로13길 1 레이즈빌딩 5층
전화 02-3142-0588
팩스 02-334-1588
이메일 book@bombaram.net
블로그 blog.naver.com/yiyaginamu
인스타그램 @yiyaginamu_
페이스북 www.facebook.com/yiyaginamu

ISBN 979-11-85860-55-8
값 20,000원

창세기

LOGOVISION

창조의 호음

조도재

목 차

왜 로고비전(Logovision)인가?

한 서기관이 예수께 "선생님 내가 무엇을 하여야 영생을 얻겠습니까."라고 하였다. 그때에 예수께서 말씀하시기를, "율법(성경)에 무엇이 기록되었으며 네가 어떻게 읽느냐."라고 하셨다. 즉 성경에 무엇이 기록되어 있으며 그것을 어떻게 읽느냐가 예수 그리스도를 믿는 자의 영생의 문제다. 믿는 자들에게는 이 이상 중차대한 일은 없다.

그러면 왜 로고비전을 말하려 하는가? 로고비전이 성경에 무엇이 기록되어 있으며 그것을 어떻게 읽느냐를 밝히고 있기 때문이다. 로고비전에 대하여 '말씀이 말씀 자신을 계시하는 예언의 실상'이라 말하고 있는데, 로고비전의 믿음을 가진 자는 하나님이 약속하신 영원한 생명의 실상을 이룬다.

그러면 로고비전은 무엇인가? 지금부터 2700여 년 전 예언자 이사야는 분명하게 하나님의 말씀을 듣고 보는 일에 대하여 말하기를, "내가 말씀을 보았다."라고 하였다. 그것이 히브리어의 '하존 다바르'이다. 이 책에서는 이사야가 말한 하존 다바르를 로고비전이라 부른다. 즉 로고비전은 '다바르(말씀, Logos)'와 '하존(계시, Vision)'의 영문화인데 곧 말씀의 계시이다.

이 책에서 처음으로 하존 다바르가 로고비전으로 쓰이게 된 것은 다음과 같다.

이사야서 1장 1절의 처음 단어가 '하존(계시)'이다. 하존은 '영의 눈으로 바라본다'는 히브리어 단어 '하자'의 명사다. 오랫동안 성경을 번역하는 이들이 하존을 이상(異象)이라 불렀다. 그러나 영문 번역 성경들(킹 제임스 버전, 뉴 인터내셔널 버전, 예루살렘 바이블)에는 '비전(vision)'으로 번역되었다.

한편 헬라어로 쓰인 요한계시록에는 계시를 '아포칼뤼프시스'라 말하고 있으며 영문 성경들에서는 아포칼뤼프시스가 '리빌레이션(Revealation)'으로 번역되었다. 그러므로 히브리어 하존이나 헬라어 아포칼뤼프시스나 영어의 비전이나 리빌레이션은 계시이다. 계시란 다른 것이 아니라 하나님의 약속의 말씀이 믿는 사람의 귀와 눈에 살았고 운동력 있는 말씀으로 분명하게 인식되고 품어진 것이다.

보이지 아니하는 하나님이 사람이 듣고 보게 하시기 위하여 행하시는 그의 일과 말씀을 항상 깨어서 선명히 인식하고 마음에 품기 위하여 '로고비전'이라 칭한 것이다. 여기서 주목해야 하는 것은 로고비전을 사람들이 자신들의 육신의 눈이나 깨달음이나 선악지식으로 말씀을 듣고 보는 것이 아니라 누구든지 순결한 믿음으로 하나님의 말씀을 받아 영의 귀와 눈으로 듣고 보고 마음에 품는 것이다.

이 일을 따라서 언제나 순결한 믿음으로 하나님의 말씀을 듣고 보고 품고 깨닫고자 하였다. 그러자 놀랍게도 로고비전을 통하여 말씀을 읽게 되었고, 생각하게 되었고, 품게 되었고, 깨닫게 되었고, 순종하게 되었고, 말하게 되었다. 때문에 예수 그리스도를 믿는 사람들이 말씀이 말씀 자신을 계시하는 예언의 실상 안으로 들어와서 하나님의 아들들이 되는 것을 무엇보다 간절히 바라보게 되었다.

이 일은 사도 바울이 말한 바, '믿음은 들음에서 나고 들음은 예수 그리스도의 말씀으로 말미암는다 함'을 이루는 일이며, 사도 요한이 증거한 바, '영생은 유일하신 참 하나님과 그의 보내신 자 예수 그리스도를 아는 것이라' 함을 이루는 일이다. 요한 사도가 말하는 '아는 것'은 단순한 머리의 지식이 아니라 그리스도를 믿는 사람이 하나님과 그리스도를 자신의 영과 혼과 몸이 하나된 존재로서 인식하는 영적 존재적 인식이다. 다시 말하면 로고비전은 그리스도를 믿는 '각 사람'이 주 안에서 그를 본받아 영원한 생명의 실상을 이루는 '나의 나됨(나의 하나님의 아들됨)'을 이루는 믿음의 길이다.

믿음에 대하여 히브리서 11장 1절에 "믿음은 바라지는 것들의 실상이요 보지 못하는 것들의 책망이라."고 하였다. 이 번역은 영과 생명의 로고비전으로 말씀을 듣고 보게 되자 드러난 것이다. 한글 개역 성경은 이 말씀을 "믿음은 바라는 것들의 실상이요 보지 못하는 것들의 증거라."라고 하였다. 성경은 하나님이 사람에게 그의 약속을 믿도록 말씀으로 드러내신 것이다. 그러므로 하나님이 사람에게 원하시는 것은 그의 약속이 바라지는 믿음이지 사람이 자기가 스스로 바라는 것을 이루고자 하는 자기 믿음이 아니다. 하나님의 약속이 바라져서 믿는 믿음이 곧 로고비전의 믿음이다. 즉 우리가 말씀 안에서 말씀으로 말미암아 말씀의 실존을 이루는 믿음이다.

그러면 사람이 스스로 바라는 것을 믿는 믿음은 무엇인가? 그것은 첫 사람의 믿음이요, 염소의 믿음이요, 종교인의 믿음이다. 양의 믿음은 하나님의 약속이 바라져서 믿는 믿음이요, 하나님의 아들됨의 믿음이다. 첫 사람은 누구든지 성경을 골라서 읽기 때문에 그 말씀에서 자기가 바라는 것 곧 자기가 듣고 싶고, 보고 싶고, 이루고 싶은 것을 골라서 읽기 때문에 하나님의 계시인 로고비전이 전혀 드러나지 않고, 만약 드러난다고 할지라도 그 계시를 받지 아니한다. 다시 말해 믿는 자들이 염소와 양으로 나누이는 것은 땅을 향해 사는 종교인들이 되느냐 하늘을 향해 사는 하나님의 아들들이 되느냐의 문제이며 육신에 속한 기복(소유)으로 사느냐 영에 속한 존재로 사느냐의 문제이다. 자기 믿음은 에고비전의 믿음이요 아들의 믿음은 로고비전의 믿음이다.

이사야서 22장 1절에 하존과 유사한 말인 '힛자욘'이 나온다. 힛자욘과 하존은 그 말이 매우 유사하지만 그 뜻은 전혀 다르다. 즉 힛자욘은 사람의 꿈 곧 에고비전이요 하존은 로고비전이다. 다시 말하면 에고비전은 사람의 꿈이나 야망이나 사람의 교리이다. 하나님은 이사야를 통하여 '힛자욘(몽사)의 골짜기'를 심판하신다.

그럼에도 성경 번역자들은 그것을 알지 못하고 하나님께 심판받고 있는 몽사의 골짜기를 계시의 골짜기로 오역했다. 때문에 로고비전의 믿음 없이 그 번역 성경을 읽는 사람들은 하나님이 계시의 골짜기를 심판하신 것으로 거꾸로 안다. 이런 일이 번역 성경 곳곳에서 일어나고 있기 때문에 우리는 깨어서 '말씀이 말씀 자신을 계시하는 예언의 실상' 속에 머물러야 한다. 문제는 성경을 거꾸로 읽는 이런 일이 오늘날도 여전히 계속되고 있는 데 있다.

계시의 골짜기(처소)에 들어온 존재가 몽사의 골짜기가 되게 하는 것은 하나님의 말씀을 듣는 사람들이나 전한다고 하는 사람들이 에고비전을 좇기 때문이다. 특히 말씀을 전파하는 사람들은 대중에게 영합하기 위하여 대중의 귀에 듣기 좋은 사람의 꿈이나 욕심이나 다른 무엇을 진리의 말씀에 섞어서 거짓을 말한다. 사람들은 설교자가 자신들의 육신의 일에 유리한 것을 말하면 즉시 아멘으로 화답한다.

이렇게 해서 하나님의 아들들이 되라고 부름을 받는 사람들이 종교인들로 내려앉는다. 오늘날 많은 책과 설교와 해설과 행사 등이 이런 일에 크고 넓게 동원되고 있다. 다시 분명히 말하지만 하나님은 사람들을 그의 아들들이 되라고 부르신 것이지 땅에 속한 종교인들이 되라고 부르신 것이 아니다.

오늘날 예수 그리스도를 믿는 사람들을 큰 혼란에 빠지게 하는 것 중에 교회라는 말이 있다. 하나님은 그들이 하나님의 아들의 실존을 이루라고 부르셨으나 그들은 스스로 자신들을 종교인(기독교인)이라 부른다. 그들이 아무리 자신들은 다른 종교인들과는 다르다고 주장할지라도 그들의 주장이 그들이 종교인(기독교인)인 것을 반증할 뿐이다. 도대체 교회라는 것은 무엇인가? 여기서 우리는 '에클레시아'에 대하여 로고비전의 눈으로 잘 살피고 종교인에서 하나님의 아들로 돌이켜야 한다. 에클레시아는 헬라어 '에크칼레오(불러내다, call-out)'의 명사다. 즉 에클레시아는 하나님께 그의 아들이 되도록 세상으로부터 불러냄을 받은 자(불내미, The called-out)이다. 한 사람도 불내미요, 많은 사람도 불내미다. 그들은 세상으로부터 불러냄을 받았기 때문에 세상에 속한 종교인이 아니다.

그 에클레시아가 세상에 속한 '교회(종교인들의 모임)'로 불리고 있으니 거기에 속한 사람들이 세상에 속한 종교인일 수밖에 없다. 물(말씀)과 영으로 하나님의 아들들로 거듭날 사람들이 스스로 자신들을 종교인으로 부르고 있으니 그들은 결국 세상으로부터 불러냄을 받은 것도 거듭난 것도 아니다. 로고비전은 우리에게 이 일을 분명히 보여주고 있다.

이사야서와 요한 계시록은 예수 그리스도를 통해 하나님이 행하시는 새 창조를 예언하고 있다. 새 창조는 사람이 하나님의 아들이 되는 것이 알파요, 오메가는 만물이 새롭게 되는 일이다. 하나님의 이 예정은 바뀌지 아니하며 바꿀 수 없다.

그런데 종교인들은 하나님의 예정을 따라 자신들이 먼저 새롭게 되지 아니하고 세상이 새롭게 되면 옛 사람 그대로 거기에 들어가서 영생을 누리려 한다. 이런 것은 자기 믿음으로 에고비전을 좇는 사람들이 빠져드는 자기 함정이다.

하나님은 자신에 대하여 계시하시기를, "나는 알파와 오메가요, 처음과 나중이요, 근원과 궁극이다."라고 하셨다. 우리는 이 말씀을 통하여 알파는 오메가를 위하여 있고 오메가는 알파를 온전케 하면서 하나되는 것을 알 수 있다. 우리 모두 알파에서 오메가로 옮겨와서 온전케 되면 하나님과 하나될 것이다. 성경에는 두 가지 시간이 계시되어 있는데 그 하나는 크로노스요, 다른 하나는 카이로스다. 이 두 가지 시간을 잘 분별할 수 있어야 우리는 로고비전의 믿음에 굳게 설 수 있다.

크로노스는 흐르는 시간, 연대기적 시간, 수평적 시간, 육적인 시간이라 할 수 있는데 육신의 첫 사람은 이 시간을 따라 육신의 삶을 산다. 카이로스는 영원에 맞닿아 있는 시간, 실존적 시간, 수직적, 시간, 영적 시간이라 할 수 있는데 영의 둘째 사람은 이 시간을 따라 영의 삶을 산다. 그러므로 자기 믿음을 가진 첫 사람은 에고비전을 좇아 크로노스를 살고 하나님의 약속이 바라진 믿음을 가진 둘째 사람은 로고비전을 좇아 카이로스를 산다. 그러면 크로노스와 카이로스는 알파와 오메가와 무슨 관계인가? 육신의 크로노스는 알파요, 처음이요, 영의 카이로스는 오메가요, 나중이다.

개역 성경의 사도행전에 예수께서 베드로에게 말씀하시기를, "때와 기한은 아버지께서 자기 권한에 두셨다."(행1:7)라고 하였다. 여기 '때'라고 번역된 말이 크로노스이며 '기한'이라고 번역된 말이 '카이로스'이다. 킹 제임스 영문 성경에는 크로노스를 '타임(Time)'이라 하였고 카이로스를 '시즌(Season)'이라 하였다. 개역 성경과 킹 제임스 성경은 크로노스가 육적인 시간이요, 카이로스가 영적인 시간임을 분별하지 못했다. 왜냐하면 로고비전 속에서만 두 시간이 분별되기 때문이다.

사도 베드로가 말하기를, "주께는 하루가 천년 같고 천년이 하루 같다."라 하였다. 이 일은 로고비전의 믿음 속에서만 인식되는 시간의 초월이다. 하루가 천년 같은 주님의 시간 속에서 바라보면 예수께서 십자가에 못 박혀 죽으셨다가 죽은 자들 가운데서 살아나신 제 삼일은 그가 오신지 2000년이 지난 지금의 3000년에 대응하고 있다. 즉 예수를 믿는다고 하지만 오늘날 하나님께 대하여 죽어 있는 종교인들 가운데 2000년 전에 부활하신 그리스도가 다시 새롭게 우리를 부활의 실존으로 일으키시는 일이다. 때문에 이 글은 뉴 밀레니엄 시대에 유일하신 참 하나님과 그의 보내신 자 예수 그리스도를 영적 존재적으로 아는 시공 초월의 로고비전의 믿음을 말하고 있는 것이다. 이렇게 아무 두려움이 없이 이렇게 소리쳐 외치는 것은 하나님의 부르심을 받은 사람들을 말씀이 말씀 자신을 계시하는 예언의 실상 속으로 들어오게 하려 함이다. 더욱이 오늘날은 지구의 기후변화로 지구가 몸살을 앓고 있다. 지금 지구 위에 사는 사람들의 미래가 어두워진 이때 경이로운 로고비전이 우리에게 제시되어 있다.

특별히 이 책에서는 로고비전을 따라서 헬라어 '유앙겔리온'을 '복음'이라 하지 않고 '호음(좋은 소식)'이라 부른다. 무엇보다도 유앙겔리온은 자체가 '좋은 소식'이란 뜻이다. 이 일은 명칭의 문제를 뛰어넘는 존재의 문제다. 한국 사람은 예부터 오복이란 것을 좇고 있다. 오복이란 건강하게 살고, 부유하게 살고, 오래 살고, 덕스럽게 살고, 잘 죽는 것이다. 오늘날 그리스도를 믿는 사람들이 오복에 지배되고 있는데 더하여 말씀을 복음이라 부르고 있으니 불에 기름을 붓고 있다. 그리하여 사람들은 제어할 수 없는 기복 신앙에 빠져든다.

유앙겔리온은 하나님의 영의 아들이 되라는 말씀인데 한국 사람은 예수 믿고 땅의 복을 잘 누리다가 천국 가는 복 소리로 듣고 있다. 이런 기복 신앙은 땅에 속한 것이다. 하늘에 속한 좋은 소식을 땅에 속한 '복 소리'로 듣고 있는 한국 사람들은 계시의 처소를 몽사의 처소로 바꾸고 있으니 거기서 돌이키지 아니하면 하나님의 심판을 피할 수 없다. 한국 사람들은 성경을 '복 소리(복음)'로 부르고 있기 때문에 성경을 읽지도 아니한다. 왜냐하면 복 소리는 누구나 다 아는 소리인데 어렵게 쓰인 복음을 사람들이 일부러 찾아서 굳이 읽을 필요가 없기 때문이다. 여기에 더하여 설교자들은 설교할 때마다 청중에게 복 받으라는 소리만 외친다. 이제 우리가 로고비전을 따라 복 소리에서 일어나 좋은 소식으로 옮겨와야 한다.

이사야가 로고비전을 따라 메시아를 예언한 것은 알파이다. 이사야의 예언을 따라 메시아인 예수가 하나님의 아들로서 이 땅에 오셔서 우리를 구원하시고 또 새롭게 창조하시는 근원자가 되셨다. 로고비전의 일은 이렇게 알파와 오메가가 온전한 하나를 이루는 하나님의 예정 속에 있다.

마지막으로 번역 성경을 읽든 원어 성경을 읽든 상관없이 성경을 읽는 자는 하나님이 계시하시는 영과 생명의 흐름 속에 머물러야 한다. 예수를 십자가에 못 박은 유대인들이 원어를 몰라서 그렇게 행한 것이 아니며 원어 성경을 읽으며 부패하는 종교인들이 원어를 몰라서 그런 것이 아니다. 그들은 모두 성경을 읽으며 하나님이 원하시는 영과 생명 안으로 들어오지 않았다. 어떤 이들은 원어로 성경 읽는 것을 자랑으로 삼고 있으나 그런 것은 이미 영과 생명의 흐름 속에서 벗어난 것이니 성경을 읽지 않는 것보다 못하다. 때문에 누구든지 말씀의 영과 생명 안에 머물도록 깨어 있어야 한다.

창세기를 어떻게 읽을 것인가?

창세기와 요한 계시록은 하나님의 창조의 처음과 나중이다. 창세기는 첫 창조의 계시요, 요한 계시록은 새 창조의 계시다. 그 계시에 무엇이 기록되어 있는지를 살피는 것은 알파요, 그 기록을 어떻게 읽느냐는 오메가다. 그 책들에 쓰인 기록과 그 기록을 읽은 해석이 하나님의 뜻 가운데 이루어지지 아니하면 우리는 결국 하나님의 계시를 읽는 것이 아니다.

우리가 육신의 선악지식을 좇아서 창세기를 읽으면 보아도 보지 못하는 흑암과, 들어도 듣지 못하는 공허와, 마음으로 생각하지 못하는 혼돈에 처하고 만다. 그러므로 누구든지 자신의 선악지식을 내려놓지 않고서는 하나님의 계시 안으로 들어갈 수 없다.

창조의 근원 안에서 이루어진 첫 창조를 알지 못하면 새 창조 또한 알 수 없다. 첫 창조는 새 창조를 위하여 있고 새 창조는 첫 창조를 온전케 하면서 둘이 하나를 이룬다. 이와 같이 하나님은 언제나 처음과 나중이 하나되게 하신다. 새 하늘과 새 땅이 창조되는 요한 계시록을 알기 위하여 먼저 처음 하늘과 처음 땅이 창조된 창세기를 알아야 한다.

창세기 본문에 들어가기 전에 독자들에게 말씀드리고 싶은 것은 여기 기술되는 모든 것은 성경 지식을 말하고자 함이 아니라 오늘 여기서 독자들 안에 이루어지는 새 창조를 말하고자 함이다. 그렇지 아니하면 이 글을 읽을 필요가 없다.

그러므로 이 글은 영과 생명 안에서 깨어 있는 실존을 위한 것이다. 여기서 글쓴이는 뜻이 통하는 한 원문에 충실한 번역을 시도하였다. 그 때문에 도리어 우리말로서는 어색한 부분이 없지 않다. 히브리어는 오른 편에서 왼편으로 읽는 언어다. 그러나 필자는 히브리어 원문의 발음을 독자들이 쉽게 읽도록 한글로 왼편에서 오른 편으로 표기하였다.

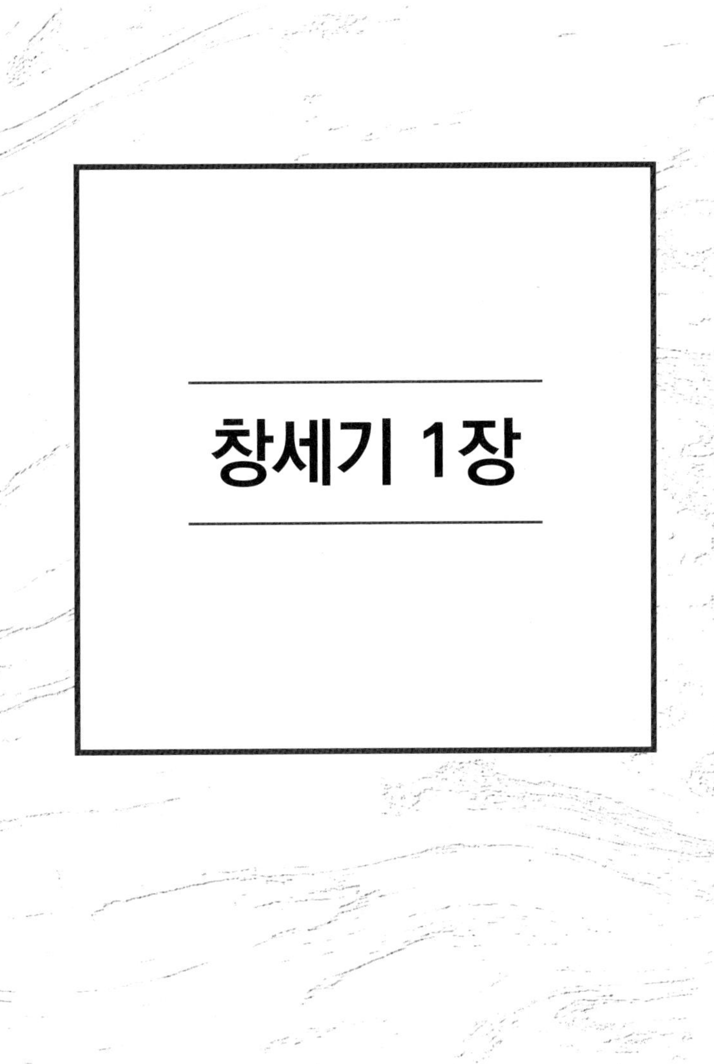

창세기 1장

1.1 בְּרֵאשִׁית בָּרָא אֱלֹהִים אֵת הַשָּׁמַיִם וְאֵת הָאָרֶץ׃

베레쉬트 바라 엘로힘 에트 핫샤마임 베에트 하아레츠

근원 안에 하나님이 그 하늘들과 그 땅을 창조하셨다.

1.2 וְהָאָרֶץ הָיְתָה תֹהוּ וָבֹהוּ וְחֹשֶׁךְ עַל־פְּנֵי תְהוֹם וְרוּחַ אֱלֹהִים מְרַחֶפֶת עַל־פְּנֵי הַמָּיִם׃

베하아레츠 하예타 토후 바보후 베호셰크 알-페네 테홈 베루아흐 엘로힘 메라헤페트 알-페네 함마임

그리고 그 땅은 혼돈하고 공허했고 흑암은 깊음 위에 있었고
하나님의 영은 물들 위에 운행하셨다.

● 베레쉬트와 엔 아르케(근원 안에) ①

창세기 1장 1절을 해석함에 있어서 가장 난해한 말씀이 '베레쉬트'이다. 이 말씀은 첫 단추와 같다. 첫 단추를 잘못 끼우면 모든 단추를 잘못 끼울 수밖에 없는 것같이 성경 말씀에 대한 모든 오해가 이 첫 말씀에서 비롯되고 있다. '창조의 근원'으로 계시된 이 말씀은 도리어 오해의 근원이 되었다.

구약은 히브리어로 기록되었고 신약은 헬라어로 기록되었다. 즉 두 언어가 짝을 이루고 있다. 히브리어 '베레쉬트'는 헬라어로 '엔 아르케'이다. '베레쉬트'는 불분리 전치사 '베(안에, 안으로, 의하여; in, into, by)'와 '레쉬트(만물, 햇것, 첫 수확, 시작, 처음, 최초)'로 이루어진 말이다. 헬라어 '엔' 역시 전치사로서 '안에, 위에, 에게, 에서, 가운데, 에 관하여' 등의 뜻이며 '아르케'는 '시작, 우두머리, 모퉁이, 첫머리, 주권, 원리, 통치, 근원' 등을 의미한다.

'베레쉬트'는 거의 모든 번역 성경에서 '태초에(in the beginning)'라 번역되었다. 그러면 '태초에'란 무슨 의미인가. 하나님이 하늘과 땅을 창조하셨는데 그 '때'가 태초라는 의미이다. 그러나 '태초에'라는 말은 인간의 시간관을 드러내는 것일

뿐 하나님의 계시와는 아무런 상관이 없다. 창세기를 자세히 살펴보면 시간 개념은 창세기 1장 3절 이후에나 등장하고 있다. 창세기는 시공간(時空間) 이전 곧 시공간의 근원 안에서 시공간이 창조되었음을 계시하고 있다. 그 계시를 알지 못한 번역자들은 이미 존재한 태초의 시간 속에서(in the beginning) 하늘과 땅, 즉 공간이 창조되었다고 말하고 있는 것이다. 이것은 창세기의 계시와는 전혀 상관없는 사람의 시간 개념을 좇아서 이루어진 오해다. 즉 시간은 하나님의 창조 밖에 있는 것이 되어버렸다.

번역자들이 '태초에'라는 시간 개념을 통하여 만물을 창조하신 하나님을 이해하였지만 그것은 도리어 하나님의 창조를 물질과 육체에 속한 사람의 인식 범위 안으로 가두어 버렸다. 불행하게도 오늘날 사람들이 창조론이냐 진화론이냐 하며 다투는 것도 '베레쉬트'를 잘못 인식했기 때문이며, 종말론에 빠져드는 것도 이 때문이다.

'태초에'란 말은 이와 같이 우리에게 근원적 문제를 야기하고 있다. 하나님은 인간의 시간 개념을 초월한 시공의 근원 안에서 창조의 알파와 오메가를 이루시는데 사람들은 그들 자신의 시간의 올무에 얽매인 상태에서 하나님을 바라본다. '태초에'라는 오류는 '종말에'라는 오류를 유발시키고 사람들 안에서 이루고자 하시는 하나님의 새 창조를 스스로 와해시킨다. '태초에' 하나님이 천지를 창조하셨다는 창조론은 '태초에' 빅뱅이 있었다는 우주론과 싸우고 있으나 그 싸움은 아무런 의미가 없다. 시작도 되지 말았어야 하는 헛된 싸움이다. 왜냐하면 하나님은 '태초에' 그 하늘들과 그 땅을 창조하신 것이 아니라 시간과 공간과 모든 것의 근원이 되는 '근원 안에' 그 하늘들과 그 땅을 창조하셨기 때문이다. 그 근원 안에서가 아니면 그 하늘들도 그 땅도 우주도 빅뱅도 그 무엇도 존재할 수 없다.

요한 사도는 히브리어 '베레쉬트'를 영 안에서 생명 안에서 알 수 있는 길을 이미 이천 년 전에 열어 놓았다. 요한 호음(好音) 1장 1절에 '엔 아르케 엔 호 로고스(근원 안에 그 말씀이 있어 왔다)'라 하였다. 구약과 신약은 짝이 되어 '베레쉬트'를 계시하고 있다. 그러나 헬라어 성경을 읽는 번역자들은 또다시 '엔 아르케'를 '태초에(in the beginning)'라 하였다. 한번 잘못된 오류는 반복되게 마련이며 그 오류가 인식되기까지는 오랜 시간이 걸린다. 첫 단추를 잘못 끼우면 마지막 단추에 가서야 그것을 알 수 있음과 같다. 요한 호음 1장 1절은 다음과 같이 '엔 아르케 엔 호 로고스, 카이 호 로고스 엔 프로스 톤 데온, 카이 데오스 엔 호 로고스'이다. 즉 '근원 안에 그 말씀이 있어 왔다. 그리고 그 말씀은 그 하나님을 향하여 있어 왔으며 그리고 그 말씀은 신(神)이시다'이다. 그러나 이 말씀은 "In the beginning was the Word, and the Word was with God, and the Word was God"라 번역되고 있다. 개역 성경은 '태초에 말씀이 계시니라 이 말씀이 하나님과 함께 계셨으니 이 말씀은 곧 하나님이시니라' 하였다.

● **이 번역들에서 무엇이 문제인가.**

요한 사도는 분명히 헬라어 '에이미(이다, 있다)' 동사의 삼인칭 단수, 직설, 미완료, 능동태인 '엔(있어 왔다)'을 써서 '엔 아르케'가 지나간 과거인 '태초에'가 아니라 만물이 항상 그 안에서 지어지고 있는 하나님의 창조의 '근원'임을 드러내고 있다. 그러나 번역자들은 '아르케'를 근원으로 알지 못하고 시간으로 알았기 때문에 과거 시제가 아닌 것을 과거 시제로 변동시키는 오역을 감행하였다. 만약 그들에게 '아르케'가 근원임이 인식되었다면 두 말할 것도 없이 '근원 안에 그 말씀이 있어 왔다'라고 번역하였을 터이다. 이와 같이 사람들은 그 자신의 시간의 무저갱 속에서 오역을 감행하였고 그 오류는 다른 오류를 낳는 근원이 되었다. 오늘날 창조론에 대하여 진화론과 빅뱅론이 날카롭게 공격하고 있다. 그들이 공격하고 있는 창조론은 하나님의 계시와는 아무 상관이 없는 헛된 종교적 교리임을 안다면 그들 역시 그 논쟁의 헛됨을 알고 입을 다물 것이다.

● 베레쉬트와 엔 아르케(근원 안에) ②

창세기와 요한 호음(好音)을 읽어 보았다면 누구든지 '태초에(in the beginning)'란 말에 대하여 한 번쯤은 의문을 품어 보았을 것이다. 창세기의 태초와 요한 호음의 태초가 너무 다르기 때문이다. 태초에 관한 두 계시가 서로 다르므로 사람들은 그들의 시간 개념을 좇아서 요한 호음의 '태초에'는 창세기의 '태초에'보다 앞선 것이라고 말한다. 두 곳에 '태초에'라는 계시가 있는데 하나는 먼저 있었고 다른 하나는 나중에 있었다면 나중 것은 분명 태초가 아니다. 그럼에도 사람들은 습관적으로 '베레쉬트'를 '태초에'라 하면서 아무런 모순도 불편도 느끼지 않고 있으니 참으로 기이한 일이다.

두 곳에 '태초에'란 말씀이 있는데 하나는 먼저 있었고 다른 하나는 나중에 있었다는 것을 인정한다면 얼마든지 제3, 제4의 태초를 인정하지 않을 수 없을 것이다. 사실이 그러하다면 어느 것도 태초일 수 없다. 그런즉 우리는 어느 것도 태초일 수 없는 것을 '태초에'라 부르는 혼돈과 무지 속에서 하나님의 계시를 훼손해 온 것이다. 사람들이 이와 같은 오류에 빠져드는 것은 거기에 계시된 말씀의 로고비전(말씀이 말씀 자신을 드러내는 근원적 실상) 안으로 들어오지 않고 어떻게 하든지 인간 자신 속에 형성된 시간이나 공간의 에고비전 속에서 그 계시를 이해하려 하기 때문이다. 이는 마치 아기가 어머니의 뱃속에 잉태되어 자라지 않고 어느 날 갑자기 태어난 것이라 하는 것과 같다.

사람은 이미 시공간 안에 창조되고 그 시공간 안에 존재하면서 그것의 지배를 받고 있어서 아무도 시공을 넘어설 수 없다. 그러므로 하나님의 창조는 인간의 시공간의 개념으로는 도무지 이해할 수 없는 것이다. 그 때문에 하나님은 창세기와 요한 계시록을 통하여 인간의 시공간 개념으로는 볼 수도 들을 수도 생각할 수도 없는 것을 그 자녀들에게 믿음으로 영접하도록 계시하셨다. 그런즉 계시를 받은 자가 그 근원 안으로 들어올 때 비로소 그는 새롭게 지어진다. 이와 같이 하나님은 그의 창조의 알파와 오메가를 '근원 안에서, 근원으로 말미암아, 근원 안으로' 이루고 계신다.

창세기의 '베레쉬트'와 요한 호음의 '엔 아르케'는 앞서거나 뒤서거나 하는 그런 시점(時點)을 말하는 것이 아니다. 하나님이 그 안에서 그 하늘들과 그 땅을 창조하신 '근원'을 말하는 것이다. 하나님은 시공간을 포함한 모든 것을 창조하시되 '근원 안에서, 근원으로 말미암아, 근원 안으로' 창조하셨고 또 새롭게 창조하신다. 그러므로 그는 알파와 오메가요, 처음과 나중이요, 근원과 궁극이시다. 창세기는 '베레쉬트'란 말씀을 통하여 만물이 하나님에게서 나왔고, 그로 말미암고, 그에게로 나아가고 있는 그것을 드러내고 있다.

요한 호음 1장 1절에서 10절까지 사용된 '엔(안; in)'의 사용법을 보면 그 일이 더욱 분명하다. 엔 아르케(근원 안에), 엔 아우토(그 안에), 엔 테 스코티아(그 어두움 안에), 엔 토 코스모(그 세상 안에).

이 말씀들로서 요한이 증거하고 있는 바는 근원 안에 그 말씀이 있어 왔고, 그(말씀) 안에 생명이 있어 왔고, 그 어두움 안에 빛이 비추고, 그 빛이 세상에 있어 왔다는 것이다. 즉 그는 헬라어 '에이미(이다, 있다)' 동사의 삼인칭 단수, 직설, 미완료, 능동태인 '엔'을 써서 '아르케'가 지나간 과거의 한 시점이 아니라 만물이 항상 그 안에서 창조되고 지어지고 있는 근원임을 밝히고 있다.

요한은 다시 요한 계시록 3장 14절에 "그 하나님의 그 창조의 그 근원(헤 아르케 테스 크티세오스 투 데우)이신 이가 라오디게아 에클레시아에게 말씀하신다."라고 기록하고 있다. 창세기와 요한 호음에는 '그'라는 관사 없이 '베레쉬트'와 '엔 아르케'가 씌었으나 요한 계시록에서 비로소 '그 근원'이라 칭하였다. 이는 근원 안에 있어 왔던 그 말씀이 근원과 하나 되어 하나님의 자녀들을 새롭게 창조하시는 새 창조의 근원이 되셨기 때문이다. 즉 근원 안에 있어 왔던 말씀은 알파요, 그 말씀이 '그 하나님의 그 창조의 근원'이 되신 것은 오메가다. 하나님은 알파와 오메가를 하나 되게 하신다. 근원과 그 말씀이 하나 되어 '그 근원'이 되시어 하나님의 자녀들을 영의 새로운 실존으로 창조하신다.

우리는 알파와 오메가가 하나된 그 근원 안에서 육신의 첫 사람으로부터 영의 둘째 사람으로 새롭게 지어진다. 이것은 우리로 하여금 그 근원 안에서 아버지와 하나 되는 대동(大同)의 실존을 이루기 위함이다.

하나님의 첫 창조는 히브리어로 계시되었고 새 창조는 헬라어로 계시되었다. 하나님은 두 언어로 무엇을 징조하고 계신가. 히브리어는 3인칭 단수 완료가 동사의 원형이며 헬라어는 1인칭 단수 현재가 동사의 원형이다. 즉 두 언어는 첫 창조와 새 창조의 관계성을 드러내고 있다. 완료된 것은 첫 창조이며 이루어지고 있는 것은 새 창조다. 첫 창조에 계시된 말씀이 지나가 버린 과거가 되지 않고 언제나 살아 있는 징조로서 오늘의 우리에게 새롭게 계시되어 오늘의 창조를 이룬다. 알파는 오메가를 위하여 있고 오메가는 알파를 온전케 한다. 창세기에 기록된 첫 창조는 알파다. 그 첫 창조는 새 창조를 위한 징조요 바탕이다. 새 창조는 첫 창조의 징조와 바탕 위에서 이루어지면서 알파와 오메가는 하나가 된다. 이것이 구약과 신약에 사용된 히브리어와 헬라어의 관계성이다.

첫 창조는 완료형으로 기록되었다. 그러나 그것은 지나버린 과거가 아니라 근원 안에서 오늘의 우리가 그 징조를 좇아 실상을 이루는 바탕이다. 알파가 오늘의 오메가를 이루는 징조가 되지 아니하면 그것은 다만 기이한 볼거리(테라타)가 되고 만다. 그러하다면 우리 모두에게는 첫 창조는 있었으나 새 창조는 없다. 새 창조가 없으면 누구든지 잃어진 자다. 그러나 우리는 하나님이 언제든지 그 근원 안에서 그가 원하시는 창조를 새롭게 행하시고 있음을 아는 고로 우리는 그에게 모든 것을 맡겨드리는 되어짐의 존재가 된다.

창조의 알파와 오메가는 계시와 해석의 관계이기도 하다. 문자로 기록된 계시가 오늘 나와의 관계성 속에서 영 안에서 생명 안에서 살았고 운동력 있는 말씀으로 새롭게 영접되어 질 때 내 안에 새로운 창조가 일어난다. 구약은 징조요 신약은 실상을 이루는 해석이다. 그 해석된 말씀이 이해되지 않아서, 또 해석할 수밖에 없는 것이 오늘의 실정이다. 히브리어 '베레쉬트'를 지금처럼 '태초에'라고 고집하면

'종말에'라는 종말론 또한 지속될 것이다. 종말론은 하나님이 우리 안에서 행하시는 새 창조를 이루기는커녕 뱀이 원하는 파멸을 향해 달려가게 한다. 그런즉 '베레쉬트'가 '근원 안에'냐 '태초에'냐는 물음은 생명이냐 파멸이냐는 물음이기도 하다.

우리가 근원 안에 창조된다는 것은 오늘날 우리에게는 '예수 그리스도의 십자가의 도' 안에서 새로운 존재가 된다는 것과 같다. 이는 예수 그리스도가 '그 하나님의 그 창조의 그 근원'이신 까닭이다. 그 하나님의 그 창조의 그 근원 안에 있는 자에게는 신·구약의 모든 말씀이 영과 생명 안에서 새롭게 다가온다. 그 근원 안에 있는 자에게 성경의 모든 계시는 살았고 운동력 있는 말씀이 된다. 왜냐하면 새 창조는 성경에 이미 기록된 모든 것이 오늘 여기서 나와 상관있는 살아 있는 현재의 것, 곧 근원 안에 항상 나를 새롭게 하기 위해 있는 계시이기 때문이다. 이런 변화야말로 시공에 속한 육신의 옛 사람을 근원에 속한 새 사람이 되게 한다.

우리가 근원 안에 들어와 거기에 머물러 있을 때 성경의 모든 기록들은 오늘 여기서 하나님이 우리를 그의 사랑 안에서, 생명 안에서, 거룩 안에서, 초월 안에서 새롭게 지으시는 살아 있고 운동력 있는 말씀이 된다. 그때 비로소 우리는 하나님의 창조의 근원 안으로 들어온 존재다. 이와 같이 우리는 '말씀 안에서, 말씀으로 말미암아, 말씀 안으로' 사는 산 존재가 된다. 우리는 시공에 속한 선악의 길을 좇아서 '말씀대로 산다'고 하면서 하나님께 대하여 죽어 있던 데서 근원에 속한 생명의 길을 좇아서 살아나게 된다.

'베레쉬트'는 과연 무엇인가. 어렵게 생각할 것 없이 온 천지에 충만한 피조물의 징조를 통해서 살펴보자. 가령 어느 어머니가 귀여운 아기를 낳았다 하자. 우리 중 어느 누구도 어머니의 '뱃속(근원 안에)'에 있었던 아기의 일과 태어난 이후의 아기의 일을 구별하지 못할 사람은 없다. 그것은 너무도 자명하기에 설명을 필요로 하지 않는다. 그러나 기이하게도 사람들은 창세기를 읽으면서는 근원에 대하여 생각하지도 못할 뿐 아니라 그 근원에서 이루어지는 일의 알파와 오메가를 뒤바꾸기까지 한다.

오늘날 우리가 '창세기'나 '제너시스(Genesis)'라 부르고 있는 그 책의 히브리어 명칭은 '베레쉬트'이다. '베레쉬트'가 '제너시스'나 '창세기'로 불리게 된 것은 너무나 유감스러운 일이다. 번역된 그 책명들은 하나님의 새 창조의 근원 안으로 불린 이들의 눈과 귀와 마음을 어둡게 하여 육신의 몸짓에 머물게 하는 구실을 제공하고 있다.

영어의 '제너시스'는 히브리어 '톨도트'와 동의어다. '톨도트'는 창세기 2장 4절에 처음 등장한다. 히브리어 성경은 '근원 안에 하나님이 그 하늘들과 그 땅을 창조하셨다'는 1장 1절의 첫머리의 말씀을 책명으로 삼고 있다. 그것은 하나님의 자녀들이 근원 안에서, 근원으로 말미암아, 근원 안으로 새롭게 지어지게 하기 위한 계시다. 그러나 번역 성경들은 그 이름을 버리고 인간의 지식을 좇아서 2장 4절의 '톨도트'를 책명으로 쓰고 있다. 즉 알파와 오메가를 바꾸어 버렸다. 이것은 아무래도 인간 선악지식의 횡포다. 톨도트의 어원은 '낳다(얄라드)'이다. 톨도트는 하늘들과 땅과 만물, 그중에서도 생육 번성하는 생물이 창조된 이후에 생겨나는 일이다. 톨도트는 계보, 후예, 세대, 산출 등의 뜻을 가진 단어이다.

우리가 첫 창조를 알파와 오메가로 나누어 보면 '톨도트'는 오메가 중에서도 가장 나중에 속하는 것인데 그것이 책명이 되었다. 이것은 마치 꼬리를 머리라 하는 것과 조금도 다르지 않다. '베레쉬트'가 '제너시스'가 되고 '창세기'가 된 것 같이 오늘날 대부분의 교리 또한 사람의 선악지식을 좇아서 알파와 오메가를 뒤바꾸고 있다.

'창세기'는 '제너시스'보다는 조금 나은 표현이긴 하지만 하나님이 그의 창조의 근원 안에서 행하시는 창조의 알파와 오메가를 알 수 없게 가리기는 마찬가지다. 우리는 이와 같이 책명에서조차 근원을 잃어버렸다. 이것은 첫 사람이 그에게 계시된 근원을 버리고 시공에 속한 계보를 움켜쥔 까닭이다. 하나님의 계시가 뒤죽박죽된 상태에서는 새 하늘과 새 땅이 왜 창조되어야 하는지조차 알 수 없다. '창세기'든 '제너시스'든 '베레쉬트'를 대신할 수 없는 이유가 여기에 있다.

하나님은 알파와 오메가요, 처음과 나중이요, 근원과 궁극이시다. 이 모든 것을 하나의 말씀으로 드러낸 것이 '베레쉬트'요 '엔 아르케'이다. 하나님은 그의 자녀들을 '근원 안에서, 근원으로 말미암아, 근원 안으로' 새롭게 창조하신다. 히브리서는 '믿음은 바라지는 것들의 실상'이라 하였다. 믿음은 시공에 속한 인생이 그 욕심이나 선악지식이나 생존의 애착을 좇아서 바라는 그 무엇이 아니다. 계시로 말미암아 근원 안에서 그가 새롭게 창조되는 그것을 바라게 되는 것이 하나님의 자녀의 믿음이다. 이 일을 위하여 '아르케' 안에서 만물을 창조하신 그 말씀은 그 '아르케'와 하나 되시어 '그 하나님의 그 창조의 그 근원'이 되시어 우리 안에 새 하늘과 새 땅을 창조하신다.

기록된 바, "라오디게아에 있는 에클레시아의 사자에게 쓰라. 그 아멘이시오 신실하고 참된 그 증인이시요 '그 하나님의 그 창조의 그 근원(헤 아르케 테스 크티세오스 투 데우)'이신 이가 이것들을 말씀하신다."(계3:14)라고 하였다.

새 창조를 행하시는 '헤 아르케 테스 크티세오스 투 데우'를 어떻게 번역할지에 대하여 번역자들이 고심한 흔적이 역력하다.

킹 제임스 버전(King James Version)은 '하나님의 창조의 그 시작(the beginning of the creation of God)'이라 하였다. 예루살렘 버전(Jerusalem Version)은 '하나님의 창조의 그 궁극의 출처(the ultimate source of God's creation)'라 하였고, 뉴 인터내셔널 버전(New International Version)은 '하나님의 창조의 그 주관자(the ruler of God's creation)'라 하였다. 즉 헬라어 '헤 아르케'를 KJV는 '그 시작'으로, JV는 '그 궁극의 출처'로, NIV는 '그 주관자'로 번역하였다. 사실 '아르케'에는 이 모든 개념들이 포함되어 있다. 그런즉 이 번역들은 '아르케'의 부분적 진술일 수밖에 없다.

요한 계시록 번역자들이 '아르케'를 밝히고자 노력하였음에도 불구하고 아쉽게도 하나님이 근원 안에서 행하시는 새 창조를 전혀 드러내지 못했다. 오늘날 우리의 믿음은 여전히 시공 속에서 인생이 바라는 욕심과 선악지식과 생존의 애착을 이루고자 한다. 즉 우리는 예수 그리스도를 믿는다 하면서 거듭났다 하면서 허망한 시공의 몸짓을 조금도 벗어나지 못하고 있다. 이 일은 우리가 위로부터 나지 아니하고 아래에서 난 것을 자증하고 있는 것이다.

첫 창조는 무엇인가. 근원 안에 시공이 창조되었고 그 시공 안에 첫 사람이 창조된 것을 말한다. 그것은 알파다. 하나님은 그 근원 안에서 그 시공을 초월하는 영의 둘째 사람을 창조하신다. 그것이 오메가다.

오늘날 많은 사람들은 육신의 첫 사람의 생존이 전부인 줄 알고 있다. 그들은 그 지혜와 기술과 능력으로 우주선을 타고 다른 별에 가서 거하고자 꿈꾸며 노력하고 있다. 그런 일은 아무리 위대하게 보여도 시공에 갇힌 몸짓이다. 이와는 다르게 종교인들은 많은 돈을 들여 큰 건물을 지으면서 그것을 노아의 방주라 부른다. 거기에 많은 사람들이 모이고 끊임없이 각종 행사를 벌이며 큰 세력을 과시한다. 그것 역시 시공에 갇힌 몸짓이다. 또 어떤 이들은 생존 공간을 넓게 차지하며 오래 살려고 애쓰며 무엇이든 욕심껏 소유하려 한다. 이것 역시 시공에 갇힌 몸짓이다. 근원을 지향하는 이들에게 이 모든 일들은 십자가에 못 박아야 할 헛되고 헛된 일이다.

하나님은 그의 자녀들로 하여금 그의 창조의 근원인 예수 그리스도 안에서 그들이 갇혀 있는 시공을 초월케 하신다. 그 육신의 휘장을 찢게 하신다. 그것이 십자가의 도다. 야웨 하나님은 모세에게 말씀하시기를, “나는 나다, 나는 있는 그 존재다(에헤예 아셰르 에헤예; I am that I am, I am that being)”라 하였다. ‘나를 온전한 나 되게 하는 것’이 하나님의 새 창조다. 하나님께 창조된 첫 사람은 누구나 육신의 시공에 갇혀 있다. 육신의 첫 사람도 ‘나’라 하지만 그 나는 육신에 갇혀서 온전한 나가 되어 있지 못하다. 그러므로 하나님은 그의 창조의 근원 안에서 육신을 초월케 하면서 나를 나 되게 하신다. 하나님은 이것 때문에 일하시고 우리는 이것 때문에 예수 그리스도를 믿어 ‘그 안에서, 그로 말미암아,

그 안으로' 영의 실존으로 새롭게 창조된다. 야웨 하나님이 행하시는 새 창조는 '나의 나됨'이다.

가령 어미 닭이 알을 낳으면 그 알은 자기 껍질의 시공 속에 갇힌다. 그것은 알파다. 그 알이 어미의 품속에서 병아리로 부화되면 자신이 갇혔던 껍질의 시공을 깨고 새로운 존재로 등장한다. 그것은 오메가다. 이와 같이 천지 만물은 하나님이 행하시는 창조의 알파와 오메가를 풍성히 징조하고 있다. 병아리가 어미의 품에서 그 껍질을 깨고 나오는 것 같이 하나님의 자녀들은 하나님의 품에서 그 육신의 휘장(시공)을 찢고 영의 새로운 존재로 등장한다.

기록된 바, "어느 때건 하나님을 본 자 없으나 그 아버지의 품속에 있는 독생하신 하나님 그가 나타내셨다."(요1:18)라고 하였다. 창조의 근원은 아버지의 '품(콜포스)'이요, 그 품은 곧 아버지의 마음이다. 말씀은 아버지의 사랑과 생명과 거룩과 초월이 하나인 그 품 안에서 우리의 새 창조를 이루신다. 그는 아버지의 품을 떠나서는 아무것도 행하시지 않는다.

근원을 나타내는 '아르케'는 신약에 많이 쓰였다. 그러나 '엔 아르케'는 아래와 같이 네 번 쓰였다. '엔 아르케'는 사도 요한에 의해 두 번, 누가에 의해 한번, 사도 바울에 의해 한번 쓰였다. 네 번 모두 표면상으로는 '처음에', '시초에'라 읽힐 수 있다. 그러나 그것은 시공에 갇힌 인간의 시공간 개념을 좇아서 이해된 크로노스의 한 시점에 불과하다. 그러한 크로노스적 이해를 통해서는 하나님의 자녀들이 그의 마음인 근원 안에서 하나님을 닮은 영과 생명의 새로운 실존으로 지어지는 장엄한 카이로스와는 아무런 상관이 없다.

"근원 안에(엔 아르케) 그 말씀이 있어 왔다. 그리고 그 말씀은 그 하나님을 향하여 있어 왔으며 그 말씀은 신(神)이시다."(요1:1) (여기서 그 하나님은 아버지요, 신(神)은 말씀이다.)

“그가 ‘근원 안에(엔 아르케)’ 그 하나님을 향하여 있어 왔으며 만물이 그로 말미암아 지은 바 되었으며 지어진 것이 하나도 그가 없이는 된 것이 없다.”(요1:2)

“내가 말을 시작할 때에 그 거룩한 영이 저희 위에 임하셨으니 ‘근원 안에서(엔 아르케)’ 우리 위에 임하신 것과 같이 하였다.”(행11:14)

“빌립보 사람들아 너희도 알거니와 그 호음(好音, 유앙겔리온)의 ‘근원 안에서(엔 아르케)’ 내가 마게도냐를 떠날 때에 말씀을 주고받는 도 안으로 참여한 에클레시아가 너희 외에 아무도 없었다.”(빌4:15)

위 말씀에서 ‘엔 아르케’가 ‘태초에’, ‘처음에’, ‘시초에’ 등으로 읽혀 질 때에는 시공의 육신적 크로노스에 속한 시점일 뿐이다. 그러나 그것이 ‘근원 안에’로 읽히면 우리는 시공의 크로노스를 초월하는 카이로스의 장엄한 하나님의 새 창조에 직면하게 된다. 즉 크로노스에 감춰져 있던, 살았고 운동력 있는 말씀은 새롭게 계시되어 우리의 눈과 귀와 마음을 일깨워서 우리로 영과 생명의 새로운 실존을 바라보게 한다. 이와 같이 시공에 갇혔던 첫 사람은 누구든지 하나님의 계시로 말미암아 시공 너머의 근원 안으로 이끌림을 받는다. 그리고 영의 둘째 사람, 곧 오늘 여기서 부활의 실존을 이루는 카이로스 안으로 들어오게 된다.

요한 사도는 계시록에서 하나님을 ‘헤 아르케(그 근원)’와 ‘토 텔로스(그 궁극)’라 하였다. 번역 성경들은 ‘헤 아르케’와 ‘토 텔로스’를 ‘시작’과 ‘끝’이라 하고 있어서 시공에 갇힌 사람들로 하여금 무의식중에 ‘종말론’에 빠져들게 한다. ‘아르케’는 어느 누구보다도 사도 요한에 의하여 그 실상이 드러났다. 그는 이미 2천 년 전에 하나님의 자녀들 앞에 그들이 진입하여야 할 새 창조의 ‘근원과 궁극’을 제시하였다.

더욱이 요한 사도는 요한 1, 2, 3서에서 ‘처음에, 처음부터’를 뜻하는 ‘아프 아르케스’를 열 번, ‘엑크스 아르케스’를 두 번 사용하였다. 이로써 우리는 왜 그가 ‘아르케'를 '엔 아르케'와 '아프 아르케스'와 '엑크스 아르케스'로 구별하여 사용하였는지 알 수 있다.

사도 바울은 '아르케'를 열두 번 사용하였다. 그중 '엔 아르케'를 한번 썼고 열한 번은 아무런 전치사 없이 '아르케'를 주격, 속격, 목적격, 여격 등 명사 자체로써 사용하였다. 그가 사용한 '아르케'를 무슨 말로 번역하든 그것은 '근원'이나 '근원자' 이외에 다른 것이 아니다. 다만 그가 말한 '아르케' 가운데는 하나님의 '창조의 근원'이 아닌 이 세상에 속한 '근원'도 포함되어 있다. 그런즉 그의 글을 읽는 사람은 두 가지 근원을 분명히 구별할 줄 알아야 한다.

첫째는 모든 근원들의 근원이신 예수 그리스도다. 그는 골로새 2장 10절에서 예수 그리스도는 '모든 근원의 머리(헤 케활레 파세스 아르케스)'라 하였다. '파세스 아르케스'가 무엇이라 번역되든지 간에 그 '아르케'는 모든 창조의 근원이신 예수 그리스도에게 속한 것이다.

둘째는 머리이신 근원의 통치를 벗어난 근원들 곧 그의 통치를 대적하는 근원들이다. 그것들은 예수 그리스도에게 복종되거나 멸함을 당할 것이다. 이와 같이 바울은 '아르카이(근원들)'와의 관계성 속에서 그들의 머리 되신 예수 그리스도를 드러내고 있다. 바울은 말하기를, "그는 보이지 아니하는 그 하나님의 형상이요 모든 창조물보다 먼저 나신 자요 만물이 그 안에서 창조 되되 그 하늘들에 있는 것과 그 땅에 있는 것들, 보이는 것들과 보이지 않는 것들이 창조되었으며 혹은 보좌들이나 근원자들(아르카이)이나 권세자들이나 만물이 그로 말미암고 그 안으로 창조되었다."(골1:15-16)라 하였다.

과거에 우리가 잘못 읽었던 것 같이 '엔 아르케'가 단순히 '태초에', '처음에', '처음부터' 등의 크로노스의 시간 개념이라면 누구도 예수 그리스도를 가리켜 말하기를, 만물이 '그 안에서(엔 아우토), 그로 말미암아(디 아우투), 그 안으로(에이스 아우톤)' 창조되었다 말할 수 없을 것이다.

우리는 여기서 종교인들과 과학자들 사이에 끊임없이 야기되어 왔던 창조론과 진화론의 논쟁이 얼마나 헛된 것인지를 잘 알 수 있다. 하나님은 육신의 첫 사람이 인식하는 그 시공간 너머의 근원 안에서 창조를 행하신다. 창조론도 진화론도 모두 시공간에 갇힌 사람들의 주장이며 가설일 뿐이다. 시공을 초월하는 근원을 보지도, 듣지도, 알지도 못하는 인생들이 자신들의 시공간 개념을 좇아서 창조냐 진화냐 하며 논쟁하는 것이 헛되지 않을 수 없다. 시공 너머에 계신 야웨 하나님, 즉 '이제도 계시고, 전부터 계셔 왔고, 오고 계신 이(호 온 카이 호 엔 카이 호 에르코메노스)'가 행하시는 일은 그의 계시 외에는 알 수 없다. 시공에 속한 만물은 그가 행하시는 일을 가리켜 보이는 징조들이다.

구약에서 '레쉬트'는 하나님께 드리는 제물과 관련되어 있다. 기록된 바, "너의 '흙(토지)'에서 '처음 익은 열매의 첫 것(레쉬트 비쿠레)'을 가져다가 너의 하나님 야웨의 전 안으로 가져오라."(출23:19)라고 하였다. 하나님은 왜 이스라엘 백성에게 처음 익은 '열매(비쿠레)'의 '첫 것(레쉬트)'을 그의 전 안으로 가져오라 하신 것인가.

하나님은 농부로 비유되고 있다. 농부는 그가 거둔 열매 중 가장 좋은 것을 보관하였다가 밭에 뿌린다. 이와 같이 하나님은 이스라엘의 마음 밭에 그가 가지신 '가장 좋은 것(레쉬트)'을 뿌려서 농사짓기를 원하셨다. 하나님이 가지신 가장 좋은 것은 그의 마음이며 하나님은 그 마음을 알게 하는 말씀의 씨를 이스라엘의 마음 밭에 뿌리신다. 사람이 가진 가장 좋은 것 또한 사람의 마음이다. 하나님의 마음과 사람이 만나 하나되는 것이 하나님의 기쁘신 뜻이다.

그러므로 하나님의 농사는 하나님의 마음과 사람의 마음이 하나 되는 것이다. 하나님의 마음과 사람의 마음이 하나 되게 하는 그의 농사가 새 창조다. '레쉬트 비쿠레'를 하나님의 전 안으로 가져오는 자는 그 마음을 다하고 '목숨(혼)'을 다하고 뜻을 다하여 하나님을 사랑하는 자다. 그런즉 하나님은 그 마음에 사랑의 씨를 뿌리고, 그 목숨에 생명의 씨를 뿌리고, 그 뜻에 거룩의 씨를 뿌려서 사랑과 생명과 거룩으로 풍성하고 온전한 열매가 되게 하시고 마침내 시공을 초월하는 초월자가 되게 하신다.

하나님은 그의 '레쉬트 비쿠레이'신 예수 그리스도 안에서, 예수 그리스도로 말미암아, 예수 그리스도 안으로 모든 사람을 영의 새로운 실존으로 지으신다. 누구든지 영의 새로운 실존으로 지어지기를 원하는 자마다 시공에 속한 육신의 휘장(욕심, 선악지식, 생존의 애착)을 찢는 고난을 통하여 휘장 너머의 아버지의 품(근원) 안으로 들어와서 아버지의 사랑과 생명과 거룩으로 새롭게 지어져서 그와 하나 된다. 성경은 하나님의 아들의 실존을 이루는 근원의 길에 대하여 선포하기를 '큰 기쁨의 좋은 소식'이라 하였다. 그러나 오늘날 사람들은 호음(好音)으로 드러난 그 길을 잃어버리고 방황하고 있다.

● 바라(창조했다, 창출했다)와 아사(만들었다, 완성했다, 온전케 했다)

창세기 1장 1절의 히브리어 성경 원문에서 '바라'는 '베레쉬트' 다음으로 등장한다.

'바라'는 3인칭 단수 완료이다. 히브리어 동사는 바로 3인칭 단수 완료가 원형이다. '아사' 또한 3인칭 단수 완료인데 '아사'는 1장 7절에 처음 등장한다. '바라'는 하나님이 없는 것을 있게 한 것이요, '아사'는 있게 된 것을 온전케 한 것이다. '바라'는 처음이요 '아사'는 나중이다. 그러므로 '아사'는 당연히 '바라' 다음에 등장하였다.

하나님은 그의 창조의 근원 안에서 그의 마음의 예정을 따라 창조하신(창출하신) 것을 다시 온전케 하신다. '바라'와 '아사'는 하나님의 창조의 알파와 오메가요, 그 둘은 온전한 하나를 이룬다. 그러나 '아사'는 어디까지나 '바라' 이후의 일이다. '바라'와 '아사'는 혼동할 수도 없고, 또 그 선후를 바꿀 수도 없다. 그럼에도 어찌 된 일인지 번역 성경에서 '바라'와 '아사'를 분명하게 구별하지 못하고 있다. 70인역 헬라어 성경은 창세기 1장 1절에서 '바라'를 '창조했다'로 하지 아니하고 '만들었다(에포이에센)'라 하였다. 헬라어에 분명히 '크티조(창조하다)'라는 말이 있음에도 그것을 버리고 굳이 '포이에오'를 취하였으니 번역자들이 하나님의 창조의 알파와 오메가를 알기나 했는지 의심스럽다.

하나님의 창조의 처음은 '바라'요 나중은 '아사'다. 하나님은 그가 창조하신 것을 완성하신다. 창조되지 아니하고 완성될 것은 아무것도 없다. 이렇게 '바라'와 '아사'는 온전한 짝을 이루고 있다. 오늘날 진화론자들이 알파에 속한 피조물들이 하나님의 지혜와 지식의 깊음 속에서 온전하게 지어지며 오메가를 이루는 것을 보고 '진화'라 부른다. 사실 진화론이 등장하게 된 데에는 하나님의 창조의 알파와 오메가를 도무지 알지 못한 창조론자들의 어리석은 창조론이 그 배경에 있다.

창세기 1장 1절에서 "근원 안에 하나님이 그 하늘들과 그 땅을 창조하셨다."라 하였다. 즉 그 하늘들과 그 땅은 하나님의 마음에 이미 예정되어 있었다.

하나님이 그의 예정을 따라 '그 하늘들'을 창조하신 그 '바라'에는 이미 '아사'가 포함되었다. 왜냐하면 창세기는 우리에게 하나님이 그 하늘들을 다시 '아사'하셨다고 말하지 않고 있기 때문이다. 그러나 그 하늘들 다음에 창조된 그 땅은 다시 '아사' 되었다. '바라'된 그 땅은 아직 온전하게 지어지지 않았기 때문에 창세기 1장 2절에서 "그리고 그 땅은 혼돈하고 공허했고 흑암은 깊음 위에 있었고 하나님의 영은 물들 위에 운행하셨다."라 하였다. 즉 그 땅은 창조되었으나 아직 온전하게 지어지지 않은 알파의 상태였다.

그러나 선악지식을 좇는 사람들은 그 알파의 상태를 알지 못하고 '아사' 되어야 할 그 땅에 대하여 마귀를 개입시켜왔다. 그들은 하나님이 창조하신 그 땅을 마귀가 흩트려 놓은 것 같이 말해왔다. 그들은 인간 자신의 선악지식으로 마귀를 만들어내었다. 그 땅의 상태는 곧 첫 사람의 상태를 징조한다. 하나님은 새 창조를 위하여 그 땅이 징조가 되게 하셨다. 창조된 처음 땅이 온전하게 지어지는 것 곧 '땅의 땅됨'은 '나의 나됨'을 징조하고 있다.

하나님이 그의 창조의 근원 안에서 행하시는 일에 끼어들거나 방해할 자는 아무도 없다. 또한 하나님은 그런 것들을 창조하시지도 않았다. 오직 스스로 선악지식을 좇는 인간만이 그런 허상을 만들어 내었고 또 거기에 갇혀서 벗어나지 못하고 있다. 창세기 1장 1절에 "근원 안에 하나님이 그 하늘들과 그 땅을 창조하셨다."라고 하였고 창세기 1장 2절은 '베(그리고)'로 시작하고 있다. 즉 "그리고 그 땅은 혼돈하고 공허했다."라 하였다. '베(그리고)'는 창세기 1장 1절과 1장 2절 사이에 그 무엇도 끼어들 수도 없었고, 또 끼어들지도 않았음을 말하고 있다. 그럼에도 선악지식을 좇는 인생의 눈은 분명하게 계시된 말씀을 보아도 보지 못한다.

● 엘로힘(하나님)

'엘로힘'은 '엘'의 장엄 복수다. 히브리어는 장엄함을 복수 형태로 표현하고 있다. 숫자에 집착하는 인간은 어떻게 유일하신 하나님이 복수로 표현될 수 있느냐 하며 거기서 허망한 인간의 교리 같은 것을 만들어 낸다. 성경은 장엄하신 하나님, 곧 엘로힘이야말로 시공에 속한 인간의 모든 숫자적 개념 너머에 유일하게 계신 분이라 말하고 있다. 하나님의 장엄하심은 이렇게 저렇게 설명할 수도, 설명될 수도 없고 다만 우리가 그의 창조의 근원 안에서 새로운 실존으로 지어질 때 드러난다.

'장엄'에 대한 필자의 조그만 경험을 말해보고자 한다. 오래전 필자는 미국 콜로라도주에 있는 그랜드 캐니언을 방문했었다. 그랜드 캐니언을 바라보는 순간 필자는 그 장엄함에 압도되고 말았다. 시간은 멈춘 듯하고 나는 그 계곡의 장엄 속으로 빠져들어 가 그것과 하나 된 듯하였다. 이와 같이 땅에 속한 것에도 사람이 압도당하거늘 하물며 생명과 사랑과 거룩과 초월의 근원 안에서 그 하늘들과 그 땅을 창조하신 하나님의 계시 안으로 이끌림을 받은 창세기 기자가 어떻게 그의 유일무이한 장엄함에 압도되지 않을 수 있었겠는가. 창세기를 읽는 자는 누구나 창세기 기자가 이끌림을 받았던 그 장엄한 하나님의 창조의 품에 안기는 참 실존이 되어야 한다. 이것이 창세기가 우리에게 증거하는 바의 '호음(好音, 유앙겔리온)'이다.

● 그 하늘들과 그 땅 ①

근원 안에 창조된 그 하늘들과 그 땅은 과연 무엇인가. 창세기는 무엇을 '그 하늘들'이라 하였고 또 무엇을 '그 땅'이라 한 것인가. 하나님의 창조 계시를 육신의 눈으로 바라본 창조론도 진화론도 창세기 1장 1절의 말씀을 알지 못한 헛된 주장을 하여 왔다. 그리하여 번역 성경들은 '하나님이 천지를 창조하셨다(God created the heaven and the earth)'라고 단수의 하늘과 땅으로 표현하였다. 이것은 번역자들이 하나님의 예정에 따라 창조된 복수의 '그 하늘들'과 단수의 '그 땅'을 알지 못했다는 반증에 다름 아니다.

우리가 '하늘'이라 말할 때 그 하늘에는 육신의 첫 사람의 눈에 드러나지 않는 하늘, 곧 하나님의 보좌가 놓인 그 마음 하늘들이 있고, 오늘날 사람들이 '우주'라고 부르는 물리적인 그 하늘들이 있다. 성경은 영적인 그 하늘들에 대하여 말하기를, '이 창조에 속하지 않은 더 크고 온전한 장막'(히9:10), '처음부터 영화롭고 높은 보좌'(겔17:12), '주의 영원한 보좌'(시45:6)라 하였다. 사도 요한은 '영 안에서 이 보좌를 열린 문을 통하여 자세히 보았다.'(계4:1-11). 그리고 '그 땅'에 대하여는 '땅의 기초'(시104:5, 사40:21, 히1:10)라 하였다.

우리가 창세기 1장 1절에서 주목해야 할 것은 창세기에는 그 하늘들과 그 땅이 어떻게 창조되었는지에 대하여는 전혀 말하고 있지 않다는 점이다. 오늘날 시공에 속한 존재들이 그들의 인식 능력으로 물리적 우주에 대하여 그 나름으로 그것이 어떻게 생겨났는지를 밝히려고 애쓰고 있다. 그들이 발견한 것들은 조금이나마 창조를 이해할 수 있는 것은 되어도 하나님의 창조를 부정할 수 있는 것은 전혀 되지 못한다. 왜냐하면 보이는 우주는 새 창조의 징조이며 하나님의 창조는 시공 너머의 근원 안에서 이루어지는 일이기 때문이다.

시공에 속한 존재가 무엇을 발견하였다면 그것은 시공 너머를 가리키고 있는 징조이다. 시공에 속한 존재는 그 징조를 통하여 시공 너머를 바라본다. 즉 하나님은 눈에 보이는 물리적 하늘들과 그 땅을 통하여 하나님의 창조의 실상을 알게 하셨다.

징조는 실상을 위하여 있고 새 창조의 실상은 징조를 좇아서 이루어지면서 그 둘은 하나가 된다. 우리가 실상에 이르기까지는 징조에 이끌림을 받는다. 성전은 하나님의 창조의 알파와 오메가를 알게 하는 징조 중의 징조다. 사람의 눈에 보이는 징조로 세워진 예루살렘 성전은 휘장으로 지성소와 성소로 구분되어 있다. 지성소는 하나님이 계신 곳, 즉 영적 하늘들을 징조하고 있고, 성소는 사람이 있는 곳, 즉 물리적 하늘들과 땅을 징조하고 있다.

지성소 안에는 법궤가 있고 그 법궤 안에 '두 돌비(언약)'와 '하늘의 만나(생명의 양식)'를 담은 항아리와 아론의 싹 난 '지팡이(부활)'가 있다. 법궤 위에는 시은좌가 있고 그 위에 하나님의 마음 곧 그의 사랑과 생명과 거룩과 초월을 드러내는 그룹이 높이 날개를 펴고 있다. '야웨 하나님(이제도 계시고, 전부터 계셔 왔고, 오고 계신 하나님)'은 그룹 사이에서 모세와 만나셨다. 야웨 하나님은 그룹을 타고 나신다. 즉 야웨 하나님은 그의 마음과 하나 된 자 안에서 그를 시공을 초월하는 새로운 실존이 되게 하신다. 지성소는 시공을 초월하는 실존이 된 자들(이들 또한 하늘들이다)의 처소다. 지성소와 성소가 하나의 짝으로서 성전을 이루고 있는 것은 영적인 하늘들과 물리적 하늘들이 하나의 짝을 이루고 있는 것을 가리키고 있다.

● 그 하늘들과 그 땅 ②

눈에 보이는 물리적 하늘들과 땅의 관계는 사람의 실존을 징조하고 있다. 즉 하늘들은 속 사람이요, 땅은 겉 사람이다. 겉 사람은 육체에 속해 있다. 하나님은 이 둘을 그의 창조의 근원인 예수 그리스도 안에서 온전한 실존으로 지으신다. 이것이 새 창조다. 성전의 휘장은 육체를 가리킨다. 첫 창조에 속한 모든 생물은 육체의 시공에 갇혀 있다. 예수 그리스도는 그의 십자가로 말미암아 그 육체의 휘장을 찢고 지성소와 성소를 하나 되게 했다. 예수 그리스도 안에 있는 자는 누구든지 그 휘장을 찢고 시공을 초월하는 새로운 존재가 된다. 오늘날 사람들은 과학을 통해 시공을 극복하는 여행을 꿈꾸지만, 하나님은 예수 그리스도의 십자가를 통해 그의 자녀들로 하여금 시공을 초월하는 실존을 이루는 계시를 주셨다.

성경은 왜 하늘은 복수로, 땅은 단수로 계시하고 있는가. 이미 살펴본 바와 같이 히브리어는 장엄함을 복수로 표현한다. 하늘은 장엄하신 하나님(엘로힘)이 계신 곳이므로 그곳 또한 장엄 복수로 표현되고 있다. 그 하늘에 대하여 인자의 기도(주기도문)에서 "그 하늘들에 계신 우리 아버지 당신의 이름이 거룩히 여김을 받으옵소서."라고 하였다. 그 하늘들에 계신 아버지는 '인자들의 마음들(그 하늘들)' 안에 계신 아버지를 말한다. 그의 이름은 아버지가 인자들 안에 계실 때 거룩히 여김을 받는다. 인자들 각각의 마음은 한 하늘이요 그들 모두의 마음은 하늘들을 이룬다. 하늘나라는 '하늘들의 나라'이다.

우리의 육신은 비록 물리적 하늘들과 땅에 속해 있으나 영이신 하나님이 우리의 마음 안에 임하여 계시면 우리의 실존 또한 장엄하신 아버지를 드러낸다. 장엄하신 아버지가 계신 그곳은 어느 곳이나 하늘들이다. 하나님이 계신 곳은 그 어디나 생명과 사랑과 거룩과 초월로 장엄한 하늘들을 이루고 있다. 물리적 하늘 역시 복수로 표현되어야 할 이유가 있다. 우리가 아는 우주의 공간 안에는 각기 다른 천체들이 헤아릴 수 없이 많이 존재하고 있다. 그 범위를 좁혀서 우리가 사는 지구 주위의 제한된 '하늘(공간)'을 살펴보아도 그 공간은 복수적인 하늘들의 기능을 하고 있다. 같은 공간 안에 중력층, 자력층, 대기층, 오존층 등이 각각 중첩하여 작동하고 있다. 이 하늘들로 말미암아서 땅 위에 사람을 비롯한 모든 생물체가 존재할 수 있다. 이 하늘은 둘째 사람의 마음을 징조하고 있다.

그 땅이 단수로 표현된 것은 그 땅은 하나의 기초로 창조되었기 때문이다. 그 땅은 아직 창조의 알파에 속하여 장엄함이 드러나는 오메가로 유월 되지 않았기 때문이다. 그 땅은 아직 하나님의 임재로 말미암아서 그의 뜻이 하늘에서 이루어진 것 같이 이루어지기 전이었다. 하나님의 임재로 말미암아 알파의 땅이 오메가의 땅으로 새롭게 지어지면 장엄하지 않던 그 땅도 장엄함을 맞이하게 된다. 그 땅의 알파의 상태는 곧 구원되고 새롭게 지어져야 할 육신의 첫 사람을 징조하고 있다. 인생을 향하신 하나님의 뜻은 장엄하지 아니한 육신의 첫 사람을 하나님을 닮은 장엄한 영의 둘째 사람으로 짓는 일이다. 이와 같이 장엄하신 하나님은 인생들을 위하여 보이는 장엄한 우주를 창조하셨다. 그리고 하나님은 그것을 새 창조의 징조로 주시고 우리를 그의 창조의 근원 안에서 새로운 영의 실존으로 지으신다.

새롭게 지어진 영의 둘째 사람들은 각각 그들 자신의 고유하고 독특한 실존을 드러내고 있다. 그들 자신이 새로운 하늘들이며 땅이다. 그러므로 두 실존이 소통하게 되면 두 하늘들이 되고 세 실존이 소통하게 되면 세 하늘들이 된다. 이 영적 소통으로 말미암아 헤아릴 수 없이 많은 하늘들이 풍성함과 온전함 속에서 장엄하신 하나님 안에서 하나를 이룬다. 하나님의 아들들이 이루는 이 장엄의 길을 누구도 막을 수 없다.

● 토후, 보후, 호세크, 테홈(혼돈, 공허, 흑암, 깊음) ①

창세기 1장 2절에서 "그리고 그 땅은 혼돈하고 공허했고 흑암은 깊음 위에 있었고 하나님의 영은 물들 위에 운행하셨다."라고 하였다. 창세기 기자는 창세기 1장 2절에서 1절의 '그 하늘들'에서 그 계시의 초점을 '그 땅'으로 옮겼다. 이는 그 땅을 하나님이 새롭게 지으시는 것을 인생들에게 드러내는 것이 창세기 계시의 핵심이기 때문이다. 즉 창세기는 하나님이 그 땅을 새롭게 지으시는 것과 같이 육신의 첫 사람을 영의 둘째 사람으로 새롭게 지으시는 그 하나님의 일을 보고, 듣고, 깨닫게 하는 계시다. 성경은 이와 같이 처음부터 새 창조를 가리켜 보이는 '호음(好音, 유앙겔리온)'이다.

새 창조에 있어서 땅은 징조요 사람은 실상이다. 처음에 희미했던 땅의 징조도 인자(人子)의 실상이 드러나면 그 징조가 무엇을 가리키고 있었던 것인지 확실해진다. 그 땅이 처했던 혼돈과 공허와 흑암과 깊음은 곧 육신의 첫 사람이 처한 혼돈이요, 공허요, 흑암이요, 깊음이다. '땅의 기초'인 그 땅에는 아직 하나님으로부터 사랑과 생명과 거룩의 질서가 임해오지 않았으며 아직 생명과 사랑과 거룩의 충만이 임해오지 않았으며, 아직 거룩과 사랑과 생명의 빛이 임해오지 않았다. 또한, 그 땅은 아직 하나님의 지혜와 지식의 깊음 속에서 건져냄을 받지 못했다. 그래서 그 땅은 혼돈하고 공허했고 흑암은 깊음 위에 있었다.

첫 사람 또한 그 땅과 같이 혼돈과 공허와 흑암과 깊음에 처하여 있다. 이 일에 대하여 기록되기를, "하나님이 자기를 사랑하는 자들을 위하여 예비하신 모든 것은 눈으로 보지 못하고, 귀로도 듣지 못하고, 사람의 마음으로 깨닫지 못하였다."(고전2:9)라 하였다. 또한, 피조물이 하나님의 지혜와 지식의 깊음 속에 두어져 있는 것에 대하여 기록되기를, "하나님의 지혜와 지식의 부요함의 '깊음(바도스)'이여, 그의 판단은 측량치 못할 것이며 그의 길은 찾지 못할 것이로다."(롬1:33)라 하였다.

사람은 누구든지 그 육신의 눈으로는 첫 사람이 영의 둘째 사람으로 지어지는 새 창조를 보지 못한다. 그것이 흑암이다. 귀로는 듣지 못한다. 그것이 공허다. 마음으로는 깨닫지 못한다. 그것이 혼돈이다. 누구든지 하나님의 계시 없이는 그의 지혜와 지식에 도달할 수 없다. 그것이 깊음이다. 이것은 인식의 능력을 가지고 시공에 처해 있는 육신의 첫 사람이면 누구나 예외 없이 당면하고 있는 알파의 상황이다. 첫 사람이 비록 하나님의 생명과 사랑과 거룩의 근원 안에 세워져 있을지라도 그 육신의 시공에 가로막혀 있어서 그가 영의 둘째 사람으로 새롭게 지어지기까지는 하나님의 지혜와 지식의 깊음 속에서 생명과 사랑과 거룩에 대하여 혼돈하며 공허하며 흑암하지 않을 수 없다.

첫 사람은 안목의 정욕 때문에 보아도 보지 못하는 흑암과 육신의 정욕 때문에 들어도 듣지 못하는 공허와 이생의 자랑 때문에 생각해도 깨닫지 못하는 혼돈에 처해 있다. 또한 그는 하나님의 지혜와 지식의 깊음 속에서 육신의 선악지식을 좇는 무저갱에 빠져 있다.

오늘날 사람들은 도무지 하나님으로 말미암아 그들에게 계시된 이 인간 실존 상황에 대하여 고민하며 그것을 보거나, 듣거나, 깨닫거나 하려 하지 않는다. 그들은 너무나 어리석게도 인간의 선악관을 좇아서 만들어진 원죄론을 통하여 자신을 바라보며 거기에 갇혀 있다. 성경을 번역한 이들에게조차 하나님의 지혜와 지식의 '깊음(바도스)'에 대한 이해가 결여되어 있다.

헬라어 번역본을 보면 그 '깊음(바도스)'을 '무저갱(아부소)'이라 하였다. 이것이야 말로 선악지식을 좇는 인생들이 빠져드는 에고비전의 무저갱이다. 시공 속에 창조된 인생들은 하나님의 지혜와 지식의 깊음 속에 두어져 있기 때문에 하나님은 그의 계시의 빛으로 그들을 거기에서 건져내신다. 그러나 인생들은 그것을 알지 못하고 자신의 선악지식으로 거기서 나오려 하면서 길을 잃고 방황하고 있다. 그들은 스스로 빠져든 자신들의 지혜와 지식의 무저갱 속에서 보지 못하는 것을 보는 듯이 말하고 행동하고, 듣지 못하는 것을 듣는 듯이 말하며 행동하고, 깨닫지 못하는 것을 깨닫는 듯이 말하며 행동하면서 하나님의 계시로부터 멀어져 있다.

처음 땅이 물속에 있었던 것은 무엇 때문인가. 땅은 징조요 사람은 실상이므로 땅과 사람은 서로를 가리켜 보인다. 첫 사람은 욕심의 존재, 곧 욕심으로 불타고 있는 생존체다. 그 욕심은 언제나 선악지식을 좇아서 정당화되고 선악지식은 인생을 '흑암(사망)' 속으로 빠져들게 한다.

하나님은 이러한 첫 사람을 '물(말씀)'과 성령으로 거듭나게 하시어 둘째 사람의 온전한 실존으로 지으신다. 하나님은 그 지혜와 지식의 말씀 속에서 먼저 첫 사람의 욕심의 불을 끄신다. 이와 같이 처음에 불타고 있던 그 땅이 물속에서 불이 꺼진 것이다. 하나님의 영은 욕심의 '불(빛)'이 꺼진 사람에게 새로운 생명의 불(빛)을 주신다. 하나님의 영이 물들 위에 운행하신 것은 불 꺼진 땅에 새 창조의 불(빛)을 주시려 함이다. 첫 사람에게서 욕심의 불을 끄시고 생명의 불을 일으키시는 이도 하나님이요, 첫 땅의 불을 끄시고 새 불(빛)을 주시기 위하여 그 물들 위에 그의 영을 운행케 하신 이도 하나님이다.

불타던 그 땅이 물속에서 불이 꺼졌다. 그러므로 그 불덩어리이던 땅의 처음 질서와 충만과 빛은 사라졌다. 그 땅에 새로운 질서, 새로운 충만, 새로운 빛이 오기까지는 그 땅이 혼돈과 공허와 흑암에 처하게 되는 것은 지극히 당연하다. 이것은 또한 육신의 첫 사람이 죽고 그가 다시 영의 둘째 사람으로 살아나기까지 처하게 되는 그 혼돈과 그 공허와 그 흑암을 가리키고 있다.

● **토후, 보후, 호셰크, 테홈(혼돈, 공허, 흑암, 깊음) ②**

그 땅은 보이지 아니하는 영원한 근원 안에 창조되었고, 또 보이는 우주 안에 들어와 있었다. 그 땅이 처했던 혼돈과 공허와 흑암은 과연 무엇인가. 물속에 잠겨 있던 그 땅은 아직 하나님으로 말미암아 새롭고 온전한 형체를 이루기 전이었다. 즉 그 땅과 그 땅을 둘러싸고 있는 '공간(하늘)'과 물은 뒤엉켜 있었다. 그러므로 그 땅의 알파의 상태는 어디가 땅인지 어디가 하늘인지 어디가 물인지 분간할 수 없었다. 그것은 혼돈이다. 또한, 그 땅은 하나님으로부터 생명체로 충만하게 채워지기 전이었다. 그것은 공허다. 그 땅은 불 꺼진 상태에서 물속에 잠겨 있어 빛이 없었다. 그것은 흑암이다.

이와 같이 그 땅이 처해 있던 혼돈과 공허와 흑암은 새롭게 지어질 하늘들과 땅의 기초가 되어 있었다. 이것은 사탄의 작용이 아니라 하나님의 은혜이며 모든 피조물이 처하게 되는 처음 상태다. 알파의 상태에 있는 첫 사람 또한 이와 같이 누구나 하나님의 지혜와 지식의 깊음 속에서 그의 사랑에 대하여 혼돈하고 그의 생명에 대하여 공허하며 그의 거룩에 대하여 흑암하다. 그러나 이 은혜의 기반을 선악지식을 좇아서 보면 이 알파의 상태는 악이 되고 만다. 그러므로 선악지식을 좇는 자는 질서와 충만과 빛을 선이라 여기고 혼돈과 공허와 흑암을 악이라 여긴다. 따라서 그들은 하나님의 창조의 알파와 오메가를 선과 악의 투쟁으로 여기는 선악의 무저갱에 빠져든다. 선악의 무저갱에 빠져든 자는 누구든지 새 창조의 근원이신 예수 그리스도 안에서 첫 사람이 둘째 사람으로 새롭게 지어지는 하나님의 사랑과 생명과 거룩을 보아도 보지 못하고는 흑암과, 들어도 듣지 못하는 공허와, 마음으로 생각해도 깨닫지 못하는 혼돈에 처해 있다.

오늘날까지도 인생들은 그들의 선악의 우주관을 좇아서 그 땅의 혼돈과 공허와 흑암과 깊음을 '악의 세력'으로 보고 있다. 그러나 이와 달리 누구든지 하나님의 계시인 생명의 우주관을 좇아서 그 혼돈과 공허와 흑암과 깊음을 보면 일시에 새 창조를 위한 하나님의 은혜의 터전으로 다가온다. 그런즉 사람이 생명의 우주관을 좇아서 둘째 사람이 되느냐 그렇지 못하냐가 문제다.

처음 땅이 나중 하늘들과 나중 땅의 기초가 되는 일에 대하여 하나님은 이사야를 통하여 말씀하시기를, "내 손이 땅을 기초로 정했다(야디 에세다 에레츠)."(사 48:13)라고 하였다. 그러나 번역 성경들은 '내 손이 땅의 기초를 정하였다(My hand laid the foundation of the earth)' 하였다. '에세다(기초로 정했다)'의 목적어는 '에레츠(땅)'이지 그 땅의 기초가 아니다. 즉 번역 성경은 '처음 땅'이 곧 '땅의 기초'임을 놓쳤다. 창세기 1장 1절의 '처음 땅(땅의 기초)'은 '바라' 되었으니 그것은 알파다. 거기서 나중 하늘들과 나중 땅이 지어졌으니 그 하늘들과 그 땅은 '아사'된 오메가다. 이와 같이 하나님은 '바라'와 '아사'가 온전한 짝을 이루게 하신다. 이 일을 좇아서 첫 사람은 새롭게 지어질 '사람의 기초'다.

하나님이 처음 땅을 나중 하늘들과 나중 땅이 지어질 '땅의 기초'로 세우신 것은 인생들로 하여금 그들이 하나님의 창조의 근원 안에서 새로운 존재로 지어짐을 알게 하려 함이다. 즉 육신의 첫 사람은 누구나 첫 땅이 새롭게 지어진 그 징조를 좇아서 영의 둘째 사람으로 새롭게 지어진다. 첫 창조는 하나님이 그의 자녀들을 위하여 예비하신 바탕이요 징조다. 그리고 새 창조는 실상이며 성경이 증거하는 바, 하나님의 비밀이요 그의 예정이다.

인생을 향하신 '하나님의 예정'은 새 창조로 말미암아 처음 된 자가 나중 되고 나중 된 자가 처음 되는 것이다. 하나님의 예정은 명쾌하다. 그러나 사람들은 그들의 에고비전을 좇아서 헛된 예정론을 만들어 놓았다. 인간의 예정론은 죄가 무엇인지조차 알지 못한 이들이 만들어 낸 허구다. 하나님은 모든 사람에게 새롭게 지어지는 길을 예정하여 두셨지 누구는 선택하고 누구는 버리는 그런 예정이 아니다. 그러므로 하나님을 믿는 자 새롭게 지어지고 믿지 아니하는 자 멸망한다.

우리는 여기서 잠시 인생들의 죄가 무엇인지 살펴볼 필요가 있다. '죄(과녁에서 빗나감)'란 인생들이 하나님이 그들을 위하여 예정하신 새 창조의 길에서 벗어난 것이다. 우리는 수많은 죄를 거론하고 있으나 근원적인 죄는 사람들이 하나님이 예정하신 새 창조의 길을 알지 못하고 벗어난 데 있다. 예수 그리스도께서 사람들의 죄를 용서하신 것은 예수 그리스도 안으로 들어와서 영의 둘째 사람으로 새롭게 지어져서 하나님의 아들들이 되게 하려 함이다.

예수 그리스도를 믿는 자는 누구든지 첫 창조에서 새 창조 안으로 들어왔다. 즉 육체의 길에서 영의 길로 옮겨왔다. 육체의 길은 시공의 길, 곧 사망의 길이요 영의 길은 근원의 길, 곧 생명의 길이다. 누구든지 육체의 몸짓으로는 생명의 근원 안으로 들어올 수 없다. 그러나 오늘날 예수 그리스도를 믿고 거듭났다 하는 사람들은 자신이 육체의 길을 떠나 영의 길로 들어온 것조차 알지를 못하고 있다. 이것은 그들이 위로부터 나는 거듭남을 알지 못하기 때문이다. 그들이 거듭났다 하는 것은 선악지식으로 아래에서 난 것이다.

오늘날 종교인들은 다만 시공 속에서 예수의 이름을 빙자하여 종교와 도덕, 윤리와 수양, 권세와 사업, 사회정의, 학문 등 인간의 제도와 가치를 추구하고 있다. 그러나 그것들은 죄의 길 곧 육체의 길이요, 시공의 길이요, 사망의 길이요, 첫 사람의 길이요, 옛 길이다. 그들은 시공에 갇혀서 세상에서 높은 것, 큰 것, 강한 것, 많은 것, 앞선 것, 빠른 것 오래 사는 것 등을 하나님이 주신 구원이라 '복(선)'이라 선전하며 애써 하나님께 대항하고 있다.

종교인들은 시공 너머의 생명과 사랑과 거룩과 초월의 근원인 하나님의 마음을 알지 못한다. 그들은 다만 육신을 살찌우고자 하나님과 예수 그리스도의 이름을 부르짖으며, 기도하며, 찬양하며, 전도하며, 봉사한다. 그들의 시공에 갇힌 몸짓은 '나사로와 부자'의 비유에 나오는 부자와 같이 매사 선악의 무저갱 속에서 자기가 들어갈 음부를 화려하게 짓는 일이다. 그들은 육신의 첫 사람이 창조의 근원 안에서 영의 새로운 실존으로 지어지는 '호음(유앙겔리온)'을 들은 적도 없고 듣고자 하지도 않는다.

그러므로 어떤 이들은 어리석게도 육체의 길을 칭송하며 말하기를, '예수 믿고 가난한 자는 저주된 자요, 믿음이 없는 자'라 한다. 이런 일들은 육체의 무저갱에 빠진 자들이 일상으로 행하는 일이다. 성경은 말씀하시되, "너희는 유혹의 욕심을 따라 썩어져 가는 구습을 좇는 옛 사람을 벗어버리고 오직 너희 마음의 영으로 새롭게 되어 하나님을 따라 의와 진리의 거룩함으로 창조된 새 사람을 입으라."(엡 4:22-23)라고 하였다.

● 루아르 엘로힘(하나님의 영)

하나님의 영이 물들의 위를 운행하신 것은 무엇 때문인가. 이는 그 땅을 새롭게 지으려 하심이다. 그 땅은 하나님의 창조의 근원 안에 있었으나 아직 창조의 알파에 속해 있었다. 그 땅은 하나님의 지혜와 지식의 깊음 속에서 혼돈과 공허와 흑암에 처하여 있었다. 하나님의 '깊음(바도스)'을 통달하시는 하나님의 영은 하나님의 '아사'가 어떻게 이루어져야 할지를 살피시며 물들의 위를 운행하셨다. 물들의 위를 운행하시는 하나님의 영은 마치 독수리가 그 새끼들 위에 너풀거리며 그들을 보호하는 것과 같았고, 암탉이 알을 품고 새 생명을 부화하는 것과 같았다.

● 함마임(그 물들)

그 땅을 깊고 넓게 덮고 있던 그 물들은 우리의 마음 땅을 깊고 넓게 덮고 있는 하나님의 지혜와 지식의 말씀을 징조하고 있다. 그 땅의 불이 물속에서 꺼졌듯이 하나님의 말씀은 먼저 우리의 욕심의 불을 끈다. 사람의 육신의 정욕, 안목의 정욕, 이생의 자랑과 선악지식은 우리가 하나님의 말씀 안에 잠겨 있을 때 사라진다. 그다음 하나님은 우리에게 영의 빛을 비추신다. 새 창조는 욕심의 불이 꺼진 데서 시작된다. 그것이 알파다. 그러나 오늘날 많은 사람은 말씀으로 그들의 욕심의 불을 끄는 것이 아니라 그 욕심을 더욱 불타오르게 하는 선악지식의 기름을 붓고 있으니 아직 새 창조의 알파에도 이르지 못했다.

처음 땅이 물속에 잠겨 있었던 것과 같이 사람이 말씀 속에 잠겨 있지 아니하면 새롭게 지어질 수 없다.

앞에서 우리는 창세기 1장 1, 2절의 원문을 좇아서 첫 창조의 알파를 살펴보았다. 이제 창세기 1장 3절 이후의 원문을 좇아서 첫 창조의 오메가를 살펴보기로 하자. 이 모든 것은 하나님이 육신의 첫 사람을 영의 둘째 사람으로 창조하시는 새 창조의 장엄한 징조이다.

1.3 וַיֹּאמֶר אֱלֹהִים יְהִי אוֹר וַיְהִי־אוֹר׃

바요메르 엘로힘 예히 오르 바예히-오르

하나님이 말씀하시기를, "빛이 있으라,"라고 하시니 빛이 있었다.

1.4 וַיַּרְא אֱלֹהִים אֶת־הָאוֹר כִּי־טוֹב וַיַּבְדֵּל אֱלֹהִים בֵּין הָאוֹר וּבֵין הַחֹשֶׁךְ׃

바야르 엘로힘 에트-하오르 키-토브 바얍델 엘로힘 벤 하오르 우벤 하호셰크

그리고 하나님이 그 빛을 보시니 좋았다. 하나님이 그 빛과 그 흑암을 나누셨다.

1.5 וַיִּקְרָא אֱלֹהִים ׀ לָאוֹר יוֹם וְלַחֹשֶׁךְ קָרָא לָיְלָה וַיְהִי־עֶרֶב וַיְהִי־בֹקֶר יוֹם אֶחָד׃ פ

바이크라 엘로힘 라오르 욤 베라호셰크 카라 라옐라 바예히-에레브 바예히-보케르 욤 에하드

하나님이 그 빛을 낮이라 칭하시고 그 흑암을 밤이라 칭하셨다.
저녁이 되며 아침이 되니 하루라.

● **예히 오르(빛이 있으라, Let there be light)**

창세기 1장 3절은 하나님이 빛을 창조하셨다거나 만들었다고 하지 아니하고 하나님이 말씀하시기를, "빛이 있으라" 하셨다고 계시하였다. '예히 오르(빛이 있으라)'는 간접 명령이다. 간접 명령은 명령을 받는 자와 명령하는 자의 뜻이 같다는 것을 말한다. 하나님과 근원 안에 계셔 온 말씀은 같은 뜻을 가지고 그 땅을 새롭게 짓기 시작하셨다.

하나님의 말씀으로 말미암아서 그 땅을 비추게 된 그 빛은 창조의 근원에 속한 '아사'의 빛 곧 오메가의 빛이다. 이 빛은 생명의 빛이요, 사랑의 빛이요, 거룩의 빛이요, 계시의 빛이다. 이 빛은 보이는 '하늘들(우주)'이 창조될 때에 창조된 해와 달과 별들의 빛이 아니다. 이 광명체들의 빛으로는 하나님의 지혜와 지식의 깊음 속에 있는 처음 땅을 생명과 사랑과 거룩으로 새롭게 지을 수 없다. 그 광명체의 빛들은 이미 하늘에서 비취고 있었으나 그 빛들은 알파의 상태에 있는 그 땅과는 아직 단절된 상태였다.

그러므로 창조의 근원으로부터 비취어온 그 빛으로 말미암아 그 땅의 흑암과 공허와 혼돈은 물러가게 되었고 또한 해와 달과 별들 또한 온전하게 지어져서 땅 위에 비추게 되었다. 이와 같이 하나님의 살았고 운동력 있는 말씀으로 말미암아 질서의 빛과 충만의 빛과 거룩의 빛과 계시의 빛이 비추었다.

하나님이 그 땅에 '아사'의 빛을 비추시므로 말미암아 무생물의 땅은 생물로 충만한 땅이 되었다. 살아 있는 것들로 질서가 세워지고 그것들로 충만케 되며 그것들의 생존이 빛이 되는 새로운 땅이 되었다. 이와 같이 하나님은 무생물의 땅을 먼저 예비하시고 나중에 생물들로 생육 번성케 하셨다. 그리하여 생물의 세계와 무생물의 세계는 하나 되면서 온전한 짝을 이루었다. 이 모든 것은 사람을 새롭게 창조하기 위한 바탕이요 징조다.

사람은 누구든지 육체의 생존에서 영의 생명으로 유월하면서 하나님의 아들의 삶을 살게 된다. 이 일에 대하여 기록되기를, "어두운 데서 빛이 비취리라고 하시던 그 하나님께서 예수 그리스도의 얼굴에 있는 하나님의 영광을 아는 빛으로 우리 마음 안에 비추셨다."(고후4:6)라고 하였다. 하나님이 '빛이 있으라' 말씀하신 그 빛은 예수 그리스도의 얼굴에 있는 하나님의 영광을 아는 '아사'의 빛이요 새 창조의 빛이다. 우리는 창조의 근원이신 예수 그리스도의 '그 빛 안에서, 그 빛으로 말미암아, 그 빛 안으로' 새롭게 지어지고 있다.

창세기 1장 14절을 보면 창조의 나흘째에 땅 위에 빛을 비추는 '광명체들(메오로트)'이 지어졌다(아사되었다). 즉 땅 위에 빛을 비추는 광명체들은 나흘째에 '창조된(바라된)' 것이 아니라 그때에 땅 위에 온전하게 빛을 비추게 되었다. 그러므로 그 광명체들은 창세기 1장 1절에서 보이는 '우주(하늘들)'가 창조된 때에 이미 창조되었고 4일째에 온전하게 지어졌음을 알 수 있다. 이와 같이 창세기는 '바라'와 '아사'의 관계를 명쾌하게 보여주고 있다. 이 관계가 우리에게 명확하게 이해되지 않으면 창세기를 아무리 읽어도 혼돈을 면할 수 없다.

'빛이 있으라' 하신 하나님의 살았고 운동력 있는 말씀을 좇아 그 땅 위에 빛이 비취어 왔다. 그뿐 아니라 그 땅속, 즉 지심(地心)에서도 '빛(불)'이 비취었다. 이 빛은 과연 무엇인가. 이것은 하늘로서 오는 생명의 빛과, 사랑의 빛과, 거룩의 빛과, 계시의 빛을 징조하고 있다. 또한 그리스도를 믿는 사람의 마음 가운데 있는 하나님의 나라와 의를 구하는 새 창조의 빛이다. 사람의 새 창조는 하늘의 빛과 '땅(육신)' 속의 빛이 짝을 이루어야 온전하게 이루어진다.

오늘날 우리가 아는 바와 같이 아무리 태양으로부터 열기와 빛이 땅 위에 비취어 온다 할지라도 땅속의 지심에서 지열이 땅 위로 올라오고 있지 아니하면 땅 위에 아무런 생물이 존재할 수 없다. 즉 하늘과 땅의 두 '불(빛)'이 짝이 되어 있기 때문에 땅 위에 생물이 존재하고 있다. 태양과 지심의 열기는 이와 같이 우리의 새 창조를 위한 '빛(불)'을 징조하고 있다. 속 사람의 빛과 겉 사람의 빛이 협동하는 데서 새 창조는 이루어진다. 새 창조는 속 사람과 겉 사람이 하나 되는 일이다.

새 창조의 빛은 흑암과 공허와 혼돈에 빛과 충만과 질서를 가져온다. 누구에게든지 '아사의 빛'이 비추어 오면 겉 사람과 속 사람의 흑암과 공허와 혼돈은 사라진다. 그러면 모든 사람이 처하여 있는 흑암과 공허와 혼돈은 무엇인가. 그것은 육신의 정욕, 안목의 정욕, 이생의 자랑이다. 육신의 정욕은 생명을 들어도 듣지 못하니 공허요, 안목의 정욕은 생명을 보아도 보지 못하니 흑암이요, 이생의 자랑은 생명을 생각해도 깨닫지 못하니 혼돈이다. 사람들은 예로부터 지금까지 하늘 아래의 종교를 좇아서 흑암과 공허와 혼돈을 벗어나려 하여 왔다. 그러나 그것은 인생들을 더욱더 흑암과 공허와 혼돈 속에 빠져들게 한다. 하나님의 계시로 말미암아 하늘 위에서 오는 새 창조의 빛이 아니고서는 아무도 새롭게 지어질 수 없다.

● 토브(좋다) ①

창세기 1장 4절에 "그리고 하나님이 그 빛을 보시니 좋았다."라 하였다. 창세기는 왜 하나님이 그 빛을 보시니 '선했다' 하지 않은 것인가. 그 이유가 무엇인가. '좋다'와 '선하다'는 도대체 무슨 차이가 있는가. 창세기 1장 4절의 '토브'가 '좋다'인 것을 알지 못하면 새 창조 역시 알지 못한다. 하나님은 '생명의 눈'으로 그 빛을 보시고 '좋다' 하셨다. 그러나 인간은 '이익의 눈'으로 그 빛을 보고 '선하다' 주장한다.

그러면 하나님이 '좋다' 하신 그것을 인간들은 왜 '선하다' 하는가. 이 일이 우리에게 분명하게 분별되지 아니하면 우리는 하나님이 좋다 하신 그것을 우리의 선악지식을 좇아서 '선하다' 또는 '악하다' 하면서 하나님에게서 소외되고 만다. 하나님이 창조하신 세계는 '생명의 세계'이지 '선악의 세계'가 아니다. '선악의 세계'는 인간이 자신의 지혜와 지식으로 스스로 만들어낸 허구의 세계다. 허구의 세계에 속한 육신의 첫 사람은 누구나 그 욕심을 좇아서 자기에게 이익이 되는 것을 '선'이라 말한다. 아무리 선악에 대하여 고차원의 논쟁을 해보았자 인간의 논쟁은 그들의 욕심 속에서 맴돌고 있을 뿐이다.

● 토브(좋다) ②

하나님은 흑암에 빛이 비춰고, 혼돈에 질서가 오고, 공허에 충만이 오고, 깊음에서 초월이 이루어질 때 '좋다' 하셨다. 그리고 그 '좋음'이 들어온 때를 '낮(욤)'이라 하셨다. 하나님이 창조하신 하늘들과 땅의 모든 것은 악하다고 버릴 것도 없고 선하다고 취할 것도 없다. 그 모든 것은 존재 자체로서 좋고 그것들은 하나님의 생명과 사랑과 거룩과 초월을 계시하고 있다. 가령 맹독일지라도 악한 것이 아니다. 그것이 거기에 있어야 할 이유가 있어서 창조되었다. 만물은 인간의 선악 구분과는 아무런 상관없이 하나님께 창조된 채로 존재한다. 다만 사람이 그의 욕심을 좇아서 그에게 이익이 되면 선하다고 하고 손해가 되면 악하다 할 뿐이다.

만물은 그 다양하고 풍성한 속성 때문에 어느 하나에게 좋은 것은 다른 것에게 좋지 않을 수 있고, 어느 하나에게 나쁜 것이 다른 것에게 좋을 수 있다. 그러므로 생물은 자기에게 좋은 것을 취하면서 산다. 그러나 사람은 만사를 선악으로 구분하며 생명을 그르친다. 그런즉 만사를 선악으로 나누는 것 자체가 하나님의 생각과 길을 알지 못한 인간의 죄다.

인간은 종교나 윤리나 도덕이나 수양이나 그 무엇이든지 간에 그들 자신의 선악관을 좇아서 선을 좇고 악을 배척한다. 그러나 하나님은 사람들에게 생명을 좇고 사랑을 좇고 거룩을 좇으라 하신다. 선악을 좇는 것은 사망의 길이라 하신다. 모든 인간은 여기서 하나님의 생각과 길에서 빗나가고 있다. 모든 종교는 그들의 하나님을 지고지선의 자리에 앉혀 놓고 정작 하나님이 원하시는 생명과 사랑과 거룩은 헌 신짝 버리듯 한다. 이것은 '선하신 신'의 이름을 빙자하여 인간 스스로 빠져든 흑암 중의 흑암이요, 혼돈 중의 혼돈이요, 공허 중의 공허다. 인간의 죄는 생명의 하나님을 선악의 하나님으로 바꾼대서 비롯되고 있다.

예수가 말씀하시기를, "아무든지 나를 따라오려거든 자기를 부인하고 날마다 자기 십자가를 지고 나를 좇을 것이니라."(눅10:23)라고 하였다. 누구든지 자기 자신의 그 지독스러운 선악관을 부인하지 않고는 자기 십자가를 지고 예수를 좇을 수 없다. 즉 우리는 우리의 삶 속에서 날마다 우리 자신의 선악관을 십자가에 못 박지 아니하고는 예수를 좇아 생명의 세계로 나아갈 수 없다.

오늘날 인생들은 하나님이 참으로 '좋으신 아버지'임을 알지 못한다. 그들은 그를 우상화하여 '선하신 아버지'라 하거나 '하나님은 선하시다'라 말한다. 그러나 이것은 인간이 하나님과의 생명의 관계성에서 떠나 있다는 말에 다름이 아니다. 잠시 주변을 살펴보라. 아무도 자기 부모를 선하다 말하는 자 없다. 이것은 인간이 아무리 선악관에 깊이 빠져 있을지라도 부모 자식 간에는 생명의 관계성이 훼손되지 않고 살아 있음을 반증하는 것이다. 하나님과 우리 사이에 생명의 관계성이 살아나면 하나님은 종교인의 '선하신 하나님'이 아니라 아들의 '좋으신 아버지'로 인식된다. 인생의 '선악의 길(종교, 윤리, 도덕, 수양, 권세 등의 욕망의 길)'은 허구의 길이요, 옛 길이요, 죄의 길이요, 사망의 길이다. 누구든지 거기서 돌이키지 않으면 생명의 길로 들어설 수 없다.

선악의 길은 육신의 이익을 다투는 선악 전쟁을 일으킨다. 예나 지금이나 수많은 사람이 '선하신 하나님'을 위하여 기꺼이 목숨 바쳐서 사람 죽이는 전쟁에 가담하고 있다. 생명의 하나님은 인생들에게 '너희는 선악으로부터 생명으로 옮겨 와서 영원히 살라'라고 하시는데 종교인들은 예나 지금이나 사람 죽이는 그 일에 몰두하고 있다. 그들이 직접 총과 칼을 들지 않았다 할지라도 교리 싸움, 교파 싸움, 권세 싸움, 자리 싸움, 사회 정의 싸움, 돈 싸움 등은 총과 칼을 든 것보다 더욱 치열하여 자신은 물론 다른 이들의 육체와 혼을 죽인다. 그들은 도대체 하나님이 무엇을 보고 좋다 하셨는지를 보아도 보지 못하고, 들어도 듣지 못하고, 마음으로 생각하지 못한다. 하나님은 그가 비취신 '생명의 빛, 사랑의 빛, 거룩의 빛, 계시의 빛'을 보고 좋다고 하셨다.

● 욤과 라옐라(낮과 밤)

창세기 1장 4절과 5절에 "하나님이 그 빛과 그 흑암을 나누시고 그 빛을 낮이라 칭하시고 그 흑암을 밤이라 칭하셨다."라 하였다. 이것은 지구의 자전으로 생기는 낮과 밤을 말하는 것이 아니다. 생명과 무생명이 낮과 밤으로 표현된 것이다. 즉 낮으로 표현된 생명은 질서요, 충만이요, 빛이요, 계시이며 밤으로 표현된 무생명은 혼돈이요, 공허요, 흑암이요, 깊음이다. 이 일에 대하여 육신의 첫 사람은 그의 선악관을 좇아서 그 빛과 그 흑암을 선과 악으로 여긴다. 때문에 인생은 하나님이 행하시는 '새 창조'를 선악 투쟁으로 오해하고 하나님의 새 창조에서 빗나가고 있다. 창세기 1장 5절의 낮과 밤은 선과 악도 아니며, 지구의 자전으로 생기는 낮과 밤도 아니다. 생명과 '무생명(사망)'의 관계가 낮과 밤으로 계시된 것이다. 즉 창세기를 비롯한 모든 성경은 육신의 눈에 보이지 아니하는 새 창조를 보이는 것으로 드러내고 있다.

창세기 9장에서 하나님은 홍수 후 노아에게 생명의 언약을 주셨다. 그 언약을 좇아서 낮과 밤을 보면 '낮(빛)'은 '무지개(영)'요, 밤은 '구름(육)'이다. 무지개가 구름 속에 감춰어 있는 것과 같이 영은 육 속에 감춰어 있다. 구름이 무지개를 감추고 있다고 해서 그 구름이 악일 수 없는 것 같이 육신이 영을 감추고 있다고 해서 육신이 악일 수 없다. 육신은 영을 위하여 있고 영은 육신을 온전케 하면서 둘은 온전한 하나를 이룬다. 그러나 많은 사람들은 그들의 선악관을 좇아서 영은 선하고 육은 악하다고 판단하며 그들의 삶을 그르친다. 그런 선악관을 좇아서는 우리 안에 하나님의 장엄한 새 창조는 이루어질 수 없다.

빛은 생명의 드러남이요 흑암은 생명의 감추임이다. 빛이 빛으로 드러나기 위하여 먼저 흑암이 왔고, 흑암이 흑암으로 드러나기 위하여 빛이 왔다. 시공에 속한 무생명과 생존은 흑암과 빛의 관계로서 하나의 질서를 이룬다. 그렇다고 진화론처럼 무생명이 생존을 낳은 것이 아니다. 무생명은 생존이 들어올 바탕이요 거처다. 진화론은 무생명에서 생존체가 진화되었다고 헛된 주장을 하고 있다. 햇빛도 물도 공기도 생존에 기여하고 있으나 그것들이 생존체를 낳은 것이 아니다. 오늘날 우리가 '생물(생존체)'이라 칭하는 모든 것은 하나님이 명하신 '아사의 빛으로' 말미암아 이루어진 것이다.

빛과 흑암이 나누일 때 빛과 빛 사이, 흑암과 흑암 사이도 나뉘었다. 즉 동일한 빛이 비춰어도 빛의 강도와 비춤을 받는 곳의 상황에 따라 그 밝기가 다르다. 빛을 정면으로 받는 곳은 그렇지 못한 곳보다 더욱 밝다. 또 빛이 강하게 비칠 때는 약하게 비칠 때보다 더욱 밝다. 빛이 강해지면 흑암은 약해지고 빛이 약해지면 흑암은 강해진다. 빛이 비춰어 오는 그때가 아침과 낮이요 빛이 물러나는 그때가 저녁과 밤이다.

하나님이 빛을 낮이라 흑암을 밤이라 칭하신 것은 인생들로 하여금 생명의 빛을 받아 육신의 '첫 사람(밤)'에서 영의 '둘째 사람(낮)'이 되라는 계시다. 다시 말하지만 이 낮과 밤은 땅이 자전하면서 태양을 향하면 낮이 되고 태양을 등지면 밤이 되는 그 낮과 밤이 아니다. 인생은 늘 육신의 눈에 보이는 것에 현혹되어 계시의 실상을 놓친다. 창세기는 하나님이 생존자에게 영원한 생명을 주시는 새 창조의 카이로스의 낮과 밤을 가리켜 보이고 있다.

● 욤 에하드(하루)

'아사'의 빛으로 말미암아 이루어진 그 하루는 카이로스의 하루요 새 창조의 큰 날이다. 땅이 태양과의 관계에서 이루어지는 하루는 크로노스의 하루다. '욤 에하드'는 첫째 날이 아니라 '하루'다. 육신의 첫 사람은 크로노스의 날 속에서 살면서 첫째 날, 둘째 날을 말하지만 생명의 빛을 받아 새 창조를 이루는 자는 그가 비록 그 육신으로는 크로노스의 날들 속에 거할지라도 그의 속 사람은 새로운 영의 날, 곧 카이로스의 시간 안에 있게 된다. 이 카이로스의 날에 대하여 기록되기를, "사랑하는 자들아 주께는 하루가 천 년 같고 천 년이 하루 같은 이 한 가지를 잊지 말라."(벧후3:8)라고 하였다.

어느 누가 크로노스에 속한 육체의 시간으로 천 년을 생존한다 할지라도 그에게 하나님으로부터 생명의 빛이 비춰어 오지 않았다면 그 시간은 영적인 생명을 위해서는 카이로스의 하루를 이루지 못했다. 하나님으로부터 새로운 생명의 빛이 비춰어 올 때 카이로스의 한 날을 이룬다. 예수 그리스도께서 '육체(시공)'의 휘장을 찢고 지성소에 들어가신 것은 그를 좇아서 모든 인생들이 영원한 생명에 이르는 카이로스를 맞이하게 하려 함이다. 이와 같이 첫 창조는 새 창조의 바탕이며 징조다.

● 에레브와 보케르(저녁과 아침)

기록된 바, "저녁이 되며 아침이 되니 하루라." 하였다. 저녁이 깊어지면 밤이요, 아침이 더욱 밝아지면 낮이다. 우리는 이 말씀에서 밤과 낮은 악과 선이 아니라 하루의 양면임을 알 수 있다. 하나님의 창조의 근원 안에서 무생명과 생명, 육과 영, 생존과 영원한 생명은 존재의 양면이다. 그 땅은 먼저 물속에서 생명과는 상관없는 자신의 '불(빛)'이 꺼지면서 흑암에 처하였다. 그 후 하나님으로부터 생명의 빛을 받아 아침이 되었다. 첫 창조의 오메가에서 이루어진 하루는 이와 같이 저녁부터 시작되었다. '욤'은 낮인 동시에 날이다. 한 날을 이루려면 빛으로 말미암아 밤 다음에 낮이 와야 한다.

하나님이 "빛이 있으라" 말씀하시자 그 땅에 빛이 비취었다. 그러나 그 빛으로 말미암아 순식간에 그 땅에 광명한 낮이 온 것이 아니라 '저녁이 되며 아침이 되었다.' 이와 같이 흑암에 처하여 있는 누군가에게 생명의 빛이 비춰어 오면 그 순간 그에게 갑자기 낮의 생명이 이루어지는 것이 아니다. 그가 그 생명의 빛을 영접하는 때로부터 이레째 날의 광명한 낮에 이르기까지 저녁이 되며 아침이 되는 날들이 반복된다. 거꾸로 누군가에게 흑암이 찾아왔다고 해서 갑자기 어두운 사망의 밤을 맞이하는 것도 아니다. 그가 그 흑암을 자기의 빛으로 움켜쥔 그 때로부터 점차 영원한 사망을 향해 나아간다.

이사야는 영원한 밤의 사망을 향해 나아가는 사람들에 대하여 말하기를, "흑암을 빛으로 삼으며 빛을 흑암으로 삼는 자에게 화가 있다."라 하였다. 빛과 어두움은 선과 악이 아니라 생명과 사망을 징조하고 있으며 어두움은 빛이 비춰어

올 은혜의 바탕이다. 그러나 '생존(생존의 끝은 사망이다)'의 선악지식을 좇는 사람들은 하나님이 베푸시는 영원한 생명의 빛을 흑암으로 삼고 자신들의 생존지식을 빛으로 삼으면서 자기 흑암에 갇혀 사망을 자취한다. 그러나 누구든지 새 창조의 근원인 예수 그리스도 안에서 육체의 소욕을 좇아 살던 데서 돌이켜 생명의 빛을 받아 영의 소욕을 좇아 살게 되면 오늘 여기서 이루어지는 카이로스의 부활을 맞이한다.

사람이 그 육신으로 아무리 오래 생존한다 할지라도 생명의 빛을 영접하지 아니하면 결국은 사망이다. 첫 사람은 누구나 이 사망의 흑암을 스스로 취한다. 성경은 인간 스스로 취한 이 흑암을 일컬어 악이라 칭하고 있다. 왜냐하면 그 흑암은 사람이 선악지식을 좇은 결과이기 때문이다. 욕심을 좇는 첫 사람은 작은 자나 큰 자나, 낮은 자나 높은 자나, 가난한 자나 부자나, 약한 자나 강한 자나, 어리석은 자나 지혜로운 자나를 불문하고 이 흑암을 빛으로 삼는다. 종교, 윤리, 도덕, 수양, 권세, 사업, 철학 등 하나님 앞에서 사라지는 첫 사람의 가치를 빛으로 삼는 일이다. 사람이 시공에 갇히면 시공 너머에서 오는 생명의 빛을 받지 아니한다.

하나님은 인생들에게 말씀하시기를, "너희가 귀하게 여기고 매달려 있는 시공 속의 그 생존은 빛이 아니라 흑암이니 내가 주는 생명으로 빛을 삼으라."라고 하신다. 이것은 하나님이 인생들에게 주신 '큰 기쁨의 좋은 소식(유앙겔리온)'이다. 그러나 인생들은 도리어 하나님이 어디에 있단 말이냐 비웃으며 육신의 소욕을 좇아서 선악지식을 빛으로 삼고 창조의 근원으로부터 비춰어 오는 생명의 빛을 흑암으로 삼는다.

생명을 빛으로 영접한 사람은 '저녁이 되며 아침이 되니 하루라' 하는 카이로스의 새 창조의 날들을 지나며 이레째에 광명한 낮의 생명 안으로 들어온다.

하나님은 그때에 비로소 그 안에서 안식하신다. 새 창조는 육신의 첫 사람이 죽고 영의 둘째 사람이 일으킴을 받는 구원이요, 거듭남이요, 부활이다. 그러나 많은 사람들은 이 일을 알지 못하고 '종교적 종말 사상(시공에 갇힌 자기 흑암)'에 빠져 들어 기복 신앙으로 먼 훗날에 부활하려 하고 있다. 먼 훗날 부활하려는 그 생각은 아래에서 나아진 자가 입은 양의 옷이다. 그러나 우리가 믿는 예수 그리스도는 전에도 부활과 생명이셨고, 지금도 부활과 생명이시며 또한 언제나 우리에게 부활과 생명으로 임하여 오신다. 종말에 부활하려는 사람들은 보아도 보지 못하고 들어도 듣지 못하고 마음으로 생각지 못하는 그 무지한 믿음으로 흑암을 빛으로 삼고 빛을 흑암으로 삼는다.

1.6 וַיֹּ֣אמֶר אֱלֹהִ֔ים יְהִ֥י רָקִ֖יעַ בְּת֣וֹךְ הַמָּ֑יִם וִיהִ֣י מַבְדִּ֔יל בֵּ֥ין מַ֖יִם לָמָֽיִם׃

바요메르 엘로힘 예히 라키아 베토크 함마임 비히 맙딜 벤 마임 라마임

하나님이 말씀하시기를, "그 물들 가운데 궁창이 있어 그것이 물들의 사이를 나누고 물들이 물들을 향하게 하라."라고 하셨다.

1.7 וַיַּ֣עַשׂ אֱלֹהִים֮ אֶת-הָרָקִיעַ֒ וַיַּבְדֵּ֗ל בֵּ֤ין הַמַּ֙יִם֙ אֲשֶׁר֙ מִתַּ֣חַת לָרָקִ֔יעַ
וּבֵ֣ין הַמַּ֔יִם אֲשֶׁ֖ר מֵעַ֣ל לָרָקִ֑יעַ וַֽיְהִי-כֵֽן׃

바야아스 엘로힘 에트- 하라키아 바얍델 벤 함마임 아세르 미타하트
라라키야 우벤 함마임 아세르 메알 라라키아 바예히-켄

하나님이 궁창을 만드시고 아래에서 궁창을 향하여 있는 그 물들과
위에서 궁창을 향하여 있는 그 물들로 나뉘게 하시니 그대로 되었다.

1.8 וַיִּקְרָ֧א אֱלֹהִ֛ים לָֽרָקִ֖יעַ שָׁמָ֑יִם וַֽיְהִי-עֶ֥רֶב וַֽיְהִי-בֹ֖קֶר י֥וֹם שֵׁנִֽי׃ פ

바이크라 엘로힘 라라키아 샤마임 바예히-에레브 바예히-보케르 욤 셰니

하나님이 그 궁창을 하늘들이라 칭하셨다. 저녁이 되고 아침이 되니 이틀이라.

● 라키아와 함마임(궁창과 그 물들)

창세기 1장 1절에서 그 땅은 이미 '땅의 기초'로 창조되었다. 그리고 물속에 침지(沈漬) 되어 있던(잠겨 있던) 그 땅은 그 물들과 그 하늘들과 함께 뒤엉켜 있어서 그 땅은 혼돈과 공허와 흑암에 처했다. 그러므로 하나님은 그 땅에 먼저 생명의 빛을 비추셨다. 그리고 이틀째에 궁창을 만드셨다. 궁창은 이때에 창조된(바라) 것이 아니라 새롭게 지어졌다(아사). 그 궁창은 창세기 1장 1절에서 이미 창조된 우주의 일부이며 궁창은 이때에 그 땅과의 직접적인 관계성 속에서 온전하게 지어졌다. 즉 어디가 물인지, 어디가 땅인지, 어디가 하늘인지 분별되지 않던 그 땅의 혼돈에서 하나님의 말씀으로 말미암아 물들 가운데 궁창이 그 모습을 드러낸 것이다. 다시 말하지만 창세기 1장 1절에서 '그 하늘들(우주)'은 이미 창조되었고, 또 땅의 기초인 그 땅도 창조되어 우주 안에 들어와 있었다.

우리가 창세기 1장 1절을 깊이 유의해서 읽으면 하나님이 어떻게 그 하늘들과 그 땅을 창조하셨는지는 계시되지 않았다는 것을 알 수 있다. 그러므로 우리는 하나님의 창조와 관련하여 창세기에 계시된 것은 그 계시를 좇아서, 계시되지 않은 것은 인간의 인식 능력을 좇아서 이해하게 된다. 창세기 1장 1절의 계시는 시공을 초월하는 창조의 근원 안에서 이루어진 일이다. 그러므로 여섯째 날 시공 속에 창조되고 거기에 두어진 인간의 모든 노력이나 지식이나 이론이나 주장이나 깨달음이나 발견으로는 창조의 알파에 대하여 무엇이라 말할 수 없다.

시공에 갇힌 자가 시공 너머에서 이루어진 창조에 대하여 알 수 있는 것은 하나님의 계시뿐이다. 그 외에 다른 방법이 없다. 하나님의 자녀는 누구나 야웨 하나님은 전부터 창조자로 있어 왔고 지금도 창조자로 있으며 또한 모든 것을 새롭게 창조하고 있는 분임을 안다. 참으로 인생의 문제는 하나님이 있느냐 없느냐 하며 헛된 논쟁을 하는 데 있는 것이 아니라 야웨 하나님께 생명의 자녀로 위로부터 나느냐 그렇지 못하냐에 있다.

예수 말씀하시되, "감추인 것이 드러나지 않을 것이 없고 숨은 것이 알려지지 않을 것이 없다."(마10:26)라 하였다. 창조의 근원이신 예수 그리스도로 말미암아 우주와 생명에 관하여 우리에게 감춰졌던 모든 것이 반드시 드러날 것이다. 감춰졌던 것이 드러나면 드러날수록 창세기의 계시야말로 시공에 속한 인생들로 시공 너머를 보고, 듣고, 깨닫게 하는, 살았고 운동력 있는 말씀임을 알 것이다.

● 아랫물과 윗물

그 땅은 그 물들과 그 '공간(궁창)'과 함께 뒤엉켜 있어서 혼돈하였다. 그리하여 하나님은 그 땅으로부터 먼저 궁창을 온전하게 드러내셨다. 이와 같이 '바라'는 '아사'를 위하여 있고 '아사'는 '바라'된 것을 온전하게 하면서 처음과 나중이 하나를 이룬다. 하나님은 물들 가운데 궁창을 있게 하시면서 궁창으로 말미암아 물들이 나뉘게 하시고 또 그 물들이 궁창을 가운데 두고 서로 향하게 하셨다. 즉 궁창 아래 있는 물들과 궁창 위에 있는 물들은 아래와 위에서 가운데 있는 궁창을 향하여 있으면서 궁창을 매개로 하여 서로 소통케 되었다. 이 궁창은 혼돈에 처하여 있는 첫 사람의 '마음(땅)'으로부터 오늘 여기서 새롭게 지어질 둘째 사람의 카이로스의 하늘들을 징조하고 있다.

물들은 말씀을 징조하고 있다. 궁창 위의 물들은 하늘에 속한 속 사람의 것이요, 궁창 아래의 물들은 땅에 속한 겉 사람의 것이다. 문자로 쓰인 모든 말씀은 아랫물과 같다. 즉 겉 사람이 지식으로 받은 말씀이다. 그 말씀이 영과 생명 안에서 읽히고 해석되어 사람의 심비에 새겨져서 살아 움직이면 윗물과 같다.

성경을 잘 안다고 하는 사람들 가운데 아랫물과 윗물의 관계를 알지 못하고 '성경 말씀대로 산다'라고 하며 그것을 선으로 삼는다. 이것은 말씀을 선악지식으로 받은 것이다. '성경 말씀대로'란 성경에 쓰인 '문자대로' 살겠다고 하는 것인데 어느 누구도 문자대로는 살 수는 없다. 그러므로 문자대로 살고자 하는 자마다 자신은 물론 다른 이도 죽인다. 그는 자기 지식을 선으로, 남의 지식을 악으로 판단하며 선악 전쟁을 일으켜서 남의 죽음을 맛보며 그 스스로 죽음을 취한다. 그러므로 기록된 바, "문자는 죽이고 영은 살린다"라고 하였다.

윗물과 아랫물이 궁창을 매개로 하여 소통하듯이 마음 하늘을 매개로 하여 심비에 새겨진 계시의 말씀과 문자로 쓰인 글이 소통된다. 그렇지 아니하면 문자로 쓰인 글은 도리어 사람을 죽이는 지식이 되고 만다. 말씀이 문자로 쓰인 것은 영과 생명을 위한 계시가 되게 하려는 것이다. 그런데 문자로 쓰인 지식을 움켜쥐면 그 영과 생명은 온데간데없고 선악지식만 남는다. 궁창 위의 물인 구름이 식으면 비와 눈이 되어 땅을 적신다. 또한 땅 위의 물들은 태양의 열기를 받아 수증기가 되어 궁창 위로 올라간다. 그리하여 궁창의 물과 햇빛과 공기는 생물들이 존재할 수 있는 조건을 이룬다. 이것은 심비에 새겨진 생명의 말씀과 영의 숨 쉼과 사랑의 에너지가 둘째 사람을 살게 함과 같다.

하나님이 그 궁창을 '하늘들('그 하늘들'이 아니다)'이라 칭하신 것은 그 궁창은 이미 창조된 그 하늘들(우주)의 일부이기 때문이다. 이것은 새 창조로 말미암아 하나님의 자녀들 안에 드러나는 생명과 사랑과 거룩과 초월의 하늘들을 징조한다. 이 하늘들은 아버지가 계신 그 영적 하늘들이 그들 안에 들어온 것이다. 우리가 지구를 가리킬 때에 그 지구는 땅덩어리만이 아니다. 지구를 둘러싸고 있는 공간은 지구에 속한 하늘로서 지구와 하나다. 지구와 하나 된 공간이 있기 때문에 생물들이 살 수 있다. 지구와 하나된 하늘은 사람의 마음 안에 들어온 하늘 곧 하나님의 보좌가 된 마음을 징조하고 있다.

다시 말하지만 아랫물은 육신의 눈에 드러난 문자적 지식이요, 윗물은 영의 눈에 드러난 생명의 말씀이다. 성경에 무엇이 기록되어 있는지 자세히 아는 것은 아랫물이요, 그 지식이 영과 생명 안에서 해석되어 심비에 새겨져서 살아 움직이면 윗물이다. 아랫물은 머리에 기억된 지식이요, 윗물은 마음에 새겨진 계시다. 믿음으로 마음에 새겨진 계시는 '의력(디카오쉬네)'이 되어 첫 사람 안에 생명과 사랑과 거룩과 초월을 일으켜서 오늘 여기서 둘째 사람으로 거듭나게 하여 카이로스의 부활을 맞이하게 한다. 부활이란 죽은 자가 산 자로 일으킴을 받는 일이다. 그 부활의 알파는 '산 혼의 실존(레네페쉬 하야)'이요, 그 오메가는 '살려주는 영의 실존'이다. 죽어 있던 땅에 빛이 비춰고, 하늘들이 들어오고, 마른 땅이 드러난 후에 식물들이 땅에 살게 되었다.

● 바예히 켄(그대로 되었다)

'바예히 켄'은 창세기 1장에 6번 씌었다. 1장 7절에 처음 등장하였고 9절, 11절, 15절, 24절, 30절에 각각 씌었다. '바예히 켄'은 하나님이 창조하시고 만드신 모든 것이 그의 기쁘신 뜻대로 존재하게 되었음을 말하고 있다. 만물은 모두 '그의 기쁘신 뜻대로(그가 보시고 좋다 하신 것과 같이)' 존재하여 왔고 존재하고 있으며 존재할 것이지만 하나님의 형상을 좇아 창조되고 또 그의 모양과 같이 하나님이 아들들로 새롭게 지어질 사람만은 도리어 하나님의 길과 생각과는 반대로 그 욕심과 선악지식을 좇아서 하나님의 기쁘신 뜻에서 벗어나고 있다. 인간의 죄는 이것을 말한다. 그러므로 하나님의 자녀로 부름을 받은 이들은 '당신의 뜻이 하늘에서 이룬 것 같이 땅에서도 이루어지이다' 하는 되어짐의 삶 속에서 영의 둘째 사람으로 지어진다.

● 욤 셰니(이틀)

하나님은 이틀째 날에 궁창을 만드셨다. 그럼에도 이틀째 날에는 하나님이 그 궁창을 보시니 좋았다는 말씀이 없다. 이것은 무엇을 말함인가. '땅의 기초'인 그 땅으로부터 궁창이 드러나고 물들은 아랫물과 윗물로 나뉘었다. 그러나 그 땅은 여전히 물에 덮여 있었다. 사흘째 날에 물들이 한곳으로 모이고 마른 땅이 드러나면서 그 땅의 혼돈은 사라졌고 또 그 땅은 식물을 내었다. 그때에 비로소 '하나님이 보시니 좋았다.'라고 하였다.

하나님의 자녀들의 새로운 실존 또한 하나님의 기쁘신 뜻을 좇아서 이루어지고 있다. 그러나 어떤 이들은 하나님의 부르심 속에 있지만 이 일을 알지 못하고 성급하게도 '하나님이 보시니 좋다'라 하시기 전에 '스스로 자기를 보고 좋다'라고 하면서 중도에 머무르거나 뒤로 물러난다. 또 어떤 이들은 하나님이 보시고 좋다 하신 것을 선악의 눈으로 보면서 '선하다' 하거나 '악하다' 판단하면서 하나님이 창조하신 '생명 세계'에 거하지 아니하고 거기서 벗어나서 별도의 '선악 세계'를 지어낸다.

다시 말하거니와 혼돈에 사랑의 질서가 이루어지고, 공허에 생명의 충만이 이루어지고, 흑암에 거룩한 빛이 비춰고, 깊음에서 하나님의 계시가 드러날 때, 하나님은 그것을 보시고 좋다 하신다. 우리는 하나님이 보시고 좋다 하시는 그 일들을 좇아서 새롭게 지어지고 있다. 하나님이 보시고 '좋다' 하시는 그 일을 말하는 것이 '유앙겔리온'이다.

● **진화론, 빅뱅론, 창조론 ①**

여기서 말하고자 하는 것은 사람의 이론이나 주장에 대하여 논쟁하려는 것이 아니라 하나님의 창조의 계시가 무엇인지 깨달아서 시공에 갇힌 인간의 모든 논쟁으로부터 초월하고자 함이다.

오늘날 과학의 발전으로 많은 사람들이 진화론과 빅뱅론에 압도되어 있다. 그러나 하나님께 새롭게 지어지는 영의 실존은 육신의 첫 사람 가운데 논의되고 주장되고 옹호되는 이런 진화론이나 빅뱅론이나 창조론을 초월하지 않으면 안 된다.

진화론은 '무생명으로부터 생명이 출현되었다.' 주장하고, 빅뱅론은 '빅뱅(대폭발)에 의해 우주가 탄생되었다.'고 말한다. 그리고 창조론은 '태초에 전능하신 하나님이 천지를 창조했다.'고 말한다. 그러나 이 모든 것은 시공 속에 갇힌 인간의 생각이요. 지식일 뿐이다. 창조론자도, 진화론자도, 빅뱅론자도 시공을 초월하는 하나님의 창조의 근원을 알지 못하고 시공에 갇혀서 갑론을박하고 있을 뿐이다. 인간은 시공 속에 창조되고 거기에 두어져 있는 존재이다. 그러므로 시공은 인간이면 누구나 피할 수 없는 한계다. 그럼에도 빅뱅론자와 진화론자들은 시공 속에서 관찰된 것으로 시공을 넘어서는 일에 대하여 주저 없이 부정한다. 이에 비하여 창조론자들은 천지창조론을 옹호하고 있으나 그들 역시 시공에 갇혀 있기는 마찬가지다.

창조론자들이 '베레쉬트'를 '태초에(In the beginning)'라 말하는 것은 태초라 하는 시간 안에서 천지를 창조하신 하나님을 말하는 것이다. 즉 이것은 시공 너머의 근원 안에서 이루어진 일을 '태초'라는 '시간' 안으로 끌어내린 것이다. 엄밀히 말하면 시간은 하나님께 창조되지 않은 것이 되고 만다. 더욱이 '태초에'라는 시간은 '종말에'라는 시간을 불러일으킨다. 결국 '태초'는 '종말'과 짝이 되어 헛된 종말론을 야기시키고 사람들은 종말론을 좇아서 오늘 여기서 이루어지는 카이로스의 새 창조 안으로 들어오지 아니한다.

● 진화론, 빅뱅론, 창조론 ②

창세기 1장 1절은 "근원 안에 하나님이 그 하늘들과 그 땅을 창조하셨다."이다. 그럼에도 창조론자들은 창세기 1장 1절의 '근원'을 태초로 알고 있을 뿐 아니라 그 하늘들과 그 땅을 단순히 '물질 우주(그 하늘과 그 땅)'인 것으로 오해하였다. 이는 창조론자들이 복수의 하늘들이 무엇인지 이해하려 하지 않았기 때문이다.

누구든지 물질 우주의 창조에 갇혀 있는 한 새 하늘과 새 땅의 창조가 무엇인지 알 수도 없고 그리로 인도될 수도 없다. 새 하늘과 새 땅이란 하나님이 계신 그 영적 하늘들이 하나님의 자녀들 마음 안에 계시되고 각 사람 안에 새롭게 이루어지는 그 하늘과 그 땅이다. 하나님의 자녀들 안에 이루어지는 새 하늘과 새 땅을 놓치면 알파와 오메가요, 처음과 나중이요, 근원과 궁극이신 하나님을 잃어버린 것이다.

기독교인들이 아무 의심 없이 암송하고 있는 사도신경을 보자. 신앙고백의 첫머리에 "전능하사 천지를 창조하신 하나님을 내가 믿는다."라고 하였다. 여기 천지가 곧 물질 우주이다. 그들은 물질 우주를 창조하신 전능하신 하나님을 믿는다 고백하고 있을 뿐 그들을 오늘 여기서 새로운 실존으로 지으시는 아버지 하나님을 믿지 아니한다. 그들의 고백은 기껏해야 신(神) 중에 가장 으뜸 되는 신을 내편으로 가졌다는 우월성과 오만과 배타성을 드러낼 뿐이다. 전부터 계셔 왔고, 지금도 계시며, 또 오고 계신 그 하나님은 그의 자녀들을 영의 새로운 실존으로 지으시는 분이다. 야웨 하나님은 겉 사람인 '나' 안에 속 사람인 '나'를 낳으시고 둘이 하나 되는 '나의 나됨'을 이루신다.

하나님은 첫 창조이든 새 창조이든 근원 안에서 행하신다. 그 근원을 떠나서는 하나님이 계시하신 창조를 볼 수도 없고, 들을 수도 없고, 깨달을 수도 없다. 이 근원은 시공 안에 창조되고 거기에 두어진 첫 사람의 시공 개념으로는 말할 수도 없고 거기에 이를 수도 없다. 그러므로 하나님의 창조는 그의 계시에 의해 드러날 뿐이다.

오늘날 인간은 놀라운 관찰력으로 시공의 관찰자가 되어 있다. 그러나 그들의 관찰은 동일한 것을 관찰할 때에도 그 보는 눈에 따라, 듣는 귀에 따라, 생각하는 마음에 따라 각기 다르다. 인간의 관찰에 의해 등장했던 그 많은 가설과 이론과 주장은 시간이 지나가면서 사라졌다. 오늘날 사람들 가운데 굳건히 자리 잡고 있는 진화론이나 빅뱅론도 사라질 것이 분명하다. 이는 기록된 바, "보이는 것은 나타난 것으로 말미암아 된 것이 아니라."(히11:3)라고 하였기 때문이다.

사람의 눈에 보이는 모든 것은 사람의 눈에 '관찰된(나타난)' 그 무엇으로 말미암아 이루어진 것이 아니다. 그럼에도 오늘날 진화론자나 빅뱅론자는 자만에 취하여 있고 창조론자는 영과 생명의 계시 안으로 들어오지 아니한다. 시공 속에서 인간이 그 지혜와 노력으로 무엇인가 발견하고 이론화 하고 그 이론을 증명할 방법을 찾는 것은 시공 속에 감추인 것을 드러내고 숨긴 것을 알게 하는 일이다. 그러므로 우리는 시공 속에 감추인 것이 사람들에 의해 드러날수록 그 너머를 바라보며 더욱 더 하나님께로 나아갈 수 있다.

● 믿음의 알파와 오메가

오늘날 과학의 발전으로 첫 사람은 육신의 눈으로 '에이돈(보는 것, 관찰하는 것)'하는 것을 굳게 믿게 되었다. 그러나 근원 안에서 새롭게 지어지는 둘째 사람은 영의 눈으로 근원에 속한 것을 '호라오(계시된 것을 보는 것)'하는 것을 믿는다. 첫 사람도 '보고(에이돈)', 둘째 사람도 '보지만(호라오)', 첫 사람은 시공에 속한 것을 보고, 둘째 사람은 근원에 속한 것을 본다. 첫 사람과 둘째 사람은 보는 눈도 다르고 믿는 마음도 다르다. 첫 사람은 육신의 눈으로 보는 것을 믿고, 둘째 사람은 영의 눈으로 보는 것을 믿는다. 첫 사람의 믿음은 알파요, 둘째 사람의 믿음은 오메가다. 알파의 믿음은 자기 믿음이요 오메가의 믿음은 예수 그리스도의 믿음과 하나된 믿음이다. 하나님은 모든 사람들이 알파의 믿음에서 오메가의 믿음으로 유월하여 창조의 근원 안에서 새로운 실존으로 지어지기를 원하신다. 시공 속에서 관찰된 것만을 믿는 첫 사람의 믿음은 처음 하늘과 처음 땅이 사라질 때 함께 사라진다.

예수의 열두 제자 중 하나인 도마는 십자가에 못 박혀 죽었다가 살아나신 예수의 부활을 믿지 못했다. 다른 제자들은 부활하신 예수를 '호라오'하였으나 그는 그 때에 그들과 함께 있지 않았다. 그가 단호하게 말하기를, "내가 그 손의 못 자국을 보며(에이돈) 내 손가락을 그 못 자국에 넣으며 내 손을 그 옆구리에 넣어 보지 않고는 믿지 않겠다."라고 하였다. 살아나신 예수를 믿음에 있어 도마 이상으로 철저한 관찰과 검증을 요구한 사람도 드물다.

이것은 오늘날 진화론자나 빅뱅론자가 요구하는 관찰과 검증과 조금도 다를 바 없다. 그러나 그가 살아나신 예수를 '호라오'하게 되자 "당신은 나의 주시며 나의 하나님이시라."라고 하였다. 그때에 예수 말씀하시되, "너는 나를 본고로(호라오)

믿는다. 보지(에이돈) 아니하고 믿는 자가 복되다."라 하셨다. 이 말씀은 믿음에 관하여 많은 오해를 일으키고 있으나 그가 말씀하신 바의 복된 자는 '에이돈'하는 것을 믿는 자가 아니라 '호라오'하는 것을 믿는 자이다. 이와 같이 도마는 알파의 믿음에서 오메가의 믿음으로 유월하였다. 우리가 진화론이나 빅뱅론이나 창조론을 초월해야 할 이유가 여기에 있다.

1.9 וַיֹּאמֶר אֱלֹהִים יִקָּווּ הַמַּיִם מִתַּחַת הַשָּׁמַיִם אֶל־מָקוֹם אֶחָד וְתֵרָאֶה הַיַּבָּשָׁה וַיְהִי־כֵן׃

바요메르 엘로힘 이카부 함마임 미타하트 핫샤마임 엘-마콤 에하드 베테라에 하얍바샤 바에히-켄

하나님이 말씀하시기를, "그 하늘들 아래의 물들이 한 곳으로 모이고 그 뭍이 드러나라."라고 하셨다. 그대로 되었다.

1.10 וַיִּקְרָא אֱלֹהִים לַיַּבָּשָׁה אֶרֶץ וּלְמִקְוֵה הַמַּיִם קָרָא יַמִּים וַיַּרְא אֱלֹהִים כִּי־טוֹב׃

바이크라 엘로힘 라얍바샤 에레츠 우레미크베 함마임 카라 야밈 바야르 엘로힘 키-토브

하나님이 그 뭍을 향하여 땅이라 칭하시고 모인 그 물들을 향하여 바다들이라 칭하셨다. 그리고 하나님이 보시니 좋았다.

● **하얍바샤(그 뭍, 그 마른 땅)**

"빛이 있으라." 하신 하나님의 말씀을 좇아서 '땅의 기초' 위에 생명의 빛이 비취어 왔고 그 다음 날 하나님이 궁창을 지으시고 궁창 위의 물들과 궁창 아래의 물들로 나뉘게 하셨다. 궁창 아래의 물들은 아직 그 땅을 덮고 있었으므로 하나님이 그 물들을 한 곳으로 모이게 하시고 마른 땅이 드러나게 하셨다. 하나님은 그 물들에서 드러난 그 뭍을 '땅('그 땅'이 아니다)'이라 칭하셨다. 그리하여 그 뭍은 육지에 사는 생물체의 터전이 되었다. 이 모든 것을 하나님이 보시니 좋았다.

이 일은 육신의 첫 사람이 그 생존의 애착과 욕심과 선악지식으로 하나님께 대하여 죽어 있는데서 생명의 말씀을 좇아서 그가 처해 있던 혼돈과 공허와 흑암으로부터 일으킴을 받아 육신의 삶에 속한 것은 한 곳으로 모이고 새로운 실존을 이루는 마음의 '터전(땅)'이 드러나게 됨을 가리킨다. 생명의 씨는 이 무생명의 땅에 떨어져서 싹이 나고 자라게 된다. 땅의 기초에 빛이 비취고, 궁창이 드러나고, 이제 땅은 마른 땅과 바다로 나뉘었다.

1.11 וַיֹּאמֶר אֱלֹהִים תַּדְשֵׁא הָאָרֶץ דֶּשֶׁא עֵשֶׂב מַזְרִיעַ זֶרַע עֵץ פְּרִי עֹשֶׂה
פְּרִי לְמִינוֹ אֲשֶׁר זַרְעוֹ־בוֹ עַל־הָאָרֶץ וַיְהִי־כֵן׃

바요메르 엘로힘 타드셰 하아레츠 데셰 에세브 마즈리아 제라 에츠
페리 오세 페리 레미노 아셰르 자르오-보 알-하아레츠 바예히-켄
하나님이 말씀하시기를, "그 땅은 풀과 씨 맺는 채소와 각기 종류대로
그 안에 씨가 있는 열매 맺는 과목을 내라."라고 하셨다. 그대로 되었다.

1.12 וַתּוֹצֵא הָאָרֶץ דֶּשֶׁא עֵשֶׂב מַזְרִיעַ זֶרַע לְמִינֵהוּ וְעֵץ עֹשֶׂה פְּרִי אֲשֶׁר
זַרְעוֹ־בוֹ לְמִינֵהוּ וַיַּרְא אֱלֹהִים כִּי־טוֹב׃

바토찌 하아레츠 데셰 에세브 마즈리아 제라 레미네후 베에츠 오세
페리 아셰르 자르오 -보 레미네후 바야르 엘로힘 키-토브
그 땅이 풀과 각기 종류대로 씨 맺는 채소와 각기 종류대로 그 안에 씨가 있는
열매 맺는 나무를 내었다. 그리고 하나님이 보시니 좋았다.

1.13 וַיְהִי־עֶרֶב וַיְהִי־בֹקֶר יוֹם שְׁלִישִׁי׃ פ

바예히-에레브 바예히-보케르 욤 셸리쉬
저녁이 되며 아침이 되니 사흘이라.

● 풀과 씨 맺는 채소와 그 안에 씨가 있는 열매 맺는 과목

'땅의 기초'로부터 궁창과 바다와 마른 땅이 드러나자 그것들은 생물이 거할 수 있는 처소가 되었다. 이와 같이 하나님은 생물들의 처소를 먼저 예비하시고 그 땅으로 하여금 풀과 각기 종류대로 씨 맺는 채소와 각기 종류대로 그 안에 씨가 있는 열매 맺는 과목을 내게 하셨다. 그 땅이 식물을 낸 순서는 먼저 풀이요, 그 다음에 씨 맺는 채소요, 마지막이 과목이다. 아마도 진화론자들도 그들의 예리한 관찰을 통해 이 일을 잘 알고 있을 터이다. 그러나 그들은 이미 창조된 일을 관찰하면서 이 일을 행하신 하나님을 '호라오'하지 못했다.

창세기는 진화론이 나오기 수천 년 전에 이미 식물이 하나님이 명하신 순서를 좇아 땅에서 나온 것을 분명히 밝히고 있다. 지금까지 성경을 읽는 이들의 눈이 가리워서 말씀이 드러내고 있는 놀랍고도 오묘한 일을 보아도 보지 못했고, 들어도 듣지 못했고, 마음으로 생각지 못했다. 그들은 다만 전능하신 하나님이 만물을 창조했다는 말만 되풀이한다. 그리고 하나님의 창조에 대하여 의문을 제기하는 사람들이 무엇을 알기 원하는지를 듣지 아니하고 그들을 이단이나 죄인으로 정죄하였다. 반면 진화론자들은 그들의 관찰을 통하여 하나님의 창조로 말미암아 시공 안에 감추인 것들을 드러내었으나 그들은 시공 너머의 일을 보지도 듣지도 깨닫지도 못하였음에도 그것을 부정하면서 시공에 속한 조그만 그들의 지식을 전부인 것 같이 말하고 있다.

● 다샤와 야짜(돋다와 나가다)

하나님은 그 땅에게 풀과 씨 맺는 채소와 그 안에 씨가 있는 열매 맺는 과목을 '내라(타드세;다샤의 사역형)' 명하셨다. 창세기 1장 11절에서 '다샤(돋다)'와 '야짜(나가다)'는 그 사역형인 '타드세'와 '토찌'가 각각 쓰이고 있다. '다샤'는 '돋다, 싹이 트다'이므로 그 사역형은 '돋게 하다, 싹트게 하다'이며 '야짜'는 '나가다'이므로 그 사역형은 '나가게 하다, 끌어내다'이다.

하나님은 그의 살았고 운동력 있는 말씀으로 그 땅에 명하시기를 풀과 씨 맺는 채소와 열매 맺는 과목을 '내라(타드세)' 하셨고 그 땅은 그 명을 좇아서 식물을 '내었다(토쩨)'. 이와 같이 먼저 나온 말씀과 말씀으로 이룬 실상은 온전한 하나를 이루었다. 말씀이 육신이 되는 일도 이와 같다.

아무리 마른 땅이 있고, 거기에 햇빛이 비취고, 물이 있고, 공기가 있어서 생물체가 살 수 있는 조건을 이루었다고 할지라도 무생명은 생물을 낼 수 없다. 집이 지어졌다고 거기에 저절로 사람이 생겨나는 것이 아니다. 그 땅에 식물이 존재하게 된 것은 거처를 예비하신 하나님이 다시 살았고 운동력 있는 말씀으로 명하셨기 때문이다. 진화사상이 사람들 사이에 퍼지기 시작한 것은 고작 18세기에 들어서다. 그러나 적어도 지금으로부터 4천년 이전에 쓰인 창세기는 그 땅이 하나님의 말씀을 좇아서 먼저 풀을 내고, 다음에 씨 맺는 채소를 내고, 그 다음에 열매 맺는 과목을 낸 것을 말하고 있다. 그러므로 진화사상은 하나님이 창조의 근원 안에서 행하신 일을 사람의 생각으로 바꾸어 표현하고 있는 것에 불과하다.

사흘째 날에는 '하나님이 보시니 좋았다'는 말씀이 반복되고 있다. 첫 번째는 하늘들과 땅과 바다가 온전하게 지어진 후요, 두 번째는 그 땅이 식물들을 낸 후다. 이렇게 하여 그 사흘간은 첫 창조의 처음 삼일이 되었고 나흘부터는 나중 삼일이 되었다. 처음 삼일과 나중 삼일은 육신의 첫 사람이 영의 둘째 사람으로 지어지는 새 창조의 처음과 나중을 징조한다. 즉 이 일들은 새 하늘과 새 땅이 창조되는 징조들이다.

하나님은 처음 것을 나중 되게 하시고 나중 것을 처음 되게 하시면서 둘이 온전한 짝을 이루게 하신다. 하나님은 그것을 보시고 '좋다' 하신다. 혼돈은 질서와, 공허는 충만과, 흑암은 빛과 짝을 이룬다. 또한 처소는 거기 거하는 생물과 짝을 이룬다. 또 '처음 생물(식물)'은 '나중 생물(동물)'과 짝을 이루면서 처음 생물은 나중 생물의 먹을거리와 거처가 되고 나중 생물은 처음 생물의 번식에 기여한다. 그리하여 처음 것은 나중 것을 위하여 있고 나중 것은 처음 것을 온전케 하면서 땅은 생물로 충만케 되었다. 사흘째에 땅은 생물과 짝을 이루었다. 하늘과 땅은 거처요 생물은 거주자이다. 이것은 형상과 모양의 관계성이다.

● 식물들이 가리키고 있는 징조들

풀과 씨 맺는 채소와 열매 맺는 과목은 각기 징조하는 바가 있다. 풀은 육신만으로 사는 존재요, 씨 맺는 채소는 산 혼의 존재요, 열매 맺는 과목은 살려주는 영의 존재다. 풀과 같은 존재인 육신의 첫 사람이 하나님으로부터 생명들의 숨을 받으면 그 혼이 하나님을 향하여 사는 산 혼의 존재가 된다. 산 혼의 존재가 거룩한 영으로 거듭나면 살려주는 영이 된다.

기록된 바, "사람이 물과 영으로 위로부터 나지 아니하면 하나님의 나라에 들어갈 수 없다."라 하였다. 물은 말씀을 징조한다. 말씀으로 거듭난 자는 하나님을 향하여 죽어 있던 그의 혼이 살아서 산 혼으로 하나님을 향하게 된다. 산 혼은 영으로 다시 거듭나서 살려주는 영이 되어 죽은 자를 살린다. 이와 같이 거듭남은 부활이다. 즉 하나님께 대하여 '죽어 있던(단절되어 있던)' 혼이 말씀으로 거듭나면 산 혼이요, 산 혼이 하나님의 영으로 거듭나면 살려주는 영이다. 거듭남의 처음과 나중은 부활의 처음과 나중이다. 처음 부활은 하나님을 향하여 죽었던 자가 사는 것이요 나중 부활은 살리는 자가 죽은 자를 살리려고 죽은 자 안에서 죽었다가 다시 사는 것이다. 그럼에도 오늘날 사람들은 살아있고 운동력 있는 말씀이 아닌 교리를 좇아서 아래에서 난 것을 위로부터 난 것으로 오해하고 있다.

하나님의 아들들은 누구나 죽은 자가 산 자가 될 뿐 아니라 죽은 자를 살리려고 죽었다가 다시 사는 부활의 권세를 가진 자이다. 위로부터 났다 하는 자가 막연히 종말에 있을 부활을 기다리는 것은 그가 아래에서 났다는 반증이다. 하나님의 새 창조는 오늘 여기 카이로스에서의 구원이요, 거듭남이요, 부활이다. 우리 중 많은 사람들은 이 생명의 흐름을 알지 못하고 다만 첫 사람의 욕심을 좇아서 종말에 부활하려 한다. 그것은 좌절되었던 육신의 욕망을 예수의 힘을 빌려 다시 살리려는 것 외에 다른 것이 아니다. 그러므로 그런 것은 첫 사람의 자기 믿음일 뿐 둘째 사람의 믿음이 아니다. 첫 사람의 자기 믿음이 죽고 자신 안에 새롭게 계시된 '예수 그리스도의 믿음' 안으로 들어 온 존재만이 열매 맺는 과목의 존재요, 살려주는 영이다.

열매 맺는 과목은 첫 사람이 둘째 사람이 되어 땅에 '거꾸로 서 있는' 모습이다. 그는 첫 사람과는 달리 거꾸로 산다. 이것은 영의 둘째 사람이 첫 사람의 육신의 소욕을 십자가에 못 박고 영의 소욕으로 부활한 것을 징조한다. 영의 둘째 사람은 '육체(시공)'의 휘장을 찢고 그 너머의 '창조의 근원(지성소)' 안에 들어간 부활의 실존이다. 즉 땅에 속한 첫 사람이 하늘에 속한 둘째 사람으로 변화된 생명의 모양이다.

둘째 사람은 첫 사람이 쉴 새 없이 내어 보내는 죽음의 기운을 생명의 기운으로 바꾼다. 이 일은 마치 나무가 동물들이 숨 쉬며 내놓는 탄산가스를 받아 탄소동화작용을 일으켜 열매를 맺으며 또 신선한 산소를 내는 것과 같다. 둘째 사람은 산 혼의 존재에서 살려주는 영이 되었다. 그는 창조의 근원이신 예수 그리스도 안에서 첫 사람이 갇힌 시공을 초월케 되었다.

첫 사람의 눈으로 보면 둘째 사람은 분명 세상을 거꾸로 산다. 그러므로 선악지식을 좇아 첫 사람의 세상에서 성공하고자 하는 자는 이 거꾸로 사는 새 창조의 은혜와 진리를 알 수 없다. 모든 사람이 예수 믿고 큰 자, 높은 자, 강한 자, 부자가 되려 하니 아무도 작은 자, 낮은 자, 약한 자, 가난한 자가 될 수 없다. 이 땅 위에 예수 믿는다는 자는 바닷가의 모래와 같이 많으나 정작 가루처럼 작은 자로서 살려주는 영의 실존이 되고자 하는 자는 보기 어렵다. 그러나 진리 안에 계시된 하나님의 사랑을 받는 자는 둘째 사람의 복됨과 거룩함을 알고 그것을 소망한다.

● 새 창조를 위한 '사람의 기초'

육신의 첫 사람은 새 창조를 위한 사람의 기초다. 하나님은 그가 행하시는 창조에서 처음과 나중이 짝이 되게 하신다. 근원 안에 창조된 그 땅이 '땅의 기초'가 되어 엿새 동안 새롭게 지어졌다. 이와 같이 엿새째 날 창조되고 시공에 두어진 육신의 첫 사람은 영의 새 사람으로 지어질 '사람의 기초'다. 즉 육신의 첫 사람은 크로노스에서 카이로스로 유월되어 새로운 엿새를 좇아서 영의 둘째 사람으로 지어진다. 그 사람이 풀과 채소와 과목으로 비유되고 있다.

풀은 다른 생물에게 먹히면 그 존재가 사라진다. 육신만으로 사는 자는 풀과 같다. 씨 맺는 채소는 다른 생물에게 먹히면 그 존재는 사라지지만 그것의 씨는 남아서 다시 씨 맺는 채소를 낸다. 산 혼의 존재는 씨 맺는 채소와 같다. 그 안에 씨가 있는 열매 맺는 과목은 그 열매를 다른 생물의 양식으로 공급하지만 과목 자체는 여전히 그대로 존재하며 계속 열매를 맺는다. 그 과목의 열매가 다른 생물의 먹을거리가 되면 그 안의 씨는 땅에 떨어져서 싹이 나서 새로운 과목으로 자란다. 살려주는 영은 열매 맺는 과목과 같다.

과목의 열매가 다른 생물에게 먹을거리가 되는 것은 그 과목이 더욱 번성하는 길이다. 이와 같이 살려주는 영은 그 자신이 먹을거리가 되지만 그 안의 생명의 씨앗으로 그를 먹은 자를 살린다. 이것이 생명이 생명을 낳는 법이다. 생명은 죽은 자들을 살리기 위하여 그들 가운데서 죽었다가 다시 사는 부활의 권세를 가진다. 부활의 권세는 예수 그리스도의 믿음과 하나된 믿음이다. 새 창조의 알파는 죽은 자가 살아서 '레네페쉬 하야(산 혼의 실존)'가 되는 것이요, 오메가는 그가 살려주는 영으로 거듭나서 죽은 자들 가운데서 죽었다가 그들을 살리며 다시 사는 것이다. 이 부활을 통하여 모든 사람이 하나님 안에서 하나 된다. 오직 부활이 있는 곳에 하나됨이 있다. 하나님과 하나됨은 곧 부활이며 '나의 나됨'이다.

1.14 וַיֹּ֣אמֶר אֱלֹהִ֗ים יְהִ֤י מְאֹרֹת֙ בִּרְקִ֣יעַ הַשָּׁמַ֔יִם לְהַבְדִּ֕יל בֵּ֥ין הַיּ֖וֹם וּבֵ֣ין
הַלָּ֑יְלָה וְהָי֤וּ לְאֹתֹת֙ וּלְמ֣וֹעֲדִ֔ים וּלְיָמִ֖ים וְשָׁנִֽים׃

바요메르 엘로힘 예히 메오로트 비르키아 핫샤마임 레합딜 벤 하욤 우벤 하라엘라 베하우 레오로트 우레모아딤 우레야밈 베샤님

하나님이 말씀하시기를, "그 하늘들의 궁창 안에 광명체들이 있어 그 낮과 그 밤을 나뉘게 하라. 또 그것들이 징조들을 위하여, 시기들을 위하여, 일자들을 위하여, 연한들을 위하여 있으라."

1.15 וְהָי֤וּ לִמְאוֹרֹת֙ בִּרְקִ֣יעַ הַשָּׁמַ֔יִם לְהָאִ֖יר עַל־הָאָ֑רֶץ וַֽיְהִי־כֵֽן׃

베하우 리메오로트 비르키아 핫샤마임 레하이르 알 하아레츠 바예히- 켄

"또 그것들이 그 하늘들의 궁창 안에 광명체들로 있어서 그 땅 위에 비춰라."라고 하셨다. 그대로 되었다.

1.16 וַיַּ֣עַשׂ אֱלֹהִ֔ים אֶת־שְׁנֵ֥י הַמְּאֹרֹ֖ת הַגְּדֹלִ֑ים
אֶת־הַמָּא֤וֹר הַגָּדֹל֙ לְמֶמְשֶׁ֣לֶת הַיּ֔וֹם וְאֶת־הַמָּא֤וֹר
הַקָּטֹן֙ לְמֶמְשֶׁ֣לֶת הַלַּ֔יְלָה וְאֵ֖ת הַכּוֹכָבִֽים׃

바야아스 엘로힘 에트-셰네 함메오로트 하게돌림 에트-함마오르 하가돌 레멤셸레트 하욤 베에트 함마오르-하카톤 레멤셸레트 할라엘라 베에트 하코카빔

하나님이 두 큰 광명체들을 만드시고 그 큰 광명체는 그 낮을 관장하게, 그 작은 광명체는 그 밤을 관장하게 하시고 또 그 별들을 만드시고

1.17 וַיִּתֵּ֥ן אֹתָ֛ם אֱלֹהִ֖ים בִּרְקִ֣יעַ הַשָּׁמָ֑יִם לְהָאִ֖יר עַל־הָאָֽרֶץ׃

바이텐 오탐 엘로힘 비르키아 핫샤마임 레하이르 알-하아레츠

하나님이 그것들을 그 하늘들의 궁창에 두어 그 땅 위에 비취게 하시고

1.18 וְלִמְשֹׁל֙ בַּיּ֣וֹם וּבַלַּ֔יְלָה וּֽלֲהַבְדִּ֔יל בֵּ֥ין הָא֖וֹר
וּבֵ֣ין הַחֹ֑שֶׁךְ וַיַּ֥רְא אֱלֹהִ֖ים כִּי־טֽוֹב׃

베림숄 바욤 우바라엘라 우라합딜 벤 하오르 우벤 하호셰크 바야르 엘로힘 키-토브

또 그 날 안에서 그리고 그 밤 안에서 다스리게 하시고 그 빛과 그 흑암을 나뉘게 하셨다. 하나님이 보시니 좋았다.

1.19 וַֽיְהִי־עֶ֥רֶב וַֽיְהִי־בֹ֖קֶר י֥וֹם רְבִיעִֽי׃ פ

바예히-에레브 바예히-보케르 욤 리비이

저녁이 되며 아침이 되니 나흘이라.

● **메오로트(광명체들) ①**

창세기 1장 14절에서 19절까지의 말씀에서 '바라'와 '아사'의 관계는 더욱 분명히 드러나고 있다. 광명체들은 이미 창세기 1장 1절에서 하나님이 그 하늘들과 그 땅을 창조하실 때 창조되었다. 그러나 그 광명체들이 그 땅과의 온전하고 풍성한 관계성 속에서 그 땅 위를 새롭게 비취게 된 것은 나흘째 날이다. 이 나흘째 날도 지구가 태양의 주위를 돌면서 이루어지는 크로노스의 날이 아니다. 이 날은 하나님의 생명과 사랑과 거룩과 초월의 빛으로 이루어진 새 창조의 날이다. 첫 사람은 크로노스의 날들 중에 거하고 있다. 그러나 둘째 사람은 영과 생명 안에서 새 창조의 카이로스의 날들을 맞이한다.

히브리어 '오르'는 빛이요 '마오르'는 빛을 비취는 광명체이다. 그리고 '마오르'의 복수는 '메오로트'이다. 창세기 1장 1절은 첫 창조의 알파다. 그 이후는 첫 창조의 오메가이며 그 오메가는 처음의 삼일과 나중의 삼일로 나뉜다. 어두움 속에 하나님이 비추신 그 빛은 생명의 빛이요, 사랑의 빛이요, 거룩의 빛이요, 초월의 빛이다. 이 빛으로 처음의 삼일과 나중의 삼일을 이루었다.

'빛이 있으라' 한 '그 빛(오르)'은 모든 빛의 근원이신 하나님에게서 나왔다. 그리고 나흘째에 하나님은 이미 창조되어 있던 '메오로트(광명체들)'를 온전하게 지어서 시공 속에 두시고 그 광명체들이 피조물들 위에 비취게 하셨다. 그러므로 시공의 광명체들은 근원의 빛 안에서, 근원의 빛으로 말미암아, 근원의 빛을 향하여 빛을 비추며 근원을 드러내고 있다. 이 빛들은 거듭난 둘째 사람의 빛들을 징조한다.

아기의 탄생과 성장을 통하여 이 빛들의 관계를 살펴보자. 아기가 어머니 뱃속에 잉태되어 출산되는 것은 첫 창조를 징조한다. 그리고 태어난 아기가 부모의 보호 아래 사람답게 길러지는 것은 새 창조를 징조한다. 아기가 길러지는 육성의 때는 알파와 오메가, 처음과 나중, 근원과 궁극으로 나뉘며 그 둘은 온전한 하나다.

알파의 때는 부모가 아기를 위하여 자신들의 눈으로 보고, 귀로 듣고, 마음으로 생각하는 것을 아기를 위하여 행한다. 이는 아기가 온전하게 보고, 듣고, 생각할 수 없기 때문이다. 이와 같이 알파의 때는 부모의 믿음과 소망과 사랑의 빛이 아기 위에 비췬다. 아기가 장성하여 스스로 보고, 듣고, 생각할 수 있게 되면 그는 그 자신의 빛으로 산다. 그러나 그가 가진 그 빛의 근원은 부모이다.

아기가 어른이 되면 그 자신의 빛으로 살지만 그것은 부모로부터 받아서 이루어진 '메오로트'에서 나오는 빛이다. 이와 같이 '메오로트'는 하나님이 비추신 근원의 빛 안에서 각 사람이 자신의 생명의 빛을 비추는 것을 징조한다. 또한 그 빛을 받아 반사하는 시공의 모든 빛들은 '메오로트'의 빛 안에 있다. 그러므로 시공의 모든 빛은 근원의 빛으로 말미암아 이루어졌고 또 그 빛 안에서 자신의 빛을 비춘다. 그러나 첫 사람만은 그 욕심과 선악지식으로 이 관계성에서 빗나가고 있다.

첫 사람은 그 욕심과 선악지식을 좇아서 흑암을 빛으로 삼고 빛을 흑암으로 삼는다. 육신의 첫 사람은 누구든지 잠시 있다가 사라질 생존을 생명으로 알고 움켜쥐고 있다. 이것이 문제다. 생존은 하나님의 창조의 근원 안에 있는 시공에 속한 것이며 잠시 있다가 사라질 빛이다. 마치 반딧불과 같다. 육신에 속한 사람은 시공에 갇혀서 시공 너머의 영원한 빛을 보아도 보지 못하며, 들어도 듣지 못하며, 마음으로 생각지 못한다. 그 때문에 하나님은 허무한 것을 붙들고 스스로 흑암에 처한 인생들을 향하여 생명의 빛을 비추신다.

나흘째에 그 땅 위에 빛을 비춘 광명체들, 곧 해와 달과 별들은 예수 그리스도를 믿는 이들이 비추는 빛을 징조한다. 해는 사랑을, 달은 믿음을, 별들은 소망을 가리킨다. 즉 예수 그리스도로 말미암아 사람들 안에서 비춰게 되는 그 빛은 사랑과 믿음과 소망이다. 사랑은 왕의 빛이요, 믿음은 제사장의 빛이요, 소망은 예언자의 빛이다. 이 빛들은 그리스도 예수의 기름부음으로 오고 있다. 둘째 사람은 사랑으로 자기를 다스리는 왕이요, 믿음으로 자기를 제물로 삼는 제사장이요, 소망으로 자기의 새로운 실존을 예언하는 예언자다.

● 징조들, 시기들, 날들, 연한들

광명체들은 근원의 빛 안에서 자신들의 빛을 땅 위에 비춘다. 어느 광명체든지 거기에서 벗어남이 없다. 이것은 둘째 사람이 그리스도 예수의 빛 안에서 사랑과 믿음과 소망의 빛을 비추는 그 일을 징조한다. 하늘에 있는 광명체들은 변함없이 그들의 빛을 땅 위에 비춘다. 그러나 지구는 태양의 주위를 돌면서 징조와 시기와 날과 연한을 이룬다. 이와 같이 그리스도 예수의 사랑과 믿음과 소망의 빛은 사람 위에 변함없이 비추고 있으나 사람은 그 육신의 소욕을 좇아서 그 빛을 등지기도 하고 그 영의 소욕을 좇아서 그 빛을 향하기도 한다. 그리하여 각 사람마다 그에게 고유하고 독특한 사랑과 믿음과 소망의 징조와 시기와 날과 연한을 이룬다.

● 두 종류의 다스림

다스림에는 두 종류가 있다. 하나는 '안에서 다스리는 것(rule-in)'이요, 다른 하나는 '위에서 다스리는 것(rule-over, dominion-over)'이다. 첫 사람은 위에서 다스리고 둘째 사람은 안에서 다스린다. 하나님은 광명체들에게 '안에서 다스리라' 하셨다. 안에서 다스리는 것은 존재적 다스림이다. 다스리는 자가 다스림을 받는 자와 하나 되는 것이 안에서의 다스림이다. 위에서 다스리는 것은 물리적 다스림이다. 이 다스림은 다스리는 자가 다스림을 받는 자 위에 군림하며 분리되어 있는 것이다.

하나님은 그 하늘들의 궁창에 있는 광명체들에게 그 낮과 그 밤을 관장하게 하시면서 해는 '그 낮 안에서' 다스리게 하시고 달과 별은 '그 밤 안에서' 다스리게 하셨다. 이와 같이 하나님은 해는 낮과 하나 되고, 달과 별들은 밤과 하나 되게 하셨다. 그럼에도 번역자들은 그들의 선악지식을 좇아서 위에서 다스리는 첫 사람의 '군림(dominion-over)'을 선(善)으로 알고 그렇게 오역하고 말았다. 이런 오역 때문에 많은 사람들이 예수 그리스도를 군림자로 알고 있다.

예수 그리스도는 군림하는 세상의 왕이 아니라 모든 사람 안에 작은 씨알로 들어와 싹이 나고 자라면서 그와 하나 되어 그를 섬기는 생명이요, 사랑이요, 거룩이요, 초월이시다.

그러므로 성령은 오셔서 책망하시기를 하나님의 자녀들은 예수를 세상의 왕으로 섬기는 자가 아니라 그를 생명과 사랑과 거룩과 초월의 씨알로 받아 그와 하나 되는 자라 하신다. 누구든지 예수 그리스도가 그에게 군림하는 왕이 되어 있는 한 그 안에는 이리가 있기 때문에 그는 영의 둘째 사람이 아니다. 둘째 사람에게는 군림하는 왕은 존재하지 아니한다. 말씀은 마음 땅에 뿌려진 '레쉬트'요, 레쉬트는 영원한 생명의 씨알이다.

● **오트(징조)와 모페트(기사;奇事)**

징조와 기사는 각각의 사건이 아니라 한 사건의 양면이다. 징조는 헬라어로는 '세메이온'이며 기사는 '테라타'이다. 하나의 일이 생명을 얻게 하는 계시가 되는 것은 '징조'이며 동일한 일이 멸망을 당하게 하는 것은 '기사(기적)'이다. 그러나 이 징조와 기사가 번역 성경의 곳곳에서 여러 가지 말로 번역되어 있어서 성경을 읽는 이들을 큰 혼란에 빠져들게 하고 있다.

모세가 이스라엘 백성을 애굽에서 인도하여 낼 적에 야웨 하나님은 모세를 통하여 애굽에 열 가지 재앙들을 내리셨는데 그것들은 이스라엘 사람들에게는 구원의 징조가 되었고, 애굽사람들에게는 멸망의 기사가 되었다. 하나님에게서 온 구원의 징조가 생명을 얻게 하는 구원의 계시가 되지 못하면 멸망의 '기사(기이한 볼거리)'가 되고 만다.

십자가의 도는 생명을 얻는 이들에게는 구원의 징조요, 멸망하는 이들에게는 기이한 볼거리다. 이와 같이 창세기에 기록된 하나님의 첫 창조의 계시가 하나님이 인생들을 새롭게 지으시는 새 창조의 '계시(징조)'가 되지 못하면 창세기는 화석처럼 기이한 볼거리에 불과하다. 그러므로 창세기를 영의 눈으로 '호라오' 할 때 그 모든 기록들은 살았고 운동력 있는 부활의 말씀으로 오늘 우리에게 다가 온다.

1.20 וַיֹּאמֶר אֱלֹהִים יִשְׁרְצוּ הַמַּיִם שֶׁרֶץ נֶפֶשׁ חַיָּה
וְעוֹף יְעוֹפֵף עַל-הָאָרֶץ עַל-פְּנֵי רְקִיעַ הַשָּׁמָיִם׃

바요메르 엘로힘 이쉬레츠 함마임 셰레츠 네페쉬 하야 베오프 예오페프 알-하아레츠 알-페네 레키아 핫샤마임

하나님이 말씀하시기를, "그 물들은 움직이는 생물들을 번성케하라
또 그 땅 위의 하늘들의 궁창에는 새가 날으라."라고 하시고

1.21 וַיִּבְרָא אֱלֹהִים אֶת־הַתַּנִּינִם הַגְּדֹלִים וְאֵת כָּל־נֶפֶשׁ הַחַיָּה ׀ הָרֹמֶשֶׂת
אֲשֶׁר שָׁרְצוּ הַמַּיִם לְמִינֵהֶם וְאֵת כָּל־עוֹף כָּנָף לְמִינֵהוּ וַיַּרְא אֱלֹהִים
כִּי־טוֹב׃

바이브라 엘로힘 에트-하타니님 하게돌림 베에트 콜-네페쉬 하야 하로메세트 아셰르 샤레쭈 함마임 레미네헴 베에트 콜-오프 카나프 레미네후 바야르 엘로힘 키-토브

하나님이 그 큰 물고기들과 그 물들이 번성케 한 움직이는 모든 생물을 그들의 종류대로 날개 있는 모든 새를 그 종류대로 창조하셨다.
하나님이 보시니 좋았다.

● **물에서 움직이는 모든 생물과 하늘의 모든 새**

'바라(창조)'는 알파요 '아사(완성)'는 오메가다. '바라'는 창세기 1장 1절에 처음 등장하였고, 1장 21절에 두 번째 쓰였다. 첫 번째는 하나님이 근원 안에 그 하늘들과 그 땅을 창조하신 것이요 두 번째는 닷새째 날 바다 안에 모든 '생물(네페쉬 하야)'을 창조하셨고 또 땅과 하늘 안에 모든 새를 창조하신 것이다. 이와 같이 하나님은 모든 생물의 처소를 먼저 창조하신 후 거기에 거하는 각종 생물을 창조하셨다. 하나님은 만물 곧 무생물과 생물을 창조하신 알파와 오메가이시다. 이 일은 하나님이 궁극적으로 사람을 그의 형상 안에서 창조하시고 또 그의 모양으로 지으실 것의 그림자다.

● **네페쉬 하야(산 혼)와 레네페쉬 하야(산 혼의 실존)**

'네페쉬 하야'는 1장 20절에 처음 등장하였고, '레네페쉬 하야'는 2장 7절에 등장하였다. '네페쉬 하야'와 '레네페쉬 하야'를 분별하지 못하면 하나님이 사람에게 행하시는 '바라'와 '아사'의 관계를 놓치고 만다. '네페쉬 하야'는 바다와 땅과 하늘즉 무생명체 안에 창조된 생명체이다. 사람 역시 '네페쉬 하야'다. 그러나 하나님은 사람으로 하여금 '레네페쉬 하야'가 되게 하시고 또 살려주는 영, 곧 영원한 생명의 둘째 사람으로 새롭게(위로부터 나게) 하신다.

사람은 하나님으로부터 생명들의 숨을 받아 하나님을 향해 사는 '레네페쉬 하야'가 되지 아니하면 하나님의 아들의 영적 실존을 이룰 수 없다. 이 일에 대한 기록이 창세기 2장과 3장이다. 그리고 하나님은 영원한 생명의 실존을 이룬 그의 아들들로 말미암아 모든 생물들이 썩어짐의 종노릇에서 해방되어 하나님의 아들들의 영광의 자유에 이르게 하신다. 먼저 된 것이 나중 되고, 나중 된 것이 먼저 되어 둘이 온전한 하나를 이루게 하시는 것은 하나님의 창조의 알파와 오메가이며 새 창조의 법이며 사람의 거듭남의 법이며 부활의 법이다. 하나님이 육신의 겉 사람을 창조하지 않으셨다면 그 안에 영의 속 사람이 낳아지는 거듭남이 올 수 없고 거듭남이 없으면 부활이 올 수 없다. 아담의 원죄론은 이 일을 알지 못한 이들이 지어낸 선악지식이다.

창세기 2장 7절에서와 같이 사람은 야웨 하나님으로부터 '생명들의 숨'을 받아 '레네페쉬 하야'가 된다. 다른 동물들도 사람과 같이 '네페쉬 하야'일지라도 그것들은 하나님을 향해 살지 못하고 다만 땅을 향해 육체의 삶을 산다. 이는 사람만이 하나님으로부터 '생명들의 숨'을 받는 존재로 창조되었기 때문이다. 그러므로 만약 사람이 '산 혼의 실존'이 되지 아니하면 그 역시 다른 동물들처럼 땅을 향해 사는 육적 존재로서 하나님과의 영적 관계성이 없다.

그 하늘들과 그 땅에 '산 혼의 실존'이 없다면 하나님과 소통되고 있는 존재가 없으므로 그 하늘과 그 땅은 하나님과 하등의 상관이 없는 시공으로 존재하고 말 것이다. 우리가 아는 바와 같이 오늘날 많은 과학자들이 만물을 창조하신 하나님과 상관없는 우주론을 펼치고 있다. 그것은 그들이 하나님과 소통되지 아니하는 '네페쉬 하야'임을 반증할 뿐이다. 즉 그들은 다만 물질의 시공에 갇혀서 시공 너머의 하나님을 알지 못한다. 그들은 흑암 속에 왔다가 흑암 속으로 사라지는 존재가 되고 만다.

● 물고기와 새의 징조

닷새째 날에 창조된 물고기와 새는 각각의 영역에서 생육 번성하고 있다. 이 일은 사람에게 주어진 두 영역을 징조하고 있다. 즉 새는 지식의 영역이요, 물고기는 생존 본능의 영역이다. 사람은 누구나 자기 지식과 생존 본능을 좇아서 두 '형상(영역)'으로 생존하고 있다. '새(지식)'의 형상이 강한 자가 있는가 하면 '물고기(본능)'의 형상이 강한 자가 있다. 두 형상은 다만 육신에 속한 것이요 영에 속한 것이 아니다.

위로부터 남으로 말미암아 새롭게 지어진 영의 둘째 사람은 하나님을 향해 살면서 그 자신의 생존 본능과 지식을 영과 생명 안에서 온전하게 다스린다. 하나님은 사람을 '네페쉬 하야'에서 '레네페쉬 하야'로, '레네페쉬 하야'에서 '살려주는 영'으로 새롭게 하시어 하나님과 하나 되게 하신다. 창세기 2장과 3장에서 이 일에 대하여 자세히 살펴 볼 것이다.

● 하타니님(그 큰 물고기들, 그 괴물들)

육신의 생존을 추구하는 사람은 누구나 그 생존 본능을 좇아서 땅을 향해 살면서 커지고, 높아지고, 강해지고, 부유해지면서 스스로 괴물이 된다. 창세기 1장 21절에 기록된 '하타니님'은 사람이 그 욕심을 한없이 추구할 때 일어나는 일의 징조다. 요한 계시록은 이 일에 대하여 말하기를 바다에서 일곱 머리와 열 뿔을 가진 짐승이 올라온다 하였다. 이 짐승은 하나님의 이름을 빌어 커지고, 높아지고, 강해지고, 부유해진 멸망자의 형상이다.

● 빚짐의 관계성

새가 물고기를 먹으면 새가 물고기에 빚진 것이요, 물고기가 새를 먹으면 물고기가 새에게 빚진 것이다. 생명이든 생존이든 살아 있는 자는 서로 빚지고 있다. 시공에 처한 자로서 빚지지 않고 사는 자가 없다. 한 사람 안에서도 지식과 생존은 서로 빚짐의 관계성에 있다. 새 창조에 있어서 영의 속 사람과 육의 겉 사람 역시 서로 빚지고 있다. 영의 속 사람은 겉 사람 안에 거하고 있으니 겉 사람에게 그 처소를 빚진 것이요, 겉 사람은 속 사람에게서 생명의 빛을 받아 새롭게 지어지고 있으니 생명을 빚진 것이다. 그러나 둘이 온전한 하나를 이루게 될 때 빚짐의 관계성은 사라진다.

거듭난 인자(人子)들은 이 빚짐의 관계성을 잘 알고 있으므로 '우리가 우리에게 빚진 자를 사하여 준 것 같이 우리의 빚을 사하여 주소서' 하는 삶 속에서 빚짐에서 자유하는 권세를 누린다. 그러나 욕심과 선악지식을 좇아 땅을 향해 사는 자는 누구나 '공짜 점심은 없다.' 공언한다. 그러나 그가 먹은 점심의 재료는 하나님이 거저 주신 것이다. 어떤 이들은 다른 사람이 빚진 것도 없는데 다만 그들과 다른 지식으로 다른 길을 걷고 있을 뿐임에도 그것을 악이라 지칭하고, 공격하며 죽이기까지 한다. 이것은 그들이 가진 선악지식의 발로이다. 이런 일은 사람에게만 일어나는 흑암이다.

사람마다 집단마다 사회마다 나라마다 그들이 가진 지식은 다를 수밖에 없다. 또 그것들은 안개와 같아서 잠시 있다가 사라진다. 그럼에도 신의 이름으로 선악지식을 좇는 종교인들은 눈과 귀와 마음이 선악지식에 가려져 있다. 그 마음으로는 생명세계에서 살고자 하면서도 도리어 상대를 정죄하며 죽이고, 또 죽임을 당하는 사망세계를 이룬다. 위로부터 난 자는 그 사망세계를 떠난 자다.

1.22 וַיְבָרֶךְ אֹתָם אֱלֹהִים לֵאמֹר פְּרוּ וּרְבוּ וּמִלְאוּ
אֶת־הַמַּיִם בַּיַּמִּים וְהָעוֹף יִרֶב בָּאָרֶץ׃

바예바레크 오탐 엘로힘 레모르 페루 우레브 우밀우 에트- 함마임
바야밈 베하오프 이레브 바아레츠

하나님이 그들을 축복하며 말씀하시기를, "생육하라, 번성하라, 그 바다들 안에서 그 물들에 충만하라. 그리고 그 새들은 그 땅에서 번성하라."라고 하셨다.

1.23 וַיְהִי־עֶרֶב וַיְהִי־בֹקֶר יוֹם חֲמִישִׁי׃ פ

바예히-에레브 바예히-보케르 욤 하미쉬

저녁이 되며 아침이 되니 닷새째 날이라.

● **바예바레크 오탐 엘로힘(하나님이 그들을 축복하셨다)**

'바예바레크 오탐 엘로힘'은 '하나님이 그들을 축복하셨다'이다. 이 말씀은 '하나님이 그들에게 복을 주셨다'는 뜻이 아니라 하나님이 그들을 복된 존재가 되게 하셨다는 뜻이다. 하나님의 축복은 이와 같이 존재적인 것이요 소유적인 것이 아니다. 위로부터 난 자는 누구나 그 존재를 축복으로 받았다. 그러나 아래에서 난 사람은 생물조차 누리는 그 존재적 축복을 욕심과 선악지식을 좇아 소유적인 것으로 바꾸어 버린다. 사람이 하나님의 존재적 축복을 소유적 축복으로 바꾸어 가지는 것이야 말로 죄의 길이요, 인간 괴물이 되는 길이다. 사람을 비롯한 모든 '네페쉬 하야'는 복된 존재로 창조되었다. 그럼에도 사람만은 복된 존재에서 벗어나 따로 소유할 그 무엇을 축복으로 찾는 허무와 썩음의 길을 걷고 있다. 이것은 뱀이 제시한 욕심과 선악지식의 길이다.

1.24 וַיֹּאמֶר אֱלֹהִים תּוֹצֵא הָאָרֶץ נֶפֶשׁ חַיָּה לְמִינָהּ
בְּהֵמָה וָרֶמֶשׂ וְחַיְתוֹ-אֶרֶץ לְמִינָהּ וַיְהִי-כֵן׃

바요메르 엘로힘 토째 하아레츠 네페쉬 하야 레미나흐 베헤마 바레메쓰 베하예토-에레츠 레미나흐 바예히-켄

하나님이 말씀하시기를, "그 땅은 생물을 종류대로 내되 육축과 기는 것과 땅의 짐승을 그 종류대로 내라."라고 하셨다. 그대로 되었다.

1.25 וַיַּעַשׂ אֱלֹהִים אֶת-חַיַּת הָאָרֶץ לְמִינָהּ
וְאֶת-הַבְּהֵמָה לְמִינָהּ וְאֵת כָּל-רֶמֶשׂ הָאֲדָמָה
לְמִינֵהוּ וַיַּרְא אֱלֹהִים כִּי-טוֹב׃

바야아스 엘로힘 에트-하야트 하아레츠 레미나흐 베에트-하브헤마 레미나흐 베에트- 콜-레메스 하아다마 레미네후 바야르 엘로힘 키-토브

하나님이 그 땅의 짐승을 그 종류대로 그 육축을 그 종류대로 그 흙에 기는 모든 것을 그 종류대로 만드셨다. 하나님이 보시니 좋았다.

● 창조된 생물과 지어진 생물

우리가 창세기를 주의 깊게 읽지 않으면 자신도 알지 못하는 사이에 거기에 기록된 계시를 놓치고 만다. 생물 가운데는 '바라'된 것과 '아사'된 것이 있다. 하나님은 닷새째 날에 바다의 물고기와 하늘의 새를 창조하셨다. 그러나 보라! 그 엿새째 날에 하나님은 그 땅으로 하여금 육축과 기는 것과 짐승을 그 종류대로 '내라' 하셨고, 하나님은 그 땅이 낸 짐승과 육축과 기는 것을 온전하게 지으셨다. 즉 물고기와 새는 '바라'되었고, 그 땅의 짐승과 육축과 기는 것은 '아사'되었다. 이것은 도대체 무엇을 말함인가.

닷새째 날에 창조된 물고기와 새는 그 엿새째 날에 지어진 모든 생물의 원형이요 바탕이다. 즉 수많은 물고기와 새들은 그 여섯째 날 지어진 모든 생물들의 알파가 되었다. 하나님은 이와 같이 알파와 오메가가 하나 되게 하신다. 즉 하나님의 행하심에는 헛됨이 없다. 오메가에서 지어지는 모든 동물의 형상은 이미 물고기들과 새들 안에 들어 있었다. 그러므로 그 엿새째 날에 하나님은 그의 창조의 알파를 바탕으로 온전한 오메가를 이루셨다. 이를 위하여 하나님은 그 땅으로 하여금 그의 명을 좇아 생물을 짓는 일의 동역자가 되게 하셨다. 즉 그 땅은 11절에서 식물을 내었고 25절에서 동물을 내었다. 그 땅이 하나님의 창조의 동역자가 된 것은 사람의 마음 또한 하나님의 새 창조의 동역자가 될 것을 징조한다.

● 아다마와 에레츠(흙과 땅)

'아다마'와 '에레츠'는 동전의 양면과 같다. '에레츠(땅)'는 창세기 1장 1절에 처음 등장하고 '아다마(흙)'는 25절에 처음 등장한다. 성경의 곳곳에 '에레츠'는 땅, 지구, 세상, 세계, 나라, 천하, 육지 등의 의미로, '아다마'는 땅, 흙, 티끌, 토지 전지 등의 의미로 쓰였다. 만약 '땅(지구)'에 흙이 없으면 식물이나 동물이 생존할 수 없을 것이다. '에레츠'는 사람의 몸을 가리키고 '아다마'는 사람의 마음을 가리킨다. 굳은 땅이 부드러운 흙이 되면 씨앗이 뿌려져서 싹이 나고 자라나는 것과 같이 부드러운 마음에 말씀의 씨앗이 뿌려져서 싹이 나고 자라나게 하는 것이 하나님의 뜻이요 예정이다.

하나님은 농부와 토기장이에 비유되고 있다. 농부는 부드러운 흙에 씨를 뿌리고 토기장이는 부드러운 흙으로 그릇을 빚는다. 농부이며 토기장이이신 하나님께 새로운 실존으로 지어지는 자는 먼저 그 굳은 마음이 부드러워져야 한다. 창세기 3장에서 자세하게 살펴보게 될 '하아담 아파르'는 부드러운 흙과 같이 된 그 사람이다. 육신에 속한 사람은 누구나 그의 욕심과 선악지식과 생존의 애착 등으로 굳어진 땅과 같다. 그가 먼저 부드러운 흙과 같은 마음의 존재가 되어야 새로운 존재로 지어질 수 있다.

1.26 וַיֹּאמֶר אֱלֹהִים נַעֲשֶׂה אָדָם בְּצַלְמֵנוּ כִּדְמוּתֵנוּ
וְיִרְדּוּ בִדְגַת הַיָּם וּבְעוֹף הַשָּׁמַיִם וּבַבְּהֵמָה
וּבְכָל-הָאָרֶץ וּבְכָל-הָרֶמֶשׂ הָרֹמֵשׂ עַל-הָאָרֶץ׃

바요메르 엘로힘 나아세 아담 베짤메누 키드무테누 베이르두 비드가트 하얌 우베오프 핫샤마임 우바브헤마 우베콜- 하아레츠 우베콜- 하레메스 하로메스 알-하아레츠

하나님이 말씀하시기를, "우리의 형상 안에서 우리의 모양과 같이 우리가 사람을 만들고 그들로 바다의 고기 안에서 공중의 새 안에서 육축 안에서 그 온 땅 안에서 그리고 그 땅 위에서 기는 그 모든 기는 것 안에서 다스리게 하자."라고 하셨다.

1.27 וַיִּבְרָא אֱלֹהִים ׀ אֶת-הָאָדָם בְּצַלְמוֹ בְּצֶלֶם
אֱלֹהִים בָּרָא אֹתוֹ זָכָר וּנְקֵבָה בָּרָא אֹתָם׃

바이브라 엘로힘 에트-하아담 베짤모 베쩰렘 엘로힘 바라 오토 자카르 우네케바 바라 오탐

그리고 하나님이 자기 형상 안에서 그 사람을 창조하시되 하나님의 형상 안에서 그를 창조하셨고 남성과 여성 그들을 창조하셨다.

● 감추어진 계시

창세기 1장 26절은 25절까지의 말씀과는 다른 새롭고 장엄한 계시이다. 이 말씀은 하나님이 사람을 창조하시기 전에 미리 말씀하신 첫 창조와 새 창조의 계시다. 이 말씀은 전능하신 하나님의 유일하고 독특한 예정이요 언약이다. 26절은 하나님이 사람을 그의 형상 안에서 창조하시고 그의 모양을 닮은 실존이 되게 하시려는 그의 뜻을 온전히 드러내고 있다. 은혜로우신 하나님이 예정하신 이 좋은 소식은 전혀 어렵거나 복잡하지 아니하고 평이하고 명확하다. 그럼에도 정작 이 말씀을 읽는 사람들은 창조 계시의 정점이 되어 있는 이 복된 말씀을 알아듣지 못하고 다만 그들의 자부심과 자랑거리로 삼아 왔을 뿐이다.

예나 지금이나 사람들은 창세기를 그들의 욕심과 선악지식을 좇아서 어렵게 읽고 있어서 평이하고 명확한 말씀이 도리어 그들의 귀와 눈과 마음에 감추어져 있다. 눈으로 보아도 보지 못하니 흑암이요, 귀로 들어도 듣지 못하니 공허요, 마음으로 생각하지 못하니 혼돈이다. 하나님의 계시가 모든 사람들에게 비밀이 된 것에 대하여 바울은 말하기를, "하나님이 자기를 사랑하는 자들을 위하여 예비하신 것은 눈으로 보지 못하고 귀로도 듣지 못하고 마음으로 생각지 못하였다."(고후2:9)라고 하였다.

그러나 때가 되자 사랑의 하나님은 예수 그리스도로 말미암아 사람들을 부르시고 또 그가 예비하신 모든 것을 분명히 보고, 듣고, 깨닫게 하셨다. 부름을 받은 사람들은 그 말씀을 예수 그리스도 안에서 영의 눈으로 읽고 자신이 빠져들었던 혼돈과 공허와 흑암과 깊음으로부터 질서와 충만과 빛과 초월을 맞이한다. 이는 맏아들 예수 그리스도께서 모든 감추인 것들을 드러내 보이시는 분이기 때문이다. 그 안에서 "감추인 것이 드러나지 않을 것이 없고 숨은 것이 알려지지 않을 것이 없다."(마10:26)라 하였다.

● 첫 창조와 새 창조

첫 창조에서 하나님은 근원 안에 그 하늘들과 그 땅과 거기에 있는 만물을 먼저 창조하셨다. 그리고 사람을 마지막에 창조하셨다. 그러나 새 창조에 있어서는 사람이 먼저 새롭게 지어지고 하늘과 땅과 만물은 나중에 새로움을 입는다. 하나님은 어찌하여 새 창조에서는 사람을 먼저 새롭게 지으시는가. 그것을 알아야 한다. 첫 창조에서 하나님이 사람을 나중에 창조하신 것은 근원 안에 창조된 모든 피조물, 곧 하늘과 땅과 바다와 식물과 광명체들과 새와 물고기와 땅의 짐승이 사람을 창조하는 바탕이 되게 하려 하셨기 때문이다. 그러므로 이 모든 것들은 마지막에 창조된 사람 안에 각양의 속성들로 들어와 있다. 하나님이 사람을 이와 같이 창조하신 것은 다시 그를 새 창조의 바탕이 되게 하려 함이다. 하나님은 알파와 오메가가 하나 되게 하시면서 처음 된 자가 나중 되고 나중 된 자가 처음 되게 하신다.

첫 창조에 속한 사람의 육체는 다른 동물들과 크게 다를 바 없고 또 그 크기는 우주에 비해 보잘 것없다. 다만 그가 받은 하나님의 형상이 유일하고 독특하며 그 형상이야말로 사람이 하나님의 아들 되게 하는 근원이다. 하나님이 사람에게 그의 형상을 주신 것은 그의 부름을 받아 믿는 자는 누구든지 하나님의 아들이 되게 하시고 또 새 창조의 동역자가 되게 하려 함이다. 하나님은 그의 형상과 '모양(신성)'을 하나님의 아들 안에서 하나 되게 하신다. 그러므로 사람은 창조된 형상만으로는 온전한 존재가 아니다. 그러나 그 형상은 사람이 하나님의 아들로서의 정체성을 이루는 근원이 되고 있다. 그러므로 야웨 하나님은 그의 부름을 받아 그의 '계시(약속)'를 따라 그의 모양과 같이 되고자 하는 경이로운 믿음을 가진 자에게 말씀으로 하나님의 아들의 실존을 이루게 하신다.

● 창조된 형상과 낳아진 형상

사람은 일체의 피조물과는 달리 창조주 하나님의 형상을 받았다. 그러나 아래에서 창조된 육체의 형상은 잠깐이요 위로부터 하나님께 낳아진 영의 형상은 영원하다. 그러므로 사람은 믿음으로 말미암아 그 안에 시공을 초월하는 영의 존재를 낳도록 되었다. 그전까지는 그 역시 다른 피조물과 같이 시공에 갇힌 자이다.

사람은 하나님의 형상을 받은 자이기 때문에 창조주 하나님처럼 그의 삶 속에서 그가 원하는 것은 무엇이든지 형상화하여 만든다. 그럴지라도 그가 야웨 하나님의 신성을 본받은 아들의 실존을 이루기까지는 그가 육신의 소욕을 좇아서 찾고 형상화하여 만들어내는 모든 것이 도리어 우상이 되어 그를 파멸로 이끌어 간다. 하나님이 왜 사람을 그의 형상 안에서 그의 모양을 닮은 아들이 되게 예정하셨는지 그 까닭이 여기 있다.

오늘날 사람들이 그들의 지혜와 지식과 모든 능력으로 이룬 물질문명을 보라. 그것이 육적으로는 사람의 욕심을 충족시키며 육신의 삶을 편리하게 하고 있을지라도 그것들로 인해 사람은 도리어 영적으로는 하나님의 아들들로 낳아지고 그를 닮는 생명의 존재가 되는 그 예정으로부터는 날로 멀어져 가고 있다.

하나님은 알파에서 창조주가 되시어 사람을 그의 형상 안에서 창조하셨다. 그 하나님은 오메가에서 다시 야웨 하나님으로 오셔서 그를 아들로 거듭나게 하시어 그의 모양을 이루게 하신다. 이는 하나님의 일하심의 알파와 오메가다. 새 창조를 따라 사람이 하나님을 닮은 아들이 되는 것은 창세기 2장 이후의 일이다. 그러므로 '나'이신 야웨 하나님은 창세기 2장 이후에 비로소 계시 되었다. 사람이 새로워지는 것은 야웨 하나님이 그를 낳은 아버지가 되는 데서 비롯된다.

창세기 1장에서 만물을 창조하시고 사람을 창조하신 그 하나님은 2장에서부터 비로소 '나는 야웨다(나는 나다, 나는 존재다; 나는 전부터 있어 왔고 지금도 있으며 오고 있는 자다)', '나는 아버지다', '나는 농부다', '나는 토기장이다'라고 말씀하신다. 야웨 하나님이 그의 부름을 받은 사람에게 아버지로 계시되는 것은 그 사람 안에 야웨의 생명과 사랑과 거룩과 초월로 영적 존재인 아들을 낳아서 온전케 하고자 함이다.

● 형상과 모양

믿음으로 말미암아 하나님의 부르심을 좇아서 그에게 온 사람은 누구나 하나님의 형상 안에서 그의 모양과 같이 될 자이다. 이 형상과 모양은 과연 무엇인가. 우리는 예수의 말씀으로부터 이 형상과 모양이 무엇인지 분명히 알 수 있다. 그는 거짓 예언자들을 일컬어 '양의 옷을 입은 이리'라 하였다. 즉 거짓 예언자들의 '옷(겉, 형상)'은 양이지만 '속(모양, 실존)'은 이리라 함이다. 그들의 속 사람은 사람의 선악지식을 좇아서 아래에서 나아졌기 때문에 양의 옷을 입고 있는 이리다.

거짓 예언자든 누구든 사람은 그 자신의 형상과 모양을 가진 존재다. 그렇지 않은 자 아무도 없다. 그러므로 그 모양이 누구에게 온 것이냐가 언제나 문제다. 모양으로 번역된 히브리어 '드므트'는 '다마(닮다, 같다)'의 명사형이다. 자식은 누구나 부모를 닮는다. 그 '닮음'이 '드무트'다. 그러므로 우리 속 사람이 누구를 닮았느냐 하는 것은 우리의 아버지가 누구냐 하는 질문이다. 사람마다 자기를 닮은 자녀를 낳지 다른 동물을 닮은 자녀를 낳지 아니한다.

기이하게도 그 겉은 하나님의 형상인데 그 속은 짐승인 자가 하나님을 아버지라 부르는 일이 허다하다. 그 때문에 예수께서는 하나님을 아버지라 부르는 바리새인들을 '독사의 자식'이라 책망하셨다. 너희가 아무리 하나님을 아버지라 불러도 너희의 속을 보니 너희의 아버지는 야웨 하나님이 아니라 독사라 함이다. 왜 이런 일이 도처에서 벌어지는가. 그것은 많은 사람들이 하나님의 말씀이라 믿고 있는 그 말씀이 실상은 아래에서 낳아지는 사람의 선악지식이기 때문이다. 그들은 살았고 운동력 있는 아버지의 말씀을 사람의 선악교리로 바꾸어 가진 것이다. 선악지식이야말로 하나님의 형상 안에 짐승의 모양을 이루는 근원이다.

● 땅과 동물들의 징조

하나님의 명을 좇아 생물을 낸 그 땅은 사람의 몸과 마음을 징조한다. 그 땅이 낸 육축은 첫 사람의 생존의 형상이요, 흙에 기어 다니는 것은 욕심의 형상이요, 땅의 짐승은 지식의 형상이다. 즉 사람보다 먼저 지어진 짐승들의 형상이 사람 안에 다 들어와 있기에 사람의 배는 생존을 좇고, 사람의 마음은 욕심을 좇고, 사람의 머리는 지식을 좇는다. 그러나 이 모든 것은 육신에 속한 것이다.

그러므로 사람이 다시 하나님의 아들의 영의 실존으로 낳아질 때 그는 생존 대신 생명을 좇고, 욕심 대신 사랑을 좇고, 선악지식 대신 진리를 좇는다. 이 일은 오직 그리스도 예수의 '사람들의 빛'을 영접한 자에게 이루어지는 일이다. 첫 창조에 속한 육신의 첫 사람은 오직 새 창조의 '근원(모태)'이신 그리스도 예수 안에서 그 자신만의 고유하고 독특한 실존으로 낳아지고 길러진다. 첫 사람이 둘째 사람으로 거듭나는 것은 첫 창조 때에 이미 계시된 하나님의 법이다. 하나님은 근원 안에서 첫 창조와 새 창조가 하나 되게 예정하셨다.

● 나의 나됨

창세기 1장 26절은 모든 사람에게 '나의 나됨'을 계시하고 있다. 나의 나됨은 하나님의 형상 안에서 창조된 사람이 그의 모양을 이루는 일이다. 나의 나됨이야말로 하나님의 아들로서의 나의 온전한 정체성이다. 이 정체성은 위로부터 남으로 오고 있다. 예수께서 그의 제자들에게 말씀하시기를, "하늘들에 계신 너희 아버지께서 온전하신 것과 같이 너희도 온전하라."라고 하셨다. 이 말씀은 사람들에게 아무도 이룰 수 없는 불가능한 계명을 주신 것이 아니라 아버지인 야웨 하나님의 모양으로 온전한 영의 아들이 되라는 것이다. 즉 각 사람이 하나님의 생명과 사랑과 거룩과 초월을 좇아서 신성의 충만함을 입은 새로운 존재가 되라 함이다. 바울은 말하기를, "내가 나인 것(에이미 호 에이미)'은 '하나님(신 됨)'의 은혜로 말미암았다."(고전15:10)라 하였다.

언젠가 필자는 '나의 나됨'에 대하여 묵상하고 있었다. 그때 우연히 한 TV 프로그램을 보게 되었다. 러시아의 어떤 여자아이가 어릴 때 잃어져 오랫동안 동물들과 함께 지냈다. 그녀는 스무 살 가까이 되어 사람들에게 발견되어 사회 보호기관에 수용되어 치료받고 있었다. 그녀는 분명히 사람의 형상인데 실존은 여러모로 보아 동물과 다르지 않았다. 그녀는 네 발로 기면서 동물의 울음소리를 내는 것이 도리어 편하고 자연스러워 보였다. 그녀는 인간으로서의 정체성을 조금씩 찾아가고 있었으나 그 일은 참으로 험난한 길임에 틀림없었다. 육신의 첫 사람조차도 부모에게서 잃어지면 이러하거늘, 사람이 하나님에게서 잃어지면 어떠할 것인가.

사람은 누구든지 자신을 '나'라 부른다. 그러면 그 '나의 나됨'이란 과연 무엇인가. 우리는 이미 창세기를 통하여 '두 나'가 있음을 안다. 크로노스의 삶을 사는 '육신의 나(창조된 나)'와 카이로스의 삶을 사는 '영의 나(야웨 하나님께 낳아진 나)'가 있다. 나의 나됨은 영과 육으로 분리되어 있는 '두 나'가 온전한 하나를 이루는 일이다. 야웨 하나님은 창조된 나와 그에게 낳아진 나가 하나 되어 그의 온전한 아들이 되기를 원하신다. 나의 나됨은 어떤 이들의 생각과 같이 선악지식을 좇아서 '진아(眞我)'와 '가아(假我)'를 나누는 것이 아니다.

왜냐하면 내가 존재적으로 참된 나와 거짓된 나로 분리되면 나는 하나 될 수 없기 때문이다. 거듭남으로 오는 속 사람인 '나'와 창조된 겉 사람인 '나'는 선악의 구별과 상관없는 거룩한 생명의 흐름 속에서 하나 되면서 온전한 '나'를 이룬다. 그러므로 새 창조를 통하여 야웨 하나님으로부터 낳아진 '나'가 없는 자는 누구나 '창조된 반쪽의 나(육체의 나)'로 살고 있다. 그 반쪽의 나는 온전하지도 못하고 또 야웨 하나님을 알지도 못한다. 누구든지 물과 영으로 위로부터 날 때 온전하고 충만한 하나님의 아들의 실존을 이루게 된다.

먼저 온 나(하나님의 형상으로 창조된 육신의 나)는 크로노스에서 하나님으로부터 잃어져서 죄(선악지식과 욕심)와 사망의 종이 되어 있다. 그러나 카이로스의 존재인 나중 온 나는 자유자다. 예수 그리스도로 말미암아 죄와 사망에서 해방된 육신의 나가 하나님께 낳아진 영의 나와 하나됨이 나의 나됨이다. 이때에 먼저 온 자가 나중 되고 나중 온 자가 먼저 되는 것이 야웨 하나님의 뜻이다. 야웨 하나님은 그의 맏아들이신 예수 그리스도 안에서 그의 십자가의 도로 말미암아 나를 나 되게 하신다. 나의 나됨은 내가 그리스도 예수의 충만한 신성에 함께 참여함이다. 기록된 바, "그 안에는 신성의 모든 충만이 몸으로 거하시고 너희도 그 안에서 충만하여졌다."(골2:9-10)라 하였다.

● 인자와 인자들

예수께서는 자신을 '호 휘오스 투 안드로푸(그 사람의 그 아들)'라 하셨다. 예수께서는 무엇 때문에 자신을 '인자'라 하신 것인가. 이는 그를 믿는 모든 이들로 그를 닮은 '인자들'이 되게 하려 함이다. '인자들'은 거듭난 하나님의 아들들의 거룩한 '정체성(하나님의 모양, 신성의 충만)'이다. 즉 나의 나됨이다.

예수께서 말씀하신 바, '그 사람의 그 아들'에서 '그 사람'은 누구이며 '그 아들'은 누구인가. '그 사람'은 육신의 예수요, '그 아들'은 영의 그리스도다. 예수 그리스도는 그를 믿어 그 안으로 들어온 모든 사람에게 하나님의 형상 안에서 하나님의 모양을 이루는 근원이며 징조다.

사람은 누구나 예수 그리스도로 말미암아 육신의 소욕을 좇아 사는 크로노스에서 영의 소욕을 좇아 사는 카이로스로 옮겨온다. 누구든 카이로스로 옮겨온 사람은 '그 사람'이다. 창세기를 좇아서 말하면 그 사람은 '레네페쉬 하야(산 혼의 실존)'다. '그 아들'은 그 사람 안에 야웨로 말미암아 낳아진 '영의 아들'이다. 그러므로 예수 그리스도 안에서 거듭난 하나님의 아들들은 모두 '인자들'이다. '인자들'은 '인자'의 신성의 모든 충만 가운데서 충만케 된다.

인자들은 "아버지의 뜻이 하늘에서 이루어진 것 같이 땅에서도 이루어지이다."라고 기도한다. 하나님이 계신 곳은 성전이며 그 성전은 하늘이다. 사람의 마음에 하나님이 계시니 거기가 성전이며 그 성전이 곧 하늘이다. 땅은 산 혼의 실존으로 있는 사람의 몸이다. 하나님의 뜻이 우리의 마음에서 이루어진 것 같이 우리의 몸에서 이루어지는 것은 영과 육의 하나됨이며, 나의 나됨이며, 신성의 충만이며, '몸의 구속(양자 됨)'이다.

우리는 여기서 '인자'와 관련하여 '인자 같은 이(호모이온 휘온 안드로푸)'에 대하여도 알아야 한다. '인자 같은 이'는 '인자'가 십자가에 못 박혀 죽었다가 부활하여 아버지께 영광을 얻으신 '그리스도'이다. 그러므로 '인자들' 또한 '인자'로 말미암아 '인자 같은 이'의 영광에 참여하게 될 것이다.

○ 성전과 인자

하나님이 사람을 그의 형상 안에서 창조하신 것은 '그의 모양(신성)'을 이루기 위해서이다. 예루살렘 성전은 이 일을 징조하고 있다. 예루살렘 성전은 휘장으로 지성소와 성소로 나뉘어 있었다. 지성소에는 하나님이 계시고 성소에는 사람이 있어서 지성소에 계신 하나님을 경배하였다. 즉 이것은 사람의 몸이 성전이 되어 있고 하나님은 육신의 휘장 너머 마음의 '지성소(하늘)'에 계심을 말하는 것이다.

성소와 지성소가 나뉘어 있는 것은 아직 온전함에 이른 것이 아니다. 즉 성소와 지성소를 나누고 있는 휘장이 찢어져서 하나님과 사람이 하나 되는 일이 아직 남아 있다. 하나님이 낳으신 속 사람과 하나님께 창조된 겉 사람이 하나인 인자가 되어야 하나님의 형상 안에서 하나님의 모양과 같이 된 실존이다. 이 일을 위하여 예수 그리스도는 그의 십자가로 성전의 '휘장(그의 몸)'을 찢고 죽었다가 부활하여 성소와 지성소를 하나 되게 하셨다. 하나님의 모양과 같이 되는 그 새 창조는 육신의 겉 사람이 죄에 대하여 죽고 의에 대하여 살아나서 속 사람과 하나됨이다. 부활은 지성소와 성소가 하나 되게 하는 일이다.

하나님은 큰 자가 작은 자를 섬기는 생명의 법을 좇아 첫 창조와 새 창조를 행하신다. 보라. 먼저 창조된 하늘과 땅과 바다와 광명체들이 '나중에 창조된 생물들(작은 자들)'을 섬기고 있다. 그리고 그 모두를 근원이 섬기고 있다. 또 먼저 창조된 자가 나중 낳아진 자를 섬기며 마침내 둘이 온전한 하나의 실존을 이룬다. 작은 자를 섬기는 자는 생명을 좇아 살며 풍성한 온유함에 이르고, 큰 자를 섬기는 자는 선악을 좇아 살며 강퍅함에 이른다.

● **베짤메누 키드무테누(우리의 형상 안에서 우리의 모양과 같이)**

사랑의 하나님은 그의 거룩한 예정을 좇아서 사람을 창조하시되 그들을 영원한 생명의 존재인 인자들로 초월케 하려 하였다. 그 예정이 "우리의 형상 안에서 우리의 모양과 같이 사람을 만들자."라고 하신 말씀이다. 그러므로 '베짤메누 키드무테누'는 하나님이 사람을 창조하시고 또 새롭게 지으시는 그의 예정의 알파와 오메가요, 처음과 나중이요, 근원과 궁극이다.

우리가 다 아는 바와 같이 형상과 모양은 같은 말도 아니요, 알 수 없는 말도 아니다. 육신의 부모들도 이를 잘 알고 있다. 그들은 자식을 낳아 기르다가 간혹 실망할 때에 '우리가 겉을 낳았지 속을 낳았나'라고 말한다. 육신의 부모들이 탄식할 수밖에 없는 것은 그들은 '겉(형상)'을 낳을 뿐 '속(모양)'을 낳지 못하기 때문이다. 그러나 사람을 그의 형상 안에서 창조하신 하나님은 또한 아버지로서 그 사람 안에 속 사람을 낳아 그의 모양을 이루신다.

형상과 모양은 인자를 닮은 인자들의 겉과 속이며 육과 영이다. 겉도 나요 속도 나이기 때문에 육과 영이 온전한 하나가 됨이 나의 나됨이다. 오직 이 생명의 흐름 속에 우리의 구원과 거듭남과 부활이 있다.

하나님은 분명히 사람을 창조하시기 전에 말씀하시기를, '우리가 사람을 만들자' 하셨다. '아사'는 '바라' 이후의 일임에도 하나님은 이와 같이 그의 예정의 오메가를 먼저 말씀하셨다. 그리고 하나님은 27절에서 그의 예정의 알파를 좇아서 먼저 사람을 그의 형상 안에서 창조하셨다. 따라서 사람이 새롭게 지어지는 오메가는 창세기 2장 이후에 계시되었다.

하나님이 사람을 창조하시고 온전히 지으시는 이 일을 알지 못하면 창세기 1장과 2장 이후의 관계도 알 수 없고 구약과 신약의 관계도 알 수 없으며 예수 그리스도의 구원도 알 수 없다. 오늘날 많은 사람이 빠져든 헛된 교리인 원죄론도 이 알파와 오메가를 알지 못한 데서 비롯되었다.

창세기 1장 27절에서 '바라'는 세 번이나 반복 기록되었다. 그것은 창세기 1장의 일은 '바라'이며 '아사'가 아님을 증거하는 것이다. 이는 사람은 누구나 창조된 자이며 하나님의 모양과 같이 지어지는 오메가를 알고 그것을 소망하는 자로 하여금 그 실존 안으로 들어오게 하려 함이다. 이와 같이 사람들로 오메가의 실존을 믿고 소망하게 하시는 하나님의 뜻은 온전히 계시되었다.

● 위로부터 남(거듭남)

창세기 1장 26절에 기록된 하나님의 거룩한 예정에 대하여 예수께서는 니고데모와의 대화에서 '위로부터 남'으로 말씀하셨다. 즉 위로부터 나는 것은 사람이 하나님의 모양과 같이 되는 그 일이다. 그가 말씀하시기를, "사람이 물과 영으로 나지 아니하면 하나님의 나라에 들어갈 수 없다. 육으로 난 것은 육이요 영으로 난 것은 영이다."(요3:5-6)라 하셨다. 육으로 난 것은 형상이요 영으로 난 것은 모양이다. 아버지 하나님은 사람이 거듭남으로 말미암아 형상과 모양이 하나 되게 하신다. 그것은 하나님의 아버지 되심이요 나의 나됨이다.

육신의 '첫 사람(사람의 기초)'이 위로부터 나는 이 일은 '처음 땅(땅의 기초)'이 하나님의 창조의 날들을 좇아서 새롭게 지어진 일과 짝을 이루고 있다. 즉 처음 땅이 창세기 1장 1절에서 창조된 그 형상 안에서 하나님이 예정한 모양으로 새롭게 지어진 것은 알파다. 여섯째 날 창조된 사람이 카이로스의 날들을 좇아서 하나님의 모양과 같이 새롭게 지어지는 것은 오메가다. '땅의 땅됨'은 '나의 나됨'을 징조하고 있다. 그러나 종교는 이 위로부터 나는 진리를 머리의 지식과 몸짓으로 바꾸었다.

● 쉼모르푸스 테스 에이코노스 투 휘우 아우투 (그 아들의 형상의 모양을 함께하는 자들)

바울은 하나님의 새 창조의 예정에 대하여 증거 하기를, "하나님이 미리 아신 자들로 그 아들의 형상의 모양을 함께하는 자들이 되게 하기 위하여 미리 정하셨으니 이는 그로 많은 형제 중에서 맏아들이 되게 하려 함이라."(롬8:29)라고 하였다. 바울은 왜 인자를 닮은 인자들을 '쉼모르푸스(모양을 함께하는 자들)'라 한 것인가.

그 어원을 영과 생명 안에서 잠시 생각해 보자. '쉼모르푸스'는 '쉼모르포오(같은 모양을 이루다)'란 동사에서 나온 말(형용사)이다. '쉼모르포오'는 '쉼(함께)'이란 전치사와 '모르포오'란 동사로 이루어진 말이다. '모르포오'의 명사형은 '모르페(모양, 본체)'이다. 바울이 '쉼모르푸스'로 드러내고자 한 것은 바로 사람이 하나님의 형상 안에서 하나님의 모양과 같이 되는 그 일이다.

● 자카르와 네케바(남성과 여성)

하나님은 창세기 1장 27절에서 사람을 창조하시되 그의 형상 안에서 남성과 여성인 그들을 창조하셨다. 사람은 창조된 이래로 누구든지 창조의 법을 좇아서 태어날 때에 남성과 여성으로 구분된다. 그러나 '네케바(여성)'는 성숙한 '이샤(여자, 아내)'가 아니며 '자카르(남성)'는 성숙한 '이쉬(남자, 남편)'가 아니다. '자카르'가 성숙하면 '이쉬'가 되고 '네케바'가 성숙하면 '이샤'가 된다. 그리고 성숙된 남녀는 혼인을 통하여 하나의 짝을 이룬다. 이 일은 예수 그리스도를 믿고 그를 사랑하는 이들이 성숙되어 순결한 처녀로서 그의 신부가 되는 그 일을 징조한다.

1.28 וַיְבָרֶךְ אֹתָם אֱלֹהִים וַיֹּאמֶר לָהֶם אֱלֹהִים פְּרוּ
וּרְבוּ וּמִלְאוּ אֶת-הָאָרֶץ וְכִבְשֻׁהָ וּרְדוּ בִּדְגַת הַיָּם
וּבְעוֹף הַשָּׁמַיִם וּבְכָל-חַיָּה הָרֹמֶשֶׂת עַל-הָאָרֶץ׃

바예바레크 오탐 엘로힘 바요메르 라헴 엘로힘 페루 우레브 우밀우 에트-하아레츠 베키베수하 우레두 비드가트 하얌 우베오프 핫샤마임 우베콜-하야 하로메세트 알-하아레츠

하나님이 그들을 축복하셨다. 또 그들에게 말씀하시기를, "생육하라, 번성하라, 그 땅을 채우라, 또 그 땅을 복종시키라. 그 바다의 고기 안에서 그 하늘들의 새 안에서 그 땅 위에 움직이는 그 모든 생물 안에서 다스리라."라고 하셨다.

● 복된 존재

하나님은 창세기 1장 28절에서 그가 창조하신 사람을 축복하셨다. 그 축복은 무엇인가. 그것을 아는 자는 참으로 복되다. 하나님이 사람을 축복하신 그 축복은 사람이 복된 존재가 되게 하신 것이다. 그러나 욕심과 선악지식을 좇는 육신의 첫 사람은 그것을 알지 못하고 무엇인가 소유하는 것을 복으로 여긴다.

그러므로 예나 지금이나 사람들 가운데는 예수 믿고 복된 존재가 되려 하지 아니하고 그 육신의 소욕을 좇아서 소유할 복을 구한다. 그리하여 복된 존재의 길을 걷는 자는 적고 복을 소유하려고 소유의 길을 걷는 자는 많다. 복된 존재의 길은 육신의 알파에서 영의 오메가로 나아가는 하나님의 예정, 곧 생명의 흐름 속에 있다. 생존과 소유에 집착하고 있는 자마다 이 생명의 흐름에서 벗어나 있다.

복된 존재이신 하나님은 그와 같이 사람이 복된 존재가 되기를 원하신다. 그러나 한글 성경에는 "하나님이 그들을 축복하셨다."라는 창세기 1장 28절의 말씀이 "하나님이 그들에게 복을 주셨다."로 번역되어 있다. 언뜻 보기에 원문과 번역문

사이에 별다른 차이가 없어 보인다. 그러나 자세히 살펴보면 두 문장은 엄청난 차이를 드러내고 있다. 원문은 분명히 하나님이 사람을 '축복하신 분(주체)'이요, 사람이 그 '대상(목적)'이다. 그러나 번역문은 원문에서 벗어나 주체와 목적을 바꾸어 놓았다. 즉 사람이 복을 받는 주체요 복이 목적이다.

원문은 하나님으로 말미암아 사람이 복된 존재가 되는 것이지만 번역문은 사람이 복을 받아 그것을 소유하는 것으로 되어 있다. 그런데 이러한 소유적 번역은 신·구약을 가릴 것 없이 한글 성경에 빈번히 나타나고 있다. 소유적 번역의 이유가 무엇이든 간에 번역 성경을 읽는 이들은 알게 모르게 존재적 실상에서 벗어나 소유의 허상 속에 빠져들게 된다. 그중에도 구원에 대한 신약의 소유적 번역의 영향은 매우 심각하다. 아래 사도행전 4장 12절은 그 한 예이다. 무엇이 문제인지 잠시 살펴보자.

● 사도행전 4장 12절

원문 : *καὶ οὐκ ἔστιν ἐν ἄλλῳ οὐδενὶ ἡ σωτηρία, γὰρ οὐδὲ ἐστιν ὑπὸ τὸν οὐρανὸν ὄνομά ἕτερον τὸ δεδομένον ἐν ἀνθρώποις ἐν ᾧ δεῖ σωθῆναι ἡμᾶς.*

카이 우크 에스틴 엔 알로 우데니 헤 소테리아 가르 우데 에스틴 휘포 톤 우라논 오노마 헤테론 토 데도메논 엔 안드로포이스, 엔 호 데이 소데나이 헤마스

필자 : 다른 이 안에서는 구원이 없으니 이는 그 하늘 아래에 반드시 우리를 구원되게 할 다른 이름이 사람들에게 주어진 일이 없음이라.

개역 성경 : 다른 이로서는 구원을 얻을 수 없나니 천하 인간에 구원을 얻을 만한 다른 이름을 주신 일이 없음이라.

위 말씀에서 번역 상 가장 문제 되는 것은 '소데나이 헤마스'이다. '소데나이'는 '소조(구원하다, 살리다)' 동사의 수동태로서 '구원되다'이다. 그리고 '헤마스'는 '우리를(목적어)'이다. 그러므로 '소데나이 헤마스'는 '우리를 구원되게 할'이 되어야 한다. 그러나 개역 성경을 비롯한 번역 성경들은 '구원을 얻을 만한', '우리가 구원을 받을 수 있는', '우리를 구원할 수 있는' 등으로 기록하고 있다.

원문을 알지 못하고 다만 이런 번역들을 좇아서 성경을 읽는 이들은 아무런 의심 없이 그들이 주체가 되어 구원을 받거나 얻어서 소유하는 것으로 알게 된다. 즉 그들은 구원의 소유자가 된다. 이 때문에 오늘날 예수 그리스도를 믿는 사람들 중 많은 이들이 일상적으로 예수께 '구원되었다' 말하지 아니하고 '예수께 구원을 얻었다'거나 '구원을 받았다' 말하면서 '구원된 존재'가 아닌 '구원의 소유자'가 되어 있다. 존재냐 소유냐는 사람이 하나님을 향하여 살아 있느냐 죽어 있느냐를 스스로 묻고 답하는 질문이다. 우리가 위로부터 나는 것은 소유가 아니라 실존이다. 한번 받은 구원은 영원하거나 그렇지 않다거나 하는 것은 위로부터 난 자가 하는 말이 아니다. 아래에서 스스로 자신의 교리를 좇아서 그 지식과 몸짓을 낳은 자들이 하는 말이다.

● 번성과 다스림

먼저 번성의 알파와 오메가에 대하여 살펴보자. 하나님은 바다의 물고기와 땅의 사람에게 동일하게 '생육하라, 번성하라, 채우라'라고 하셨다. 그리고 사람에게는 특별히 생물들 '안에서 다스리라'라고 하셨다. 바다의 물고기와 땅의 사람은 겉 사람과 속 사람의 관계를 징조하고 있다. 즉 물고기가 생존의 법을 좇아서 바다에서 번성하듯이 육신의 겉 사람은 땅 위에서 번성한다. 그리고 영의 속 사람은 겉 사람의 마음 땅 위에서 생명의 법을 좇아 번성하며 그 겉 사람을 다스리며 마침내 그와 하나 되면서 '나의 나됨'을 이룬다.

다스림의 알파와 오메가를 살펴보자. 하나님은 그의 자녀들 안에서 다스리고 그의 자녀들은 생물들 안에서 다스린다. 이로써 하나님은 그의 자녀들을 통하여 만물을 다스리게 되신다. 하나님이 사람에게 명하신 다스림은 '안에서 다스리는(rule-in)' 섬김이다. 다스리는 자가 다스림을 받는 자 안에서 섬기는 그 섬김의 법은 하나님이 인자들 안에 계시고 인자들은 만물 안에 있게 되는 일이며 궁극적으로는 하나님이 만물 안에 계시고 만물이 하나님 안에 있게 되는 일이다.

만물은 가장 마지막에 창조된 사람 안에 셀 수 없이 많은 속성들로 들어와 있다. 그러므로 속 사람이 겉 사람 안에서 그를 다스리는 것은 만물을 다스리는 일의 알파이다. 오메가는 속 사람과 겉 사람이 온전한 하나를 이루어 만물 안에서 다스리게 되는 일이다. 그러나 육신의 첫 사람은 이 일을 알지 못하고 '위에서 다스리는(rule-over)' 것을 좋아하며 다스림을 받는 자를 소유물로 삼고 위에서 군림하며 섬김을 받고 있다. 그들은 야웨 하나님의 모양과 같이 지어지는 새 사람의 복된 '존재의 길(생명의 길)'을 알지 못한다.

1.29 וַיֹּ֣אמֶר אֱלֹהִ֗ים הִנֵּה֩ נָתַ֨תִּי לָכֶ֜ם אֶת־כָּל־עֵ֣שֶׂב ׀
זֹרֵ֣עַ זֶ֗רַע אֲשֶׁר֙ עַל־פְּנֵ֣י כָל־הָאָ֔רֶץ וְאֶת־כָּל־הָעֵ֛ץ
אֲשֶׁר־בּ֥וֹ פְרִי־עֵ֖ץ זֹרֵ֣עַ זָ֑רַע לָכֶ֥ם יִהְיֶ֖ה לְאָכְלָֽה׃

바요메르 엘로힘 힌네 나타티 라켐 에트-콜-에세브 조레아 제라 아셰르 알-페네 콜-하아레츠 베에트-콜-하에츠 아셰르-보 페리-에츠 조레아 자라 라켐 이헤예 레오클라

하나님이 말씀하시기를, "보라, 내가 그 온 땅 위에 있는 씨 맺는 모든 채소와 그 안에 씨가 있는 열매 맺는 모든 나무를 너희에게 주었으니 너희에게 식물이 되리라."

1.30 וּֽלְכָל־חַיַּ֣ת הָ֠אָרֶץ וּלְכָל־ע֨וֹף הַשָּׁמַ֜יִם וּלְכֹ֣ל ׀ רוֹמֵ֣שׂ
עַל־הָאָ֗רֶץ אֲשֶׁר־בּוֹ֙ נֶ֣פֶשׁ חַיָּ֔ה אֶת־כָּל־יֶ֥רֶק עֵ֖שֶׂב
לְאָכְלָ֑ה וַֽיְהִי־כֵֽן׃

우레콜-하야트 하아레츠 우레콜-오프 핫샤마임 우레콜 로메스
알-하아레츠 아세르-보 네페쉬 하야 에트-콜 예레크 에세브 레오클라
바예히-켄

"그리고 그 땅의 모든 짐승에게 그 하늘들의 모든 새에게 또 그 안에 산 혼이 있어 그 땅 위에 기는 모든 것에게 내가 모든 푸른 풀을 식물로 주었노라."라고 하셨다. 그대로 되었다.

● **사람의 양식과 동물의 양식**

육에 속한 자는 땅을 향해 살고, 영에 속한 자는 하늘을 향해 산다. 같은 사람이라도 육에 속한 자는 동물의 양식을 먹고 영에 속한 자는 하늘의 양식을 먹는다. 산 자는 누구나 숨 쉬고 또 양식을 먹는다. 하나님은 사람에게 양식을 주시면서 먼저 '보라' 하셨다. 이것은 사람에게 자신의 먹을거리가 무엇인지 알고 먹으라 함이다. 왜냐하면 사람은 동물의 양식을 먹으며 동물처럼 살 자가 아니기 때문이다.

만약 사람이 자신의 양식을 알지 못하고 동물의 양식을 먹는다면 그는 동물처럼 땅을 향해 살고 있으나 하나님을 향해서는 죽은 자다. 그러므로 하나님을 향해 사는 자는 사람의 양식을 먹어야 한다. 그러나 하나님이 사람과 동물에게 주신 양식을 성경에 기록된 문자로만 읽게 되면 도무지 무슨 말씀인지 알 수 없다. 들을 귀로 듣게 될 때 비로소 하나님의 말씀이 이해된다.

● 푸른 풀과 씨 맺는 채소와 그 안에 씨가 있는 열매 맺는 나무

푸른 풀은 동물에게 주어진 양식이다. 푸른 풀이 동물에 먹히는 것은 다만 죽을 것이 죽을 것에게 먹히는 일이다. 동물에게 먹힌 씨 없는 풀은 동물의 생존을 유지하게 할 뿐이며 씨를 땅에 떨어뜨려서 번식하지 못한다. 그러나 사람의 양식인 씨 맺는 채소와 과목의 열매는 사람에게 먹힌 후에 그 씨를 통하여 번식한다. 땅에 떨어진 채소의 씨와 열매의 씨가 다시 돋아나는 것은 말씀의 씨가 사람의 마음에 떨어져서 살아나는 부활의 징조다.

특히 열매 맺는 나무는 그 열매가 사람의 먹을거리가 될 때 그 나무는 여전히 그대로 있고 때가 이르면 다시 열매를 맺는다. 또 그 나무들은 많은 생물들의 거처가 되고 탄소동화작용을 통하여 동물들에게서 나오는 '죽음의 기운(탄산가스)'을 '생명의 기운(산소)'으로 바꾸어 내놓는다. 열매 맺는 나무는 부활의 실존을 가리키고 있다.

양식에 대하여 기록된 바, "사람이 빵으로만 살 것이 아니요 하나님의 입으로 나오는 모든 말씀으로 살 것이니라."(마4:4)라고 하였다. 첫 사람이 먹는 빵에는 씨가 없으나 둘째 사람이 먹는 하나님의 말씀에는 생명의 씨가 있다. 하나님의 말씀으로 사는 자는 그 씨로 말미암아서 '산 혼의 실존'에서 '살려주는 영'으로 나아간다. 그러나 사람이 하나님의 말씀을 육신의 소욕을 채우는 빵으로 삼으면 그는 푸른 풀을 먹는 동물과 조금도 다르지 아니하다. 이 일은 사람이 하나님의 말씀을 선악지식으로 받아 육신으로 사는 일이다.

● 들을 귀(듣고자 하는 귀)

창세기 1장 28절에서 하나님은 사람에게 "그 땅을 채우고 복종시키라."라고 하셨다. 그 말씀을 육신의 귀로 듣는 자는 푸른 풀을 먹는 자와 같아서 다만 생존의 길을 걷는다. 그러나 영의 귀로 듣는 자는 참사람의 양식을 먹는 자와 같아서 생명의 길을 걷는다. 사람은 누구나 알파의 때에는 영의 귀가 열리지 않아서 생존의 길을 걷는다. 그러나 생존의 길을 걷던 자도 귀가 열리면 말씀을 들을 귀로 듣고 생명의 길을 걷게 된다. 오메가의 때에 생명의 길을 걷는 둘째 사람은 말씀 안에 있는 생명의 씨로 말미암아서 그의 '몸(땅)'을 복종시켜서 하나님의 성전이 되게 한다.

● 먹고 먹히는 일의 알파와 오메가

사람을 비롯한 모든 생물은 서로 먹고 먹히며 생존하고 있다. 그것은 알파다. 그러나 하나님은 새 창조를 통하여 사람과 피조물이 함께 생명에 이르게 하신다. 즉 하나님은 먼저 사람들을 인자들이 되게 하신다. 그리고 그 인자들은 그들에게 양식이 되었던 그 피조물에게 하나님의 아들들의 영광의 자유에 이르게 한다. 그것은 오메가다. 이 오메가는 새 창조를 행하시는 하나님만이 이루시는 진실되고 거룩한 일이다. 하나님은 먹고 먹히는 관계성 속에서 인자와 인자들에게 생명의 초월을 이루는 중보자가 되게 하셨다. 그리스도 예수는 사람들이 '하나님의 아들들(인자들)'이 되게 하시는 중보자요, 인자들은 피조물이 하나님의 아들들의 영광의 자유에 이르게 하는 중보자다. 인자에 대하여 기록된 바, "하나님은 한 분이시요 또 하나님과 사람의 중보도 한 분이시니 곧 사람이신 그리스도 예수라."(딤전 2:5)라고 하였다. 그리고 인자들에 대하여는 기록된 바, "피조물의 고대하는 바는 하나님의 아들들의 나타나기를 기다림이니 피조물이 허무한데 굴복하는 것은 자기 뜻이 아니요 오직 굴복케 하시는 이로 말미암음이라. 그 바라는 것은 피조물도 썩어짐의 종노릇한 데서 해방되어 하나님의 자녀들의 영광의 자유에 이르는 것이니라."(롬8:19-20)라고 하였다.

● 생존의 법과 섬김의 법

만물을 창조하신 하나님은 사람과 모든 생물 앞에 두 가지 법을 두셨다. 하나는 '큰 자(강한 자)'가 '작은 자(약한 자)'를 먹는 생존의 법이요, 다른 하나는 큰 자가 작은 자를 섬기는(큰 자가 작은 자에게 먹히는) 섬김의 법이다. 섬김의 법에 대하여 먼저 살펴보자. 하나님은 근원 안에 그 하늘들과 그 땅을 창조하셨다. 이는 근원으로 하여금 그 하늘들과 그 땅을 섬기게 하신 일이다. 또 땅은 하늘 안에 들어와 있어서 땅은 하늘의 섬김을 받고 있다. 모든 생물은 하늘과 땅과 바다 안에 들어와 있어서 그들의 섬김을 받고 있다. 모든 생물의 자식들은 그들의 부모 안에 들어와 있어서 부모들의 섬김을 받고 있다.

그러나 생존의 법을 좇아서는 '큰 자(강한 자)'가 '작은 자(약한 자)'를 먹을거리와 희생물로 삼는다. 생존의 법을 좇아 사는 첫 사람은 이 모든 것 위에 있는 사자와 같다. 모든 생물은 그들이 원하건 원하지 않건 상관없이 약육강식하고 있으며 아무도 이 일을 변경시킬 수 없다. 그러나 생존의 법으로 살던 첫 사람이 하나님의 새 창조를 좇아서 섬김의 법으로 사는 둘째 사람이 되면 그는 그에게 양식이 된 피조물을 하나님의 아들들의 영광의 자유에 이르게 한다. 이는 그 피조물이 둘째 사람의 피와 살과 뼈와 에너지가 되었기 때문이다. 첫 사람이 둘째 사람이 되는 것은 그 사람에게 먹힌 피조물에게 영원한 구원을 이룬다.

● **중보자의 살과 피**

그리스도 예수는 그를 믿어 그 안에 들어온 사람들에게 하나님의 모양을 이루게 하기 위하여 먼저 그들에게 자신의 살을 먹게 하고 피를 마시게 하신다. 이는 그 안에 있는 모든 이들에게 행하시는 그의 섬김이다. 그가 말씀하시되, "내가 진실로 진실로 너희에게 말하거니와 인자의 살을 먹지 아니하고 인자의 피를 마시지 아니하면 너희 속에 생명이 없느니라."(요6:35)라고 하였다. 인자이신 그리스도 예수는 왜 그를 믿는 사람들로 하여금 그의 살을 먹고 그의 피를 마시게 하시는 것인가. 말씀을 들을 귀로 들을 수 있어야 한다.

육신의 첫 사람은 비록 그가 하나님의 형상 안에서 창조되었을지라도 그는 '육과 생존(시공)'에 갇혀서 시공 너머의 영과 생명을 알지 못한다. 그는 다만 생존 세계에서 약육강식하며 사자 노릇을 하고 있다. 살려주는 영이신 인자가 사자 노릇을 하고 있는 사람들에게 그의 살을 먹게 하고 그의 피를 마시게 하는 것은 그들 안에 영과 생명의 씨를 뿌리기 위해서다. 즉 야웨 하나님으로 말미암아 사자들 안에 영과 생명의 속 사람이 낳아지게 한다.

또 때가 되면 사자인 겉 사람이 영의 속 사람에게 먹혀서 인자를 닮은 인자들이 되게 하려 함이다. 그런즉 인자들은 인자의 죽음과 부활을 본받아 섬김의 법으로 살게 된다. 섬김의 법으로 사는 인자들은 인자이신 그리스도 예수를 본받아 그들의 살과 피로써 하나님께 대하여 죽은 자를 살리며 피조물에게 하나님의 아들들의 영광의 자유에 이르게 한다.

● 속 사람에게 먹히는 겉 사람

육신의 겉 사람도 '나'요 영의 속 사람도 '나'다. 두 '나'가 하나 되는 것이 새 창조가 이루는 '나의 나됨'이다. 이 일은 겉 사람이 속 사람에게 먹히는 일 외에는 다른 방법이 없다. 새 창조는 죽을 것이 생명에게 삼키우는 일이다. 속 사람이 겉 사람을 먹으면 사망을 폐하는 생명의 초월을 이룬다. 영의 나에게 먹힌 육신의 나는 영의 나 안에서 하나 되어 거룩한 실존으로 다시 부활한다. 부활의 실존만이 스스로 온전한 섬김의 삶을 산다.

야웨 하나님의 뜻을 좇아서 속 사람에게 먹히는 겉 사람이란 무엇을 말함인가. 그것은 겉 사람의 육신의 정욕, 안목의 정욕, 이생의 자랑, 선악지식이다. 다시 말해 겉 사람의 욕심과 선악지식과 생존의 애착이다. 둘째 사람은 이것들을 양식으로 먹어버린 생명과 영의 존재요, 인자를 닮은 인자요, 육신의 휘장을 찢은 부활의 실존이다.

1:31 וַיַּרְא אֱלֹהִים אֶת-כָּל-אֲשֶׁר עָשָׂה וְהִנֵּה-טוֹב
מְאֹד וַיְהִי-עֶרֶב וַיְהִי-בֹקֶר יוֹם הַשִּׁשִּׁי׃ פ

바야르 엘로힘 에트-콜-아셰르 아사 베힌네-토브 메오드 바예히 에레브-바예히-보케르 욤 핫쉬쉬

하나님이 그가 지으신 모든 것을 보시니, 그리고 보라, 심히 좋았다. 저녁이 되며 아침이 되니 그 엿새째 날이라.

● 하나님이 지으신 모든 것과 육신의 첫 사람

창세기 1장 31절에서 "하나님이 그가 지으신 모든 것을 보시니, 그리고 보라, 심히 좋았다."라 하였다. '보라'는 것은 하나님이 보신 것을 사람도 보고 알라 함이다. 그러면 여기서 사람은 무엇을 보아야 하는가. 자기 자신을 보아야 한다. 하나님은 그가 '아사 하신(지으신)' 모든 것을 보시니 심히 좋았다 하였으나 사람에 대하여는 아무 말씀도 하지 않으셨다.

왜냐하면 사람은 '바라'되었으나 '아사'되지 않았기 때문이다. 다시 말하면 사람은 '하나님이 보시니 심히 좋았다'는 것에 포함되지 않았다. 그럼에도 사람은 '하나님이 보시니 심히 좋았다' 하는 피조물을 먹을거리와 거처로 삼고 있다. 거기에서 사람은 하나님의 기쁘신 뜻을 좇아서 새로운 존재로 지어지게 되었다.

사람이 그의 눈으로 피조물을 보는 것은 알파요, 자기 자신을 보는 것은 오메가다. 창세기 1장에 '하나님이 보시니 좋았다'라는 여섯 번 반복되었다. 또 1장 31절에는 "하나님이 보시니 심히 좋았다." 하였다. 그러나 첫 창조의 정점인 사람에 대하여는 아무 말씀도 하지 않으시고 침묵하셨다. 이 침묵은 무엇을 말함인가. 말씀이 계시인 것과 같이 침묵도 계시이다.

그러나 오늘날까지 사람들은 창세기를 읽으며 하나님이 침묵하신 그 침묵을 놓치고 사람이 하나님의 형상 안에서 창조되었다는 그것에 큰 가치와 자부심을 느끼며 만족하였다. 그러나 그것은 사람들이 하나님이 '보라' 하신 것을 보지 못한 것이요, 하나님의 생각과 뜻을 전혀 알지 못한 것이다. 하나님은 그의 형상 안에서 창조된 사람을 그의 모양과 같이 새롭게 지으려 하셨는데 사람들은 그 오메가의 일을 놓쳤다. 거기로부터 사람들은 빗나가고 있다.

이제 하나님이 사람에 대하여 침묵하신 것을 잠시 살펴보자. 육신의 첫 사람은 그에게 부여된 하나님의 형상으로 말미암아서 그가 하나님의 모양과 같이 지어지기까지는 도리어 혼돈과 공허와 흑암과 깊음에 처하지 않을 수 없다. 하나님이 사람에 대하여 침묵하신 것은 그 때문이다. '처음 땅(땅의 기초)'은 첫 사람을 징조 한다. 우리가 아는 바와 같이 혼돈과 공허와 흑암과 깊음에 처하여 있던 처음 땅은 첫 창조의 일곱 날을 좇아서 새롭게 지어졌다. 이와 같이 혼돈과 공허와 흑암과 깊음에 처하여 있는 첫 사람도 새 창조의 일곱 날을 좇아서 새롭게 지어질 것이다.

만약 첫 사람에게 하나님의 형상이 부여되지 않았다면 그는 다른 동물처럼 혼돈과 공허와 흑암과 깊음을 알지도 못하는 존재가 되었을 터이다. 하나님의 기쁘신 뜻을 좇아서 사람에게 베풀어진 그의 형상 때문에 그의 모양이 이루어지기까지는 사람은 혼돈과 공허와 흑암과 깊음에 처하게 되는 것이다. 이는 사람이 육신의 크로노스에서 영의 카이로스로 옮겨오게 하려 함이다. 그러므로 하나님은 아직 온전하게 지어지지 않은 사람에 대하여 침묵하셨다. 그러나 잘 보라. 사람은 그가 처한 혼돈과 공허와 흑암과 깊음 때문에 그의 삶 가운데서 질서와 충만과 빛과 초월을 찾아 나서게 되고, 필경은 그를 찾아오시는 야웨 하나님을 만나 '나의 나됨'을 이룬다. 야웨 하나님은 그때에 그를 기쁘게 바라보시며 '심히 좋다' 하실 것이다.

첫 창조에서 하나님은 처음 땅이 혼돈하고 공허했고 흑암이 깊음 위에 있었던 그때에도 그 땅에 대하여 침묵하셨다. 이 침묵은 하나님이 그 땅을 새롭게 지으실 때마다 '좋다' 하실 바탕이었다. 그 모든 일은 사람이 새롭게 지어지는 일을 가리켜 보이는 징조다.

그러면 육신의 첫 사람이 처하게 되는 혼돈과 공허와 흑암과 깊음은 무엇인가, 기록된 바, "하나님이 자기를 사랑하는 자들을 위하여 예비하신 모든 것은 눈으로 보지 못하고 귀로도 듣지 못하고 마음으로도 생각지 못하였다."(고전2:9)라 하였다. 첫 사람은 그 육신의 눈으로는 보지만 영의 눈으로 보지 못하는 흑암과, 그 육신의 귀로는 듣지만 영의 귀로 듣지 못하는 공허와, 그 육신의 마음으로는 생각하지만 영의 일을 깨닫지 못하는 혼돈과, 그 육신의 지혜와 지식으로 무엇이든 아는 것 같지만 하나님의 지혜와 지식의 깊음 속에 빠져 있다. 그 혼돈과 공허와 흑암과 깊음도 사람이 처음부터 인식하는 것이 아니라 그가 육신의 삶을 살아보고 나서야 알게 되는 것이다.

첫 사람의 공허와 흑암과 혼돈과 깊음은 육신의 정욕, 안목의 정욕, 이생의 자랑과 그 육신이 갇힌 시공 때문에 온다. 육신의 정욕은 들어도 듣지 못하게 하고, 안목의 정욕은 보아도 보지 못하게 하고, 이생의 자랑은 생각해도 깨닫지 못하게 하고, 시공에 갇힌 육신은 시공을 초월하지 못하게 한다. 그러므로 첫 사람이 처한 혼돈에 질서를, 공허에 충만을, 흑암에 빛을, 깊음에 초월을 가져오는 새 창조가 창세기 2장 5절부터 시작되었다.

● 창세기 1장과 2장의 관계

창세기 2장을 살펴보기 전에 창세기 1장과 2장의 관계를 잠시 살펴보자. 창세기 1장은 '베레쉬트(근원)'의 계시오, 2장은 '톨도트(계보)'의 계시다. 창세기 1장은 첫 창조의 알파와 오메가요, 창세기 2장 이후는 새 창조의 알파와 오메가다. 첫 창조는 '엘로힘'의 계시요, 새 창조는 '야웨 엘로힘'의 계시다.

창세기 1장과 2장은 두 하나님을 말하는 것이 아니라 첫 창조는 하나님이 없는 것을 있게 하시는 창조주 하나님으로서 계시된 것이요, 새 창조는 동일한 하나님이 육적으로 존재하고 있는 사람과 대면하여 그를 영적 존재로 새롭게 지으시는 야웨 하나님으로 계시된 것이다. 야웨 하나님은 육신의 '나' 안에 영의 '나'를 낳으시고 그 둘이 하나 되게 하신다. 전능하신 야웨 하나님만이 아버지로서 믿는 자 안에 이 일을 행하신다.

첫 창조에서 자신을 '나'라 부르는 사람이 창조되었다. 그가 자신을 나라 부르는 것은 '나'이신 하나님의 형상 안에서 창조되었기 때문이다. 그러나 그 육신의 첫 사람은 아직 영적인 존재인 '나'로 온전하게 지어지지 않았다. 그 때문에 그는 혼돈과 공허와 흑암과 깊음에 처하여 있다. 그때에 '나는 나다' 하시는 야웨 하나님이 찾아오셔서 육적인 '나' 안에 영적인 '나'인 속 사람을 낳으시고 둘이 온전히 하나 되는 새 창조를 행하신다. 하나님의 형상 안에서 창조된 육신은 분명 '나'이긴 하지만 위로부터 야웨 하나님으로부터 낳아진 영의 '나'와 하나 되지 아니하면 온전한 '나'로서의 정체성을 이루지 못한다.

사람마다 그의 삶을 통하여 '나의 나됨'을 이루고자 한다. 그러나 야웨 하나님으로 말미암아 내 안에 낳아지는 '영의 나' 없이는 하나님의 모양이 없는 '반쪽의 나'일 수밖에 없다. '나의 나됨'은 알파와 오메가요, 처음과 나중이요, 근원과 궁극이신 야웨 하나님의 거룩으로 빛이 비취고, 사랑으로 질서를 이루고, 생명으로 충만케 되고 초월로 깊음이 극복되는 일이다. 하나님이 우리의 눈에 보이는 만물을 먼저 창조하신 것은 그들을 새 창조의 징조로 쓰고자 함이다. 하나님이 눈에 보이는 징조를 사람에게 주시는 것은 믿음으로 말미암아 그 징조를 보고 깨달으며 영의 실존을 이루게 하려 함이다. 야웨 하나님은 창세기 2장에서 새 창조를 행하시면서 만물을 새 창조의 징조로 쓰셨다.

'나의 나됨'에도 알파와 오메가가 짝을 이룬다. 알파는 전능하신 하나님이 그의 기쁘신 뜻을 따라 그를 믿는 사람들의 아버지가 되시는 일이요, 오메가는 믿음으로 하나님의 기쁘신 뜻을 자신의 기쁜 뜻이 되게 한 각 사람이 거룩하고 온전한 하나님 아버지의 아들의 실존을 이루는 일이다.

창세기는 사람이 창조된 엿새째 날에 이르러 비로소 정관사 '그(하)'가 있는 '그 엿새째 날'이라 하였고 하나님이 안식하신 일곱째 날 또한 '그 일곱째 날'이라 하였다. 즉 하나님은 이 두 날들로 그의 일하심과 안식을 확연히 구분되게 하셨다. 이 일은 징조다. 하나님의 새 창조는 크로노스의 날들이 아닌 카이로스의 날들 엿새 동안 이루어지고 그다음의 일곱째 날에 안식한다. 그러므로 율법의 안식일은 새 창조가 이루어진 후에 오는 안식을 가리키는 징조다. 하나님의 새 창조가 각 사람에게 언제 시작되었든 그가 온전케 지어지는 카이로스의 그 엿새째 날 이후인 그 일곱째 날에 하나님의 영원한 안식에 이른다.

창세기 2장

2.1 וַיְכֻלּוּ הַשָּׁמַיִם וְהָאָרֶץ וְכָל־צְבָאָם׃

바예쿨루 핫샤마임 베하아레츠 베콜-쩨바암

이로써 그 하늘들과 그 땅과 모든 주인들이 완성되었다.

● 바예쿨루(이로써 완성되었다)

'바예쿨루'는 접속사 '바(그리고)'가 '킬라('마치다, 이루다, 성취하다'의 뜻인 '킬라' 동사의 강의형)'의 수동태에 접두된 와우 연속법이다. '바예쿨루'는 하나님이 만드신 모든 것을 보시니 심히 좋았다 함과 같이 첫 창조에 속한 모든 것이 부족함 없이 완성되었음을 선포하고 있다. 그럼에도 사람들은 이 말씀을 읽으면서 그것을 버려두고 자신들의 지식과 생각을 좇아 창세기 2장을 1장의 중복 기사로 읽고 있다.

그중의 하나가 '이(E) 문서'와 '제이(J) 문서'의 문서론이다. 이런 문서론은 하나님의 창조 계시의 알파와 오메가, 처음과 나중, 근원과 궁극을 도무지 알지 못한 데서 기인하였다. 그러므로 누구든지 창세기를 영과 생명 안에서 읽고자 하는 자는 그가 과거에 창세기를 어떻게 읽어 왔건 또는 사람들로부터 무엇이라 듣고 배워 왔건 거기에 구애됨이 없이 말씀이 말씀 자신을 드러내는 그 영적 계시의 실상 안으로 들어가야 한다.

● 쩨바암과 쩨바오트

'쩨바암'은 '짜바'의 남성 복수이며 '쩨바오트'는 여성 복수이다. '짜바'는 주인, 군대, 큰 무리 등의 뜻을 가지고 있다. 창세기 2장 1절의 '쩨바암(주인들)'이란 무엇을 일컬음인가. 그 의미를 영과 생명의 흐름 속에서 살펴보자. 하나님은 먼저 그 하늘들과 그 땅을 창조하셨다. 그리고 그 땅을 다시 새롭게 지으시면서 거기에 '궁창(하늘들)'과 '뭍(땅)'과 바다가 드러나게 하셨다. 그다음에 그 하늘들과 그 땅과 그 바다의 주인들을 창조하셨다.

즉 하나님이 지으신 그 하늘들과 그 땅과 그 바다는 처소가 되었고 그 시공 속에 두어진 피조물은 주인이 되었다. 이 주인들은 크게는 해와 달과 별들과 땅이요, 작게는 하늘의 새들이요, 바다의 물고기들이요, 땅 위의 짐승들이다. 그리고 그 모든 짐승과 물고기와 새들 안에서 다스리는 사람이다. 첫 창조에서 사람은 이미 동물들 안에서 섬기는 '주(lord)'로 세움을 입었고 하나님은 '만주의 주(Lord of lords)'가 되셨다. 이 모든 일은 첫 창조에 속한다.

하나님은 새 창조에서 그가 육신의 겉 사람 안에 낳으시는 영의 속 사람이 겉 사람의 주가 되게 하신다. 또, 둘이 온전한 하나를 이루어 하나님의 아들로서 피조물 안에서 영과 생명으로 '섬기는(다스리는)' 주가 되게 하신다. 이로써 야웨 하나님은 '야웨 쩨바오트(만군의 야웨, 만주의 야웨)'가 되신다.

히브리어 성경은 '안에서 다스리는 자(섬기는 자)'를 남성으로, '다스림(섬김)을 받는 자'를 여성으로 표현하고 있다. 이것은 생명의 흐름을 좇아서 말하는 '안과 밖(영과 육)'의 분별일 뿐이다. 새 창조를 행하시는 하나님의 뜻은 분리되어 있던 영과 육이 서로를 위하여 있으며 온전한 하나를 이루는 것이다.

'쩨바암'은 다스림을 받는 자들과의 관계성 속에서는 남성이다. 그러나 그 쩨바암도 만주의 주이신 야웨 하나님께 다스림을 받는 자들이므로 하나님과의 관계성에서는 여성인 '쩨바오트'다. 그리하여 야웨 하나님은 새 창조로 말미암아 '야웨 쩨바오트'로서 만물 안에 계시면서 모두가 모두 안에 있는 하나됨을 이룬다.

2.2 וַיְכַל אֱלֹהִים בַּיּוֹם הַשְּׁבִיעִי מְלַאכְתּוֹ אֲשֶׁר עָשָׂה וַיִּשְׁבֹּת בַּיּוֹם
הַשְּׁבִיעִי מִכָּל-מְלַאכְתּוֹ אֲשֶׁר עָשָׂה׃

바예칼 엘로힘 바욤 핫셰비이 멜락토 아셰르 아사 바이쉬보트 바욤 핫셰비이 미콜 멜락토 아셰르 아사

하나님이 그 이레째 날에 그가 지으시던 일을 마치시고 그 이레째 날에 그가 지으시던 모든 일에서 안식하셨다.

● 하나님의 일하심과 안식

하나님은 스스로 일하시고 안식하신다. 하나님의 일은 첫 창조와 새 창조다. 하나님은 첫 창조를 온전히 마치시고 안식하셨다. 그 안식은 알파다. 하나님은 새 창조를 마치시고 안식하실 것이다. 그 안식은 오메가다. 첫 창조를 좇아서 크로노스의 때를 사는 육신의 첫 사람은 일하고 안식한다. 그것은 알파이다. 영의 둘째 사람은 카이로스의 때를 살며 일하고 안식한다. 그것은 오메가다. 하나님의 모양을 이루는 일에 동참한 자에게는 하나님과 함께하는 영원한 안식이 예비되어 있다.

창세기 2장 2절에서 "하나님이 그 이레째 날에 그가 지으시던 일을 마치시고 그 이레째 날에 그가 지으시던 모든 일에서 안식하셨다."라 하였다. 그럼에도 한글 개역 성경은 "하나님이 지으시던 일이 일곱째 날이 이를 때에 마치니 그 지으시던 일이 다하므로 일곱째 날에 안식하시니라."라고 하였다. 이것은 엄청난 오역이다.

첫 창조와 새 창조는 하나님이 그의 기쁘신 뜻을 따라 스스로 행하시는 일이다. 어느 누가 하나님께 그 일을 하도록 명한 것이 아니다. 첫 창조는 하나님이 없는 것을 있게 하신 것이다. 새 창조는 있게 된 것들에게 하나님이 그 자신을 드러내시고 하나님이 피조물 안에, 피조물이 하나님 안에서 하나되는 일이다.

창세기는 분명히 "하나님이 (그가) 지으시던 일을 마치셨다(바예칼 엘로힘 미콜 멜락토 아셰르 아사)."라고 하였다. 또한 "하나님이 (그가) 지으시던 모든 일에서 안식하셨다(바이셰보트 미콜 멜락토 아셰르 아사)."라고 하였다. 우리는 무엇보다도 이 말씀을 통하여 스스로 일하시고 안식하시는 하나님으로부터 그의 자녀들에게 계시되는 그들의 일과 안식을 알게 된다.

야웨 하나님께 낳아지는 자녀들은 아버지와 같이 각각 고유하고 독특한 존재이다. 또 그 안에서, 그로 말미암아, 그 안으로 스스로 일하며 안식한다. 나의 나됨은 하나님이 내게 이루시는 일인 동시에 내가 믿음으로 스스로 하는 일이다.

2.3 וַיְבָרֶךְ אֱלֹהִים אֶת־יוֹם הַשְּׁבִיעִי וַיְקַדֵּשׁ אֹתוֹ כִּי בוֹ שָׁבַת
מִכָּל־מְלַאכְתּוֹ אֲשֶׁר־בָּרָא אֱלֹהִים לַעֲשׂוֹת׃ פ

바예바레크 엘로힘 에트–욤 핫셰비이 바예카데쉬 오토 키 보 샤바트 미콜–멜락토 아셰르 – 바라 엘로힘 라아소트

그리고 하나님이 그 이레째 날을 축복하셨고 또 그것을 거룩하게 하셨으니 이는 이날에 하나님이 창조하여 만드시던 그의 모든 일에서 안식하셨음이었다.

● **미콜 멜락토 아셰르 바라 엘로힘 라아소트**
(하나님이 창조하여 만드시던 그의 모든 일에서)

'미콜 멜락토 아셰르 바라 엘로힘 라아소트'는 직역하면 '하나님이 만드시기 위하여 창조하시던 그의 모든 일에서'이다. 즉 하나님은 '아사'하시기 위하여 만물을 '바라'하셨다. 창세기의 어느 말씀보다도 여기에 '바라'된 것이 '아사'되는 관계가 여실히 드러나 있다.

이 일은 개역 성경처럼 '창조하시며 만드시던 일'이 아니라 '만드시기 위하여 창조하시던 일'이다. 사람을 하나님의 아들로 새롭게 지으시는 새 창조의 일을 위하여 하나님은 만물을 창조하시고 만드시는 첫 창조의 일을 마치시고 그 일로부터 안식하셨다.

● **복되고 거룩한 날**

하나님은 그 이레째 날을 축복하시고 거룩하게 하셨다. 하나님은 왜 그 날을 특별히 축복 하시고 거룩하게 하신 것인가. 이는 그 복되고 거룩한 날 안에서 사람과 만물이 하나님과 같이 복되고 거룩한 존재가 되게 하려 함이다. 하나님이 한 날을 거룩하게 하시고 그날 속에서 사람과 만물이 거룩하게 된 것은 알파다.

이 알파는 야웨 하나님이 그의 자녀들에게 주실 복되고 거룩한 하나님의 큰 날을 가리키고 있다. 야웨 하나님은 카이로스의 새 창조에서 그의 자녀들이 먼저 복되고 거룩한 존재가 되게 하신다. 그리고 그들은 다시 야웨 하나님의 기쁘신 뜻을 좇아 만물 안에서 '섬기며(다스리며)' 만물을 복되고 거룩하게 한다. 이 일들을 좇아서 사람과 만물은 하나님의 영원한 안식에 이른다.

2.4 אֵ֣לֶּה תוֹלְד֧וֹת הַשָּׁמַ֛יִם וְהָאָ֖רֶץ בְּהִבָּֽרְאָ֑ם בְּי֗וֹם
עֲשׂ֛וֹת יְהוָ֥ה אֱלֹהִ֖ים אֶ֥רֶץ וְשָׁמָֽיִם׃

엘레 톨도트 핫샤마임 베하아레츠 비히바레암 베욤 아소트 야웨 엘로힘 에레츠 베샤마임

이것들은 야웨 하나님이 땅과 하늘들을 지으시는 때에 이미 창조된 그 하늘들과 그 땅의 계보들이다.

- **톨도트(계보들)**

'톨도트'는 '톨다'의 여성형 복수이다. '톨다'는 '얄라드(낳다)'에서 나온 명사이다. 계보들은 이미 창조된 것들에 의해 낳아진 것들을 말한다. 즉 계보들은 근원 안에 두어진 피조물들에 의해 생겨난 후손 세대를 말한다.

단언컨대 창세기 2장 4절은 첫 창조의 중복을 말하는 것이 아니다. 창세기 2장은 이미 창세기 1장에서 창조된 모든 피조물의 '톨도트'에 대하여 말하고 있다. 새 창조는 첫 창조에 속한 계보들을 새롭게 짓는 일이다. 그러면 하나님의 새 창조 속으로 들어 온 계보들이란 무엇인가. 하나님이 창조하신 만물은 창조된 이래 그대로 죽은 것 같이 정체하고 있었던 것이 아니라 살아서 변화하고 있었다.

식물을 비롯한 모든 생물은 생육하고 번성하였다. 이들은 생물들의 계보다. 그 계보 가운데 사람 역시 생육하고 번성하였다. 그것은 사람의 계보다. 그 하늘들과 그 땅과 거기에 두어진 모든 쩨바암도 창조의 원리들을 좇아 움직이며 변화하였다. 이 모든 것들은 시공과 쩨바암의 계보들이다. 야웨 하나님은 이 처음 것들의 계보 중에서 먼저 사람들을 그의 아들들로 새롭게 지으신다.

● 베레쉬트(근원 안에)와 톨도트(계보들)

'창세기'의 본래 명칭은 '톨도트(계보, 제너시스)'가 아니라 '베레쉬트'이다. 그리고 '베레쉬트'는 '태초에'가 아니라 '근원 안에'이다. 근원 안에 하나님은 그 하늘들과 그 땅을 창조했다. 오늘날 '베레쉬트'가 사람들에게 '태초에(in the beginning)'로 인식됨으로 인해 '종말론(에스카톨로지)'이 기승을 부리고 있다.

하나님은 근원 안에 그 하늘들과 그 땅을 창조하셨고 그 땅을 다시 새롭게 지으셨다. 그것이 첫 창조의 알파와 오메가다. 사람은 첫 창조의 오메가에서도 가장 나중에 창조되었다. 그러나 새 창조에서는 사람이 가장 먼저 영의 계보로 새롭게 지음을 받는다. 사람도 만물도 새 창조 안에서 새로움을 맞이한다. 종말론은 성경이 말하는 것이 아니라 사람의 선악지식일 뿐이다.

새 창조는 근원 안에서, 근원으로 말미암아, '근원 안으로(궁극으로)' 나아가고 있는데 그 새 창조의 근원이 예수 그리스도이다. 어떤 무엇도 그 누구도 새 창조의 근원이신 예수 그리스도를 대신할 수 없다. 사실 '베레쉬트'는 '창세기'도 '제너시스'도 아니다. 성경의 첫 책이 '베레쉬트' 대신 다른 명칭으로 불리는 것은 사람들이 그만큼 하나님의 생명의 계시에서 멀어져 있다는 반증이다. '베레쉬트'는 '근원기(본원기)' 또는 '처음 씨알기'로 함이 타당할 것이다. 알파와 오메가요, 처음과 나중이요, 근원과 궁극이신 하나님은 '베레쉬트'와 '톨도트'를 하나 되게 하신다. 두 사이에 종말이 들어올 틈이 없다. 근원이 없으면 계보도 없다. 근원 없이 스스로 생겨난 것은 아무것도 없다. 오늘날 이 일을 부정하는 과학자들이 많지만 그들의 생각은 하나님의 생각이 아니기 때문에 잠시 있다가 사라지는 안개일 뿐이다.

● **야웨 엘로힘(야웨 하나님; 나의 나됨을 이루시는 하나님)**

첫 창조는 2장 3절까지이며 새 창조는 2장 4절부터 시작된다. 창세기 1장에 창세기 2장 3절까지를 포함시키면 첫 창조와 새 창조는 더욱 분명히 드러난다. 아무튼 새 창조를 행하시는 야웨 하나님은 창세기 2장에 처음으로 계시되었다. 그러면 창세기 1장에서는 왜 동일하신 하나님이 '야웨 엘로힘'으로 계시되지 않은 것인가. 그것은 야웨 하나님이 그의 이름으로 존재적으로 만나야 할 사람이 첫 창조의 엿새째 날 마지막에 이르러서 창조되었기 때문이다.

사람을 제외한 만물은 하나님이 그의 이름을 알려 주어도 알 수 없다. 더욱이 하나님은 그들과 존재적으로 만나 그들을 영의 아들들이 되도록 창조하지도 않으셨다. 오직 사람만이 야웨 하나님의 아들로 다시 낳아진다. 그러므로 창세기 2장 4절에서 비로소 야웨 하나님은 새 창조를 시작하시며 '야웨 엘로힘'으로 계시된 것이다. 야웨 하나님의 '나'와 사람인 '나'의 만남이 존재적으로 이루어지게 된 것은 이때부터다. 이때에 사람에게 카이로스는 시작된다.

엘로힘이 창세기 1장 1절에서 그 하늘들과 그 땅을 창조하시고 다시 그 땅을 새롭게 지으신 것은 첫 창조이다. 그 일은 야웨 엘로힘이 사람을 빚으시고 또 그를 새롭게 지으실 새 창조의 징조요 바탕이다. 처음 땅이 '땅의 기초'가 되었듯이 육신의 처음 사람 또한 '사람의 기초'가 되어 야웨 하나님께 새롭게 지어진다.

창세기 1장 27절에서 창조된 첫 사람은 창세기 2장 4절에서 야웨 하나님이 계시되기까지 이미 땅 위에서 생육하고 번성하면서 육신의 계보를 이루었다. 그러므로 이제 영의 '나'이신 야웨 하나님이 그 계보 가운데서 육신의 '나'인 한 사람을 선택하셔서 그 안에 영의 '나'를 낳으시고 둘이 하나 되는 영의 계보를 이루어 그들이 세상의 빛이 되게 하신다. 육신의 계보는 알파요, 영의 계보는 오메가다.

가령 육신의 계보에 속한 자들이 천지를 창조하신 신(神)을 믿는다고 할지라도 야웨 하나님으로 말미암아 이루어지는 '나의 나됨'을 알지도 믿지도 못하니 하나님의 나라와는 상관없는 존재다. 육신의 계보에서 영의 계보로 위로부터 난 인자들이야말로 하늘들에 계신 아버지를 세상에 드러내는 존재다. 생명의 빛으로 말미암아 '나의 나됨'을 이루지 못한 이들 사이에 하나님이 우주를 창조했느냐, 우주가 스스로 생겼느냐 격렬하게 논쟁하고 있으나 그것은 헛된 일이다.

하나님의 아들만이 아버지 하나님을 드러낸다. 아들이 있으면 그를 낳은 아버지가 있다. 아들이 아버지를 드러내듯이 '나의 나됨' 만이 야웨 하나님을 드러낸다. 아들 앞에서 아버지가 있느냐 없느냐 논쟁하는 것이야말로 지극히 어리석다. 그러나 오늘날 사람들은 야웨 하나님을 드러내는 일이 아들로 거듭나는 일임을 알지 못한다. 선악지식인 교리로 아래에서 난 자가 하늘의 아버지를 드러내려 육신의 몸짓을 하고 있으나 그것 또한 어리석기는 마찬가지다.

● 그 하늘들과 그 땅 그리고 땅과 하늘들

창세기 2장 4절을 영과 생명의 눈으로 살피지 아니하면 '그 하늘들과 그 땅'은 무엇이며 '땅과 하늘들'은 무엇인지 인식하지 못하고 놓치고 만다. 정관사 '하'가 있는 '그 하늘들'과 '그 땅'은 창세기 1장에서 창조된 것이다. 정관사 '하'가 없는 '땅과 하늘들'은 이제 새롭게 지어질 땅과 하늘들이다.

첫 창조에서 '땅의 기초'가 새롭게 지어지면서 '궁창(하늘들)'이 들어오고 마른 땅이 드러난 것 같이 새 창조에서도 땅에 하늘들이 먼저 들어온다. 그 때문에 '땅과 하늘들'이라 한 것이다. 이 땅과 하늘들은 무엇인가. 실상의 비유다. 즉 야웨 하나님으로 말미암아 새로운 '나'로 지어질 하나님의 아들들의 '몸과 마음'이 땅과 하늘들이다.

육신의 첫 사람은 그의 눈에 보이는 공간인 그 하늘들과 그 땅 외에는 다른 하늘들과 땅을 알지 못한다. 그러나 영과 생명의 새로운 존재에게 인식되는 하늘들과 땅은 전혀 다른 것이다. 나의 몸이 성전이 되고 마음이 지성소가 되는 새 창조는 첫 창조에 속한 그 모든 것을 내 안에서 새로움을 맞게 한다.

육신의 첫 사람은 마치 혼돈과 공허와 흑암과 깊음에 처했던 처음 땅과 같다. 그가 영의 새 사람으로 지어지지 않으면 그 안에 아버지의 나라가 임하여 올 수 없다. 새 창조 안으로 들어온 사람의 마음은 지성소요, 그 몸은 성소다. 이 때에 야웨 하나님이 계신 그 지성소는 육신의 휘장으로 가려져 있다. 그 육신의 휘장은 예수 그리스도 안에서 찢어지게 될 것이다. 그때 비로소 '지성소(하늘)'와 '성소(땅)'는 온전히 하나가 된다. 이 일이 새 창조이며, 구원이며, 나의 나됨이며, 부활이다.

2.5 וְכֹ֣ל ׀ שִׂ֣יחַ הַשָּׂדֶ֗ה טֶ֚רֶם יִֽהְיֶ֣ה בָאָ֔רֶץ וְכָל־עֵ֥שֶׂב
הַשָּׂדֶ֖ה טֶ֣רֶם יִצְמָ֑ח כִּי֩ לֹ֨א הִמְטִ֜יר יְהוָ֤ה אֱלֹהִים֙
עַל־הָאָ֔רֶץ וְאָדָ֣ם אַ֔יִן לַֽעֲבֹ֖ד אֶת־הָֽאֲדָמָֽה׃

베콜 시아흐 핫사데 테렘 이헤예 바아레츠 베콜-에세브 핫사데 테렘 이쯔마 키 로 힘티르 야웨 엘로힘 알-하아레츠 베아담 아인 라아보트 에트-하아다마

그 땅에는 그 들의 모든 초목이 있기 전이었고 그 들의 모든 채소가 나기전이었으니 이는 야웨 하나님이 그 땅 위에 비를 내리지 아니하셨고 또 사람은 그 토지를 경작하지 아니하였기 때문이다.

● 하아레츠와 핫사데(그 땅과 그 들)

"야웨 하나님이 그 땅 위에 비를 내리지 아니하셨다."에 대하여 새 창조를 알지 못하는 이들은 하나님이 노아의 때까지 지구에 비를 내리지 아니하였다고 억측하고 있다. 그러나 이 말씀은 그것을 말하고 있는 것이 아니다. 그러면 '그 땅'과 '그 들'은 어디이며 무엇을 말하는가. 우리는 여기서 영과 생명의 눈으로 징조와 실상을 볼 수 있어야 한다. 징조의 면에서 먼저 살펴보자.

'그 땅'은 지구가 아니라 비가 내리지 않은 한 지역이다. 그리고 '그 들'은 그 지역에 속한 들이다. 하나님은 사람에게 보이는 것으로 보이지 않는 것을 계시하신다. 하나님이 첫 창조에서 만물을 먼저 창조하신 것이 이 때문이다. 여기 땅과 하늘들은 육신으로는 살아 있으나 야웨 하나님께 대하여 죽은 자로 있는 첫 사람의 몸과 마음을 가리키고 있다. 즉 그 땅은 사람의 몸이며 그 들은 사람의 마음이다.

창세기 2장에서 야웨 하나님이 새 창조를 시작할 때에 한 사람도 그의 몸과 마음이 하나님을 향하여 살아 있지 못했다. 예수께서 이 일에 대하여 비유로 말씀하신 것이 시편에 기록되었다. 기록된 바, "내가 입을 열어 비유로 말하고 옛 비밀한 것을 발표하리라."(시78:2)라고 하였다. 하나님이 육에 속한 사람들을 위하여 보이는 것들을 징조로 베푸시는 것은 육신의 눈에 보이지 아니하는 영의 실상을 깨닫게 하시고 그리로 이끌기 위해서이다. 그러므로 누구든지 눈에 보이는 징조를 실상으로 움켜쥐면 새 창조의 과녁에서 벗어나고 만다.

첫 창조의 사흘째부터 이미 지구 위에는 초목과 채소가 있었다. 그러므로 창세기 2장 5절이 말하고 있는 바의 그 땅과 그 들은 전 지구에 해당되는 일이 아님을 알 수 있다. 지구를 잘 살펴보라. 지구는 넓어서 얼마든지 한 지역에는 비가 내리는데 다른 지역에는 비가 내리지 아니한다. 또한 한 지역은 사람이 정착하고 있는데 다른 지역은 정착하지 아니한다. 그리하여 초목과 채소가 왕성하게 자라는 들이 있는가 하면 채소와 초목이 전혀 없는 들이 있다.

야웨 하나님은 사막과 같은 사람의 마음에 생명의 강이 흐르게 하시는 분이기 때문에 채소와 초목이 전혀 없는 불모지를 선택하시어 그것으로 아직 하나님을 향하여 살고 있지 못한 사람의 몸과 마음을 드러내셨다. 사람들이 이 말씀을 이해할 수 없는 것은 무엇보다 창세기 2장을 창세기 1장의 중복으로 읽고 있기 때문이다. 또한 비유를 통하여 쉽게 쓰인 자명한 '진리(히다)'의 말씀을 선악지식의 눈으로 어렵게 읽기 때문이다.

● **초목과 채소와 비와 경작할 사람**

초목과 채소는 무엇이며 그것들을 자라게 하는 비는 또 무엇인가. 초목과 채소는 야웨 하나님이 이루실 영의 계보요, 비는 영의 계보를 이루기 위하여 사람의 마음에 내리는 계시의 말씀이다. 즉 그 땅에 비가 내리지 않은 것 같이 야웨 하나님은 그때까지 아직 누구와도 존재적으로 대면하여 그의 마음에 신령한 계시의 말씀을 내리지 않았다. 그리고 '베아담 아인 라아보트 에트 하아다마'는 땅을 경작할 사람 자체가 없었다는 말이 아니다. 사람은 있었으나 그 토지를 경작하는 사람, 즉 마음 땅을 경작하는 사람이 없었다는 말이다.

창세기 2장 5절은 그때까지 육신의 첫 사람이 처하여 있는 영적 혼돈과 공허와 흑암과 깊음을 비유하고 있는 것이다. 첫 사람은 야웨 하나님으로부터 진리의 말씀이 오지 않은 혼돈과 영의 계보를 이루는 속 사람이 낳아지지 않은 공허와 생명의 빛이 비취어 오지 않은 흑암 속에 있었다. 또 첫 사람은 야웨 하나님의 생각과 길을 알지 못한 채 하나님의 지혜와 지식의 깊음 속에서 구원되지 못하고 있었다.

2.6 וְאֵד יַעֲלֶה מִן-הָאָרֶץ וְהִשְׁקָה
אֶת-כָּל-פְּנֵי-הָאֲדָמָה׃

베에트 야알레 민-하아레츠 베히쉬카 에트-콜-페네-하아다마

그러나 그 땅으로부터 안개가 올라와서 그 토지의 온 표면을 적셨다.

● **안개**

안개는 하늘에서 내리는 비도 아니요, 땅 위에 흐르는 물도 아니다. 잠시 땅으로부터 올라왔다가 다시 땅으로 돌아가 토지를 적신다. 이 안개는 육신의 첫 사람의 허무한 욕심과 선악지식과 생존의 애착을 징조한다. 그것들은 안개 같이 떠올라 사람의 마음을 적시지만 그 땅은 여전히 굳어져 있어서 둘째 사람의 생명의 씨앗을 뿌려 자라게 할 수 없다.

야웨 하나님은 인생이 안개 같은 허무한 크로노스의 삶에서 조금도 벗어나지 못한 때에 찾아오셔서 카이로스의 풍성하고 온전한 생명을 주신다. 기록된 바, "내일 일을 너희가 알지 못한다. 너희 생명이 무엇이냐 너희는 잠시 보이다가 없어지는 안개니라."(약4:4)라고 하였다.

2.7 וַיִּיצֶר֩ יְהוָ֨ה אֱלֹהִ֜ים אֶת-הָֽאָדָ֗ם עָפָר֙ מִן-הָ֣אֲדָמָ֔ה וַיִּפַּ֥ח בְּאַפָּ֖יו
נִשְׁמַ֣ת חַיִּ֑ים וַֽיְהִ֥י הָֽאָדָ֖ם לְנֶ֥פֶשׁ חַיָּֽה׃

바이쩨르 야웨 엘로힘 에트-하아담 아파르 민-하아다마 바이파 베아파이브 니쉬마트 하임 바예히 하아담 레네페쉬 하야

야웨 하나님이 그 토지로부터 흙가루인 그 사람을 빚으시고 그의 코에 생명들의 숨을 불어 넣으시니 그 사람이 산 혼으로 되었다.

● **하아담 아파르(흙가루인 그 사람)**

여기서 육체의 눈으로 성경을 읽는 자와 영의 눈으로 성경을 읽는 자가 분명히 나누인다.

하나님은 첫 창조에서 보이는 것들을 창조하셨고 그것들을 징조로 삼아 새 창조에서는 보이지 아니하는 영의 일을 이루신다. 그러므로 하나님은 사람의 눈에 보이지 아니하는 영의 일을 알게 하려고 부득이 보이는 것들을 비유와 징조로 쓰신다. 이는 보이는 징조를 통하여 그의 자녀들에게 보이지 아니하는 실상을 이루려 함이다.

“야웨 하나님이 그 토지로부터 흙가루인 그 사람을 빚으셨다.”라 하였다. 이것은 토기장이가 하는 일을 통하여 하나님이 행하시는 영의 일을 알게 하는 말씀이다. 오늘날까지 사람들은 창세기 2장 7절을 영과 생명 안에서 조심해서 읽지 아니하고 표면적으로 읽으면서 ‘흙가루(아파르)’가 사람이 창조된 재료인 줄로 오해하였다.

창세기에는 어디에도 그 하늘들이나 그 땅이나 생물이나 사람을 창조하신 재료에 대한 언급이 전혀 없다. 만약 육신의 첫 사람이 창조된 재료를 굳이 찾는다면 만물일 것이다. 왜냐하면 그 만물이 사람 안에 다 들어와 있기 때문이다. 그것을 모르는 자 없으리라. 사람이 그 엿새째 날 마지막에 창조된 순서가 그 일을 말하고 또 사람의 몸을 조금만 살펴보아도 그 일을 알 수 있다.

‘아파르’는 도대체 무엇인가. ‘아파르’가 사람이 창조된 재료가 아닌 것은 무엇보다도 2장 7절의 문장 구조가 분명히 드러내고 있다. 2장 7절은 ‘아파르’와 ‘하아담’이 동격인 문장이다. 즉 야웨 하나님은 아파르인 하아담을 빚으신 것이지 아파르로 하아담을 빚으신 것이 아니다 ‘하아담’과 ‘아파르’가 엄연히 동격임에도 불구하고 ‘아파르’를 재료로 보게 된 원인은 창세기 2장을 새 창조의 계시로 읽지 못하고 첫 창조의 중복 기사로 읽기 때문에 일어난 일이다.

말씀은 짝이 있다. 어느 말씀이든 짝 된 말씀이 있어서 그 말씀을 알 수 있게 한다. ‘아파르’가 무엇인지 알게 하는 말씀이 창세기 18장 27절이다. 아브라함은 야웨 하나님께 자신을 ‘티끌(아파르)과 재’라고 말했다. 살아 있는 아브라함은 티끌도 재도 아니다. 그러면 무엇 때문에 아브라함은 자신을 야웨께 티끌이라고 말한 것인가. 이는 그가 야웨 하나님 앞에 낮아지고 부드러운 마음의 실존으로 있었기 때문에 그렇게 말한 것이다.

누구든지 야웨 하나님 앞에서 낮아지고 부드러운 마음이 되어 있을 그때 "나는 티끌이오니 당신의 모양과 같이 빚으소서."라고 하게 된다. 그러므로 '하아담 아파르'란 토기장이와 농부가 되신 야웨 하나님 앞에서 부드러워진 마음을 가지게 된 '그 사람'이다. 그 아담의 시작은 이렇게 좋았다. 야웨 하나님은 낮아지고 부드러운 마음을 가진 자를 새롭게 지으시는 영의 토기장이시다. 물론 다른 티끌도 있다. 그것은 야웨 하나님께 새로운 존재로 지어지지 아니하고 그 스스로 선악지식을 좇아 하나님을 멀리 버리고 뱀의 먹을거리가 되는 '티끌(아파르)'이다.

기록된 바, "누구든지 너희를 영접하지 아니하거든 그 성에서 떠날 때에 너희 발에서 먼지를 떨어 버려 저희에게 증거를 삼으라."(눅9:5)라고 함과 같다. 사람은 모름지기 뱀의 먹을거리인 '아파르'가 될 것이 아니라 야웨 하나님께 빚어지는 '하아담 아파르'가 되어야 할 것이다. 그러나 빚어짐은 시작일 뿐이다.

● 새 창조의 알파

첫 창조가 온전히 끝나고 새 창조가 시작되기 전에 사람은 생육 번성하면서 그 땅 위에서 육신의 계보를 이루고 있었다. 그러나 그들은 안개같이 허무한 삶을 살고 있었다. 그때에 야웨 하나님은 영의 토기장이와 농부가 되시어 새 창조를 시작하셨다. 야웨 하나님이 '하아담 아파르'를 '빚으신(야짜르)' 것은 토기장이의 일과 같다. 또 그의 코에 생명들의 숨을 불어 넣으신 것은 농부의 일과 같다.

즉 이 일은 토기장이가 부드러운 흙가루로 질그릇을 빚는 것과 같고 농부가 밭에 씨를 뿌리기 전에 굳어진 땅을 부드럽게 갈아서 공기와 물이 잘 소통하게 하는 것과 같다. 농부가 밭에 씨 뿌리는 일은 아내에 대한 남편의 일과 같고, 토기장이가 질그릇 굽는 일은 아버지가 자식을 기르는 일과 같다. 그러므로 야웨 하나님은 토기장이와 농부로 비유되기도 하며 남편과 아버지로 비유되기도 한다.

● **야짜르(빚다, 조성하다)**

창세기 2장 7절에서 "야웨 하나님이 하아담 아파르를 빚으셨다."는 그 '야짜르'는 무엇인가. 모든 번역 성경들이 기록하고 있는 것 같이 하나님이 흙을 재료로 하여 사람을 지으신 것을 말하는 것이 아니다. 그러면 무엇인가. '아파르(흙가루)'를 재료로 아는 것은 사람들이 영과 생명의 눈으로 이 말씀을 '호라오'하지 않기 때문에 일어나는 혼란이다. 먼저 '야짜르'란 말씀이 무엇을 말하는지 그 짝 된 말씀을 찾아보자. 그 말씀은 이사야서 43장 1절이다.

기록된 바, "야곱아 너를 창조하신 자 야웨가 이렇게 말씀하신다. 이스라엘아 너를 '빚으신(야짜르)' 자가 말씀하시되 너는 두려워 말라. 내가 너를 구속하였고 내가 너를 지명하여 너는 내 것이라 불렀다."라고 하였다. 창세기 2장 7절의 '야짜르'는 새 하늘과 새 땅의 예언자인 이사야로 말미암아 그 의미가 분명하게 드러났다.

위 말씀에서 분명히 알 수 있는 것은 야곱은 '바라'된 자요, 이스라엘은 '야짜르(빚어진)'된 자이다. 즉 '바라'된 야곱이 다시 이스라엘로 '야짜르' 되었다. 하나님은 창조된 야곱을 이스라엘로 '야짜르' 하셨다. '야짜르'된 이스라엘은 구속된 자요, 그 이름이 지명된 자요, 야웨께 속한 자다. 이사야는 '야짜르'된 이스라엘에 대하여 말하면서 이스라엘이 구속된 것과 지명된 것과 야웨 하나님께 속하게 된 세 가지를 말했다.

사람들 가운데서 야웨 하나님께 구속된 자는 그의 이름이 불리고 또 그 이름은 야웨 하나님께 속하게 된다. 이 말씀은 야웨 하나님이 육신의 첫 사람의 계보 가운데서 땅에 속한 아담을 그 '토지(하아다마)'에서 이끌어내셨음을 알게 한다. 즉 하나님이 그를 구속하신 것이다. 또 야웨 하나님이 그를 '하아담 아파르'로 빚으신 것은 그로 하여금 낮아지고 겸손한 자가 되게 하신 것이다. 그리고 그의 코에 생명들의 숨을 불어 넣어 '레네페쉬 하야'가 되게 하신 것은 땅에 속했던 그를 야웨 하나님께 속하게 하신 것이다. 이로써 '야짜르'는 하나님이 행하시는 새 창조의 알파에 속한 것임을 알 수 있다. 말씀은 이와 같이 짝이 있어서 서로를 증거하고 있다. 말씀이 말씀 자신을 드러내는 그 계시를 버려두고 사람들이 자신들의 생각으로 아무리 궁리해 보아야 헛되다.

우리는 여기서 창세기 1장과 2장의 두 '아담(사람)'의 관계는 창조된 야곱과 빚어진 이스라엘의 관계와 같음을 알 수 있다. 이는 첫 창조와 새 창조와의 관계이며 '네페쉬 하야'인 아담과 '레네페쉬 하야'가 된 '하아담 아파르'의 관계이다.

무엇보다도 이 일은 오늘날 예수 그리스도께서 이 세상으로부터 사람을 구속하시어 그를 믿게 하시고 그들을 하나님의 자녀라 부르시고 그들을 하나님에 속한 '산 혼의 실존'이 되게 하시는 일의 원형이다. 우리는 여기서 땅을 향해 살면서 야웨 하나님과 아무런 관계가 없던 자가 부름을 받아 새롭게 지어지면서 그를 향하여 살게 되는 일을 바라보고 있다.

● 첫 사람의 머리, 가슴, 배

첫 사람의 머리는 선악지식의 숨을, 가슴은 욕심의 숨을 그의 배는 먹을거리의 숨을 쉬고 있으며, 머리와 가슴과 배를 포함한 전체의 몸은 육체의 숨을 쉬고 있다. 이에 비하여 야웨 하나님을 향해 사는 둘째 사람은 머리로는 거룩한 진리의 숨을, 가슴으로는 사랑의 숨을, 배로는 생명의 숨을 쉬고 있으며 그 머리와 가슴과 배를 포함한 전체의 몸은 '영(초월)'의 숨을 쉰다.

야웨 하나님이 '하아담 아파르'에게 생명들의 숨을 불어 넣어서 '레네페쉬 하야'가 되게 하신 것은 이 일의 시작이다. 코는 얼굴에 있으며 얼굴과 머리는 일체다. 사람이 자기 얼굴에 있는 코로 말미암아 거룩한 지식으로 숨쉬기 시작하면 그 숨 쉼이 가슴과 배와 온몸으로 퍼져나가면서 새로운 삶이 시작된다. 야웨 하나님은 이때에 아담으로 하여금 생명들의 향기로 숨 쉴 수 있는 존재가 되게 하셨다.

'네페쉬 하야'의 숨 쉼은 음식을 먹고 물을 마시는 것과 일체를 이루고 있다. 숨 쉬는 자는 반드시 양식을 먹고 물을 마셔야 그 숨 쉼을 계속할 수 있다. 이와 같이 영의 숨을 쉬는 자도 영의 양식을 먹고, 영의 물을 마셔야 한다. 에덴의 동산은 이 일을 위하여 창설되었다. 나중에 에덴의 동산을 살펴볼 때에 영의 양식과 물에 대하여 자세히 살펴볼 것이다.

● 산 혼의 실존과 살려주는 영의 실존

기록된 바, "그 첫 사람 아담은 산 혼으로 되었다 함과 같이 그 마지막 아담은 살려주는 영으로 되었다."(고전15:45)라 하였다. 개역 성경은 이에 대하여 "첫 사람 아담은 산 영이 되었다 함과 같이 마지막 아담은 살려주는 영이 되었다."라고 크게 오역하였다. 그 첫 사람 아담은 산 영이 된 것이 아니라 '산 혼으로(에이스 프슈케 조산)' 되었고 그 마지막 아담은 살려 주는 영이 된 것이 아니라 '살려주는 영으로(에이스 프뉴마 조포이운)' 되었다.

바울은 분명히 창세기 2장 7절의 '레네페쉬 하야'의 '레'를 살려서 헬라어 '에이스'란 전치사를 써서 '에이스 프슈켄 조산'이라 하였다. 즉 '프슈켄 조산' 앞에 '에이스(to)'라는 전치사를 붙여서 창세기 2장 7절의 '레'가 무엇인지 분명히 밝혔다. '레'는 하나님을 향하여 있는 '되어짐의 존재'를 말하는 것이다. 그리고 마지막 아담인 예수 그리스도에게도 '에이스'를 붙여 '에이스 프뉴마 조포이운'이라 하였다.

바울은 야웨 하나님의 부름을 받는 육신의 첫 사람은 누구나 먼저 '산 혼의 실존'으로 변화되고 그가 다시 '살려주는 영의 실존'으로 변화되는 야웨 하나님의 새 창조의 알파와 오메가를 말하고 있다. 그의 서신서들을 아무리 읽어도 첫 사람의 알파와 오메가와 새 창조의 알파와 오메가를 분별하지 못하면 누구든지 혼돈과 공허와 흑암과 깊음 속으로 빠져들지 않을 수 없다.

바울이 말한 그 첫 사람 아담은 누구인가. 창세기 1장 27절에서 '처음 창조된 사람(아담)'인가, 그렇지 않다. 이미 하나님께 창조된 사람은 하나님의 축복 속에서 그 육신으로 낳고 죽고 하는 가운데서 생육하고 번성하여 사람의 계보를 이루고 있었다. 창세기 2장 4절의 '톨도트(계보)'가 그 일을 분명히 드러내고 있다. 그렇다면 바울은 무엇 때문에 그 첫 사람이라 한 것인가.

그 이유 또한 분명하다. '레네페쉬 하야'로서 야웨 하나님을 향해 살게 된 그 사람이야말로 야웨의 새 창조 안으로 들어 온 그 첫 사람이다. 그는 야웨 하나님이 땅에 속한 육신의 첫 사람들 가운데서 그 땅으로부터 이끌어내신 그 첫 사람이다. 그 첫 사람은 새 창조의 알파를 좇아서 '레네페쉬 하야'로 '야짜르'된 자다. '그 아담'은 에덴의 동산에서 '살려주는 영의 실존'이 되는 생명의 길을 걷게 된 그 첫 사람이다.

이제까지 사람들은 창세기 2장 7절을 야웨 하나님이 육신의 첫 사람을 흙으로 지은 것으로 알아 왔다. 그 때문에 오늘날까지 우리의 성경 이해는 혼돈과 공허와 흑암과 깊음 속에 빠져 있다. 그러므로 그것은 생명의 말씀을 '호라오'한 것도 아니며 히브리어 문법을 좇아서 그 말씀을 면밀히 읽은 것도 아니다.

그러면 우리는 성경을 어떻게 읽어야 하는가. 첫째는 성경에 무엇이라 기록되어 있는지 그 기록을 자세히 읽어야 한다. 그 다음은 그 말씀을 '어떻게 읽어야(해석해야)' 하는지 그 말씀을 마음에 품고 말씀이 자신을 드러내는 영과 생명의 흐름을 좇아서 '호라오'해야 한다. 무엇보다도 짝 된 말씀을 찾아서 온전한 계시에 이르도록 해야 한다. 영 안에 깨어 있는 자는 성경을 읽으며 자기의 '에고비전(egovision)'을 좇지 않고 말씀이 말씀 자신을 드러내시는 '로고비전(logovision)'을 좇는다. 틀림없이 첫 사람의 자기 믿음은 에고비전을 이루고 둘째 사람의 예수 그리스의 믿음은 로고비전을 이룬다. 에고비전은 하나님의 이름을 부르며 멸망하는 첫 사람의 길이다.

2.8 וַיִּטַּ֞ע יְהוָ֧ה אֱלֹהִ֛ים גַּן־בְּעֵ֖דֶן מִקֶּ֑דֶם וַיָּ֣שֶׂם שָׁ֔ם אֶת־הָֽאָדָ֖ם אֲשֶׁ֥ר יָצָֽר׃

바이타 야웨 에로힘 간- 베에덴 미케뎀 뱌야셈 샴 에트- 하아담 아셰르 야짜르

야웨 하나님이 해 돋는 데서부터 에덴에 동산을 창설하시고 그 빚으신 그 사람을 거기에 두셨다.

2.9 וַיַּצְמַ֞ח יְהוָ֤ה אֱלֹהִים֙ מִן־הָ֣אֲדָמָ֔ה כָּל־עֵ֛ץ נֶחְמָ֥ד
לְמַרְאֶ֖ה וְט֣וֹב לְמַאֲכָ֑ל וְעֵ֤ץ הַֽחַיִּים֙ בְּת֣וֹךְ הַגָּ֔ן וְעֵ֕ץ
הַדַּ֖עַת ט֥וֹב וָרָֽע׃

바야쩨마 야웨 엘로힘 민-하다다마 콜-에츠 네흐마드 레마르에 베토브 레마아콜 베에쯔 하하임 베토크 하간 베에츠 하다아트 도브 바라

그리고 야웨 하나님이 그 토지로부터 보는데 즐겁고 먹는데 좋은 모든 나무가 자라게 하셨고 그 동산 가운데에는 생명들의 나무와 좋음과 나쁨을 아는 나무도 있었다.

- **미케뎀(해 돋는 데서부터, 동쪽으로부터)**

야웨 하나님은 햇빛이 잘 드는 곳인 에덴에 동산을 창설하셨다. 양지인 에덴은 사람 살기에 좋고 가축을 기르고 농사를 짓기에 적합했다. 야웨 하나님이 양지에 동산을 심으신 것은 아담이 하나님의 생명의 빛 안에 거하게 하려는 계시다. 에덴의 동산은 '햇빛(생존의 빛)'과 하나님의 생명의 빛이 함께 비취고 있었다.

이는 아담과 그의 자손들이 그 동산에서 육과 영이 하나 된 거룩한 실존을 이루게 하려 함이었다. 그들이 동산에서 번창하면 그들의 삶의 터전은 넓혀질 것이었다. '미케뎀'은 이 일을 가리키고 있다. 그 동산은 점점 넓어질 그들의 실존을 징조하고 있었다. 아담과 그의 자손들이 거룩한 실존을 이루게 되면 속 사람과 겉 사람이 하나 되는 것 같이 그들의 실존과 삶의 처소 또한 하나가 될 것이었다.

산 혼의 실존이 된 그 사람은 그 동산에서 하나님이 먹으라 한 것은 먹고, 먹지 말라 한 것은 먹지 않는 믿음의 실존이었다. 그 믿음은 육신의 자기 믿음이 아니라 하나님이 그를 믿는 믿음과 하나된 믿음이다. 그 믿음으로 아담은 '산 혼의 실존'에서 '살려주는 영의 실존'으로 나아가게 되었다. 에덴의 동산은 아담이 하나님의 아들이 되는데 아무 부족함이 없었다. 그러나 사람들은 아담이 그 동산에서 일없이 행복하게 살 수 있었으나 거기서 그가 죄를 범하였기 때문에 사람에게 일이 생겨났다는 첫 사람의 선악지식으로 그곳을 바라보고 있다. 그 동산은 여전히 사람들에게 감추어져 있다. '나의 나됨'을 이루는 삶의 터전이 에덴의 동산이다. 그 동산은 아담에게 주어진 아버지의 나라의 알파요, 그가 거기서 아버지의 뜻이 하늘에서 이룬 것 같이 땅에서도 이루어지게 하는 것은 오메가다.

● **에츠 네흐마드 레마르에 베토브 레마아콜(보는데 즐겁고 먹는데 좋은 나무)**

야웨 하나님은 '레네페쉬 하야'가 된 아담을 그 동산에 두셨다. 이는 그 동산에서 행하시는 하나님의 일을 아담이 보고 듣고 마음으로 생각하여 하나님의 뜻을 이루게 하려 함이었다. 그리하여 야웨 하나님은 그 동산의 토지로부터 보는데 즐겁고 먹는데 좋은 모든 나무가 나서 자라게 하셨다. 이것은 야웨 하나님이 아담의 마음 땅에 그가 보시는데 즐겁고, 먹는데 좋은 나무가 나서 하늘을 향해 자라나게 하려 함이었다. 즉 야웨 하나님이 동산에 보는데 즐겁고 먹는데 좋은 나무가 나게 하신 것은 알파다. 그리고 아담이 그 믿음으로 말미암아 그의 마음에 하나님이 보는데 즐겁고 먹는데 좋은 나무가 나게 하는 것은 오메가였다.

하나님이 동산에 두신 나무 중에는 보는데 즐거운 나무지만 먹는데 좋은 나무가 아닌 것이 있었고, 먹는데 좋은 나무지만 보는데 즐거운 나무가 아닌 것이 있었다. 이것은 아담이 다만 육신의 눈에 보이는 대로 그 입의 입맛대로 땅을 향해 살지 아니하고 야웨 하나님이 베푸시는 은혜 안에서 하늘을 향해 믿음으로 사는 영적 존재가 되게 하려 함이었다.

에덴의 동산에 들어온 아담은 처음부터 하나님의 말씀을 믿는 믿음 없이는 조금도 하나님을 기쁘게 할 수 없었고, 또 에덴의 동산의 삶을 누릴 수도 없었다. 하나님과 소통되게 하는 것은 그의 믿음이었다. 아담이 영과 생명 안에서 에덴의 삶을 누리는 것은 하나님이 보시기에 즐거운 것이요, 그 삶 가운데서 하나님의 뜻을 행하고 그의 일을 이루는 것은 하나님이 드시기에 좋은 '산 제물(양식)'이었다.

하나님은 동산에 아담을 위하여 그가 보는데 즐거운 나무와 먹는데 좋은 나무가 나게 하셨다. 그 나무들은 아담 자신을 징조하였다. 그러나 하나님은 그 동산에 지혜롭게 할 만큼 흠모되는 나무는 두지 않으셨다. 그럼에도 아담이 유혹된 눈으로 바라보자 어디에도 없는 나무가 그의 마음에 신기루 같이 생겨났다. 오늘날도 사람들은 성경에서 생명들의 나무를 찾지 아니하고 선악지식을 따라 여전히 성경이 계시하고 있지 않은 지혜롭게 할 만큼 흠모되는 나무를 찾고 있다.

● 토브와 라

'토브'는 창세기 1장 4절에 '좋다'의 의미로 처음 등장한 이후 계속 같은 의미로 창세기에 사용되었다. '라'는 창세기 2장 9절에 처음 등장하였다. 히브리어 '토브'는 '좋다'의 의미로 쓰이기도 하고 '선하다'의 의미로 쓰이기도 한다. '라' 역시 '나쁘다'의 의미로 쓰이기도 하고 '악하다'의 의미로 쓰이기도 한다. 그러므로 우리는 성경에 쓰인 '토브'와 '라'가 '좋다'와 '나쁘다'인지 '선하다'와 '악하다'인지를 분별할 수 있는 영의 눈을 가져야 한다. 그런데 '좋다', '나쁘다'는 하나님이 사람에게 은혜로 베푸시는 '생명'과 관련되고 '선하다', '악하다'는 첫 사람의 '욕심'과 관련되고 있다.

그러므로 '토브'가 좋다인지 선하다인지, '라'가 나쁘다인지 악하다인지를 아는 것은 하나님이 사람에게 주시는 생명과 사람의 욕심을 분별하는 일이다. 그런데 그 분별이 참으로 쉽지 않은 일이다. 그러나 우리가 아는 바와 같이 모든 성경은 영과 생명을 계시하고 있는 말씀이다. 그러므로 어찌하든지 성경을 읽는 자가 성경의 문맥을 영과 생명의 흐름 속에서 자세히 살펴서 '토브'가 좋다 인지 선하다 인지, '라'가 나쁘다 인지 악하다 인지를 분별할 수 있어야 한다. 그렇지 아니하면 성경은 선악지식이 되어 버린다.

● 야웨 하나님의 눈에 좋은 것과 나쁜 것

야웨 하나님은 영이시다. 그러므로 그는 그 앞에 있는 모든 것을 그의 영의 눈으로 보시고 '좋다' 하시거나 '나쁘다' 하신다. 야웨 하나님은 창세기 1장에서 그의 말씀을 좇아 그의 뜻이 이루어진 것을 보시고 '좋다' 하셨다. 창세기 1장에서 '토브'는 일곱 번 모두 '좋다'의 의미로 쓰였다. 그런데 창세기 2장 9절에 처음으로 '라'란 말이 '토브'와 함께 등장한다. 그렇다면 '토브 바라'는 문맥상 '좋음'과 '나쁨'일 수도 있고, '선과 악'일 수도 있다. 그런데 많은 번역서들은 창세기 2장 9절의 '토브 바라'를 '좋음'과 '나쁨'으로 번역하지 않고 '선과 악'이라 하고 있다. 즉 '에츠 하다아트 토브 바라'를 '선악을 알게 하는 나무(선악을 아는 나무, 선악지식의 나무)'로 번역하고 있다.

그러나 과연 그런가 하는 것이다. 도리어 그 나무를 '좋음과 나쁨을 아는 나무(생명과 사망을 아는 나무)'로 번역하는 것이 문맥상 영과 생명의 흐름에 부합하는 것이라 보는 것이다. 일곱 번이나 '좋다'의 의미로 쓰인 '토브'가 하나님의 기쁘신 뜻을 이루는 새 창조에서 '선'으로 바뀌는 것은 아무래도 이상하다. 왜냐하면 첫 창조에서 육신에 속한 사람에 대하여 '좋다'라는 말씀이 없었으니 분명히 새 창조의 영에 속한 사람에 대하여 '좋다' 하실 일이 남아 있기 때문이다.

야웨 하나님은 아담을 영과 생명의 존재가 되게 하기 위하여 그를 에덴의 동산으로 이끄셨다. 그가 야웨 하나님의 기쁘신 뜻을 이루게 되면 하나님은 그를 보시고 '좋다' 하실 것이요, 그가 다시 첫 사람의 육과 생존으로 돌아가면 그것을 보시고 '나쁘다' 하실 것이다. 더욱이 아담이 '산 자'에서 '살리는 자'로 나아가면 야웨 하나님은 그를 보시고 '심히 좋다' 하실 것이다. 야웨 하나님은 언제나 사람에게서 그의 뜻이 이루어지는 것을 보시고 '좋다' 하시며 그렇지 않은 것을 보시고 '나쁘다' 하신다. 왜냐하면 하나님의 기쁘신 뜻은 사람이 영원한 생명으로 사는 것이기 때문이다.

● 선하다와 악하다

그러면 어떻게 '좋다'가 '선하다'로 바뀌고 '나쁘다'가 '악하다'로 바뀌는가. 그것이 무엇인지 잠시 살펴보자. 진실하신 야웨 하나님은 그의 기쁘신 뜻이 이루어지는 것을 보시고 '좋다' 하시고, 그렇지 못한 것에 대하여 '침묵하시거나, 좋지 않다 하시거나, 나쁘다' 하신다.

'악하다' 하실 때에는 사람이 하나님의 기쁘신 뜻을 버리고 스스로 선악지식을 좇는 자가 되었을 때이다. 그렇다면 사람들은 왜 야웨 하나님이 '좋다' 하신 것을 '선하다'로 바꾸며 '나쁘다' 하신 것을 '악하다'로 바꾸는 것인가. 그것은 사람들이 그들의 욕심과 선악지식을 좇아서 육신의 생각을 따라서 육신의 길을 걸으며 하나님을 자기편으로 끌어들이기 때문이다.

사람은 그 욕심과 선악지식으로 말미암아 의식하건 의식하지 않건 하나님과 그의 말씀을 육신에 속한 자신에게 유리하게 해석하거나 어떤 방식으로든 강화하고자 하면서 그들에게 유리한 선악지식을 계속 만들어 낸다. 그리하여 생명의 말씀은 사람의 손에서 선악지식으로 변질된다.

땅에 속한 종교나 도덕이나 윤리나 그 무엇이나를 좇는 사람들은 하나님의 생각을 제쳐둔다. 그리고 먼저 자신의 입장을 강화하고자 하나님이 '좋다' 하신 것을 '선하다'로 바꾸고 다른 사람의 입장을 약화시키고자 하나님이 '나쁘다' 한 것을 '악하다' 한다. 첫 사람에서는 언제나 이런 일이 일어나고 있다. 그것은 그들이 하나님과 소통되지 않기 때문이다.

육신의 첫 사람은 누구나 그 자신의 육체의 시공에 갇혀서 시공 너머의 근원을 바라보지 못한다. 다만 하나님을 자기편을 들어주는 선악심판의 우상으로 삼는다. 말씀은 생명의 하나님을 계시하고 있으나 사람들은 육신에 속한 에고비전을 좇아서 선악심판의 하나님을 조작하고 있다. 이 일은 오늘날 많은 사람들이 생명의 예수 그리스도를 세상 임금으로, 겉 사람 안에 속 사람을 낳으시고 나를 나되게 하는 야웨 하나님을 사람의 욕심을 이루어 주는 우상으로, 생명의 말씀을 선악심판의 교리로 삼고 있는 것을 보아도 충분히 알 수 있다.

● 좋음과 나쁨을 아는 나무와 선과 악을 아는 나무

'에츠 하다아트 토브 바라'는 '좋음과 나쁨을 아는 나무'인가 아니면 '선과 악을 아는 나무'인가. 누구든지 그 나무를 예수 그리스도의 믿음과 하나된 믿음의 눈으로 바라보면 그 나무는 하나님이 무엇을 '좋다' 하시고 무엇을 '나쁘다' 하시는지 아는 '좋음과 나쁨을 아는 나무'일 것이다. 그러나 누구든지 하나님과 소통되지 못하고 그의 말씀을 의심하거나 욕심이 발동된 인간의 선악 가치관의 눈으로 그 나무를 바라보면 그 나무는 '선과 악을 아는 나무'일 것이다.

동일한 명칭의 나무가 각 사람에게 어떻게 해석되고 있느냐에 따라 그 나무는 전혀 다른 것을 말한다. 그것은 "성경에 무엇이 기록되어 있으며 너는 어떻게 읽느냐?"라고 하신 예수의 말씀을 들어 보아도 알 수 있다. 성경에 무엇이 기록되어 있는지를 아는 것은 알파요, 그 말씀이 내게 무엇을 계시하고 있는지를 아는 것은 오메가이다. 같은 말씀을 읽지만 자기 믿음은 선악지식을 좇게 되고, 예수 그리스도의 믿음과 하나된 믿음은 생명을 좇게 된다. 하나님의 진실한 말씀을 믿는 청결한 마음을 가진 자에게 말씀은 말씀 자신을 드러내며 그를 그 계시 안으로 이끈다. 기록된 바, "좋은 나무는 아름다운 열매를 맺고 못된 나무는 나쁜 열매를 맺는다."라 했다. 하나님이 아담을 에덴의 동산에 두시고 또 그 동산에 '좋음과 나쁨을 아는 나무'를 둔 것은 아담이 하나님을 향해 있는 좋은 나무로서 아름다운 열매를 맺게 하려 함이다. 기록되었으되, "믿음은 바라지는 것들의 실상이요 보이지 아니하는 것들의 책망이라."(히11:1)라고 했다.

아담이 가져야 할 믿음은 그 스스로 바라는 것이 아니라 야웨의 말씀으로 계시된 생명을 바라게 되는 믿음이었다. 아담이 그 믿음으로 살았다면 그 나무의 실과를 먹고 싶은 욕망이 일어났을지라도 그 욕망은 그 안에서 책망 받았을 터이다. 아담이 청결한 마음과 생명의 지식 속에서 야웨 하나님을 향하여 살고 있었다면 그 나무는 '좋음과 나쁨을 아는 나무'로 이해되었을 것이다. 그는 좋은 것이 무엇이며 나쁜 것이 무엇인지 분명히 알고 좋은 것을 취하였을 것이다. 즉 그는 믿음으로 하나님이 보는 것을 보는 자요, 하나님이 듣는 것을 듣는 자요, 하나님이 생각하는 것을 생각하는 자였을 것이다. 하나님은 아담이 '산 자'의 믿음을 가지고 에덴의 동산에서 살면서 '하나님의 모양'을 이루게 하려 하셨다. 그러므로 아담은 그것이 좋은 것임을 알았을 터이다. 그것이 아담의 의요, 하나님을 향하여 사는 그의 실존이었다.

그러나 아담이 믿음을 버리고 욕심을 내어 먹지 말라 한 나무로부터 먹으면 그것은 그의 범죄일 뿐 만 아니라 진실하신 하나님을 거짓말하는 자로 만드는 악이다. 그 악은 그가 스스로 만들어 내는 것이다. 그러므로 '에츠 하다이트 토브 바라'는 육신의 소욕을 좇는 자에게는 '선악을 아는 나무'요, 영의 소욕을 좇는 자에게는 '좋음과 나쁨을 아는 나무'인 것이다. 첫 사람은 '좋음과 나쁨을 아는 나무'를 '선악을 아는 나무'로 알고 먹는다. 둘째 사람은 '좋음과 나쁨을 아는 나무'부터는 먹지 않지만 생명들의 나무로부터는 먹는다. 왜냐하면 둘째 사람은 이미 하나님의 좋음 속에 들어와 있고, 또 그는 '생명들의 나무'로부터 먹으며 '살려주는 영의 실존'으로 나아가는 자이기 때문이다.

● 좋음과 나쁨을 아는 나무와 아담의 실존

만약 아담이 하나님의 말씀을 믿는 청결한 마음으로 살았다면 그 나무는 자신을 징조하고 있음을 알았을 것이다. '산 자'로 있는 것도 자신이요, '죽은 자'가 되는 것도 자신이기 때문이다. 아담이 '산 자'로 있는 것이 하나님과 자신에게 좋고, '죽은 자'가 되는 것은 하나님과 자신에게 나쁘다는 것을 알았을 것이다.

그러나 그가 다만 육신의 죽음이 두려워서 그 나무의 실과를 따 먹지 못하고 있었다면 그에게서 사망의 두려움이 제거되고, 그 실과를 따 먹는 것이 '유익(선)'이라는 확신이 들면 그는 언제든지 그 실과를 따 먹고 말 것이다.

즉 그에게는 그 실과를 따 먹는 것이 선이요, 따 먹지 못하는 것이 악이다. 그가 나중에 그 나무의 실과를 아내가 주는 대로 먹은 것을 보면 그는 처음부터 '좋음과 나쁨을 아는 나무'가 자신의 실존을 드러내고 있는 나무임을 알지 못했다. 아담은 알파의 자신을 징조하고 있는 나무를 보아도 보지 못했고, 들어도 듣지 못했고, 마음으로 생각해도 깨닫지 못했다. 그래서 그는 오메가의 실존으로 나아가지 못했다.

아담에게 그 나무가 '선과 악을 아는(알게 하는) 나무'로 이해되었다면 그것은 무엇을 말함인가. 그것은 그가 영과 진리 안에서 그의 아버지가 되고자 하시는 야웨 하나님이 누구인지 알지 못하고 또 그가 하나님을 향하여 살아 있는 존재임도 인식하지 못한 것이다. 즉 그는 하나님이 그를 에덴의 동산에 두신 그의 기쁘신 뜻이 무엇인지 알지 못한 것이다. 이는 그가 믿음으로 말미암아 하나님께로 오는 생명 대신 동산 안에서 다만 육신의 욕망을 좇아서 생존자로 있었음을 말한다. 그는 하나님이 왜 그를 '레네페쉬 하야'가 되게 하시고, 또 에덴의 동산에 두셨는지를 영의 눈으로 '호라오'하지 못한 자였다.

이런 일은 오늘날도 여전히 반복되고 있다. 예수 그리스도께 온 이들이 위로부터 영과 진리로 낳아지지 아니하고 육신의 욕심과 선악교리를 좇아 세상 권세를 이루고자 하는 것을 보면 그들 역시 '선악을 아는 나무'를 좋아하고 있음을 금방 알 수 있다. 진실하신 하나님은 그를 믿는 모든 인생에게 그가 베푸시는 '좋음' 속에서 믿음의 의로 그 앞에서 산 자가 되라 하신다. 그러나 그를 믿는 많은 사람들이 실제로는 아래에서 낳아져서 자신들의 욕심을 좇아 그들에게 이익이 되는 것을 선이라 하고 손해가 되는 것을 악이라 하는 선악지식을 좇고 있다.

사람들이 그들의 육신의 정욕, 안목의 정욕, 인생의 자랑을 좇아서 무엇을 선이라 여기고 무엇을 악이라 여기든 선악지식을 좇는 자는 하나님 앞에서 스스로 악을 취했다. 그들은 야웨 하나님이 예비하신 생명의 길 대신 사망의 길을 택했다. 그들이 하나님의 이름을 부르고 있으나 하나님의 기쁘신 '뜻(톳대)'은 버렸다.

인간의 선악은 인간의 지혜와 지식의 산물이다. 그러므로 하나님 앞에서는 인간의 선과 의는 반드시 악과 불의가 되고 만다. 인간 자신에 있어서도 어느 한편의 선과 의는 다른 편에게는 악과 불의가 되고 만다.

온 세상 사람들이 나뉘어 싸우는 것은 선악지식 때문이다. 한편에 이익이 되는 것은 다른 편에 손해가 되므로 이익을 보는 쪽은 자기의 이익을 선이라, 정의라 하지만 손해를 보는 쪽은 그것을 악이라, 불의라 한다. 여기서 선악 전쟁이 일어난다. 서로가 자신을 선하다 하고 다른 쪽을 악하다 하면서 서로 상대방을 심판하고 선악 전쟁을 일으켜 멸망시키려 한다. 십자군 전쟁이 그 한 예이다. 그들은 스스로 선하다 주장하며 싸웠지만 그 싸움은 하나님 앞에서 더 할 나위 없는 악이었다. 선악 세계에 거하고 있는 자는 누구든지 자기를 선하다 하고 다른 이를 악하다 하며 서로 상대방을 죽이며 죽음을 맛본다. 하나님은 그런 것을 지극히 나쁘다 하신다.

그러므로 선악 세계에서 선하다 일컬음 받는 자는 악한 자일뿐이다. 그들이 이룬 선악세계는 수많은 사망을 통해 이룬 것이다. 첫 사람은 거기서 예외인 자가 없다.

그러나 하나님의 의는 생명을 이룬다. 하나님은 믿음으로 말미암는 자의 생명을 보시고 '좋다' 하시고 선악지식을 좇는 자의 사망을 보시고 '나쁘다' 하신다. 그 때문에 하나님은 사람들을 사망에서 생명으로 유월하도록 부르신다. 그러나 사람은 그 육신의 시공에 갇혀서 육신의 생존을 움켜쥐고 그것을 선으로 여긴다. 결국 사람의 선은 사망이다. 첫 사람은 육신의 생존을 선으로 여기기 때문에 그들이 악하다 여기는 자는 살 가치가 없다고 판정하고 가차 없이 사망의 심판을 내린다.

종교든, 윤리든, 도덕이든 수양이든, 사회정의든, 권세든 인간의 가치는 생존을 기본으로 하는 선악 세계다. 동산에 들어온 아담은 '산 자'가 되긴 하였으나 아직 그의 믿음과 생명이 하나님이 예비하신 카이로스로 옮겨오지 못하고 생존 세계의 크로노스에 머물러 있었다.

예나 지금이나 하나님을 믿는 이들이 사람의 정의와 하나님의 의를 분별하지 못하고 있다. 하나님은 '에츠 하다아트 토브 바라'를 통하여 아담이 영원한 생명의 세계로 들어오기를 바라셨다. 그러나 그는 하나님의 동산에서 실패했다. 누구든지 예수 그리스도 안에서 그 욕심과 선악지식이 떠나가지 아니하면 아담처럼 '동산(성전 마당)'만 밟을 뿐이다.

● 두 가지의 죽음

그러면 아담이 그 나무의 실과를 따 먹고 죽게 되는 그 죽음은 무엇인가. 그 죽음에는 두 가지가 있다. 그것을 분명히 알아야 한다. 예수께서는 그 두 가지 죽음에 대하여 분명히 밝히셨다. 기록된 바, "그의 제자 중에 또 하나가 말하기를, 주여 나로 먼저 가서 나의 부친을 장사하게 허락하옵소서."라 하였다. 예수께서 그에게 말씀 하시기를, "너는 나를 좇으라 그리고 죽은 자들로 저희 죽은 자들을 장사하게 놔두라."(마8:21-22)라고 하셨다.

여기 죽은 자들이 있고 그 죽은 자들을 장사하는 자들이 있다. 그런데 그 죽은 자들을 장사하는 자들 역시 죽은 자들이다. 죽은 자들을 장사하는 자들은 분명 육신으로는 살아 있다. 그럼에도 예수께서는 그들을 죽은 자들이라 하셨다. 그렇다면 그들이 죽은 자들이 된 것은 무엇을 말함인가. 그들은 선악지식을 좇아서 땅을 향해 살아 있으나 하나님께 대하여는 죽어있다.

즉 그들은 하나님을 향하여 살아 있는 '레네페쉬 하야'가 아니라 다만 땅을 향해 살아 있는 '네페쉬 하야'다. 아담이 하나님이 먹지 말라 한 실과를 따 먹고 죽은 죽음이 이것이다. '레네페쉬 하야'인 그에게서 '레'가 떨어져 나가고 다시 '네페쉬 하야'로 돌아가 동물처럼 땅을 향해 살게 된 것이다. 즉 그의 육신은 땅을 향해 살아 있으나 그 혼은 하나님께 대하여 죽은 것이며 그의 육신은 때가 되면 또 죽을 것이다.

우리가 창세기 3장을 읽을 때에 자세히 살펴보겠지만 아담은 하나님이 먹지 말라는 실과를 따 먹으면 그의 믿음이 죽고 또 '레네페쉬 하야'가 죽는 것을 알지 못했다. 그는 다만 육신의 죽음만을 죽음인 줄 알았다. 그러나 야웨 하나님은 그의 긍휼로 말미암아서 그 죽은 자를 심판하시고 다시 믿음으로 말미암아 살아나는 구원을 선포하셨다.

하나님도 죽은 자가 죽은 것을 알지 못하면 그 죽은 자를 다시 살아나게 할 수 없다. 다만 땅을 향해 살아 있는 자는 누구든지 하나님을 향해 죽어 있다. 그런데 오늘날 그 죽은 자들이 살아날 생각은 하지 않고 자신들의 선악지식으로 산 자를 죽게 하면서 그들이 하나님을 향해 살아 있는 것 같이 말하고 있다.

● 에츠 하하임(그 생명들의 나무)

아담에게 있어서 '좋음과 나쁨을 아는 나무'는 알파의 복이요, '생명들의 나무'는 오메가의 복이었다. '생명들의 나무'는 무엇인가. 아담은 야웨 하나님으로부터 생명들의 숨을 받아서 '레네페쉬 하야'가 되었고, 또 '좋음과 나쁨을 아는 나무'로부터 먹지 않도록 명을 받았다. 그것은 알파의 복이다. 숨 쉬는 자는 육신의 숨이든 영의 숨이든 양식을 먹어야 그 숨 쉼을 계속할 수 있다. '생명들의 나무'는 아담으로 생명의 숨 쉼을 풍성하고 온전하게 쉬게 하는 양식이다. 야웨 하나님은 아담이 그 나무로부터 양식을 취하여 먹고 하나님과 영 안에서 소통하면서 성숙되어 살려주는 영의 실존이 되도록 하셨다. 이것은 오메가의 복이다.

그러나 아담은 알파의 복도 오메가의 복도 알지 못하고 헛되게 하였다. 아담은 다만 자신의 육신의 숨 쉼만을 알았을 뿐 생명의 숨 쉼을 알지 못하고 반드시 먹어야 할 생명들의 나무의 실과를 먹지 않았다. 그리하여 그는 하나님이 예비하신 영과 생명의 실존으로 나아가지 못했다.

두 나무가 동산 가운데에 배치된 것은 아담으로 하여금 믿음으로 말미암아 믿음에 이르게 하려는 하나님의 기쁘신 뜻이다. 한 나무로부터는 그가 믿음으로 먹지 않고 '산 자'로 있게 하는 것이요, 또 한 나무로부터는 그가 믿음으로 먹고 '살려주는 영'이 되게 하는 것이었다. 즉 '좋음과 나쁨을 아는 나무'는 아담이 '산 자'로 있는 믿음의 나무요, '생명들의 나무'는 아담이 '살려주는 자'가 되는 믿음의 나무다.

새 창조는 알파의 믿음과 오메가의 믿음이 하나 되는 데 있다. 그러나 '선악을 아는 나무'는 알파의 믿음을 죽이면서 오메가의 믿음을 유실케 한다. 인간의 선악지식에는 죽은 자들의 불의와 스스로 만들어낸 악만 남는다.

● 흙에 속한 자의 형상과 하늘에 속한 자의 형상

바울은 사람에 대한 하나님의 예정에 대하여 말하기를, "첫 사람 아담이 산 혼으로 되었다 함과 같이 마지막 아담은 살려주는 영으로 되었나니 그러나 먼저는 영적인 자가 아니요 혼적인 자요 그다음에 영적인 자니라."(고전15:45-46)라고 하였다.

그가 계속하여 말하기를, “우리가 흙에 속한 자의 형상을 입은 것 같이 또한 하늘의 속한 자의 형상을 입으리라.”(고전15:49)라고 하였다.

바울이 말한바 흙에 속한 자의 형상은 창조된 ‘육체와 생존’이요, 하늘에 속한 자의 형상은 하나님께 낳아진 ‘영과 생명’이다. 그가 또 말하기를, “예수 그리스도는 보이지 아니하는 하나님의 형상이라.”(골1:5)라고 하였다. 인자는 말씀이 육신이 되신 자다. 보이지 아니하는 하나님의 영의 형상과 모양은 말씀으로 낳아진다. 하나님의 형상과 모양은 하나님의 맏아들이신 예수 그리스도 안에 온전한 하나를 이루고 있다. 그러므로 사람은 누구나 예수 그리스도 안에서 예수 그리스도로 말미암아 예수 그리스도 안으로 위로부터 새롭게 낳아져서 그와 하나된 영의 실존을 이룬다.

● 홀로 선하신 하나님

야웨 하나님은 인간의 선과 악과는 하등의 상관없이 홀로 선하시다. 인간들이 자신들의 선악과 상관없는 하나님을 자기편에 끌어들이는 것이 인간의 선악관이다. 기록된 바, “하나님 한 분 외에는 선한 이가 없느니라.”(눅18:19)라고 함과 같이 인간의 선은 하나님의 선과 같지도 않고 비슷하지도 않다. 하나님이 말씀하시기를, “내 생각은 너희 생각이 아니라.”라고 하셨다. 그와 같이 하나님의 선은 하나님의 생각이요 하나님의 길이다. 그러므로 하나님만이 홀로 선하시다. 히브리어 ‘토브’가 ‘좋다’와 ‘선하다’로 함께 쓰이고 있어서 사람들은 선에 대하여 혼돈과 공허와 흑암과 깊음에 빠져 있을 뿐이다. 그러나 믿음으로 예수 그리스도 안에 있는 사람은 누구나 하나님이 기뻐하시는 ‘좋음’을 알기 때문에 첫 사람의 선악지식을 온전히 떠나보낸다.

인간의 모든 선과 악은 ‘나의 나됨’을 이루는 하나님의 좋음 앞에서 ‘양의 옷을 입은 이리’의 모양을 만들어 낼 뿐이다. 인간은 무엇인가 자기에게 이익이 될 때에 잠시 양의 모습을 띄지만 손해가 될 때에는 즉시 이리의 본성을 드러낸다. 인간은 그들 자신의 욕심을 좇아서 선악지식을 추구하지만 홀로 선하신 하나님은 그의 긍휼로서 사람을 하나님의 아들이 되게 하신다. 종교인들은 선악지식을 좇아서 양의 옷을 입은 이리가 되는 것을 거듭남으로 알고 있다. 그러나 그것은 아래로부터 난 것이다. 아래에서 난 것은 위로부터 난 것이 아니므로 한 번 받은 구원은 영원하다고 아무리 외쳐도 소용없다.

양의 옷을 입은 이리는 다름 아니라 다니엘서가 말하는 사자요, 곰이요, 표범이요, 두렵고 사납고 강한 짐승이다. 즉 인간의 선악은 위로부터 내려오는 하나님 나라를 받지 아니하고 짐승의 세계를 이룬다. 그리하여 짐승들은 그 짐승의 세계가 하나님의 나라인 것처럼 말한다.

다윗은 시 34편에서 말하기를, "너희는 야웨가 좋으신 것을 맛보아 알라."라고 하였다. 시공 너머에 계신 하나님은 그의 긍휼로 말미암아 시공에 갇힌 사람들의 눈에 선한 자이건 악한 자이건 가리지 않고 그들 위에 해를 비추신다. 또 하나님은 의로운 자이건 불의한 자이건 가리지 않고 그들 위에 비를 내리신다. 그러므로 좋으신 하나님을 맛본 사람은 하나님의 긍휼을 본받아 인간의 모든 선악 전쟁을 떠나고 거기에서 초월한다. 무슨 명목이건 선악 전쟁을 하는 자는 하나님과 상관없는 자다.

말씀이 증거하는 심판은 믿음으로 말미암아 '하나님의 긍휼을 입은 자(하나님이 의롭다 하신 자)'와 '하나님의 긍휼을 헛되이 한 자(인간의 선악지식을 좇은 자)'가 나누이는 일이다. 그 심판은 각 사람이 그 삶 가운데서 스스로 자신에게 행하고 있다. 인간은 어떤 선으로도 하나님을 섬길 수 없고 어떤 악으로도 하나님을 대적할 수 없다.

다만 인간의 선악은 땅에 속한 자에게나 유용하다. 그것은 하나님과는 아무 상관이 없다. 선악 교리는 하나님과 상관없는 것을 상관있는 것 같이 만든 사람의 지식이다. 인간의 선악을 초월하시는 하나님은 모든 사람을 그들 자신의 선악의 굴레에서 해방하시고 그의 생명과 사랑, 거룩과 초월 안으로 이끄신다.

2.10 וְנָהָר֙ יֹצֵ֣א מֵעֵ֔דֶן לְהַשְׁק֖וֹת אֶת־הַגָּ֑ן וּמִשָּׁם֙
יִפָּרֵ֔ד וְהָיָ֖ה לְאַרְבָּעָ֥ה רָאשִֽׁים׃

베나하르 요쩨 메에덴 레하쉬코트 에트-하간 우밋샴 이파레드 베하야 레아르바아 라쉼

한 강이 에덴에서 흘러나와 그 동산을 적시고 거기서부터 갈라져 네 근원으로 있게 되었다.

● 근원의 강과 네 강들

야웨 하나님이 기쁘게 선택하신 에덴에서 한 강이 흘러나와 그 동산을 적시고 거기서부터 사방으로 흐르는 네 근원들이 되었다. 에덴은 기쁨이라는 뜻이다. 에덴의 동산은 성전 된 아담의 몸을 징조하고 있으며 하나님은 그 성전을 기뻐하시어 지성소에 임하여 계신다. 아담이 하나님의 말씀과 하나된 순결한 믿음 안에 거할 때 하나님은 그것을 기뻐하신다. 그러므로 모든 것의 근원인 하나님으로부터 근원의 강이 흘러나와 '레네페쉬 하야'인 아담을 적시고 다시 사방으로 흐르는 네 근원을 이룬다.

근원의 강은 에덴에서 네 강으로 갈라져 흘렀다. 하늘 보좌에서는 하나님의 마음은 네 생물로 계시되었다. 그러나 누구든지 하나님의 마음 대신 사람의 선악지식을 추구하면 그 안에 네 짐승의 강이 흐르게 될 것이다. 구약에는 창세기를 근원으로 하여 출애굽기, 레위기, 민수기, 신명기로 불리는 율법의 네 강이 흐르고 있다.

이것은 알파다. 신약에는 예수 그리스도를 근원으로 하여 마태, 마가, 누가, 요한이라 불리는 '호음(好音)'의 네 강이 흐르고 있다. 이것은 오메가의 처음이다. 오메가의 나중을 보면 네 강들에서 흘러나온 수많은 나중 강들이 있다. 에덴의 동산은 하나님의 생명과 사랑, 거룩과 초월이 강같이 흐르는 하나님의 아들들의 실존을 징조하고 있다.

2.11 שֵׁם הָאֶחָד פִּישׁוֹן הוּא הַסֹּבֵב אֵת כָּל-אֶרֶץ הַחֲוִילָה אֲשֶׁר-שָׁם הַזָּהָב׃

솀 하에하드 피손 후 핫소베브 에트 콜-에레츠 하하빌라 아셰르-샴 핫자하브

첫째의 이름은 피손이다. 그것은 금이 있는 그 하빌라 온 땅을 둘렀다.

2.12 וּזֲהַב הָאָרֶץ הַהִוא טוֹב שָׁם הַבְּדֹלַח וְאֶבֶן הַשֹּׁהַם׃

우자하브 하아레츠 하히브 토브 샴 하베돌라 베에벤 핫쇼함

그리고 그 땅의 금 그것은 좋고 그 곳에는 베델리엄과 그 호마노석이 있다.

2.13 וְשֵׁם-הַנָּהָר הַשֵּׁנִי גִּיחוֹן הוּא הַסּוֹבֵב אֵת כָּל-אֶרֶץ כּוּשׁ׃

베솀-한나하르 핫셰니 기혼 후 핫소베브 에트 콜-에레츠 쿠쉬

그 둘째 강의 이름은 기혼이다. 그것은 쿠쉬 온 땅을 둘렀다.

2.14 וְשֵׁם הַנָּהָר הַשְּׁלִישִׁי חִדֶּקֶל הוּא הַהֹלֵךְ
קִדְמַת אַשּׁוּר וְהַנָּהָר הָרְבִיעִי הוּא פְרָת׃

베솀 한나하르 핫셸리쉬 힛데겔 후 하홀레크 키드마트 앗수르 베한나하르 하레비이 후 페라트

셋째 강의 이름은 티크리스다. 그것은 앗수르 동편을 흐르며 넷째 강 그것은 유프라테스다.

● 네 강과 네 생물과 네 짐승

같은 강물이라도 짐승이 마시면 짐승의 피와 살이 되고, 사람이 마시면 사람의 피와 살이 된다. 같은 말씀일지라도 첫 사람에게는 육과 생존의 양식이요, 둘째 사람에게는 영과 생명의 양식이다. 네 강물은 '레네페쉬 하야'가 마실 수도 있고

'네페쉬 하야'가 마실 수도 있다. '레네페쉬 하야'는 그 강물을 마시며 하나님을 향하여 살고, '네페쉬 하야'는 그 강물을 마시며 땅을 향해 산다.

야웨 하나님이 아담을 에덴의 동산으로 이끌어 들인 것은 거기서 생명의 양식을 먹고 또 생명의 물을 마시면서 사자 같은 왕의 생명과 송아지 같은 제사장의 생명과 인자 같은 예언자의 생명과 독수리 같은 초월자의 생명으로 살게 하려 함이다. 그러나 아담은 선악지식을 좇아서 요한 계시록의 '네 말(짐승)'처럼 되고자 했다.

흰말을 탄 자는 평화를 표방하지만 그는 활로써 사람을 향해 쏘면서 그들 위에 군림하는 자요, 붉은 말을 탄 자는 그 칼로써 사람의 피 흘리기를 일삼는 자다. 검은 말을 탄 자는 모든 것을 저울질하면서 이익 거리를 좇아 신속하게 움직이는 자요, 청황색 말을 탄 자는 세 말을 한데 어울려 모두에게 사망을 안겨주는 자다.

이 일을 다니엘서를 좇아서 보면 약육강식하는 사자와 피 흘리는 곰과 먹을거리 덮치는데 신속한 표범과 만나는 자는 누구나 멸망에 이르게 하는 무섭고 거칠고 두려운 짐승이 되는 일이다.

● 땅의 금과 하늘의 금

피손 강은 금이 있는 하빌라 온 땅을 둘렀고 그 땅의 금은 좋은 것이었다. 금도 하늘에 속한 것과 땅에 속한 것이 있다. 땅에 속한 금은 징조요, 하늘에 속한 금은 실상이다. 하늘에서 내려오는 거룩한 성 새 예루살렘에 대하여 요한 계시록에 기록되기를, "그 성은 순결한 금인데 맑은 유리 같다."라고 하였다. 거룩한 성 새 예루살렘은 살려주는 영의 실존들이 이루고 있다. 독수리로 비유되는 초월의 실존들은 맑은 유리 같은 순결한 금의 믿음을 가졌다. 그들의 믿음은 예수 그리스도의 믿음과 하나된 믿음이다.

그 초월의 실존들은 예수 그리스도의 믿음 안으로 들어와서 땅의 금과 같은 그 믿음으로부터 하늘에 속한 맑은 유리 같은 순결한 믿음으로 변화되었다. 성소에 들어온 '레네페쉬 하야'는 아직 육신의 휘장에 가려져 있어서 그 믿음은 땅의 금과 같아서 새 예루살렘 성을 이루지 못한다. 그가 육신의 휘장을 찢고 맑은 유리 같은 순결한 믿음으로 변화될 때 새 예루살렘 성을 이룬다. '하빌라'는 모래땅이란 의미다. 예수 그리스도를 믿는 자는 모래땅에서 찾아진 금과 같은 믿음의 소유자다. 그는 맑은 유리 같은 순결한 금의 실존을 향해 나아간다.

2.15 וַיִּקַּח יְהוָה אֱלֹהִים אֶת-הָאָדָם וַיַּנִּחֵהוּ בְגַן-עֵדֶן
לְעָבְדָהּ וּלְשָׁמְרָהּ׃

바이카 야웨 엘로힘 에트-하아담 바얀니헤후 베간-에덴 레아브다흐 우레샤메라흐

야웨 하나님이 그 사람을 취하여 에덴의 동산에 홀로 두시고 그것을 경작하게 하시고 또 지키게 하셨다.

2.16 וַיְצַו יְהוָה אֱלֹהִים עַל-הָאָדָם לֵאמֹר
מִכֹּל עֵץ-הַגָּן אָכֹל תֹּאכֵל׃

바예짜브 야웨 엘로힘 알-하아담 레모르 미콜 에츠-하간 아콜 토켈

야웨 하나님이 그 사람 위에 명하여 말씀하시기를, "그 동산의 모든 나무로부터는 반드시 먹되"

2.17 וּמֵעֵץ הַדַּעַת טוֹב וָרָע לֹא תֹאכַל מִמֶּנּוּ כִּי בְּיוֹם
אֲכָלְךָ מִמֶּנּוּ מוֹת תָּמוּת׃

우메에츠 하다아트 토브 바라 로 토칼 밈메누 키 베욤 아칼카 밈멘누 모트 타무트

"그러나 좋음과 나쁨을 아는 나무 그것으로부터는 먹지 말라. 왜냐하면 네가 그것으로부터 먹는 날에는 반드시 죽을 것이기 때문이다."라고 하셨다.

● **바얀니헤후(그리고 홀로 두었다)**

야웨 하나님은 사람들에게 "나는 나다, 나는 있는 존재다. 나는 이제도 있고, 전부터 있어 왔으며, 오고 있는 자라."라고 말씀하신다. 또 "나는 네 안에 홀로 있는 단독자이니 너는 나와 하나 되라."라고 하신다. 야웨 하나님은 먼저 인자들 안에 계시고 또 그 인자들은 만물 안에서 다스리게 하신다. 이로써 하나님은 그가 창조하신 만물 안에 계시는 유일하고 독특한 존재이시다. 하나님이 아담을 에덴의 동산에 홀로 있게 하신 것은 단독자이신 그를 닮게 하시고 또 그와 하나 되려 하심이다.

일하시는 야웨 하나님은 아담에게 그 동산을 갈고 지키게 하셨다. 이 일 역시 아담이 그를 닮게 하려 함이다. 아담에게 명해진 일은 알파와 오메가가 짝을 이룬다.

아담이 그 동산을 갈고 지키는 것은 알파요, 자기 마음 땅을 갈고 지키는 것은 오메가다. 그러나 그는 알파도 오메가도 알지 못했다. 오늘날까지도 사람들은 그들의 선악지식을 좇아서 에덴의 동산을 일없는 낙원으로 알고 있다. 그러나 일이야말로 야웨 하나님이 그의 자녀들에게 주신 복이다. 사실 일이 없다는 것은 복이 아니라 저주다. 사람들은 그들의 선악지식으로 복을 저주가 되게 하고 있다. 선악지식을 좇는 자는 매사 하나님의 일을 거꾸로 바라보며 거꾸로 믿는다.

야웨 하나님은 아담을 새로운 영의 존재로 지으시는 자요, 아담은 믿음으로 말미암아 그 일에 동참하는 자다. 첫 창조는 없는 것을 있게 하는 일이므로 하나님이 홀로 일하셨다. 그러나 새 창조는 있게 된 것을 새롭게 지으시는 일이다. 더욱이 마음과 혼과 뜻을 가지고 있는 사람이 새롭게 지어지는 새 창조에 있어서는 사람이 그 자신을 하나님께 맡기지 아니하면 그 일이 이루어질 수 없다. 그러므로 하나님의 새 창조 안에 있는 사람은 누구나 그 자신을 하나님께 맡기는 '되어짐(becoming)'의 존재다.

되어짐의 존재는 선악지식을 좇아서 무엇인가 이루겠다는 존재도 아니요, 아무것도 스스로 하지 않는 존재도 아니다. 그는 믿음으로 순종하며 하나님의 기쁘신 뜻과 일에 자신을 맡긴다. 그는 그에게 계시된 하나님의 뜻을 행하고 그의 일을 온전히 이룬다. 새 창조는 단독자이신 하나님과 단독자인 사람의 실존적 만남에서 이루어진다.

● 바에짜브(엄히 명하셨다)

'바에짜브'는 '짜바(명하다)'의 '강의형(피엘형)'이다. 즉 이것은 야웨 하나님이 아담에게 엄하게 명하신 것을 말한다. 하나님이 아담에게 엄하게 명하시면서 '임의로 먹으라' 하실 수 없다. '임의로 먹으라'는 명령이 아니라, 허락이다. 누구의 명령이든 그것이 허락으로 바뀌면 그 명령은 명령으로써의 효력을 상실하고 만다. 번역 성경들은 같은 명령에서 먹지 말라는 것은 명령으로, 먹으라는 것을 허락으로 번역했다.

아담도 그 명령을 그렇게 이해하고 먹지 말라는 것은 금지로 알고 먹지 않았고, 먹으라는 것은 허락으로 알고 임의로 먹지 않은 것인지 알 수 없으나 그것은 야웨 하나님의 뜻이 아니었다.

● 반드시(참으로, 정녕)

히브리어는 같은 동사를 중복 사용하여 그 뜻을 강조한다. '모트 타무트'는 '반드시 네가 죽을 것이다'이다. '타무트'는 '네가 죽을 것이다'인데 거기에 '모트(죽는다의 부정사)'가 앞에 있어서 '반드시, 참으로, 정녕' 등을 의미하게 된다.

그런데 같은 문장 구조인 '아콜 토켈'은 번역 성경들이 '반드시 먹으라'라고 번역하지 않고 '임의로 먹으라' 하고 있다. 생명들의 나무로부터 반드시 먹어야 생명의 길을 걸을 수 있는 자가 '임의로 먹으라' 한 것으로 알고 먹지 않고 있으면 생명의 길을 걸을 수 없게 되는 것은 너무도 당연한 일이다. 이것은 마치 의사가 환자에게 '이 약은 반드시 먹어야 합니다' 했는데 환자는 의사가 '이 약을 먹든 말든 당신의 의도대로 하시오'라고 한 것으로 듣는 것과 다르지 않다. 하나님은 왜 아담에게 그 동산의 모든 나무로부터 '반드시 먹으라' 명하신 것인가. 그것은 아담으로 하여금 반드시 그의 육과 영이 함께 온전한 존재가 되게 하려 함이다. 사람은 육신의 양식이든 영의 양식이든 반드시 먹어야 산다. 그러나 아담은 육신의 양식은 먹었으나 영의 양식은 임의로 먹지 않았다.

오늘날도 사람들은 육신의 양식은 잊지 않고 부지런히 먹지만 영의 양식을 먹는 것에는 참으로 소홀하다. 많은 사람들이 영의 양식을 먹는다고 먹는 것이 진리가 아닌 선악지식이니 그 또한 육신의 양식이다. 이와 같이 예수 그리스도 안에 있는 자가 먹을 것을 먹지 않고 있으면 말씀이 말씀 자신을 드러내는 그 실상 안으로 들어갈 수가 없다. 그때에 시험이 오면 거기에 빠져들고 만다.

아담은 에덴의 동산 안에 들어왔을지라도 그가 동산 밖에서 살면서 가졌던 첫 사람의 욕심과 선악의 관습을 떠나보내지 못하고 있었다. 비록 그의 몸은 동산 안에 있었을지라도 그 마음은 그가 떠나온 선악 세계를 향하고 있었다. 그는 하나님의 모양을 닮는 생명지식과 선악을 알고 세상의 신처럼 되는 것을 분별하지 못했다. 그는 하나님의 말씀 속에 잠겨 있지 않았다. 오늘날 사람들도 그러하다. 아담이나 지금의 사람들이나 생명의 말씀 속에 잠겨 있지 아니하고 선악지식을 좇아가기에 바쁘다.

● 미콜 에츠(모든 나무로부터)

야웨 하나님이 아담에게 양식으로 주신 것은 모든 나무의 '실과'뿐이 아니다. 사람이 나무로부터 먹을거리로 취할 수 있는 것에는 실과 외에 잎새도 있고, 껍질도 있고, 뿌리도 있고 수액도 있다. 그러므로 '미콜 에츠'는 '각종 나무의 실과로부터'가 아니라 '모든 나무로부터'이다.

● **밈멘누(그것으로부터, 그것 중)**

밈멘누는 히브리어 문법상 '그것으로부터, 그것 중'이기도 하며, '우리로부터, 우리 중'이기도 하다. 그러므로 '밈멘누'가 나오는 문장은 영과 생명의 흐름을 좇아서 그 문맥을 세심히 살펴야 한다. 그렇지 아니하면 창세기 3장 22절에서와 같이 '그것 중'으로 이해되어야 할 것이 '우리 중'으로 번역되는 전무후무한 오역을 범하게 된다. 이 일은 창세기 3장 22절에서 자세히 살펴보게 될 것이다.

2.18 וַיֹּאמֶר יְהוָה אֱלֹהִים לֹא-טוֹב הֱיוֹת הָאָדָם לְבַדּוֹ
אֶעֱשֶׂה-לּוֹ עֵזֶר כְּנֶגְדּוֹ׃

바요메르 야웨 엘로힘 로-토브 헤요트 하아담 레바도 에에세흐-로
에제르 케네그도

야웨 하나님이 말씀하시기를, "그 사람이 자기만을 위하여 있는 것이 좋지 않으므로 내가 그에게 그의 마주함과 같은 돕는 자를 지으리라."라고 하셨다.

● **레바도(자기만을 위하여)와 로 토브(좋지 않다)**

야웨 하나님은 생명의 씨를 가진 '단독자들(하나님의 아들들)'의 계보가 아담으로 말미암아 이루어지기를 원하셨다. 그러나 그는 그 일을 알지 못하고 에덴의 동산에서 '자기만을 위하여' 있었다. 그는 왜 에덴의 동산에서 자기만을 위한 존재가 되어 있었는가.

그것은 그가 야웨 하나님의 믿음과 하나된 믿음으로 살고 있지 않았기 때문이다. 그에게 아내가 없어서 '자기만을 위하여' 있게 된 것은 다만 징조일 뿐이다. 그는 야웨 하나님께 도움을 받지 않고 있었다. 야웨 하나님은 그것을 보시고 '좋지 않다(로 토브)'하셨다. 창세기 2장 18절에 처음으로 '좋지 않다'라는 말씀이 등장했다.

에덴의 동산은 아담이 이루어야 할 영적 실존을 징조하고 있었다. 그 동산은 아담의 몸이요, 그 동산의 중앙은 아담의 마음이다. 거기에 있는 '좋음과 나쁨을 아는 나무'는 아담이 '레네페쉬 하야'로서 야웨 하나님을 향하여 살아 있음이요, '생명들의 나무'는 아담이 이루어야 할 '살려주는 영'의 실존이요, 동산의 각종 나무는 아담의 영과 육에 속한 각종 속성들이다. 네 강물은 야웨 하나님의 마음에서 흘러나와 아담의 마음 안에 흐르게 될 생명과 사랑과 거룩과 초월의 삶이다. 야웨 하나님은 이 모든 징조들로써 아담이 먼저 에덴의 동산에서 풍성하고 온전하게 그를 닮은 아들이 되게 하려 하셨다.

그러나 그는 하나님의 기쁘신 뜻을 알지 못한 채 자기만을 위하여 있으며 마치 열매는 없고 잎사귀만 무성한 무화과나무와 같았다. 사람이 어느 때에 열매를 맺지 못하고 자기만을 위하여 있는가. 미성숙한 때이다. 아담은 이와 같이 열매 맺지 못하는 알파의 때에서 열매 맺는 오메가의 때로 나아가지 못하고 있었다. 즉 그는 '레네페쉬 하야'의 알파에서 '살려주는 영'의 오메가로 옮겨가지 못하였다. 먹지 말라는 나무로부터는 다만 육신의 죽음이 두려워 먹지 않았고 반드시 먹으라는 영의 양식은 먹지 않았다. 그는 에덴의 동산에 있었을지라도 야웨 하나님이 왜 그를 에덴의 동산에 그를 두셨는지 보아도 보지 못했고, 들어도 듣지 못했고, 마음으로 깨닫지 못했다.

● 케네그도(그의 마주함과 같은)

아담은 야웨 하나님이 그를 마주하여 돕고 있는 자임에도 야웨를 마주하여 도움을 받는 존재로 있지 못했다. 그가 동산에서 야웨께 도움을 받는 '되어짐'의 존재로 있었다면 그는 성숙된 존재가 되었을 것이다. 그렇게 되었다면 '자신만을 위하여' 있는 것이 좋지 않음을 알고 야웨 하나님께 도움을 청했을 것이다.

그러나 야웨 하나님은 그의 긍휼을 좇아서 구하지도 찾지도 두드리지도 않는 그를 위하여 아내를 데려다주시고 서로 마주하여 있으며 돕는 자가 되게 하려 하셨다. 그가 아내를 마주하여 돕는 자가 되는 것은 야웨 하나님이 그를 마주하여 돕고 있음을 알게 할 것이다. 또 아내가 그를 마주하여 돕는 것은 그가 야웨 하나님을 마주하여 돕는 자가 되는 것임을 알게 할 것이다. 그 육신의 징조로써 아담의 영의 눈이 열리면 야웨 하나님과 아담이 서로 마주하여 도우며 하나님 나라의 백성인 영의 계보를 이루게 될 것이다.

2.19 וַיִּצֶר יְהוָה אֱלֹהִים מִן-הָאֲדָמָה כָּל-חַיַּת הַשָּׂדֶה וְאֵת כָּל-עוֹף
הַשָּׁמַיִם וַיָּבֵא אֶל-הָאָדָם לִרְאוֹת מַה-יִּקְרָא-לוֹ וְכֹל אֲשֶׁר יִקְרָא-לוֹ
הָאָדָם נֶפֶשׁ חַיָּה הוּא שְׁמוֹ׃

바이쩨르 야웨 엘로힘 민-하아다마 콜-하야트 핫사데 베에트 콜-오프 핫샤마임 바야베 엘-하아담 리르오트 마흐-이크라-로 베콜 아셰르 이크라-로 하아담 네페쉬 하야 후 셰모

야웨 하나님이 그 토지로부터 그 들의 모든 짐승과 그 하늘들의 모든 새를 빚으시고 그가 그것을 어떻게 부르는지 보시려고 그 사람에게로 이끌어 오시니 그 사람이 각 생물을 불렀던 그것이 그 이름이다.

2.20 וַיִּקְרָא הָאָדָם שֵׁמוֹת לְכָל-הַבְּהֵמָה וּלְעוֹף הַשָּׁמַיִם וּלְכֹל חַיַּת
הַשָּׂדֶה וּלְאָדָם לֹא-מָצָא עֵזֶר כְּנֶגְדּוֹ׃

바이크라 하아담 셰모트 레콜-하브헤마 우레오프 핫샤마임 우레콜 하야트 핫사데 우레아담 로- 마짜 에제르 케네그도

그 사람이 모든 육축과 그 하늘들의 새와 그 들의 모든 짐승에게 이름을 주었다. 그러나 사람으로서는 그의 마주함과 같이 돕는 자를 발견하지 못했다.

● 바이쩨르(그리고 빚었다)

여기 창세기 2장 19절 '바이쩨르'는 창세기 2장 7절에서 야웨 하나님이 '하아담 아파르'를 '빚었다(바이쩨르)'와 같은 말씀이다. '빚다(야짜르)'는 '바라'가 아니다. '아사'의 알파다. '야짜르'는 새 창조의 알파다. 야웨 하나님은 그가 '하아담 아파르'를 빚으신 것 같이 그 들의 모든 짐승과 그 하늘들의 모든 새를 빚으셨다.

이것은 야웨 하나님이 그의 새 창조를 위하여 '하아담 아파르'를 빚으시고 그 코에 생명들의 숨을 불어 넣어서 '레네페쉬 하야'가 되게 하신 것처럼 들의 모든 짐승과 그 하늘의 모든 새도 아담의 실존에게 순응되도록 새롭게 빚으셨다. 물론 이 일은 이때에 모든 짐승과 새가 창조되었다는 말이 아니다.

야웨 하나님은 사람의 실존의 변화를 좇아 동물도 변화되게 하셨다. 사람이 변하면 그가 다스리는 만물 또한 변한다. 첫 창조에서는 사람이 가장 나중에 창조되었으나 새 창조에서는 사람이 가장 먼저 빚어졌고 그다음이 동물이다. 이는 하나님의 새 창조에서는 먼저 된 자가 나중 되고, 나중 된 자가 먼저 되는 것이 하나님의 기쁘신 뜻이기 때문이다.

● 리레오트 마흐 이크라 로(그가 그것을 어떻게 부르는지 보시려고)

어떤 율법사가 예수께 "내가 무엇을 하여야 영생을 얻겠습니까."라고 하였다. 그때 예수께서 말씀하시기를, "율법에 무엇이 기록되어 있으며 네가 어떻게 읽느냐."라고 하셨다.

영생의 문제는 성경에 무엇이 기록되어 있는 것을 아는 것은 알파요, 그것을 영 안에서 생명 안에서 어떻게 읽느냐는 오메가다. 이 일은 내가 성경을 읽느냐 성경이 나를 읽느냐의 문제다. 내가 육신의 눈으로 성경을 읽는 것은 푸른 풀을 먹는 것과 같고 성경이 영과 생명 안에서 내게 계시되는 것은 씨 맺는 채소와 씨가진 열매를 먹는 것과 같다. 푸른 풀을 먹는 자는 짐승이요, 씨 맺은 채소와 씨가진 열매를 먹는 자는 사람이다.

야웨 하나님은 "아담을 위하여 아담의 마주함과 같은 돕는 자를 지으시겠다."라고 하셨다. 그리고는 먼저 푸른 풀을 먹는 동물들을 빚으시고 그것들을 아담에게로 데려오셨다. 이는 아담이 그 각각을 마주하여 어떻게 부르는지 보시려 함이었다. 그러면 아담이 동물들의 이름을 부르는 것과 야웨 하나님이 그에게 돕는 자를 데려오는 것과는 무슨 관계가 있는 것인가. 아담이 동물들의 이름을 부르는 것은 그가 그것들을 어떻게 해석하는가의 문제이며 그것은 그의 실존을 드러낸다. 야웨 하나님은 아담이 자기와 함께 할 존재를 찾느냐 아니면 그가 소유할 동물을 찾느냐를 보려 하셨다. 그가 동물들을 택한다면 그는 아내를 존재로 맞이할 수 있는 상태가 아니다.

모든 동물들은 아담이 가진 모든 육신의 속성들을 징조하고 있다. 육신의 생존 본능과 감성과 지성과 재능 등은 모두 첫 사람에게 속한 것이다. 사람은 그에게 부여된 이런 속성들을 통하여 자신을 드러낸다. 그러나 그 속성들은 '나'가 아니다.

아담은 그 자신과 함께 할 존재와 그 속성들을 분별할 줄 알아야 아내를 맞이하는 남편인 것이다. 야웨 하나님은 여기서 아담에게 '소유(속성들)'냐 '존재(나의 나됨)'냐의 질문을 던지셨다. 우리는 여기서 소유냐 존재냐의 질문은 소유냐 무소유냐를 묻는 것도 작위냐 무위냐를 묻는 것도 아님을 알아야 한다. 아담이 받은 질문은 위로부터 나는 '나의 나됨'이 무엇이냐 하는 것이었다.

오늘날 많은 사람들이 아담이 야웨 하나님께 받은 질문이 무엇인지 알지 못한다. 왜냐하면 그들은 땅에 속한 '기독교인'이란 종교적 이름을 소유할 뿐 하늘에 속한 '하나님의 아들의 실존'을 향해 나아가지 않고 있기 때문이다. '기독교인'이란 예수 그리스도가 종주가 되어 있는 종교를 소유한 자란 것에 다름 아니다. 예수 그리스도가 누군가에게 종주 되어 있는 한 그에겐 구원도, 거듭남도, 새 창조도 없다.

왜냐하면 그것은 아래에서 난 자의 것이기 때문이다. 오늘날 '교회'라 불리우고 있는 '에클레시아'의 참뜻은 야웨 하나님께 '불러냄을 받은 실존'이다. '에클레시아'는 종교의 건물도, 거기에 모이는 사람도, 그들의 행사도, 거기에 모인 돈도 아니다. '에클레시아'란 야웨 하나님으로 말미암아 이루어지는 '나의 나됨'을 향해 나아가는 자의 실존이다. 적어도 이때의 아담은 그의 아내를 맞이하기에 합당한 자가 되어 있었다.

2.21 וַיַּפֵּל יְהוָה אֱלֹהִים ׀ תַּרְדֵּמָה עַל־הָאָדָם וַיִּישָׁן
וַיִּקַּח אַחַת מִצַּלְעֹתָיו וַיִּסְגֹּר בָּשָׂר תַּחְתֶּנָּה׃

바야펠 야웨 엘로힘 타르데마 알-하아담 바이샨 바이카 아하트
밋짤로타이브 바이세고르 바사르 타흐텐나

야웨 하나님이 그 사람 위에 깊은 잠을 내리시니 그가 잠들었다. 그는 그의 갈빗대들로부터 하나를 취하고 살을 대신 채우셨다.

2.22 וַיִּבֶן יְהוָה אֱלֹהִים ׀ אֶת־הַצֵּלָע אֲשֶׁר־לָקַח
מִן־הָאָדָם לְאִשָּׁה וַיְבִאֶהָ אֶל־הָאָדָם׃

바이벤 야웨 엘로힘 에트-핫쩰라 아셰르-라카 민-하아담 레이샤
바예비에하 엘-하아담

야웨 하나님이 그 사람에게서 취하신 그 갈빗대를 한 여자를 위하여 세우시고 그녀를 그 남자에게로 이끌어 오셨다.

2.23 וַיֹּאמֶר הָאָדָם זֹאת הַפַּעַם עֶצֶם מֵעֲצָמַי וּבָשָׂר
מִבְּשָׂרִי לְזֹאת יִקָּרֵא אִשָּׁה כִּי מֵאִישׁ
לֻקֳחָה-זֹּאת׃

바요메르 하아담 조트 하파암 에쩸 메아짜마이 우바사르 미브사리 레조트 이카레 잇샤 키 메이쉬 루카하-조트

그 사람이 말하기를, "지금 이것은 내 뼈 중의 뼈요 또 내 살 중의 살이다. 이것은 여자라 불리울 것이니 이는 이것이 남자에게서 취함을 입었음이다."라고 하였다.

2.24 עַל-כֵּן יַעֲזָב-אִישׁ אֶת-אָבִיו וְאֶת-אִמּוֹ וְדָבַק בְּאִשְׁתּוֹ וְהָיוּ לְבָשָׂר אֶחָד׃

알-켄 야아조브-이쉬 에트-아비브 베에트-임모 베다바크 베이쉬토 베하이우 레바사르 에하드

그러므로 남자가 그 아버지와 그 어머니를 버리고 그의 아내 안에서 연합하여 한 육체로 있을 것이라.

● 갈빗대 신화

우리가 창세기 2장 21절에서 24절까지의 말씀을 새 창조의 근원이신 예수 그리스도 안에서 영과 생명의 눈으로 읽게 되면 그 말씀이 무엇인지 분명히 드러난다. "여자가 아담의 갈빗대로 지어졌다"는 그 갈빗대 신화는 사람이 동물의 먹을거리인 풀을 먹는 것과 같다. 이제 그 말씀은 오늘 여기서 '나의 나됨'을 이루는 자에게 씨 가진 열매로 계시되어야 한다. 모든 육체는 풀과 같고 그 모든 육체의 지식은 꽃과 같아서 풀은 마르고 꽃은 떨어지나 야웨의 말씀은 영원토록 살아 있다.

만약 예수께서 우리를 위하여 십자가에 못 박혀 죽었다가 살아나지 아니하였다면 창세기의 이 말씀은 영원히 빛을 보지 못한 채 흑암 속에 처하여 있었을 것이다.

이 말씀은 살려주는 영이 죽은 자를 살리는 그 일을 징조하고 있다. 오늘날 우리는 예수 그리스도의 실상을 통하여 아담의 그림자를 자세히 볼 수 있게 되었다.

● **타르데마(깊은 잠)**

야웨 하나님은 아담에게 아내를 데려오기 전에 먼저 아담에게 깊은 잠을 내리셨다. 그가 잠들자 야웨 하나님은 그로부터 갈빗대 하나를 취하셨다. 이 일은 예수께서 그의 신부를 위하여 십자가에 못 박혀 죽는 일의 그림자다. 아담이 깊은 잠을 자고 있을 때 야웨 하나님은 그의 육체를 찢고 갈빗대를 뽑았다. 이 일은 야웨 하나님이 아담의 육체의 할례를 통해 그의 아내를 맞이하게 하는 일이다. 예수 그리스도는 그 육체의 고난을 통하여 모든 사람의 죄를 용서하시고 부활하셨다. 그리고 오메가에서는 그를 믿는 모든 사람들을 거룩한 신부인 새 예루살렘 성이 되게 하신다.

● **갈빗대와 살**

살아 있는 자는 숨을 쉰다. 갈빗대는 그 숨 쉬는 자의 가슴을 둘러싸고 그 숨쉼이 잘 되도록 보호하고 있다. 그러므로 갈비뼈는 숨 쉬는 자의 뼈 중의 뼈이며 그 갈비뼈의 살은 살 중의 살이다. '레네페쉬 하야'가 지성소로 나아가지 아니하고 성소에 안주하여 자기만을 위하여 있을 때에는 그 뼈와 살도 자기만을 위하여 있다. 그러나 누구든지 살려주는 영이 되어 죽은 자를 살리는 영이 될 때에 그는 자기의 마음의 문을 열고 육체의 휘장을 찢고 새롭고 산 길을 걷는다.

야웨 하나님이 아담에게서 취한 그 갈비뼈와 살은 아내가 아담에게로 나아오도록 그의 마음의 문을 열게 하신 것이다. 예수 그리스도는 그의 십자가로 말미암아 모든 사람이 그에게로 나아올 수 있도록 그의 마음의 문을 여셨다. 이로써 그에게로 나아오는 자 또한 그의 마음 문을 열게 하신다.

● 살을 대신 채우다

야웨 하나님은 아담에게서 갈빗대 하나를 취하시고 살을 대신 채우셨다. 그 자리는 마치 예수 그리스도의 옆구리에 생긴 창 자국과 같다. 그 상처는 아담이 아내를 얻기 위하여 받은 고난의 흔적이며 여자는 그 증거를 통하여 아담이 자신을 사랑하는 유일한 남편임을 안다. 아담에게서 자기만을 위하여 있던 갈빗대와 살이 할례 되자 그는 비로소 아내를 맞이하는 존재가 되었다.

● 한 여자를 위하여 세워진 그 갈빗대

번역자들이 '바이벤 야웨 엘로힘 에트-하쩰라 아셰르-라카 민-하아담 레이샤'를 '여호와 하나님이 아담에게서 취하신 그 갈빗대로 여자를 만드셨다(the rib which the Lord God had taken from man, made he a woman)'라고 오역하였으니 놀라움을 금할 수 없다.

도대체 어떻게 이런 일이 벌어질 수 있는가. 그것은 번역자들이 창세기 1장과 2장을 창조의 중복 기사라고 믿었기 때문이다. 그들은 창세기 1장과 2장이 창조의 중복 기사라는 그들의 선입관을 벗어버릴 수 없었기 때문에 히브리어 문법이나 문맥을 완전히 무시한 채 오역을 감행했다. 그리하여 오늘날까지 여자가 남자의 갈빗대로 만들어졌다는 허황된 신화가 사람들에게서 떠나가지 않고 있다.

번역자들이 '그 갈빗대로 여자를 만들었다'로 번역한 그 '바나'는 '세웠다, 쌓았다'의 의미다. 창세기 12장 8절에 '바이벤 샴 미즈베하 라이호와'란 말씀이 있다. 번역자들은 그 말씀을 '그가 그곳에서 여호와께(주께) 단을 쌓았다.(he builded there an altar unto the Lord)'라고 히브리어 문법에 맞게 번역하였다.

그런데 창세기 2장 22절에서 같은 문장 구조인 '바이벤 야웨 엘로힘 에트-하쩰라 아셰르-라카 민-하아담 레이샤'에 대하여는 '여호와 하나님이 아담에게서 취하신 그 갈빗대를 한 여자를 위하여 세웠다' 하지 아니하고 '여호와 하나님이 아담에게서 취하신 그 갈빗대로 여자를 만들었다' 하였다.

만약 창세기 12장 8절을 2장 22절과 같은 방식으로 번역하면 '그가 그곳에서 단으로 여호와를 만들었다'란 기괴한 문장이 되고 만다. 더욱이 2장 22절에는 갈빗대가 목적어임을 분명히 하는 대격 전치사 '에트'가 있어서 '갈빗대로'가 될 수 없다. 또한 영문 번역처럼 갈빗대가 여자가 된 것도 아니다. 번역자들의 선입관은 오역을 일으켰고 그 오역은 사람들을 헛된 신화 속에서 마치 풀을 먹는 동물처럼 살게 하고 있다.

● 갈빗대와 십자가

한 여자를 위하여 세워진 그 갈빗대는 무엇인가. 그것은 골고다에서 그의 신부를 위하여 세워진 예수 그리스도의 십자가의 그림자다. 육신의 일에서조차 한 남자가 한 여자를 얻는 길은 영광의 길인 동시에 고난의 길이다. 이것은 여자에게 있어서도 마찬가지다. 누구든지 사랑해 본 사람이면 이 일을 모를 리 없다.

육에 속한 알파의 시대에 있는 모든 사람에게 욕심은 어머니요, 선악지식은 아버지다. 십자가는 자신 안에 들어와서 자신을 지배하고 있는 그 어머니와 그 아버지를 떠나보내고 새로이 사랑의 어머니와 영과 생명의 아버지에게서 낳아지는 일이다.

누구든지 사랑과 생명과 영 안에서 '나의 나됨'을 이루는 자는 자기 십자가를 지게 된다. 자기 십자가는 예수 그리스도의 속량을 본받는 자의 자기 속량이다. 아담이 그의 갈빗대와 살이 할례 되는 고난을 통하여 아내를 얻는 일은 우리에게서 영과 육이 하나 되고 생명과 생존이 하나 되고 마침내 하나님과 우리가 하나 되는 그 고난과 영광을 계시하고 있다.

야웨 하나님은 왜 굳이 아담을 잠들게 하시고 또 그에게서 갈빗대 하나를 취하시고 또 그 갈빗대를 여자를 향하여 세우신 것인가. 이는 그가 창세기 2장 18절에서 “내가 그의 마주함과 같은 돕는 자를 만드시겠다.”라고 하셨기 때문이다. 여자를 향하여 세워진 갈빗대는 아담이 사랑으로 그 아내를 마주하여 돕는 자가 되어 있음을 말한다. 여자는 그것을 보고 아담과 마주하여 있으면서 그로부터 도움을 받는 동시에 또 그를 돕는 자가 된다. 하나님의 기쁘신 뜻 안에서 한 남자가 한 여자를 맞이하기 위해서는 그의 육신의 욕심과 선악지식을 내려놓고 그녀에게 사랑과 생명으로 다가가지 않으면 안 된다.

그때에 비로소 아내는 남편이 마주하여 있는 것과 같이 마주하여 있게 된다. 십자가의 도는 에덴의 동산에 들어온 첫 사람 아담이나 오늘의 우리나 동일하게 걸어야 할 사랑과 영과 생명의 도다. 아담은 야웨 하나님으로 말미암아 그 자신이 자기 십자가를 지는 자의 징조가 되었으나 그 실상은 이루지는 못했다.

● 뼈 중의 뼈, 살 중의 살

아담은 야웨 하나님이 여자를 그에게로 데려오시자 여자를 향하여 세워진 자신의 갈비뼈와 여자를 동시에 바라보았다. 그의 갈비뼈는 고난의 알파요, 그 여자는 영광의 오메가다. 아담에게 있어서 그 둘은 하나다. 그래서 그의 입에서는 “지금 이것은 내 뼈 중의 뼈요, 살 중의 살이다.”라는 기쁨의 탄성이 터져 나왔다. 그러나 그 탄성만으로는 충분한 것이 아니다. 그는 그 탄성을 그의 영적 실존이 되게 하는 길을 걸어야 했다.

● 이쉬(남자, 남편)와 잇샤(여자, 아내)

히브리어는 남성을 ‘자카르’, 여성을 ‘네케바’라 한다. 남녀의 성이 구분되어 있다고 해서 성숙되기도 전에 아기가 ‘이쉬’나 ‘잇샤’로서 기능하는 것이 아니다. 아이가 성숙되어야 비로소 온전한 남자와 여자의 정체성으로 짝을 이룬다. 창세기 2장 23절에서 “이것이 남자(이쉬)에게서 취함을 입었다.”라는 것은 아담과 여자의 결혼을 말하는 것이지 여자가 아담의 갈비뼈로 지어졌다는 말이 아니다. 한 사람 안에서도 속 사람은 남성이요, 겉 사람은 여성이다. 그 두 ‘나’는 모두 성숙되어야 온전한 ‘나의 나됨’을 이룰 수 있다.

하나님은 예수 그리스도의 십자가를 그의 신부를 향하여 세우고 그들을 그에게로 이끌어 오신다. 그에게로 오는 자마다 그에게 영접되고 그와 하나 된다. 하나님이 세우신 예수 그리스도의 십자가는 언제나 그의 신부를 마주하여 있다. 그녀에게 그의 사랑과 믿음과 소망을 주고, 그의 신부는 그를 마주하여 있으면서 그를 향하여 사랑과 믿음과 소망의 열매를 맺으며 영의 계보를 이룬다.

● **아자브(버리다)**

에덴의 동산에서 이루어진 창세기 2장 24절의 결혼은 땅에 속한 자의 결혼이 아니라 하늘에 속한 자의 결혼이다. 땅에 속한 자는 아무도 결혼할 때에 그 어머니나 아버지를 버리지 아니한다. 여기서 버림을 당하는 어머니는 욕심이요, 아버지는 선악지식이다. 누구든지 그의 어머니와 아버지가 되어 있는 욕심과 선악지식을 버리지 아니하고는 창세기에 계시된 참 결혼을 할 수 없다. 하늘에 속한 아담은 이제 그의 욕심과 선악지식을 버리고 ‘사랑과 진리(생명의 지식)’로 여자와 짝을 이루게 되었다. 참으로 아름다운 결혼이었다.

● **베이쉬토(그의 아내 안에서)**

말씀이 증거하는 하나됨의 원리는 ‘안에 있음’이다. 누구든지 진정으로 하나 되고자 하는 자는 상대방 안에서 섬김의 존재로 있게 된다. 아담과 아내가 하나 될 수 있는 것은 그와 아내가 서로 상대방 안에 섬김의 존재로 있을 때이다. 그러나 땅에 속한 자는 남편이든 아내든 상대방의 안에서 섬기려 하지 아니하고 상대방을 이기고 그 위에서 군림하려 한다. 그러므로 하늘에 속한 자가 되려는 자마다 군림의 욕심과 선악지식을 할례 하지 않으면 안 된다. 욕심과 선악지식의 할례는 위로부터 낳아진 자가 행하는 자기 속량이다.

● **레바사르 에하드(한 육체로)**

속 사람과 겉 사람이 온전히 하나 된 자라야 생명의 관계성 속에 있는 다른 형제와도 하나로 있을 수 있다. 남편과 아내는 분명히 두 육체다. 그러나 서로가 상대방 안에서 섬기게 되면 '한 육체로' 있게 된다. 이 일은 두 육체가 한 육체가 된다는 말이 아니라 '사랑으로 서로의 마음 안에서 하나의 육체를 향해 있으라' 함이다. 이것은 남편이 아내를 입은 것이며 또한 아내가 남편을 입은 것이다. 기록된 바, "주 예수를 입으라."(롬13:14)라고 하였다.

아담이 사랑으로 말미암아 그 마음이 아내 안에 있고 아내 또한 사랑으로 말미암아 그녀의 마음이 남편 안에 있을 때 두 사람은 서로 도우며 '한 육체로' 있게 된다. 이것은 그리스도가 내 안에 내가 그리스도 안에 있을 것의 그림자다.

2.25 וַיִּהְיוּ שְׁנֵיהֶם עֲרוּמִּים הָאָדָם
וְאִשְׁתּוֹ וְלֹא יִתְבֹּשָׁשׁוּ׃

바이혜우 셰네헴 아룸밈 하아담 베이쉬토 베로 이트보샤슈

그 사람과 그의 아내 둘이 벌거벗었으나 부끄러워 아니하였다.

● **아롬(벌거벗다)과 로 이트보샤슈(그들이 부끄러워 아니하다)**

야웨 하나님은 "그 사람이 자기만을 위하여 있는 것이 좋지 않으니 그를 위하여 그의 마주함과 같은 돕는 자를 지으시겠다."라고 하였다. 사람이 자기만을 위하여 있는 것은 생명의 단독자가 아니라 생명을 벌거벗은 상태다. 야웨 하나님의 말씀 안에서 아담이 아내를 마주하여 돕는 자가 되어 있고, 아내 또한 남편을 마주하여 돕는 자가 되어 있으면 벗은 두 사람이 서로를 입은 것이며 또 야웨 하나님을 입은 것이다.

말씀이 증거하는 바의 입음의 실상은 무엇인가. 기록된 바, "너희는 유혹의 욕심을 따라 구습을 좇는 옛 사람을 벗어버리고 의와 진리의 거룩함으로 창조된 새 사람을 입으라."라고 하였다. 야웨 하나님은 이 좋은 일을 위하여 두 사람을 에덴의 동산에 두시는 은혜를 베푸셨다.

그러나 두 사람은 하나님의 은혜 안에는 있었을지라도 두 사람 자신은 아직 영과 진리의 새 사람을 입지 못하고 있었다. 그럴지라도 두 사람이 부끄러워 아니한 것은 그들이 하나님의 은혜 속에 두어져 있었고, 또 두 사람이 남편과 아내로서 한 육체로 있었기 때문이다. 그러므로 그들이 믿음을 버리고 하나님의 은혜 밖으로 나가게 되면 그들의 벌거벗음은 곧 드러나게 될 것이다. 두 사람이 하나님의 기쁘신 뜻 안에 있었으면 영과 진리의 말씀을 입은 존재가 되었을 것이다.

오늘날도 예수 그리스도를 믿는 이들 가운데 많은 사람들이 믿음으로 하나님이 예비하신 위로부터의 새 사람을 입지 아니하고 아래에 속한 옛 사람 그대로 있거나 영과 진리의 새 사람을 입지 않고 벌거벗은 채로 있으며 조금도 부끄러워 아니한다. 아니 부끄러운 것조차 알지 못한다. 무엇 때문인가. 그들의 영적 미성숙 때문이다.

어린 아기는 아무리 벌거벗고 있어도 부끄러워 아니한다. 그것은 아기가 성숙되지 않았고 또 부모의 은혜 아래 있기 때문이다. 그러나 언제까지나 그 상태가 지속될

수는 없다. 육신의 아기는 누구나 성숙되면 옷을 입는다. 그러나 영의 아기는 그렇지 못하니 그것이 문제다.

그러나 오늘날 많은 사람들은 두 사람이 에덴의 동산에서 육체의 나체 상태로 있었다고 알고 있다. 바로 그것이 그들의 영적 미성숙이요, 벌거벗음이다. 에덴의 동산에서 두 사람이 벌거벗은 것이 무엇인지 알지 못하는 자는 오늘날도 여전히 동일한 벌거벗음 속에 있다.

예나 오늘이나 징조와 비유로 계시된 생명의 말씀이 이해되지 않고 있어서 사람들은 하나님의 은혜 속에서 영과 진리의 새 사람을 입지 못하고 마냥 벌거벗고 지내고 있다. 우리의 입음은 첫 사람의 크로노스에서 둘째 사람의 카이로스로 유월하는 데서 오고 있다.

누구든지 예수 그리스도께 왔으나 위로부터 오는 '나의 나됨'을 입지 못하고 있으면 그가 선악지식의 유혹을 받아 하나님의 은혜를 떠나게 될 때 그 벌거벗음이 온 세상에 적나라하게 드러난다.

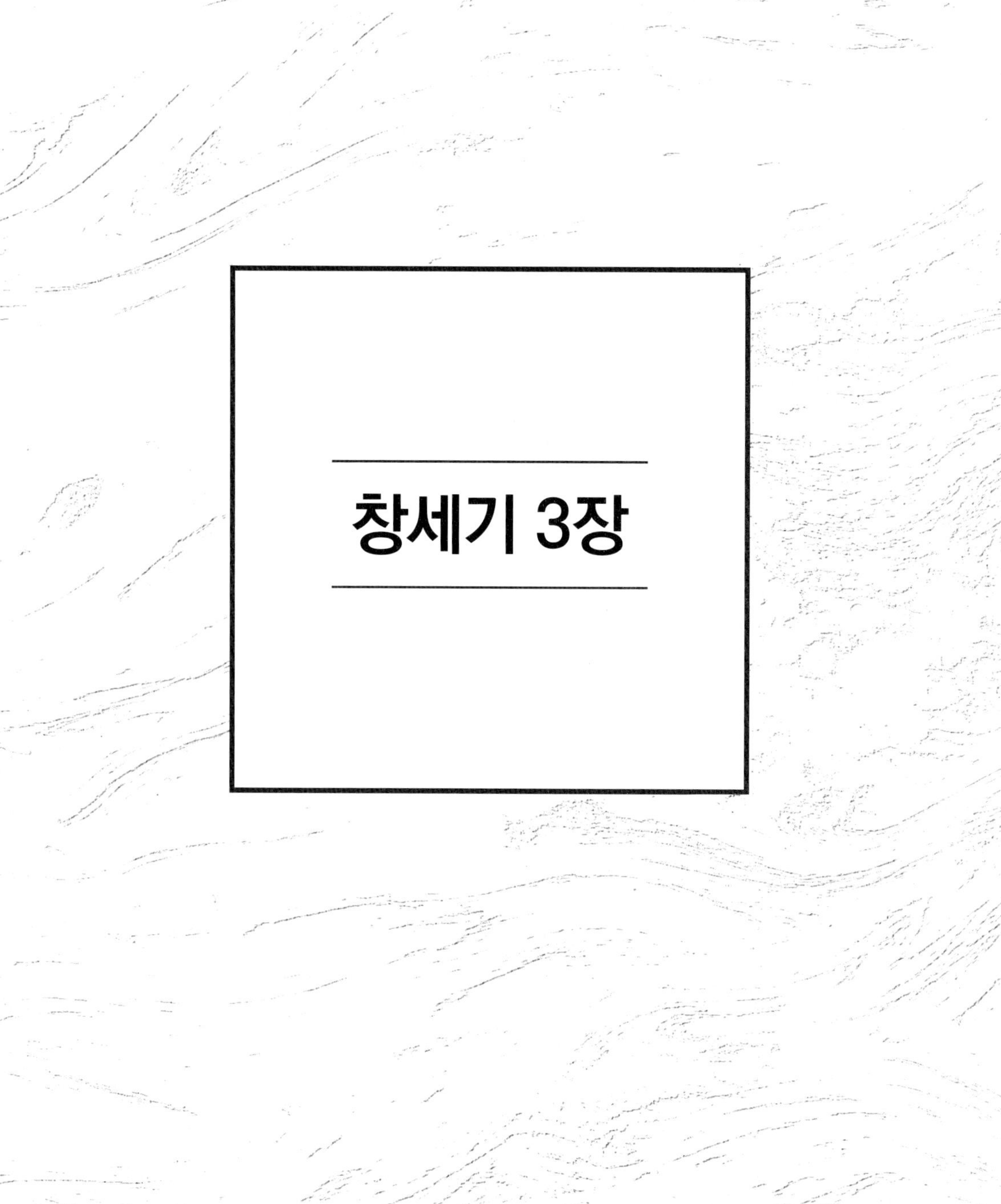

창세기 3장

창세기 3장은 에덴의 동산에 들어온 아담과 하와 두 사람이 벌거벗고 있으며, 하나님 나라를 이루지 못하고 있을 때 그 뱀의 시험에 빠져들어 그 동산 밖으로 쫓겨난 기사다. 두 사람은 어리석게도 욕심을 좇아서 '좋음과 나쁨을 아는 나무(산 혼의 실존이 된 두 사람이 하나님을 향해 사는 것을 증거하는 나무)'를 '선악을 아는 나무'로 알고 그 실과를 따 먹고 동산에서 추방당했다. 그 뱀은 두 사람에게서 말씀과 믿음을 빼앗고 선악지식과 욕심을 심었다.

두 사람은 왜 그 뱀의 유혹을 이기지 못하고 거기에 빠져들었을까. 이는 그들이 야웨 하나님의 은혜 안에는 있었으나 야웨 하나님의 지혜인 말씀과 하나된 믿음 안에서 영의 둘째 사람으로 지어져 가고 있지 않았기 때문이다. 누구든지 그 마음에 하나님 나라를 이루고 또 아버지의 뜻이 하늘에서와 같이 땅에서 이루어지게 하는 생명의 길을 걸을 때 두 종류의 시험을 당하게 된다. 하나는 자신의 욕심으로부터 오는 것이요, 다른 하나는 아버지 하나님께로 오는 것이다. 아버지로부터 그의 자녀들에게 오는 시험은 그 시험을 피할 길이 예비되어 있고 또 그 시험은 아버지 하나님의 영광에 이르게 하는 단련이다.

기록된 바, "너희가 당한 시험은 사람들이 다 당하는 것이라. 하나님은 신실하시므로 너희가 감당할 수 있는 그 이상으로 시험당하게 하지 아니하시고 너희가 그 시험을 당할 때 피할 길을 마련해 주셔서 그것을 감당하게 하실 것이다."(고전 10:13)라고 하였다. 또 기록된 바, "사랑하는 이들이여, 너희를 시련하려고 오는 불같은 시험을 마치 이상한 일이 너희에게 일어나는 것 같이 이상히 여기지 말고 오히려 너희가 그리스도의 고난들에 참예하는 것으로 기뻐하라. 그리하면 그의 영광이 계시될 때에 너희로 즐거워하고 기뻐하게 하려는 것이다."(벧전4:12-13)라고 하였다.

아버지 하나님으로부터 그의 자녀들에게 오는 시험은 그들을 유혹하고자 하는 것이 아니라 그들을 단련하시어 풍성하고 온전한 실존을 이루고자 함이다. 그러나 자신의 욕심으로부터 오는 시험은 하나님의 기쁘신 뜻과 상관없이 그 자신이 스스로 당하는 것이다. 그 시험은 자신을 생명의 길에서 벗어나게 하고 결국 사망의 길로 이끌어 간다. 이 시험에 대하여 기록된 바, "시험을 당할 때 아무도 내가 하나님께 시험을 받는다 하지 말라. 왜냐하면 하나님은 나쁜 일을 하도록 시험받지도 않으시고 그 자신이 아무도 시험하지 않으신다. 다만 각 사람이 자기 욕심에 끌려 유혹되기 때문이다."(약1:13-14)라고 하였다.

사람이 욕심에 이끌릴 때 선악의 신(神)을 섬기는 누군가가 와서 그 욕심을 이루는 선악지식을 진리를 좇는 것과 같이 아름답게 포장하여 거짓말로 유혹하여 그를 시험에 빠져들게 한다. 누구든지 그 욕심을 좇아서 생명의 말씀을 믿지 아니하고 거짓을 믿는 자는 그 선악지식으로 말미암아 사망에 이른다. 선악지식을 좇는 자들은 누구든지 긍휼없는 심판의 삶 속에서 서로 죽이며 죽임당한다.

에덴의 동산 가운데 있는 두 나무 중 하나는 '산 자의 믿음'을 가리키고, 다른 하나는 '살려주는 자의 믿음'을 가리킨다. 아담과 그의 아내는 알파의 믿음으로는 '산 혼의 실존'으로 야웨 하나님을 향해 살고, 오메가의 믿음으로는 '살려주는 영의 실존'으로 지어질 자였다.

한 나무로부터 먹지 않는 것은 그들이 육신으로 죽지 않기 위해서가 아니다. 그들이 '산 혼의 실존'으로 야웨 하나님을 향해 살고 있는 것이 두 사람과 야웨 하나님께 좋기 때문이요, 다른 한 나무로부터 먹는 것은 그들이 '살려주는 영의 실존'이 되는 것이 야웨 하나님과 두 사람에게 더욱 좋기 때문이다. 하나님은 그의 자녀들에게 믿음으로 말미암아 믿음에 이르고, 은혜로 말미암아 은혜에 이르고, 좋음으로 말미암아 좋음에 이르게 하신다.

두 사람은 야웨 하나님의 은혜 가운데 있으면서도 한 나무의 실과를 먹지 못했기 때문에 그들은 욕망의 좌절을 당했고, 다른 한 나무의 실과를 먹지 않았기 때문에 생명의 결핍을 당했다. 그들의 눈은 야웨 하나님이 예비하신 좋은 것들을 보아도 보지 못했고, 그들의 귀는 들어도 듣지 못했고, 그들의 마음은 깨닫지 못했다. 기록된 바, "그 영을 향하여 가난한 자는 복되니 천국이 저희 것임이라."라고 하였다. 두 사람이 에덴의 동산에서 육신의 소욕으로 가난한 자가 아니라 영의 소욕으로 가난한 자가 되었더라면 에덴의 동산이 저희 것이 되었을 것이며 그것은 하나님 보시기에 심히 좋았을 것이다.

육체는 사람을 비롯한 모든 동물에게 주어진 그 자신의 시공이다. 그 육신과 거기서 나오는 욕심과 선악지식은 지성소에 계신 하나님을 보아도 보지 못하고, 들어도 듣지 못하고, 마음으로 깨닫지 못하게 하는 휘장이 되어 있다. 이 휘장은 말씀과 하나된 믿음으로만 찢을 수 있다. 모든 씨는 싹을 낼 때 그 육체의 휘장을 찢고 나온다. 그 휘장을 찢고 지성소에 계신 아버지에게로 나아가는 것이 하나님의 자녀들의 부활이요, 생명이다.

아담과 그의 아내 두 사람은 그들의 육체의 휘장을 찢지 못하고 움켜쥐고 있었기 때문에 휘장 너머로 나아가는 생명의 지식을 헛되게 하였다. 뱀의 꾐(선악지식)에 속임을 당한 것은 그 때문이다. 누구든지 두 나무가 징조하는 바의 십자가의 도를 어리석게 여기면 풀을 먹는 짐승처럼 되고 만다. 그럴지라도 야웨 하나님은 그의 긍휼로 말미암아 사람들을 짐승의 자리에서 돌이켜서 그에게 돌아오도록 은혜를 베푸신다. 여기서 모든 사람이 알 것은 아담은 나요, 너요, 그요, 그녀요, 우리요, 너희요, 그들이다. 창세기 3장에서 아담을 통하여 자신을 '호라오'하지 못하면 선악지식을 좇아서 아담을 탓하며 그 아담의 길을 걷는다.

3.1 וְהַנָּחָשׁ הָיָה עָרוּם מִכֹּל חַיַּת הַשָּׂדֶה אֲשֶׁר עָשָׂה יְהוָה אֱלֹהִים
וַיֹּאמֶר אֶל־הָאִשָּׁה אַף כִּי־אָמַר אֱלֹהִים לֹא תֹאכְלוּ מִכֹּל עֵץ הַגָּן׃

베한나하쉬 하야 아룸 미콜 하야트 핫사데 아세르 아사 야웨 엘로힘 바요메르 엘-하잇샤 아프 키- 아마르 엘로힘 로 토켈루 미콜 에츠 하간

야웨 하나님이 지으신 들짐승 중에 그 뱀이 가장 지혜로웠다. 그가 여자에게 말하기를, "참으로 하나님이 너희에게 동산 모든 나무로부터 먹지 말라 하셨기 때문이구나."라고 하였다.

3.2 וַתֹּאמֶר הָאִשָּׁה אֶל-הַנָּחָשׁ מִפְּרִי עֵץ-הַגָּן נֹאכֵל׃

바토메르 하잇샤 엘-한나하쉬 미페리 에츠 -하간 노켈

그 여자가 그 뱀에게 말하기를, "동산 모든 나무의 실과로부터는 우리가 먹을 수 있으나"

3.3 וּמִפְּרִי הָעֵץ אֲשֶׁר בְּתוֹךְ-הַגָּן אָמַר אֱלֹהִים לֹא תֹאכְלוּ מִמֶּנּוּ וְלֹא תִגְּעוּ בּוֹ פֶּן-תְּמֻתוּן׃

우미페리 하에츠 아셰르 베토크-하간 아마르 엘로힘 로 토켈루 밈멘누 베로 티게우 보 펜-테무툰

그 동산 중앙에 있는 나무의 실과에 대하여는 하나님이 말씀하시기를, "너희가 죽지 않으려면 그것으로부터는 먹지도 말고 만지지도 말라 하셨느니라."라고 하였다.

● 동산 안의 존재와 동산 밖의 존재

이제 우리는 창세기 1장과 2장을 거쳐 3장에 이르렀다. 3장에서 여자와 아담이 뱀의 꾐에 빠져들었다. 그 뱀은 어떻게 에덴의 동산에 들어와서 그 여자를 유혹할 수 있었던 것인가. 그것은 아담이 야웨 하나님의 말씀을 믿지도 않았고, 그 동산을 경작하지도 지키지도 않았기 때문이다. 아담이 동산을 경작하고 지키는 것은 그가 야웨의 말씀으로 그의 마음을 경작하고 지키는 일과 하나다. 그리하였다면 그의 아내의 마음도 야웨의 말씀으로 경작하고 지켰을 것이다. 그것은 그들이 의와 진리의 거룩함으로 창조된 영의 새 사람을 입는 일이었다. 두 사람이 함께 동산을 경작하며 지켰다면 동산은 그가 경작한 초목으로 옷을 입었을 것이며, 두 사람은 '의(믿음)'와 진리의 옷을 입고 살려주는 영의 영광에 이르렀을 것이다. 이미 영의 새 사람을 입고 있을 자들이 벌거벗고 있었기 때문에 선악지식으로 무장한 뱀의 눈에 그들의 벌거벗음이 드러났다.

바울은 에덴의 동산에서 여자가 뱀의 유혹에 빠져든 일에 대하여 말하기를, "그 뱀이 그 간계로 이와를 미혹한 것 같이 너희 마음이 그리스도를 향한 진실함과 깨끗함에서 떠나 부패할까 두려워하노라. 만일 누가 와서 우리의 전하지 아니한 다른 예수를 전파하거나, 혹 너희의 받지 아니한 다른 영을 받게 하거나, 혹 너희의 받지 아니한 다른 '호음(유앙겔리온)'을 받게 할 때는 너희가 잘 용납하는 도다."(고후11:3-4)라 하였다. 뱀이란 사람에게 땅에 속한 선악지식으로 다른 하나님, 다른 영, 다른 호음을 받아 세상의 가치를 입게 하는 자다. 누구든지 영과 생명 안에서 깨어 있지 않은 자에게는 선악지식은 땅에서 거절할 수 없는 유일무이한 지혜로운 인생의 옷이다. 창세기 3장에 두 세계가 계시되어 있다. 하나는 믿음으로 말씀을 좇는 에덴의 동산이요, 다른 하나는 불신으로 말씀을 선악지식이 되게 하고 거기서 쫓겨나서 가게 되는 동산 밖의 들이다. 그 들은 아담이 전에 떠나 온 세상이다. 하나님의 동산에는 아담과 그의 아내가 거하였고, 그 들에는 육신에 속한 사람들이 거하였다. 뱀은 그 들에서 짐승처럼 땅을 향해 사는 사람들의 형상과 모양을 대변하는 지혜로운 존재였다. 사실상 뱀은 모든 사람의 육신의 휘장 속에 자리 잡고 있는 세상의 신(神), 곧 우상이다. 뱀의 지혜는 사람이 하나님 앞에서 벌거벗은 자가 되게 하는 간계다.

창세기 3장은 하나님의 기쁘신 뜻을 좇아서 그에게 부름을 받는 이들이 그 육신의 휘장을 '찢지(할례하지)' 아니할 때 일어나는 부패의 계시다. 누구든지 육신의 정욕, 안욕의 정욕, 이생의 자랑을 할례하지 못하고 그것들을 좇아 살 때 그것들을 선으로 정당화하지 않고는 살 수 없다. 즉 첫 사람은 누구든지 자기의 욕심을 정당화하는 그 '선(뱀의 지혜)'을 좇아서 살고 있다.

● 한나하쉬(그 뱀)

그 뱀은 과연 무엇인가. 하나님이 말씀하시기를, "우리의 형상 안에서 우리의 모양과 같이 사람을 온전케 하자."라고 하셨다. 그러므로 하나님의 형상 안에서 창조된 사람은 하나님의 모양을 닮은 실존을 이루어야 하나님의 지혜 안에 있는 온전한 하나님의 아들이다. 그런데 들에 거하는 사람들은 하나님의 뜻과는 달리 자기의 뜻을 좇아 욕심과 선악지식으로 땅에 속한 자기의 실존을 이루고자 한다.

그것이 시공 속의 모든 인생이 지향하는 '나의 나됨'이다. 예수께서 바리새인들을 향하여 "뱀들아, 독사의 자식들아."라고 하신 것은 그들이 이룬 실존이 무엇인지를 말씀하신 것이다. 뱀은 그 입의 독으로 먹을거리를 죽인다. 뱀은 먹을거리를 통째로 삼킨다. 뱀은 아무리 그 몸을 뒤틀어도 부러지지도 아프지도 아니하다. 뱀은 아무리 허물을 벗어도 하등의 변화가 없다. 위로부터 나지 아니하고 아래에서 난 사람이 지향하는 '나의 나됨'은 바리새인들처럼 뱀의 모양을 이룬다.

뱀의 모양을 이룬 사람은 그 입에서 독이 나가서 다른 사람을 죽이고, 그 죽은 자를 통째로 삼키며, 그는 자기 욕심을 이루기 위하여 양의 옷을 입은 이리가 되지만 아무 아픔도 후회도 없다. 만약 그런 일이 사람들 앞에 드러나서 숨을 곳이 없으면 허물을 벗고 새 사람이 되겠다며 악어의 눈물을 흘린다. 그럴지라도 그는 조금도 변한 것이 없다. 그러므로 그 뱀을 자신의 내면에서 찾지 아니하는 것 자체가 뱀이 되는 일이다.

누구든지 스스로 하나님의 새 창조를 방해하며, 하나님의 아들 됨을 무너뜨리며, 자신의 인자됨을 빗나가게 하며, 짐승의 모양을 이루고 있는 자가 있다면 그의 겉은 사람이지만 그 속은 뱀이다. 뱀이 징조하는 바의 영적 실상을 놓치면 창세기 3장은 진리가 아니라 신화다. 뱀은 다른 것이 아니라 야웨 하나님을 떠나 선악지식을 좇아서 '나의 나됨'을 이루려고 하는 육신의 지식과 정과 의지와 욕망이 결집된 우상 곧 다른 하나님, 다른 예수, 다른 영, 다른 '호음(유앙겔리온)'이다.

● '레네페쉬 하야'의 야웨 엘로힘과 '네페쉬 하야'의 엘로힘

창세기 3장에서 뱀이 말한 '엘로힘(하나님)'은 누구인가. 뱀이 말한 하나님은 아담을 에덴의 동산으로 이끄신 야웨 엘로힘이 아니다. 뱀이 말한 엘로힘은 동산 밖의 사람들이 절하며 섬기는 크고, 높고, 강하고 부유한 선악의 신(神)이다. 첫 사람은 물과 영으로 거듭난 자가 아니기 때문에 그들이 섬기는 엘로힘은 그 누구이건 우상이다. 여자가 시험에 빠져든 것은 '나는 나다', '나는 너와 하나 되는 야웨다', '나는 너의 아버지다' 하시는 그 야웨 하나님을 알지 못했기 때문이다.

여자는 아담과 자신을 에덴의 동산으로 이끄신 야웨 엘로힘과 뱀의 엘로힘을 분별하지 못했다. 오늘날도 이 일은 계속되고 있다. '나는 나다', '나는 너와 하나 되는 존재다' 말씀하는 야웨 하나님 외에는 모두 우상이다. 신이라 부름을 받는 자가 세상에 무수히 많을지라도 겉 사람인 '나' 안에 속 사람인 '나'를 낳으시고, 둘이 하나 되는 '나의 나됨'을 이루게 하시는 아버지 하나님만이 유일한 하나님이다. 그러므로 어느 신이건 간에 '나'이신 야웨 하나님보다 먼저 내게 왔다면 그는 절도이며 강도다. 뱀은 여자에게서 아버지를 빼앗는 강도였다.

뱀이 말한 엘로힘은 사람들 위에 군림하는 선악의 우상일 뿐 사람 안에 새로운 영의 존재를 낳으시는 야웨가 아니다. 예나 지금이나 사람들이 '하나님'이라 부르는 말은 같아도 그들이 섬기는 신은 각양각색이다. 그들은 다만 그들의 선악지식을 좇아서 복을 주거나 화를 내리는 신들을 섬긴다. 그러므로 하나님의 부르심을 받은 우리는 무엇보다 먼저 유일하신 참 하나님을 알아야 한다.

● 그 뱀의 유혹과 그 여자의 마음의 부패

뱀은 여자에게 느닷없이 "참으로 하나님이 너희에게 그 동산 모든 나무로부터 먹지 말라 하셨기 때문이구나."라고 하였다. 뱀이 그렇게 말한 것은 '너희가 섬기는 하나님은 동산의 모든 나무로부터 먹지 말라 하셨으니 너희는 먹을 것도 먹지 못하는 존재가 아니냐. 너희 하나님은 너희에게 선을 베풀지 않고 있구나.' 함이었다.

그러나 야웨 하나님은 인간의 선악과는 하등의 상관이 없으신 분이시다. 그는 그의 기쁘신 뜻을 좇아서 아담과 여자의 아버지가 되시려고 그들을 에덴의 동산에 들어와서 살게 하셨다. 여자는 야웨 하나님을 알지 못했고 뱀은 여자가 야웨 하나님을 알지 못하고 있음을 잘 알았다.

여자는 뱀이 무슨 의도를 가지고 그녀에게 그런 말을 하는지조차 알지 못하고 믿음도 없고 생명지식도 없는 벌거벗은 답변을 했다. 그녀는 무엇이라 말할지 알지도 못한 채 그녀의 본심을 드러냈다. 그녀가 말하기를, "그 동산 모든 나무로부터 우리가 먹을 수 있으나 그 동산의 중앙에 있는 나무의 실과에 대해서는 하나님이 말씀하시기를, '너희가 죽지 않으려면 그것으로부터 먹지도 말고 만지지도 말라' 하셨다."라고 했다. 그녀의 답변은 그녀의 마음이 야웨 하나님을 향해 가져야 할 진실함과 깨끗함을 벗어버리고 부패하였던 것을 여실히 드러내고 있다.

뱀의 유혹과 여자의 답변을 자세히 검토하기 전에 하나님의 자녀들의 신관(神觀)에 대하여 살펴보자. 하늘로부터 야웨 하나님께 부름을 받은 사람은 아래에 속한 세상의 신들을 떠나보낸 자이다. 그러므로 그는 야웨 하나님이 누구인지 분명히 알아야 한다. 야웨 하나님이 누구인지 안다는 것은 무엇보다도 신관의 거듭남이다. 오늘날 하나님을 믿는 이들에게서 이 일이 일어나지 않고 있다. 선악을 심판하는 하나님이라고 하는 그 옛날의 신관 그대로다.

세상 사람들이 말하는 하나님은 야웨 하나님을 믿는 이들의 그 하나님이 전혀 아니다. 하나님이란 말이 같으므로 혼란이 오고 있다. 하나님의 자녀들이 쓰는 모든 언어는 살았고 운동력 있는 말씀으로 거듭나야 한다. 그렇지 아니하면 야웨 하나님을 알지 못한 채 그의 이름만 부르게 된다. 이를 일컬어 야웨 하나님의 이름을 망령되이 부른다 함이다. 생명과 사랑과 거룩과 진리로 '나의 나됨'을 이루는 하나님만이 야웨 하나님이다.

야웨 하나님은 겉 사람인 '나' 안에 속 사람인 '나'를 위로부터 낳으시고 둘이 온전한 하나가 되게 하시는 아버지다. 예수 그리스도의 구원도 이 일을 위하여 있고 하나님의 새 창조도 이 일을 위하여 있다. 니고데모가 알지 못했던 거듭남이 곧 이 일이다. 거듭남의 교리를 아무리 잘 알아도 그 실존이 위로부터 거듭난 자가 아니면 선악지식일 뿐이다. 하나님의 자녀는 거듭남을 지식으로 가진 자가 아니라 거듭남의 실존을 이룬 자이다. 뱀이 노린 것은 여자로 하여금 그녀를 새로운 존재로 지으시는 '야웨 하나님'으로부터 분리하여 자신을 비롯한 육신의 계보에 속한 모든 사람이 늘 섬기는 우상, 곧 선악 심판의 하나님을 그녀의 하나님으로 섬기게 하려 함이었다. 모든 종교가들은 이 일을 행한다.

욕심과 선악지식은 자기에게 유리한 것, 자기편에 속한 것을 선이라 하고 자기에게 불리한 것, 다른 편에 속한 것을 악이라 한다. 첫 사람은 누구나 욕심과 선악에 갇혀 있으며 거기를 떠나지 못한다. 뱀이 여자를 시험한 것도 네가 먹고 싶은 것을 먹지 못하고 있으니 그것을 먹는 것이 '선'이라 하는 것이다. 하나님은 네 편이 아니라 악한 편이라 하는 것이다.

욕심과 '선악지식(인간의 깨달음)'으로 사는 자는 누구든지 하나님의 지혜를 어리석게 여긴다. 그 때문에 그는 될수록 많은 사람이 지혜롭게 살게 하기 위하여 선악지식을 전파한다. 에덴의 동산에 들어 온 뱀도 그 나름의 지식 세상을 만들겠다는 원대한 뜻이 있어서 여자에게 온 것이다. 그러므로 기록된 바, "십자가의 도가 멸망하는 이들에게는 미련한 것이요 구원되는 우리에게는 신됨의 능력이라."(고전1:8) 함과 같다.

뱀의 눈에 에덴동산의 두 사람은 어리석게 보였기 때문에 뱀은 그들을 지혜롭게 살게 하려고 그들을 찾았다. 오늘날 참으로 많은 사람이 하나님을 부르며 선악지식으로 지혜롭게 살자며 곳곳에서 애쓰고 있다. 그러나 어찌하랴. 야웨 하나님은 선악지식을 전하는 자들과는 아무 상관이 없으시다.

● **여자는 무엇을 말했는가**

첫째, "그 동산 나무의 실과로부터는 우리가 먹을 수 있다."라고 하였다. 야웨 하나님은 분명히 창세기 2장 16절에서 아담에게 "그 동산 각종 나무로부터 반드시 먹으라."라고 명하셨다. 비록 '아콜 토켈'이 아담에게 '반드시 먹으라'가 아니라 '임의로 먹으라'는 허락으로 이해되었다 할지라도 아담과 여자가 동산 모든 나무로부터 먹을 수 있게 된 것은 야웨 하나님의 은혜이지 그들 자신의 권세가 아니다.

여자의 답변에서 하나님의 은혜는 사라지고 사람의 권세가 등장했다. 그녀의 답변은 동산 모든 나무로부터 먹든 말든 그것은 그들의 권세요, 선택이요, 자유의지인데 그중에 먹지 못하는 것을 하나님이 두신 것은 그들의 권세와 선택과 자유의지가 제한된 것이라 하였다. 그러나 '좋음과 나쁨을 아는 나무'는 두 사람이 죽지 않고 '산 자'로 하나님을 향해 있게 하는 나무였다. 또한 하나님은 두 사람이 살아 있는 것을 보시면서 너희 믿음이 살아 있으니 의롭다 할 것이었다. 그 '의'는 그들이 야웨 하나님의 말씀을 믿는 믿음으로 살 때에 입혀질 '의'의 겉옷이었다.

둘째, "그 동산의 중앙에 있는 그 나무에 대하여는"이라 하였다. 그 동산의 중앙에는 그들이 반드시 먹어야 할 '생명들의 나무'와 반드시 먹지 말아야 할 '좋음과 나쁨을 아는 나무'가 함께 있었다. 그러나 여자는 '생명들의 나무'는 없는 것 같이 말했다. 이는 여자가 반드시 먹어야 할 나무를 반드시 먹지 말아야 할 나무에 포함시킨 것이다.

여자는 이미 그 나름의 선악지식을 동원하고 있었다. 생명들의 나무로부터는 먹지 않고 있었으므로 먹지 말라는 나무에 포함시켰다. 오늘날 우리 자신을 살펴보라. 참으로 많은 사람이 생명의 양식이 되는 말씀은 먹지 못할 것으로 취급하고 있다. 가령 산상 수훈은 호음서에 그냥 쓰여 있는 기록일 뿐 그것을 양식으로 삼는 자가 거의 없다. 그녀는 야웨 하나님의 말씀을 거짓되게 진술했고, 오늘날의 우리는 성경을 읽어도 씨가 있는 열매는 먹지 아니하고 다만 풀을 먹고 있다.

셋째, "하나님이 말씀하시기를 너희가 죽지 않으려면 그것으로부터 먹지도 말고"라 하였다. 창세기 2장 17절에서 야웨 하나님은 명하시기를 '좋음과 나쁨을 아는 그 나무'로부터, 그것으로부터는 먹지 말라. 왜냐하면 네가 그것으로부터 먹는 날에는 반드시 죽으리라 하셨다. 그 나무는 죽지 않기 위하여 먹지 않는 나무가 아니라, 두 사람이 하나님의 말씀과 하나된 믿음으로 그 나무로부터 먹지 않고 '산 자'로 있는 것이 좋고, 먹고 '죽은 자'가 되는 것이 나쁜 것임을 알게 하는 나무다.

그들이 그 나무로부터 먹으면 그것은 그들이 하나님의 말씀을 믿는 믿음을 버리고 선악지식을 좇은 것이요, 그것은 또 야웨 하나님을 향하여 죽는 것이다. 그리고 그 죽음은 육체의 죽음이 아니라 야웨 하나님을 향하여 살아 있는 그 '레네페쉬 하야'가 죽는 죽음이다. 즉 '레네페쉬 하야'에서 '레'가 떨어져 나가고 짐승처럼 '네페쉬 하야'가 되는 그 죽음이다. 여자는 그것을 알지 못했고 다만 육체의 죽음만을 두려워하여 죽지 않기 위해 그 나무의 실과를 먹지 않았다.

넷째, "그것을 만지지도 말라 하셨다."라고 하였다. '만지지도 말라'는 여자 자신의 생각이다. 하나님은 이사야를 통하여 "너희 생각은 내 생각이 아니라."라고 하셨다. 야웨 하나님은 아담에게 그런 생각이나 말씀을 하지 않으셨다. 여자는 먹지 말라는 하나님의 명을 강화하려는 의도에서 자신의 생각을 덧붙였다. 이와 같이 사람들은 하나님의 말씀을 잘 지키려고 자신의 생각이나 지식이나 깨달음을 덧붙여서 교리를 만들기를 좋아한다. 그러나 그것은 결국 선악지식이며 자신이 판 함정이 되고 만다. 가령 뱀이 여자와 대화를 나누고 있는 중에 그 나무의 실과를 만지고 있었다 하자. 여자의 생각으로는 뱀은 그때에 당장 죽어야 마땅하다. 그러나 뱀은 죽기는커녕 의기양양하다. 그때에 여자가 가졌던 자기 믿음은 한순간에 무너져 내린다. 그러므로 누구든지 말씀이 말씀 자신을 드러내는 그 계시에 거하지 아니하고, 자기의 선악지식을 좇아 무엇을 더하거나 빼거나 하면 그것이 결국 그가 넘어지는 올무가 되고 만다. 놀라지 말라. 바울이 말한바 그리스도를 향한 진실함과 깨끗함에서 떠나 그 마음이 부패하는 일은 바로 이런 교리들이다.

3.4 וַיֹּאמֶר הַנָּחָשׁ אֶל־הָאִשָּׁה לֹא־מוֹת תְּמֻתוּן׃

바요메르 한나하쉬 엘 하잇샤 로-모트 테무툰

그 뱀이 그 여자에게 말하기를, “너희가 결코 죽지 아니할 것이다.”

3.5 כִּי יֹדֵעַ אֱלֹהִים כִּי בְּיוֹם אֲכָלְכֶם מִמֶּנּוּ וְנִפְקְחוּ עֵינֵיכֶם וִהְיִיתֶם כֵּאלֹהִים יֹדְעֵי טוֹב וָרָע׃

키 요데아 엘로힘 키 베욤 아콜레켐 밈멘누 베니프케후 에네켐 비헤이템 켈로힘 요데예 토브 바라

“이는 너희가 그것으로부터 먹는 날에는 너희 눈이 열려서 선악을 아시는 하나님처럼 될 것을 하나님이 아시기 때문이다.”라고 하였다.

● 로 모트 테무툰(결코 죽지 아니할 것이다)

야웨 하나님은 아담에게 “네가 먹는 날에는 반드시 죽을 것이다.”라고 하셨는데, 그 뱀은 말하기를, “너희가 결코 죽지 아니할 것이다.”라고 하였으니, 도대체 그 뱀은 무슨 확신이 있었기에 이렇게 말한 것인가. 그의 말은 참인가 거짓인가. 뱀이 그 여자의 답변을 들어보니 그 여자는 야웨 하나님이 말씀하신 죽음이 무엇인지도 알지 못했고, 야웨 하나님을 아는 지식도, 그를 믿는 믿음도 가지고 있지 못했다. 다만 여자는 육체의 죽음에 대한 두려움과 동산 가운데 있는 나무로부터 먹지 못하는 아쉬움과 그것을 먹고 싶은 욕망만을 드러내었다.

야웨 하나님이 두 나무를 동산의 가운데 두신 것은 두 사람의 마음 가운데 심어주신 믿음의 알파와 오메가다. ‘좋음과 나쁨을 아는 나무’는 알파의 믿음, 곧 육체의 소욕을 좇지 않고 하나님을 향하여 사는 ‘산 자’의 믿음이요, ‘생명들의 나무’는 오메가의 믿음, 곧 영과 생명 안에서 ‘살려주는 자’가 되는 믿음이다. 에덴의 동산에서 시작된 새 창조는 이와 같이 믿음으로 말미암아 믿음에 이르는 거듭남이요 부활이다.

뱀이 여자에게 '너희가 결코 죽지 아니할 것이다.'라 한 것은 여자가 두려워하는 육체의 죽음을 부정한 것이니 뱀의 말이 맞다. 즉 뱀의 말은 육체에 관한 한 거짓이 아닌 진실이다. 누구든지 사람의 혼과 영에 속한 진실을 말해야 할 때 육체에 속한 진실을 말하는 자가 뱀이다. 누구든지 육체에 속한 진실과 현실을 지혜로 받고 하나님의 말씀을 이길 때 하나님을 향하여 사는 '레네페쉬 하야'를 죽인다. 그러므로 땅에 속한 자가 하늘에 속한 자로 거듭날 때 그가 쓰는 모든 말과 생각이 먼저 위로부터 다시 나지 않으면 안 된다.

여자는 뱀에게 거듭나지 못한 마음으로 하나님을 말하고 죽음을 말하고 동산 가운데 있는 나무에 대하여 말했다. 여자가 말한 하나님은 야웨 하나님이 아니라 세상의 우상이요, 여자가 말한 죽음은 여자가 하나님과 단절되는 '레네페쉬 하야'의 죽음이 아니라 '네페쉬 하야'의 육체의 죽음이요, 여자가 말한 동산 가운데 있는 나무는 생명들의 나무가 아니라 여자의 생각에 죽지 않기 위하여 먹지도 만지지도 않는 나무다.

● **베니프케후 에네켐(너희 눈이 열려서)**

눈에는 두 가지가 있다. 하나는 육신의 눈이요, 다른 하나는 영의 눈이다. 영의 눈은 속 사람의 눈이요, 생명을 아는 눈이다. 육신의 눈은 겉 사람의 눈이요, 선악을 아는 눈이다. 히브리어 성경은 겉 사람의 선악지식의 눈을 여는 것을 '파카'라 하고, 속 사람의 생명지식의 눈을 여는 것을 '갈라'라 하고 있다. 뱀은 분명히 여자에게 영의 눈이 열리는 것이 아니라 육신의 눈이 열릴 것을 말하고 있다.

종교가, 도덕가, 윤리가, 철학자, 과학자, 권세자들의 눈 열림은 육신에 속한 선악지식을 향해 있다. 그들은 그들 자신의 선악지식을 좇아 선한 것을 오른편에, 악한 것은 왼편에 두고 선을 권장하고 악을 징계한다. 그러나 그들은 그 선악지식으로 산다는 것이 서로가 서로를 죽이며 죽임을 당하는 멸망의 길임을 알지 못한다. 그리하여 그들은 양의 옷을 입는 이리가 되고 만다.

육신의 눈이 열려서 보는 모든 것은 안개와 같이 사라질 것들이다. 육신의 눈으로 보고 믿는 믿음, 소위 체험 신앙이란 것도 사라진다. 영의 눈이 열려서 '보고(호라오)' 믿는 믿음만이 사라지지 아니하고 영원하다. 부활하신 예수께서 도마에게 말씀하시기를, "너는 본고로(호라오) 믿는다. 나를 보지(에이돈) 아니하고 믿는 자가 복되다."라고 하셨다.

도마는 육체의 눈으로 부활하신 예수를 '에이돈'하려다가 영의 눈으로 그를 '호라오'하고 참 믿음에 이르렀다. 누구에게서든지 육체의 눈으로 에이돈 하던 세상 임금 예수가 사라지지 아니하면 영의 눈으로 '호라오'하는 부활하신 예수를 믿는 부활의 믿음을 가질 수 없다. 그 세상 임금 예수가 곧 양의 옷을 입고 그 안에 들어와 있는 이리요, 뱀이다.

● 켈로힘과 키드무테누(하나님과 같이와 우리 모양과 같이)

사람들은 육신의 욕심과 선악지식을 좇아 세상 임금 예수를 섬기는 것은 매우 좋아하지만 그리스도를 본받아 하나님과 같이 되는 것을 매우 두려워하고 불경스럽게 생각한다. 왜냐하면 창세기에서 여자가 하나님처럼 되려 하다가 범죄한 것을 알기 때문이다. 그러나 그것은 창세기를 자신의 선악지식을 좇아서 잘못 읽은 것이다. 하나님은 사람을 창조하시기 전에 "우리의 형상 안에서 우리의 모양과 같이 사람을 온전하게 하자."라고 하셨다.

야웨 하나님은 참으로 사람이 그의 생명으로, 그의 사랑으로, 그의 거룩으로, 그의 초월로 그와 같이 되게 하려 하신다. 그것이 새 창조다. 그런데 뱀은 여자에게 그 육신의 눈이 열려서 선악을 아는 일에 '하나님과 같이(켈로힘)'이 되라고 말했다. 반복되는 말이지만 야웨 하나님은 사람들이 좋아하는 선악심판의 신이 아니다. 선악의 하나님은 뱀의 하나님이요 모든 인간들이 그들의 욕심을 좇아서 만들어 낸 허상이다. 야웨 하나님은 참으로 아담이 그를 닮은 거룩한 아들이 되게 하기 위하여 그를 에덴의 동산으로 이끄셨다.

뱀이 말한 '켈로힘'이란 육신의 첫 사람이 그 욕심의 눈으로 바라보는 신(神), 곧 모든 것 위에 선악심판으로 군림하는 우상과 같이 된다는 말이다. 이 우상은 첫 사람이 어릴적부터 그의 의식 속에서 형상화한 지고지선의 신이다. 이런 신은 거듭나기 전의 모든 사람의 의식 속에 뿌리 내린 신이다. 오늘날 그 선악의 신이 예수란 이름으로 바뀌어 사람들 안에 들어와 있다. 사람들은 그것을 거듭남이라 오해하고 있다.

거듭남을 교리로 가진 기독교는 어리석게도 삼위일체란 교리로 지고지선의 신을 만들어 내었다. 하나님은 자리(位)를 다투는 분도 아니요, 인간의 선악을 가려주는 분도 아니요, 세 자리(位)만 하나가 되는 분도 아니다. 이 모든 것은 시공을 초월하여 그의 아들들과 하나 되시는 아버지 하나님을 시공 속으로 끌어내리는 우상화다. 야웨 하나님은 육체의 휘장이 찢어진 그 너머에서 그의 모든 아들들과 하나 되신다. 오늘날 사람들이 하나님께 낳아지지 아니하고 신에 대한 어떠한 교리적 신 관념을 설정한 것을 거듭남이라 알고 있다.

가령 어느 누가 자신의 아버지와 어머니에 대하여 그의 부모는 이러이러한 분이라 정의했다 하자. 그 순간 그의 부모는 선악지식이 되어버린다. 그 부모는 그의 관념의 산물도 아니요, 그 관념 안에 머물지도 아니한다. 그 일로써 그는 스스로 그의 부모와 소통할 수 없는 존재가 되었을 뿐이다. 그는 그 관념 속에서 그의 부모를 죽이고 있으며 그 또한 죽임을 당한다. 선악지식을 좇는 자는 자신의 신 관념을 좇아서 상대를 정죄하면서 죽음을 맛보고, 자신이 상대방에게 정죄당하면서 죽음을 맛본다.

3.6 וַתֵּרֶא הָאִשָּׁה כִּי טוֹב הָעֵץ לְמַאֲכָל וְכִי תַאֲוָה־הוּא לָעֵינַיִם וְנֶחְמָד
הָעֵץ לְהַשְׂכִּיל וַתִּקַּח מִפִּרְיוֹ וַתֹּאכַל וַתִּתֵּן גַּם־לְאִישָׁהּ עִמָּהּ וַיֹּאכַל׃

바테레 하잇샤 키 토브 하에츠 레마아칼 베키 타아바-후 라에나임 베네마드 하에츠 레하스킬 바티카 미피리오 바토칼 바티텐 감-레이샤흐 임마흐 바요칼

그 여자가 보니 그 나무는 먹는데 좋으며 또 그것은 눈에 탐스러우며 그 나무는 지혜롭게 하는데 흠모될만 했다. 그녀는 그 실과로부터 따서 먹고 자기와 함께한 그녀의 남편에게도 주었고 그도 먹었다.

3.7 וַתִּפָּקַחְנָה עֵינֵי שְׁנֵיהֶם וַיֵּדְעוּ כִּי עֵירֻמִּם הֵם וַיִּתְפְּרוּ עֲלֵה תְאֵנָה וַיַּעֲשׂוּ לָהֶם חֲגֹרֹת׃

바티파카나 에네 셰네헴 바예데우 키 에룸밈 헴 바이트페루 알레 테에나 바야아수 라헴 하고로트

그리고 그들 두 사람의 눈이 열려서 그들이 벗은 줄을 알았다. 그들이 무화과나무 잎을 엮어서 자신들을 위하여 치마를 만들었다.

● 바테레 하잇샤(그 여자가 보니)

그 여자는 그 나무에서 무엇을 보았는가. 그녀는 육신의 눈으로 그 나무에서 육신의 정욕, 안목의 정욕, 이생의 자랑을 보았다. 그녀가 영의 눈으로 그 나무를 보았다면 먹지 않도록 금지된 그 나무에서 그들을 향하신 야웨 하나님의 기쁘신 뜻과 긍휼과 좋음을 보았을 것이다.

오늘날까지 사람들은 두 사람이 그 나무의 실과를 따 먹고 선악을 알게 된 것으로 크게 오해하고 있다. 아담도 그 아내도 에덴의 동산에 들어오기 전에 이미 세상 사람의 선악지식으로 살고 있었다. 동산에 들어오면서 그들은 인간의 선악의 옷을 잠시 벗었다. 그러나 여자는 뱀의 말을 듣고 무엇으로도 비교될 수 없는 세상 신의 선악지식으로 옷을 입고자 했다. 보라. 신의 이름으로 선을 입은 자들은 인간의 이름으로 선을 입은 자들보다 더욱 크고, 높고, 강하고, 부유하다. 그들의 강팍함을 상대할 자가 없다.

그럼 오늘날 예수 그리스도를 믿는 사람들은 어떠한가. 그들 역시 세상 사람의 선악을 벗고 의와 진리의 거룩함으로 창조된 새 사람을 입으려 하지 않고 아담처럼 선악의 하나님을 좇아서 세상에서 살던 때 보다 더욱 강한 선악의 옷을 입는다. 에덴의 동산 이래로 선악의 옷을 입게 하는 뱀의 시험은 멈춘 적이 없으며 같은 모양으로도 오지 아니한다.

우리가 예수께서 받은 세 가지 시험을 육신의 눈으로 보면 여자가 당한 시험과 전혀 다른 것이지만 영의 눈으로 보면 같은 것이다. 돌덩어리로 떡을 만들라는 것은 육신의 정욕이요, 성전의 꼭대기에서 뛰어내리라는 것은 안목의 정욕이요, 세상의 권세와 영광을 얻기 위하여 사탄에게 절하라는 것은 이생의 자랑이다.

오늘날 이 세 가지를 좇는 믿음을 일컬어 기복신앙이라고 부른다. 이 세 가지는 육신을 가진 모든 사람에게 복이 아닐 수 없다. 그러나 그리스도 안에서 위로부터 난 영의 둘째 사람에게 그것들은 떠나보내야 할 것이다. 많은 사람이 그 복 때문에 예수 그리스도를 좇고 있으나 이는 그들이 하나님이 예비하신 것을 보아도 보지 못함이요, 들어도 듣지 못함이요, 마음으로 생각해도 깨닫지 못함이다.

● 지혜롭게 하는데 흠모될만 한 나무

에덴의 동산에는 먹는데 좋고, 보는데 즐거운 나무는 있었지만 지혜롭게 하는데 흠모될만 한 나무는 없었다. 그 여자가 욕심으로 말미암아서 선악지식을 좇는 눈으로 그 나무를 보자 그 나무는 지혜롭게 할 만큼 흠모되었다.

여자의 눈에는 먹는 날에는 반드시 죽으리라는 그 나무는 먹는데 좋은 것으로 보였고, 또 그 나무는 다만 믿음 가운데서 살면서 바라보는 것이 즐거운 것이었으나 그것이 탐스러웠으며, 그 나무는 지혜롭게 하는 것과는 하등의 상관이 없었으나 지혜롭게 할 것으로 흠모되었다. 그러므로 그녀는 그 나무의 실과를 따서 먹었고 또 그녀와 함께한 남편에게 주었다. 그도 먹었다. 그들은 믿음을 잃어버리고 욕심을 좇아갔다.

● 바요칼(그도 먹었다)

아담은 야웨 하나님께 그 나무로부터 먹지 말라는 명을 직접 받은 사람이다. 아담은 무엇을 보았기에 야웨 하나님의 명을 어기고 그 아내가 주는 대로 그 나무의 실과를 받아먹은 것인가. 이는 그 역시 죽음에 대하여 잘못 알았기 때문이다. 그가 그 실과를 먹은 것은 그의 아내가 그 실과를 먹고도 당장 그 육신이 죽지 않았기 때문이다.

아담은 아내가 그 실과를 먹고 하나님을 향하여 살아 있던 그 '산 자(레네페쉬 하야)'가 죽는 그 죽음을 보지 못하고 다만 그녀의 육신이 살아 있는 것을 보았다. 이와 같이 아담과 그의 아내는 자기들의 마음을 경작하지도 않았고, 또 생명들의 나무에서 양식을 취하지도 않았기 때문에 두 사람의 마음은 야웨 하나님을 향한 진실함과 깨끗함에서 떠나 부패하였다. 두 사람이 야웨 하나님의 말씀을 믿는 그 믿음을 버리고 야웨 하나님의 은혜를 벗어버리자 하나님의 눈에 그들의 벌거벗음이 적나라하게 드러났다.

● 벗음과 입음

기록된 바, "너희는 유혹의 욕심을 따라 부패한 구습을 좇는 그 옛 사람을 벗어버리고 너희 마음의 그 영으로 새롭게 되어 하나님을 따라 의와 진리의 거룩함으로 창조된 그 새 사람을 입으라."(엡4:24)라고 하였다. 아담은 본래 에덴의 동산 밖에서 유혹의 욕심을 따라 부패한 구습 곧 욕심과 선악지식과 생존의 애착을 좇는 옛 사람을 입고 있었다. 야웨 하나님이 그를 '레네페쉬 하야'가 되게 하신 것은 그 옛 사람을 벗게 하신 것이요, 그를 동산에 두신 것은 그에게 의와 진리의 거룩함으로 창조된 새 사람을 입히려 하심이었다.

두 사람은 옛 사람을 벗고 에덴의 성소에 들어오긴 하였으나 아직 지성소로 나아가는 영의 새 사람을 입지는 못했다. 두 사람이 '좋고 나쁨을 아는 나무'로부터 먹지 않고 있는 것은 옛 사람을 벗은 상태요, '생명들의 나무'로부터 먹지 않고 있는 것은 새 사람을 입지 못한 상태다. 그러므로 그들은 벌거벗은 상태였다. 그들이 뱀의 말을 좇아서 하나님처럼 선악을 알고자 하여 야웨 하나님이 먹지 말라 한 그 나무의 실과를 먹자 '레네페쉬 하야'의 '레'가 떨어져 나가면서 하나님과 상관없는 옛 사람으로 돌아갔다. 그런데 두 사람은 이때 동산에 들어오기 전의 그 옛 사람보다 더욱 거짓되고 부패하였다. 그들은 그들의 벌거벗음과 부패를 가리려고 무화과나무 잎으로 치마를 엮어 입었다. 그러나 그들의 치마는 오히려 그들의 거짓됨을 더욱 드러내었다.

예나 오늘이나 사람들은 이런 거짓된 외양으로 양의 옷을 입는 이리가 되곤 한다. 그들의 입음은 도리어 하나님 앞에서 벌거벗은 그들의 치욕을 더욱 드러내었다. 불의를 입은 것은 야웨 하나님 앞에서 벗은 것보다 더욱 두렵고 치욕스러운 벗음이다. 오늘날 사람들이 두 사람의 상태를 원시인의 육신의 벌거 벗음으로 알고 있지만 그것이야말로 그들의 영적 벗음을 반증하고 있다.

● 무화과나무 잎으로 엮은 치마

성경에서 나무는 사람을 징조하고 있다. 벌거벗은 두 사람은 마치 그 모든 잎사귀가 떨어져나간 무화과나무 같았다. 그 잎사귀가 모두 떨어져나간 나무는 햇빛이 비취어오고, 뿌리에서 물을 흡수해도 그 잎사귀가 없기에, 공기 중의 탄산가스를 이용하여 탄소동화작용을 일으켜 양식을 만들며 열매를 맺을 수 없다. 그렇다고 두 사람이 행한 것과 같이 떨어져 나간 잎사귀를 다시 꿰맨들 아무 소용이 없다.

두 사람이 무화과나무 잎사귀를 엮어 치마를 만들어 입었다는 것은 '산 자'의 의를 벗고 '죽은 자'의 불의로 대신하려는 행위다. 즉 양의 옷을 입은 이리가 되고자 함이다. 이미 그들은 야웨 하나님을 향하여 있는 '산 자'의 '숨(믿음)'을 잃었다. 그들이 무화과나무 잎사귀로 엮은 치마를 입었다고 그 숨을 되돌릴 수 없다. 선악을 좇는 자는 다 이와 같이 무화과나무 잎으로 엮은 치마를 입는다. 햇빛이 비취어 오거나, 바람이 불거나, 비가 오거나, 시간이 흐르거나 하면 그 치마는 마르고, 시들고, 썩고, 낡아지고, 부스러져서 마침내 사라진다.

선악지식을 좇는 인간의 의는 무화과나무 잎으로 엮은 치마와 같이 인간의 거짓된 몸짓이다. 이사야는 이 일에 대하여 말하기를, "우리의 의는 더러운 옷 같으며 우리는 다 잎사귀 같아서 시들며 우리의 죄악이 바람 같이 우리를 몰아가나이다." (시64:5)라고 하였다.

● 두 나무와 십자가

십자가는 두 나무로 되어 있다. 예수 그리스도의 십자가는 우리로 육신의 소욕을 좇는 죄에 대하여 죽고 영의 소욕을 좇는 의에 대하여 살게 하려 함이다. 동산의 두 나무는 십자가를 징조한다. 한 나무는 육신의 소욕을 '죽이는(벗는)' 나무이요, 한 나무는 영의 소욕을 '살리는(입는)' 나무다. 육신의 소욕을 벗는 것도 영의 소욕을 입는 것도 믿음으로 말미암는다. 욕심이 잉태한즉 죄를 낳고 죄가 장성한즉 사망을 낳는다. 그러나 믿음은 의를 낳고 의는 생명을 낳는다.

누구든지 자기 육신에서 나오는 모든 욕심과 선악지식과 명분과 이데올로기와 교리와 주장과 고집 등을 선으로 입고 있는 한 그가 비록 하늘로 향해 사는 '레네페쉬 하야'로 부름을 받았을지라도 시험이 올 때 믿음을 죽이고 다시 '네페쉬 하야'로 돌아간다. 그는 전보다 더욱 강퍅해지고 악해진다.

● 죄와 의와 심판

예수께서 보혜사가 오셔서 하실 일에 대하여 말씀하시기를, "그가 와서 죄에 대하여, 의에 대하여, 심판에 대하여 그 세상을 책망하시리라. '죄에 대하여'라 함은 저희가 나를 믿지 아니함이요, '의에 대하여'라 함은 내가 아버지께로 가니 너희가 다시 나를 보지 못함이요, '심판에 대하여라' 함은 이 세상 임금이 심판을 받았음이니라."(요16:8-11)라고 하였다.

우리는 여기서 위로부터 난 자의 영의 눈으로 죄와 의와 심판을 볼 수 있어야 한다. 첫 사람의 눈으로 보는 죄와 의와 심판이 아니라 둘째 사람의 눈으로 보는 죄와 의와 심판이 아니면 아담의 죄가 무엇인지, 그가 이루어야 할 의가 무엇인지, 그가 받은 심판이 무엇인지 알지 못한다.

첫째, 죄란 무엇인가. 예수의 죄 사함 이후에는 인자를 믿지 아니함이 죄다. 겉사람인 내 안에 속 사람인 '나'를 낳으시는 야웨 하나님 곧 그리스도 예수를 믿지 아니함이 죄다. 과녁에서 빗나감이 죄다. 즉 아담과 여자의 죄는 '나를 나되게 하시는' 야웨 하나님을 믿지 않은 것이다.

'믿는다(피스튜우오 에이스, believe in)'는 것은 아담과 여자가 야웨 하나님을 믿어서 그 마음 안으로 들어감이다. 그들이 먹지 말라는 나무의 실과를 따서 먹는 것은 그들이 믿음으로 말미암아 야웨 하나님의 말씀 안으로 들어가지 않았기 때문이다. 그들이 동산 안에는 있었으나 야웨 하나님의 마음 안에는 있지 않았다. 그것이 그들이 과녁에서 빗나간 죄이다. 모든 사람이 죄는 인자를 믿어서 그 마음 안으로 들어가지 아니하는 것이다.

이로써 아담의 원죄론이 얼마나 우스꽝스러운 선악논리인지 알 수 있다. 원죄론은 아담의 원죄가 대대로 유전된다고 한다. 원죄는 유전되는데 하나님의 구원은 유전되지 아니한다고 하니 그 또한 우스꽝스러운 논리다. 만약 아담의 죄가 유전된다면 하나님이 유전되는 죄에서 사람을 구원하시려면 구원 또한 유전되든가, 아니면 원죄의 유전자를 박멸하시든가 해야 한다. 그러나 하나님이 예비하신 구원은 믿음으로 말미암는다. 이것은 처음부터 거듭남도 부활도 새 창조도 믿음으로 말미암게 하셨음이다. 원죄론자들은 자기들이 무엇을 말하는지조차 알지 못하고 그것을 전하며 움켜쥐고 있으니 그 또한 우스꽝스럽다.

하나님의 형상 안에서 창조된 사람은 하나님의 기쁘신 뜻을 좇아 그 안에 하나님의 모양, 곧 하나님의 아들의 실존을 이루는 자이다. 모든 사람이 그 과녁에서 벗어났기 때문에 죄인이다. 그런데 어느 누가 자기 죄를 인정하지 않는다면 그 스스로는 죄인이 아니다. 그러나 그가 죄인이 아닌 것을 주장하는 것은 그 스스로 하나님이 그 안에 낳으시는 하나님의 아들과는 상관이 없음을 말하는 것이다. 우리가 죄인임을 인정하는 것은 하나님의 아들의 실존을 이루는 데서 벗어났다는 고백이다.

둘째, 의란 무엇인가. 의란 아들이 아버지께로 가기 때문에 다시는 육신의 눈에 보이지 아니함이다. 첫 사람은 누구나 공의니, 정의니 하면서 세상 사람들의 육신의 눈에 보이는 것을 추구한다. 그러나 둘째 사람은 육체의 휘장을 찢고 아버지가 계신 지성소로 들어가기 때문에 육신의 눈에 보이지 아니한다. 육신의 눈에 보이는 모든 것은 사라져버릴 사람의 의요, 영원한 하나님의 의가 아니다. 하나님의 의는 시공 너머의 근원 안의 일이다. 시공 너머의 근원 안에서 하나님의 의는 사람에게 생명과 사랑과 거룩과 초월의 실존을 이룬다. 오늘날 종교적 교리가 선악지식을 이루고 있어서 사람들은 죄도, 의도, 심판도 알지 못하고 있으니 그것 또한 과녁에서 빗나간 것이다.

셋째, 심판이란 무엇인가. 아담처럼 선악을 아는 하나님처럼 되겠다는 그 세상 임금이 심판되었다. 이 세상 '임금(아르콘, 이 세상의 근원자)'은 하나님의 뜻과는 상관없이 선악전쟁을 일으키고 있다. 뱀은 그 자신의 약삭빠른 지혜로 스스로 야웨 하나님을 적대하며 선악전쟁을 일으킨 자이므로 이미 심판되었다.

심판된 세상 임금은 누구인가. 천하만국과 그 영광을 보이며 내게 절하면 이 모든 것을 네게 주겠다고 약속하는 큰 자요, 높은 자요, 강한 자요, 부자다. 오늘날 많은 사람이 이 일을 '호라오'하지 못하고 세상 임금을 심판하신 그 예수를 세상 임금으로 섬기고 있다. 세상 임금이 된 예수는 다른 예수이며 그 다른 예수는 이미 심판되었다.

심판된 그 세상 임금을 섬기는 자 역시 심판되었으니 과녁에서 빗나갔음이다. 성령은 이와 같이 죄와 의와 심판에 대하여 책망하시면서 사람들을 하나님의 새 창조 안으로 부르신다. 그러나 오늘날 기독교는 여전히 창세기 3장의 아담의 길을 걷고 있다. 왜냐하면 그 아담이 모든 사람이 밤낮으로 추구하는 삶의 원형이기 때문이다.

3.8 וַיִּשְׁמְעוּ אֶת-קוֹל יְהוָה אֱלֹהִים מִתְהַלֵּךְ בַּגָּן לְרוּחַ הַיּוֹם וַיִּתְחַבֵּא
הָאָדָם וְאִשְׁתּוֹ מִפְּנֵי יְהוָה אֱלֹהִים בְּתוֹךְ עֵץ הַגָּן׃

바이쉬메우 에트- 콜 야웨 엘로힘 미트할레크 바간 레루아흐 하욤 바이트하베 하아담 베이쉬토 미프네 야웨 엘로힘 베토크 에츠 하간

그리고 그들은 그 동산에서 그날의 바람을 향해 걸어오시는 야웨 엘로힘의 음성을 들었다. 그 사람과 그 아내는 야웨 하나님의 얼굴을 피하여 그 동산 나무 사이에 숨었다.

3.9 וַיִּקְרָא יְהוָה אֱלֹהִים אֶל-הָאָדָם וַיֹּאמֶר לוֹ אַיֶּכָּה׃

바이크라 야웨 엘로힘 엘-하아담 바요메르 로 아예카

야웨 하나님이 아담을 향해 부르시며 그에게 말씀하시기를, "네가 어디 있느냐." 라고 하셨다.

3.10 וַיֹּאמֶר אֶת-קֹלְךָ שָׁמַעְתִּי בַּגָּן וָאִירָא כִּי-עֵירֹם אָנֹכִי וָאֵחָבֵא׃

바요메르 에트- 콜카 샤마티 바간 바이라 키-에롬 아노키 바에하베

그가 말하기를, "내가 그 동산에서 당신의 음성을 듣고 내가 벗었으므로 두려워서 숨었습니다."라고 하였다.

● **레루아흐 하욤(그 날의 바람을 향하여)**

에덴의 동산에 불어온 바람은 무엇을 징조하고 있는가. 그것은 두 사람으로 하여금 야웨 하나님의 말씀을 믿는 믿음을 버리도록 뱀이 일으킨 욕심과 선악지식의 바람이다. 즉 육체의 정욕, 안목의 정욕, 이생의 자랑이 뜨거운 사망의 바람이 되어 동산에 불어왔다. 그 바람은 두 사람이 야웨 하나님을 향하여 숨 쉬던 그 생명들의 '숨(바람)'을 단번에 삼켜버렸다. 야웨 하나님은 두 사람을 살리기 위하여 그 바람을 향해 걸어오셨다.

그때에 두 사람은 야웨 하나님의 음성을 들었다. 그러나 그들은 그 음성을 들을 귀로 듣지 못했다. 그들은 야웨 하나님을 영접하지 아니하고 그 얼굴을 피하여 그 동산 나무 사이에 숨었다. 그들이 나무 사이에 숨는다고 숨겨질 것이 아니며 야웨 하나님의 얼굴을 피한다고 피할 수 있는 것이 아니었으나 그들은 헛된 몸짓으로 그들의 불의를 드러내었다. 그들이 얻고자 했던 선악지식이 야웨 하나님을 버린 불의가 되었다. 그들은 야웨의 의로 숨 쉬던 자였으나 이제 뱀의 악으로 숨을 쉬는 자 되었다.

오늘날도 이런 일은 여전히 일어나고 있다. 하나님의 사랑과 진리를 버리고 욕심과 선악지식을 좇아 불의의 숨을 쉬고 있는 자들이 교회라 불리는 건물과 군중과 돈과 권세 뒤에 숨어서 우리는 정당하다 하며 불의의 몸짓을 하고 있다. 이런 일은 그들이 아래에서 났기 때문에 일어나고 있다. 밖에서는 무화과나무 잎사귀 같은 그 불의가 다 보이는데 그들만 그것이 의라 주장하고 있다. 그들은 야웨 하나님을 빛내는 대신 자신들의 헛된 땀과 피와 노력을 빛내고 있다.

● 아예카(네가 어디에 있느냐)

야웨 하나님은 동산 나무 사이에 숨은 아담을 향하여 "네가 어디에 있느냐."라고 하셨다. 이것은 야웨 하나님이 아담이 어디 있는지 알지 못해서 묻는 질문이 아니다. '네 실존이 어디에 있느냐' 하신 것이다. '너는 어디로부터 어디로 옮겨 갔느냐' 하신 것이다. '너는 나와 하나이어야 할 존재인데 너는 도대체 어디에 숨었느냐' 하신 것이다. 이 질문은 누구든지 그 욕심과 선악지식으로 선과 악을 구분하고자 하다가 야웨 하나님을 잃어버릴 때에 오는 것이다.

● 키 에롬 아노키 바에하베(내가 벗었으므로 숨었습니다)

아담은 야웨 하나님께 말하기를, "내가 벗었으므로 숨었습니다."라고 하였다. 잘 보라. 만약 두 사람이 그때까지 육체의 나체 상태였다가 무화과나무 잎으로 엮은 치마를 입었다면 그것은 벗은 것이 아니라 분명 입은 것이다.

그런데도 그 사람은 '내가 동산에서 당신의 음성을 듣고 내가 벗었으므로 두려워서 숨었습니다' 하였다. 이것은 육체로 벗었던 자가 치마를 입고 내가 벗었다고 고백하는 것이 아니다. 두 사람이 무화과나무 잎으로 엮은 치마를 입은 것 자체가 벗은 것이다. 그들은 의를 벗고 불의를 입었다. 불의를 입은 것은 하나님 앞에서 의를 벗은 것을 드러내고 있는 증거다. 그래서 그들은 동산 나무 사이에 숨었다.

두 사람은 믿음의 옷을 벗고 선악지식의 옷을 입자마자 그 입음은 벗음이 되었다. 야웨 하나님은 모든 사람에게 '네가 어디 있느냐' 물으신다. 믿음의 의를 입은 자는 '내가 여기에 있나이다' 하며 그를 맞이한다. 그러나 불의를 입은 자는 '내가 벗었으므로 두려워하여 교회 뒤에 숨었나이다.'라고 하게 된다. 야웨 하나님은 언제나 우리에게 '네가 어디에 있느냐'는 존재의 질문을 하신다. 벗은 자가 무슨 말을 하든 그의 말이 그를 심판한다.

오늘날 교회 뒤에 숨은 자들은 그들에게서 무슨 불의가 드러나면 자신이 야웨 하나님께 통회하고 돌이켜야 함에도 교회가 돌이켜야 한다고 말하며 그 뒤에 숨어 버린다. 오늘날의 교회는 건물이요, 돈이요, 군중이다. 그런데 그 교회는 눈도 없고, 귀도 없고, 마음도 없음에도 이상하게도 모든 사람 위에 군림하고 있다.

누구든지 원하는 자는 비록 그가 벗은 자가 되었을지라도 그 뒤에 숨어서 자신의 욕심과 선악지식을 좇아서 불의를 행하기에 알맞다. 그러나 교회라 번역된 '에클레시아'는 건물도, 돈도, 군중도 아닌 하나님께 불러냄을 받은 각자의 실존이다. 사망의 길에서 생명의 길로 불러냄을 받은 실존이 에클레시아다. 사라져 버릴 교회라는 허상 속에 숨는 자마다 이미 벌거벗은 자로 심판되었다.

3.11 וַיֹּ֕אמֶר מִ֚י הִגִּ֣יד לְךָ֔ כִּ֥י עֵירֹ֖ם אָ֑תָּה הֲמִן־הָעֵ֗ץ אֲשֶׁ֧ר צִוִּיתִ֛יךָ לְבִלְתִּ֥י אֲכָל־מִמֶּ֖נּוּ אָכָֽלְתָּ׃

바요메르 미 히기드 레카 키 에롬 아타 하민-하에츠 아셰르 찌비티카 레빌티 아칼-밈멘누 아칼타

그가 말씀하시기를, "누가 네게 네가 벗었다고 알려주더냐. 내가 너에게 그것으로부터 먹지 말라 명한 그 나무로부터 네가 먹었느냐."고 하셨다.

3.12 וַיֹּ֖אמֶר הָֽאָדָ֑ם הָֽאִשָּׁה֙ אֲשֶׁ֣ר נָתַ֣תָּה עִמָּדִ֔י הִ֛וא נָֽתְנָה־לִּ֥י מִן־הָעֵ֖ץ וָאֹכֵֽל׃

바요메로 하아담 하잇샤 아셰르 나타타 임마디 히 나테나-리 민-하에츠 바오켈

그 사람이 말하기를, "당신이 주셔서 나와 함께하게 하신 그 여자, 그녀가 그 나무로부터 내게 주었고 또 나는 먹었습니다."라고 하였다.

● 부패한 아담의 마음

아담은 야웨 하나님이 그에게 "네가 어디 있느냐(아예카)"는 질문을 하셨을 때 그 질문이 그의 존재에 관하여 묻는 것임을 알아듣지 못했다. 들어도 듣지 못했으니 그가 당하고 있는 공허다. 그러므로 야웨 하나님은 '자세하게 네가 무엇을 들었으며 무엇을 먹었고, 무엇을 말하느냐'로 그 질문을 바꾸셨다. 누구든지 그 자신의 존재에 관하여 마음속의 것을 입으로 말한다. 그러므로 성경은 말씀하시되, "귀 가진 자는 들으라."라고 하였다. 그리고 "네가 무슨 말을 하든지 그 말로 의롭다 함을 받고 정죄함을 받으리라."라고 하였다.

누구도 아담에게 벌거벗었다 말하지 않았다. 그는 스스로 벌거벗었음을 알았다. 그것은 그나마 그가 내면의 소리를 들었기 때문이다. 야웨 하나님은 그에게 실존에 관한 두 질문을 하셨다. '너는 누구에게서 무엇을 들었느냐 그리고 무엇을 먹고 말하고 있느냐.'라고 하셨다.

야웨 하나님은 이 질문을 아담뿐 아니라 모든 사람에게 행한다. 누가 무슨 답변을 하든지 그 답변은 그가 들은 것이거나 먹은 것이다. 우리는 무엇을 듣고 있으며 또 무엇을 먹는가. 아담을 원형으로 삼으면 아담이 듣고 먹은 것을 먹을 것이요, 예수 그리스도를 원형으로 삼으면 또 인자가 듣고 먹은 것을 먹을 것이다.

● 하잇샤 아셰르 나타타 임마디(당신이 주셔서 나와 함께하게 하신 그 여자)

선악지식을 좇는 자는 누구든지 선은 내 탓이요, 악은 네 탓이라 말한다. 아담이 그와 같았다. 그가 처음 아내를 맞이할 때 "이는 내 뼈 중의 뼈요, 살 중의 살이다. 이것이 남편에게서 취함을 받았으니 아내라 하리라."라고 하면서 얼마나 기뻐하였던가.

그러던 그에게 불의가 들어오고 기쁨이 사라지자 그는 전혀 다른 사람이 되었다. 그 아내를 기뻐하던 남편은 온데간데없고 자신이 그 실과를 먹게 된 것은 야웨 하나님이 그에게 여자를 주셔서 자기와 함께하게 하였기 때문이라 하였다. 에덴의 동산에 거하던 좋은 남편은 사라지고 하나님과 아내를 정죄하는 나쁜 남편이 등장하였다. '좋음과 나쁨을 아는 나무'가 무엇인지 여기서 분명히 드러난다.

아담의 마음 밭에 선악의 씨가 떨어지자 그것은 금방 싹을 틔우고 자라나서 그의 마음을 지배하게 되었다. '당신이 내게 주셔서 나와 함께하게 하신 그 여자'란 무슨 말인가. 아담의 대답은 내가 그 나무로부터 먹게 된 것은 내 '탓(악)'이 아니라 당신 탓이며, 또 여자의 탓이라 한 것이다. 이것은 나는 선하고 당신과 그 여자는 악하다는 선악 심판이다. 하나님의 동산에서 하나님과 그의 아내를 심판하는 악한 일을 아담이 감행했다. 그가 이렇게 할 수 있었던 것은 그가 이미 야웨 하나님을 향하여 죽었기 때문이다.

야웨 하나님은 아담의 심판으로 정죄될 분이 아니지만, 아담은 분명 그의 마음속에서 야웨 하나님을 죽였고 또 아내를 죽였다. '좋음과 나쁨을 아는 나무'가 '선악을 아는 나무'가 되면 사람들은 그것으로부터 먹고 먼저 자기가 죽는다. 그리고 그 죽음을 좇아서 다시 하나님을 죽이고 아내를 죽이고 무엇이든지 죽인다. 선악 지식은 이와 같이 죽음의 연속이다.

3.13 וַיֹּאמֶר יְהוָה אֱלֹהִים לָאִשָּׁה מַה-זֹּאת עָשִׂית וַתֹּאמֶר הָאִשָּׁה הַנָּחָשׁ הִשִּׁיאַנִי וָאֹכֵל׃

바요메르 야웨 엘로힘 라잇샤 마-조트 아시트 바토메르 하잇샤 한나하쉬 힛쉬아니 바오켈

하나님이 그 여자에게 말씀하시기를, "네가 행한 이것이 무엇이냐."라고 하셨다. 그 여자가 말하기를, "그 뱀이 나를 꾀었고 또 나는 먹었습니다."라고 하였다.

● 한나하쉬 힛쉬아니 바오켈(그 뱀이 나를 꾀었고 또 나는 먹었다)

여기에 야웨 하나님이 아담에게 동산을 경작하고 지키라 하신 것이 무엇 때문인지 분명히 드러난다. 아담이 자기의 마음 밭을 경작하지도 않고 지키지도 않은 것과 같이 그 여자 또한 자기의 마음 밭을 경작하지 않고 지키지 않았으므로 그 뱀의 꾐에 넘어갔다. 그녀 역시 "내가 신(神)처럼 선악을 알고자 하여 먹었습니다."라고 하지 않고 뱀의 꾐에 그 탓을 돌렸다. 이런 것이 선악지식을 좇는 자의 일이다.

여자는 자기의 욕심과 선악지식을 심판하지 아니하고 뱀의 꾐에 자기의 불의의 원인을 돌렸다. 아담도 그녀도 야웨 하나님의 말씀을 버리고 뱀의 말을 좇았음이 드러났다. 그 가운데서 아담은 자기 선으로 야웨 하나님과 여자를 심판하였고 여자는 자기 선으로 뱀을 심판하였다. 그러나 그 심판은 그들이 야웨 하나님을 버린 자기 심판임을 알지 못했다.

불의한 심판 가운데서도 여자는 아담을 탓하지는 않았다. 여자는 아담이 먼저 하나님과 자기를 심판했으므로 얼마든지 아담을 심판할 수 있었으나 그렇게 하지 않았다. 여기서 여자는 불의 가운데서도 아담을 탓하지 않은 '좋음'이 드러났다. 그 때문에 야웨 하나님은 여자의 씨로 말미암는 구원을 선포하시게 되었다.

3.14 וַיֹּאמֶר יְהוָה אֱלֹהִים ׀ אֶל-הַנָּחָשׁ כִּי עָשִׂיתָ זֹּאת אָרוּר אַתָּה מִכָּל-הַבְּהֵמָה וּמִכֹּל חַיַּת הַשָּׂדֶה
עַל-גְּחֹנְךָ תֵלֵךְ וְעָפָר תֹּאכַל כָּל-יְמֵי חַיֶּיךָ׃

바요메르 야웨 엘로힘 엘-한나하쉬 키 아시타 조트 아루르 아타 미콜-하브헤마 우미콜 하야트 핫샤데 알-게호네가 텔레크 베아파르 토칼 콜-예메 하예카

야웨 하나님이 그 뱀에게 말씀하시기를, "네가 이것을 행하였으니 네가 모든 육축과 그 들의 모든 짐승보다 더욱 저주되어 배로 다니고 네 생명의 모든 날들에 흙을 먹으리라."

3.15 וְאֵיבָה ׀ אָשִׁית בֵּינְךָ וּבֵין הָאִשָּׁה וּבֵין זַרְעֲךָ וּבֵין זַרְעָהּ הוּא יְשׁוּפְךָ רֹאשׁ וְאַתָּה תְּשׁוּפֶנּוּ עָקֵב׃ ס

베에바 아쉬트 베네카 우벤 하잇샤 우벤 자르아카 우벤 자르아흐 후 예수페카 로쉬 베아타 테수펜누 아케브

"내가 너와 그 여자 사이에 또 너의 씨와 여자의 씨 사이에 적대감을 둘 것이니 그는 네 머리를 상하게 할 것이요 너는 그의 발꿈치를 상하게 할 것이라."라고 하셨다.

● 키 아시타 조트(네가 이것을 행하였으니)

그 뱀은 무엇 때문에 에덴의 동산에 들어와서 그 여자를 유혹하고 저주되었는가. 도대체 그 이유가 무엇인가. 뱀은 생존의 세계에서 최고가 되는 약육강식의 선악의 원리다. 생존세계는 누구든지 커지고, 높아지고, 강해지고, 부자 되어 모든 것 위에 군림하는 것이 선이다.

생존세계의 첫 사람은 어느 방면, 어느 분야에서든 커지고, 높아지고, 강해지고, 부자 되는 그것에서 가치와 보람을 느낀다. 그것이 첫 사람이 향해 있는 '나의 나됨'이다. 첫 사람은 많은 사람 위에 군림하는 것이 선이요 성공이다. 그러므로 첫 사람은 어찌하든지 많은 사람을 자신의 생존의 세계로 끌어들인다. 뱀이 에덴의 동산에서 여자를 유혹한 것도 그 때문이다.

첫 사람은 하나님의 자녀들이 섬김의 법으로 사는 생명 세계를 어리석게 여기고 거기에 거하는 사람을 꾀거나 억압한다. 그것은 첫 사람이 생존하는 크로노스에서의 일이다. 그러나 아담과 그 아내는 야웨 하나님께 이끌려 생명의 카이로스에서 섬김의 법으로 살도록 동산 밖의 세계에서 동산 안의 생명 세계로 들어 왔다.

그러함에도 두 사람은 선악의 생존세계와 믿음의 생명 세계를 분별하지 못했다. 그들은 자신들의 생명이 자라는 마음 밭을 경작하지도 지키지도 않았고 생명들의 나무로부터 먹고 그의 씨앗이 그들의 마음 땅에 떨어지게 하지도 않았다.

그러므로 그들 자신이 뱀에게 동산에 들어오도록 손짓을 하고 있었다. 그렇다 할지라도 뱀은 그 동산에 들어와 그들을 유혹해야 할 아무런 권세나 자격이나 의무를 가진 것도 아니었다. 그는 무엇보다도 자신의 선악세계가 야웨의 생명 세계보다 지혜롭고 우월하다는 것을 증명하려 하였다. 오늘날 과학자들을 비롯한 많은 사람이 스스로 생명 세계에 대항하고 말하며 행하는 것이 그 일이다.

● **아루르(저주된)**

'아루르'는 '아라르(저주하다)'의 분사 수동태다. 뱀은 하나님이 저주하신 것이 아니라 스스로 저주 되었다. 그의 선악지식은 저주된 지식이다. 그러므로 선악지식을 좇는 자마다 스스로 저주 되고 있다. 누구든지 심은 대로 거둔다.

그 뱀은 야웨 하나님의 생명의 언약과는 아무런 상관이 없는 자였다. 그는 에덴동산 밖에서 지혜롭게 자신의 삶을 살면 되었다. 문제는 그가 그것으로 만족하지 못했다는 것이다. 야웨 하나님은 그 일을 잘 알고 계시므로 뱀에게는 질문조차 하지 않으시고 "네가 이것을 행하였으니 네가 모든 육축과 그 들의 모든 짐승보다 더욱 저주 되었다."라고 하셨다.

보라, 야웨 하나님은 사람의 선악을 좇아서 이렇게 하면 축복하시고 저렇게 하면 저주하시는 분이 아니다. 그런 생각을 하는 사람은 모두 아래에서 낳아진 자이다. 선악지식을 좇는 것 자체가 저주된 것이다. 야웨 하나님의 생명의 원리는 심은 대로 거두게 하는 것이다. 믿음으로 생명을 심었으면 생명을 거두고 선악으로 사망을 심었으면 사망을 거둔다. 복을 심었으면 복을 거두고 저주를 심었으면 저주를 거둔다. 그 뱀이 여자를 꾀어 선악지식을 좇게 한 것은 뱀이 저주를 심고 거둔 것이요. 두 사람이 뱀의 말을 좇아 먹지 말라 한 나무의 실과를 먹은 것은 그들 역시 저주를 심고 거둔 것이다. 그 일에 동참하지 않은 모든 육축과 들의 모든 짐승이 저주 된 것은 그들을 다스리는 사람이 저주되었기 때문에 어찌할 수 없이 일어나는 일이다.

● **알 게호네카 텔레크(너는 배로 다닐 것이다)**

뱀이 배로 다닌다는 것은 영원히 그가 '배(belly)'를 신(神)으로 섬길 것이란 말이다. 누구든지 배를 섬기는 자는 배로 다닌다. 육신의 첫 사람은 다 배를 섬기는 자이니 배로 다니는 자들이다. 두 사람은 그것을 알지 못하고 유혹되었다. 그러나 야웨 하나님은 그 일이 두 사람에게서 계속되는 것을 허락지 않으셨다.

오늘날 많은 사람은 배를 섬기는 일을 다른 말로 '경제'라 부른다. 자본주의, 공산주의, 사회주의 등, 모든 주의 주장은 사람이 배를 어떻게 섬길까 하는 것이다. 또 사람들이 가치 있게 여기는 종교, 윤리, 도덕, 예술, 권세, 학문 등은 결국 배를 섬기는 데로 귀착되고 만다. 그러므로 예수께서 말씀하시되, "사람이 빵으로만 살 것이 아니요 하나님의 입으로 나오는 모든 말씀으로 살 것이니라."라고 하였다.

● **베아파르 토칼 콜 예메 하예카(네 생명의 모든 날들에 흙을 먹으리라)**

그 뱀은 또 '아파르(흙가루, 먼지)'를 먹는 자가 되었다. 야웨 하나님은 '하아담 아파르'를 빚으시고 그에게 생명들의 숨을 불어 넣어 '레네페쉬 하야'가 되게 하셨다. 이로써 우리에게 두 길이 제시되었다. 우리가 부드러운 마음의 아파르가 되어 하나님께 빚어져서 새로운 실존을 이루느냐 아니면 바람에 날리는 아파르가 되어 뱀의 먹을거리가 되느냐인 것이다. 기록된 바, "누구든지 너희를 영접치 아니하거든 그 성에서 떠날 때에 너희 발에서 먼지를 떨어버려 저희에게 증거를 삼으라 하시니라."(눅9:5)라고 하였다. 생명의 말씀을 받지 아니한 자는 누구든지 뱀의 먹을거리인 '아파르'가 되고 만다.

● **뱀의 씨와 여자의 씨**

생명의 흐름 속에서 보면 '씨'는 알파와 오메가이며 처음과 나중이며 근원과 궁극이다. 기록된 바, "한 알의 밀이 땅에 떨어져 죽지 아니하면 한 알 그대로 있고 죽으면 많은 열매를 맺느니라."(요12:24)라고 하였다. 땅에 떨어진 밀은 알파요, 그 밀이 싹이 나고 자라서 많은 열매 맺는 것은 오메가다. 그 안에 씨가 있는 열매 맺는 나무는 부활의 실존을 징조한다.

그 씨가 땅에 떨어져서 나무가 되고 나무는 다시 열매를 맺는다. 알파와 오메가는 생명의 흐름 속에서 하나다. 여자의 씨는 여자의 근원인 동시에 여자의 자손이며, 뱀의 씨는 뱀의 근원인 동시에 자손이다. 여자의 씨는 야웨 하나님이 그녀에게 심어주는 생명과 사랑과 거룩과 초월이요, 뱀의 씨는 육신의 정욕, 안목의 정욕, 이생의 자랑, 선악지식이다. 야웨 하나님은 뱀에게도, 여자에게도 심은 대로 거두게 하셨다.

● 머리와 발꿈치

'여자의 씨는 뱀의 머리를 상하게 하고 뱀은 그의 발꿈치를 상하게 할 것'이란 무엇을 말함인가. 여자의 씨는 '죽은 자'를 살리는 자요, 뱀은 '산 자'를 죽이는 자다. 여자의 씨는 살았고 운동력이 있는 말씀이요, 뱀의 씨는 죽어 있는 교리다.

여자의 씨는 뱀의 머리인 선악지식을 쓸모없게 만들어 버린다. 그러나 뱀은 거기에 굴하지 않고 여자의 씨의 발꿈치를 상하게 한다. 뱀의 씨는 시 22편 17절에 등장하는 악행자의 '무리(아다트 메레임)'이다. 그들은 십자가에 못 박힌 인자의 '겉옷(의)'을 사방으로 나누어 가졌고, 또 그의 '속옷(구원)'을 제비뽑았다.

오늘날 예수 믿는 이들 가운데 많은 사람이 죽은 예수를 믿지만 부활하신 예수를 믿지 아니한다. 그래서 그들은 오늘 여기서 부활의 실존을 이루려 하지 않고 다만 그에게서 죄 사함 받고 땅에서 육신의 복을 누리다가 죽어 천국에 가려 하고 있다. 그것은 죽은 예수의 겉옷을 나누며 그의 속옷을 제비뽑는 일이다. 그들에겐 부활하신 예수 그리스도가 그들의 주가 아니라 다만 죽은 예수가 그들의 이익거리가 되어 있다. 그 예수는 그들의 세상 임금이다. 그들 안에는 죽은 예수는 있어도 살아나신 예수 그리스도는 없다. 그리하여 그들은 여전히 예수를 십자가에 '못 박는(그의 발꿈치를 상하게 하는)' 죽음의 삶을 살고 있다.

누구든지 여자의 씨를 받는 자는 선악지식의 근원인 뱀의 머리를 상하게 할 것이요, 누구든지 뱀의 씨를 받은 자는 그의 발꿈치를 상하게 할 것이다. 마침내 부활하신 예수 그리스도는 그를 믿는 여자의 씨에게 머리가 상한 뱀을 그의 발등상이 되게 할 것이다.

‘배(belly)’를 신(神)으로 섬기는 육신의 세상에서 첫 사람의 어머니는 욕심이요, 아버지는 선악지식이다. 여기서 예외인 자가 없다. 뱀이 하와를 유혹하여 이루고자 했던 것이 바로 이것이다. 육신의 첫 사람은 어머니의 욕심과 아버지의 선악지식으로 낳아지고 길러진다. 뱀은 그 일을 영속화해서 사람들이 하나님의 자녀가 되지 못하게 한다.

그러나 뱀을 이기고 영의 둘째 사람으로 거듭난 자는 누구나 그 첫 사람의 어머니와 아버지를 멀리 버린다. 그것이 뱀의 머리를 상하게 하는 일이다. 그런데도 뱀은 순순히 떠나지 아니한다. 그는 예수의 이름으로 다시 찾아온다. 그리하여 여자의 씨는 뱀에게 발꿈치를 물리고 상함을 입는다.

3.16 אֶל־הָאִשָּׁה אָמַר הַרְבָּה אַרְבֶּה עִצְּבוֹנֵךְ וְהֵרֹנֵךְ בְּעֶצֶב תֵּלְדִי בָנִים
וְאֶל־אִישֵׁךְ תְּשׁוּקָתֵךְ וְהוּא יִמְשָׁל־בָּךְ׃ ס

엘-하잇샤 아마르 하르바 아르베 잇쯔보네크 베헤로네크 베에쩨브 텔레디 바님 베엘-이셰크 테슈카테크 베후 임샬-바크

그가 여자에게 말씀하시기를, “내가 너의 수고와 잉태를 크게 증가시킬 것이며 너는 고통 속에서 자식들을 낳을 것이다. 그리고 너의 사모함은 네 남편을 향하고 그는 네 안에서 다스릴 것이라.”라고 하셨다.

● 여자의 수고와 잉태와 고통

여자가 육신의 정욕, 안목의 정욕, 이생의 자랑을 좇아갔기 때문에 야웨 하나님은 그녀가 거기에서 돌이키게 하기 위하여 그녀에게 수고와 잉태와 고통을 증가시킬 것이다. 그것은 그녀가 스스로 택한 길이다. 야웨 하나님은 겉 사람 안에 속 사람을 낳으신다. 겉 사람은 처음 난 자요, 속 사람은 나중 난 자다. 나중 난 자가 처음 되고 처음 난 자가 나중 되어 온전한 하나를 이루는 것이 야웨 하나님의 뜻이다. 그러나 여자는 그 길을 버렸기 때문에 그 길로 돌아오기 위해서는 수고와 잉태와 고통을 당하지 않으면 안 되었다. 이 일은 누구든지 욕심과 선악지식을 좇아간 사람이 심은 대로 거두는 그 수고와 잉태와 고통을 가리키고 있다.

야웨 하나님의 긍휼이 없었다면 여자는 영원히 정죄되었을 것이다. 아담도 그의 아내도 뱀의 말을 좇아서 선악지식을 얻으려 했다. 때문에 그들은 수고와 잉태와 고통 속에서 그들 자신의 불신과 욕심과 벌거벗음을 뉘우치고 믿음과 사랑과 새 사람을 입도록 돌아와야 하였다. 야웨 하나님은 여자가 뱀을 좇아가며 '레네페쉬 하야'의 '레'를 잃고 '네페쉬 하야'가 되었으나 그의 긍휼로 말미암아서 다시 '레네페쉬 하야'로 돌아오는 은혜를 베푸셨다.

영의 둘째 사람이 되는 생명의 흐름 속에서 보면 속 사람은 남자요, 농부요, 안에서 다스리는 자다. 이에 비하여 겉 사람은 여자요, 밭이요, 다스림을 받는 자다. 속 사람은 씨 뿌리는 자요, 겉 사람은 씨 뿌림을 받는 자다. 육체의 성별과 상관없이 하나님 앞에서 모든 첫 사람은 여자다. 생명의 씨를 가진 자는 육신의 성별과 관계없이 남자다. 이것이 영과 진리 안에 계시된 남자와 여자의 구분이다.

야웨 하나님은 아담이 에덴의 동산에서 살려주는 영으로 거듭나서 그의 아내에게 생명의 씨를 뿌리는 생명의 남편이 되기를 원하셨다. 즉 그가 육신으로 한 여자의 남편인 것 같이 영으로도 남편 되기를 원하셨다. 그러나 그는 도리어 '산 자'에서 '죽은 자'가 되었다.

그는 씨 없는 풀과 같이 되었다. 그러므로 이때에 야웨 하나님은 아담 대신에 여자에게 생명의 씨를 직접 주시기로 언약하셨다. 그러나 그 일은 두 사람이 야웨 하나님의 새 언약을 믿는 믿음으로 욕심과 선악지식을 떠나보낸 후에 이루어질 것이었다.

그들이 스스로 택한 욕심과 선악지식으로 저주된 상태에서 살아보고 그것이 수고와 잉태와 고통뿐임을 안 후에야 비로소 그들의 마음은 부드러운 아파르로 돌아올 것이다. 그때에 야웨 하나님은 그들에게 다시 생명의 씨를 뿌리실 것이다. 그때가 언제인지 알 수 없었으나 그들은 하나님의 은혜로 말미암아 그의 새로운 언약 안으로 들어오게 되었다.

- **하르바 아르베 잇쯔보네크 베헤로네크**
  (내가 너의 수고와 잉태를 크게 증가시킬 것이다)

야웨 하나님은 왜 그 여자에게 "내가 너의 수고와 잉태를 크게 증가시킬 것이라." 라고 하셨는가. 선악지식은 권선징악으로 드러나게 된다. 그녀는 그녀가 택한 권선징악의 삶 속에서 수고하지 않을 수 없게 되었다. 욕심을 좇는 자는 '많은 것'을 선으로 삼는다.

여자는 그 선을 좇아서 무엇보다 자식을 많이 낳게 되었다. 야웨 하나님은 먼저 그녀가 심은 대로 수고와 잉태를 증가시켰다. 그것은 그녀를 야웨 하나님께로 돌이키려 함이다. 그녀가 수고하여 심은 것에서 거두는 것이 가라지와 죽정이 뿐일 때 언젠가 그녀는 '씨'를 약속하신 하나님께로 돌아오지 않을 수 없을 것이다.

부모가 되어서야 부모의 마음을 알게 되듯 그녀는 헛된 수고와 고통스러운 잉태 속에서 아버지 하나님의 마음을 알게 될 것이다. 모든 수고와 잉태 끝에 그녀가 야웨 하나님께로 돌아오면 하나님은 생명의 씨를 그녀 안에 뿌려서 속 사람이 나고 자라서 겉 사람과 하나 되게 하실 것이다. 오늘날 선악지식을 좇는 하와들이 아래로부터 많은 자식을 낳지만, 그들은 약속한 '씨'가 아니다. 그들도 선악지식으로 많은 자손을 낳아 본 후에 회개하고 예수 그리스도께 돌아오면 생명의 씨를 받아서 '단독자(모노게네스)'를 낳게 될 것이다.

● **베엘 이셰크 테슈아테크 베후 임샬 바크(너의 사모함은 네 남편을 향하고 그는 네 안에서 다스릴 것이다)**

욕심과 선악지식의 생존세계에서는 '강한 자(남편)'가 '약한 자(아내)'위에 군림한다. 아담과 여자는 욕심과 선악지식을 좇아갔으므로 생존세계의 투쟁 속으로 빠져들지 않을 수 없게 되었다. 그러나 때가 이르면 야웨의 언약대로 두 사람은 거기에서 돌이키게 될 것이다. 그때에 여자는 사랑하는 마음으로 남편을 사모하고 남편은 그녀 안에서 '다스리게(섬기게)' 될 것이다. 이것은 아담과 아내에게서 이루어지는 겉 사람과 속 사람의 하나됨인 동시에 두 사람의 하나됨이다. 이것은 그리스도와 그의 신부의 관계를 징조하고 있다.

3.17 וּלְאָדָם אָמַר כִּי-שָׁמַעְתָּ לְקוֹל אִשְׁתֶּךָ וַתֹּאכַל מִן-הָעֵץ אֲשֶׁר צִוִּיתִיךָ
לֵאמֹר לֹא תֹאכַל מִמֶּנּוּ אֲרוּרָה הָאֲדָמָה בַּעֲבוּרֶךָ בְּעִצָּבוֹן
תֹּאכְלֶנָּה כֹּל יְמֵי חַיֶּיךָ׃

우레아담 아마르 키 샤마타 레콜 이쉬테카 바토칼 민-하에츠 아셰르 찌비티카 레모르르로 토칼 밈멘누 아루라 하아다마 바아부레카 베이짜본 토칼렌나 콜 예메 하예카

그리고 그가 아담에게 말씀하시기를, "네가 네 아내의 음성에 귀 기울이고 내가 너에게 그것으로부터 먹지 말라 명하여 말한 그 나무로부터 먹었으므로 그 토지는 너를 인하여 저주되었고 너는 네 생명의 모든 날들에 수고 속에서 그것으로부터 먹을 것이라."

3.18 וְקוֹץ וְדַרְדַּר תַּצְמִיחַ לָךְ וְאָכַלְתָּ אֶת-עֵשֶׂב הַשָּׂדֶה׃

베코츠 베다르아르 타쯔미아흐 라크 베아칼타 에트-에세브 핫사데

"그리고 그것은 네게 가시덤불과 엉겅퀴를 낼 것이며 너는 그 들의 채소를 먹을 것이다."

3.19 בְּזֵעַת אַפֶּיךָ תֹּאכַל לֶחֶם עַד שׁוּבְךָ אֶל-הָאֲדָמָה
כִּי מִמֶּנָּה לֻקָּחְתָּ כִּי-עָפָר אַתָּה וְאֶל-עָפָר תָּשׁוּב׃

베제아트 아페카 토칼 레헴 아드 슈베카 엘-하아다마 키 밈멘나 루카헤타 키-아파르 아타 베엘- 아파르 타슈브

"또 너는 네 얼굴의 땀 속에서 식물을 먹고 필경은 그 토지로 돌아가리니 이는 네가 그것으로부터 취함을 입었기 때문이다. 너는 흙가루이니 흙가루로 돌아갈 것이니라."라고 하셨다.

● **샤마타 레콜 이쉬테카(네가 네 아내의 음성에 귀 기울였다)**

기록된 바, "네 말로 의롭다함을 받고 네 말로 정죄함을 받으리라."(마12:37)라고 하였다. 아담은 야웨 하나님께 말하기를, "당신이 주셔서 나와 함께하게 하신 그 여자 그녀가 그 나무로부터 내게 주었고 또 나는 먹었습니다."라고 하였다. 아담은 자신의 말로 정죄되었다. 사람은 누구나 그 선악지식으로 자신을 선하다 하고 상대방을 악하다 하지만 그 말로 그 자신이 정죄된다.

● **아루라 하아다마 바아브레카(그 토지는 너로 인하여 저주되었다)**

'하아다마(그 토지)'는 아담의 마음을 징조한다. 아담의 마음이 저주되면 그 육신이 경작하고 지키는 토지 또한 저주 아래 있게 된다. 아담은 이와 같이 스스로 저주되면서 그 토지도 저주되게 하였다. '우레아담'은 '그리고 사람에게'란 뜻이다. 여기서 '하아담(그 사람)'에서 '하(그)'가 빠지고 다만 '아담(사람)'이라 불렀다. 즉 그는 야웨 하나님과 상관이 있던 그 사람으로부터 정관사 없는 세상 사람이 되었다. 이는 그가 '하아담'인 '레네페쉬 하야'에서 '네페쉬 하야'로 돌아갔음이다.

하아담은 '그 땅(하아레츠)'을 밟고 '그 토지(하아다마)'를 경작할 자였다. 그러나 그의 마음 밭에는 생명의 씨가 뿌려져서 자라나지 아니하고 선악지식과 욕심의 씨가 뿌려져서 자라게 되었다. 이와 같이 아담 스스로 저주되자 그가 경작하는 그 토지가 저주되었고 아담은 그 토지로부터 양식을 얻어야하므로 그는 부득불 수고하게 되었다. 이 일은 선악지식과 욕심으로 굳어진 사람의 마음 땅에 다만 생존의 씨를 뿌려서 자라게 하고 거두어야 하는 모든 사람의 수고이기도 하다. 아담을 모형으로 삼는 첫 사람은 누구나 저주를 택하고 있다.

● **코츠(가시덤불)와 다르다르(엉겅퀴)**

아담은 에덴의 동산에서 그가 떠나왔던 가시덤불과 엉겅퀴의 세상으로 돌아가게 되었다. 가시덤불은 인간의 선악지식을 좇아서 만들어지는 모든 권선징악의 제도다. 사람은 그 제도 속에서 스스로 수고하며 고통받고 있다. 그리고 엉겅퀴는 욕심을 좇아서 이루어지는 인간의 모든 생존방식이다. 이 둘은 첫 사람의 세상을 떠받치는 두 기둥이다.

사람들은 그 누구보다도 큰 욕심을 이룬 자를 영웅이라, 왕이라, 큰 자라, 구원자라 칭한다. 그러나 결국 그들의 영웅은 그들의 세상을 해치며 위기에 처하게 하며 공해를 일으키며 그들의 세상을 살 수 없는 곳이 되게 한다.

사람들은 한편으로는 욕심을 고취하고 다른 한편으로는 욕심의 결과에 대하여는 선악으로 징치한다. 이것은 첫 사람이 스스로 갇힌 가시덤불과 엉겅퀴의 감옥이다. 아담은 이제 유혹의 욕심을 따라 구습을 좇는 옛 사람의 세상인 들판으로 다시 나가게 되었다. 거기서 그가 먹는 것은 들의 채소다. 그것은 동물의 먹을거리다. 이는 그의 실존이 동물이 되었기 때문이다.

● **베제아트 아페카(네 얼굴의 땀 속에서)**

아담은 에덴의 동산에서 땀 흘리며 일해야 하였다. 일하시는 하나님은 아담에게 일하는 복된 존재가 되게 하셨다. 그가 동산을 경작하고 생명의 씨를 뿌리고 거두려면 일하지 않을 수 없고 또 일하는 자마다 땀을 흘린다. 땀 흘리며 일할 자가 일하지 않다가 실패하였으므로 이제는 부득불 땀 흘리며 일하는 것을 배워야 한다. 그러나 이제 그가 땀 흘리며 일할지라도 그것은 하나님이 예비하신 영광에 이르는 것이 아니라 다만 육체의 양식을 얻기 위함이다. 그가 생명의 씨를 뿌리고 거두면서 땀을 흘린다면 그 땀이야말로 복된 땀이었으나, 그가 다만 육체의 먹을거리를 얻고자 땀을 흘리게 되었으니 그것은 그가 스스로 택한 저주이다.

● **키 아파르 아타 베엘-아파르 타슈브(너는 흙가루니 흙가루로 돌아갈 것이니라)**

야웨 하나님은 왜 아담에게 '아파르(흙가루)'로 돌아가라 하신 것인가. 그것은 아담을 다시 새롭게 지으려 하셨기 때문이다. 아담이 다시 지어지려면 수고와 고통을 거쳐 그 마음이 부드러운 흙가루와 같이 되어야 하기 때문이다. '하아담 아파르'의 '아파르'가 아담을 빚은 재료가 아님을 앞에서 자세히 살펴보았다. 욕심과 선악지식으로 그 마음이 굳어졌던 아담이 다시 낮아진 마음으로 야웨 하나님께 돌아오면 그는 다시 새로운 존재로 빚어질 것이다.

만약 아담이 야웨 하나님의 이 말씀을 멸망의 선고로 알았다면 그의 아내를 '하와(산 자의 어머니)'라 부르지 못했을 것이다. 아담은 야웨 하나님이 그에게 '아파르'로 돌아가라 할 때 하나님이 베푸는 구원을 바라보게 됐다. 그러나 많은 사람이 이 말씀을 읽으며 아담이 뱀의 먹을거리인 '아파르'로 돌아가게 된 줄 알고 있다.

3.20 וַיִּקְרָ֧א הָֽאָדָ֛ם שֵׁ֥ם אִשְׁתּ֖וֹ חַוָּ֑ה כִּ֛י הִ֥וא
הָיְתָ֖ה אֵ֥ם כָּל-חָֽי׃

바이크라 하아담 셈 이쉬토 하와 키 히 하예타 엠 콜-하이

그 사람이 그 아내의 이름을 하와라 하였으니 이는 그녀가 모든 산 자의 어머니가 되었기 때문이다.

● **엠 콜-하이(모든 산 자의 어머니)**

성경은 "귀 가진 자는 들으라."라고 하였다. 아담은 전에는 같은 귀로 야웨 하나님의 말씀을 들어도 듣지 못하였다. 그러나 이제는 야웨 하나님의 말씀을 알아듣고 그 아내의 이름을 '모든 산 자의 어머니'라 하였다. 이제 비로소 아담은 야웨 하나님의 말씀을 들을 줄 아는 귀를 가졌다. 그는 그 자신의 범죄로 말미암아 생명의 씨를 뿌릴 수는 없게 되었으나 야웨 하나님이 언약하신 여자의 씨가 그와 그의 아내와 그의 후손들을 살리실 것을 알고 믿었다. 새로 시작된 그의 믿음은 수고와 고난을 통하여 성숙하게 될 것이다.

● **죄가 넘친 곳에 은혜가 넘치게 하시는 야웨 하나님**

야웨 하나님은 죄가 넘친 그들에게 은혜가 넘치게 하셨다. 이 일은 그 뱀도 두 사람도 어느 누구도 보지도, 듣지도, 생각하지도 못했던 일이다. 아담은 이제 야웨 하나님으로부터 선포된 수고와 고통과 다산이 그들을 단련시켜서 그에게로 다시 오게 하는 은혜임을 알았다. 뱀은 그들을 잠시 야웨 하나님께 대하여 '죽은 자'가 되게 하였으나 하나님은 그들이 하나님을 향하여 다시 사는 부활로 승리하게 하셨다. 이 부활의 승리를 바라보며 아담은 자기 아내를 '모든 산 자의 어머니'라 칭하게 되었다.

아담이 처음부터 야웨 하나님이 들려주신 호음의 과녁에서 벗어나지 않았으면 좋았겠지만, 도리어 그의 '범죄(원죄가 아니다)'는 '여자의 씨'로 말미암은 더욱 온전하고 풍성한 구원을 오게 하였다. 이는 오직 야웨 하나님의 긍휼로 말미암은 것이다. 하와도 잠시 '죽은 자'가 되었으나 마침내 생명의 씨를 받아 잉태하고 산 자를 낳을 것이다. 두 사람은 산 자의 언약을 좇아 살려주는 영이 되어 성소와 지성소를 나누는 휘장을 찢고 지성소 안으로 들어가 아버지와 하나 될 것이다.

만약 야웨 하나님이 많은 사람의 생각처럼 두 사람이 그 실과를 따 먹을 때에 말리셨다면 어떠했을까. 두 사람은 참으로 하나님이 뱀의 말처럼 그들이 하나님처럼 선악을 아는 것을 원하지 않아서 그리하는 줄 알았을 것이다. 그렇게 되었다면 그들의 몸은 에덴의 동산에 있었을지라도 그들의 마음은 언제나 뱀의 편에 서서 하나님을 대적하며 멸망케 되었을 것이다. 그러하기 때문에 야웨 하나님은 처음부터 간섭하거나 말리지 않으셨다. 하나님이 말리셨다면 그들은 불만과 불평 속에 지내다가 결국은 그 나무의 실과를 따 먹고 영원히 멸망되었을 것이다. 죽은 자를 살리시는 일은 야웨 하나님만이 행하시는 일이다.

3.21 וַיַּעַשׂ יְהוָה אֱלֹהִים לְאָדָם וּלְאִשְׁתּוֹ כָּתְנוֹת עוֹר וַיַּלְבִּשֵׁם׃ פ

바야아스 야웨 엘로힘 레아담 우레이쉬토 코트노트 오르 바얄비솀

야웨 하나님이 아담과 그 아내에게 가죽 옷을 지어 입히셨다.

● **코트노트 오르(가죽 옷)**

들의 모든 짐승은 '네페쉬 하야'다. 그들은 다만 육체의 삶을 산다. 사람을 제외한 들의 짐승들은 날 때부터 털옷을 입고 있다. '아담과 그의 아내가' '레네페쉬 하야'에서 '네페쉬 하야'로 돌아가자 야웨 하나님은 그들에게 가죽 옷을 지어 입히셨다. 사람이 다시 야웨 하나님께 돌아와서 새롭게 지음을 받기까진 세상의 가시와 엉겅퀴의 삶을 견디는 가죽 옷이 필요하였다.

아담과 여자가 그 육신으로 범한 죄를 동물이 대신하고 그 가죽은 두 사람의 옷이 되었다. 그 가죽 옷은 야웨 하나님께서 그들의 벌거벗음을 가리워주신 은혜다. 두 사람은 알파에서 동물의 가죽 옷을 입고 살며 '여자의 씨'로 말미암아 그들에게 입혀질 하나님의 의를 믿고 소망하게 되었다. 두 사람이 하나님께로 돌아와서 의로운 실존을 이룰 때에 그들에게 가죽 옷을 제공했던 동물은 하나님의 아들의 자유의 영광에 참여할 것이다.

3.22 וַיֹּ֣אמֶר ׀ יְהוָ֣ה אֱלֹהִ֗ים הֵ֤ן הָֽאָדָם֙ הָיָה֙ כְּאַחַ֣ד
מִמֶּ֔נּוּ לָדַ֖עַת ט֣וֹב וָרָ֑ע וְעַתָּ֣ה ׀ פֶּן־יִשְׁלַ֣ח יָד֗וֹ וְלָקַח֙
גַּ֚ם מֵעֵ֣ץ הַֽחַיִּ֔ים וְאָכַ֖ל וָחַ֥י לְעֹלָֽם׃

바요메르 야웨 엘로힘 헨 하아담 하야 케아하드 밈멘누 라다아트 토브 바라 베아타 펜 이쉴라 야도 베라카 감 메에츠 하하임 베아칼 바하이 레올람

야웨 하나님이 말씀하시기를, "보라, 그 사람이 선악을 아는 것에 그것 중 하나가 되었다. 이제 그가 그의 손을 내밀어 그 생명들의 나무로부터도 따서 먹고 영존하지 못하게 하자."라고 하셨다.

● 케아하드 밈멘누(그것 중 하나, 그것으로부터 하나)

야웨 하나님의 창조의 법은 심은 대로 거두는 것이다. 콩 심은 데 콩 나고 팥 심은 데 팥 난다. 선악의 씨를 뿌렸으면 선악의 나무가 나고 생명의 씨를 뿌렸으면 생명의 나무가 난다. 그럼에도 성경을 번역한 사람들은 기이하게도 야웨 하나님의 명을 거역한 아담이 하나님처럼 되었다고 생각하였다.

그리하여 그들은 '보라, 그 사람이 선악을 아는 일에 그것 중 하나가 되었다'라고 번역하지 않고, 뱀의 의도대로 '보라, 그 사람이 선악을 아는 일에 우리 중 하나가 되었다'라 하였다. 성경을 잘못 읽은 것 중에 이 이상의 오역은 없을 것이다. 이것은 번역자들이 뱀의 꾐에 빠져든 것이다. 이 엄청난 오역 때문에 오늘날까지 참으로 많은 사람이 창세기를 읽으며 선악지식에 빠져서 수많은 교리를 만들어 내었다.

'밈멘누'는 히브리어 문법상 '그것 중, 그것으로부터'이기도 하며 '우리 중, 우리로부터'이기도 하다. 그런즉 '밈멘누'가 문장 중에 무엇으로 쓰였는지를 알아야 한다. 창세기 3장 22절의 '밈멘누'가 무슨 의미로 쓰였는지를 영과 생명의 흐름 속에서 바라보면 '그것 중' 임이 자명하다. 그것을 놓친 것은 번역자들 역시 선악지식의 눈으로 이 말씀을 읽었기 때문이다. 그리하여 번역자들은 뱀의 의도를 좇아서 '케아하드 밈멘누'를 '우리 중 하나'라고 오역하고 말았다.

두 사람이 '생명들의 나무'로부터 먹었다면 생명의 씨가 그 마음 밭에 떨어져 '생명들의 나무'중 하나가 되었을 것이다. 그러나 아담은 불행히도 '좋음과 나쁨을 아는 나무'를 '선악을 아는 나무'라 믿고 그 나무의 열매를 먹었으니, 그의 마음 밭에 그 씨가 떨어져 그 나무가 되었다. 어떻게 야웨 하나님이 생명에 대하여 죽고 선악에 대하여 산 자를 '우리 중 하나'라 하였겠는가. 이렇게 사람들은 창세기 3장에서부터 성경을 거꾸로 읽고 있다. 이와 같이 사람들이 성경을 거꾸로 읽고 있으니 뱀을 좇아서 '거꾸로 사는 믿음'을 가질 수밖에 없다.

밈멘누는 창세기 2장에 두 번, 3장에 다섯 번 쓰였다. 일곱 번 가운데 여섯 번은 '그것으로부터'라 번역되었다. 그런데 마지막에 쓰인 밈메누가 '우리 중'이 되어버렸다. 이 오역은 뱀이 창세기 3장 5절에서 말한대로 된 것이다. 즉 '너희 눈이 열려서 선악을 아시는 하나님처럼 될 것이다'라고 한 그 거짓말을 진리로 받은 것이다.

그렇지 않고서는 '우리 중'이 될 수 없다. 야웨 하나님은 생명의 하나님이시다. 이 오역은 뱀의 의도대로 생명의 하나님을 선악 심판의 하나님으로 둔갑시켰다. 그리하여 성경을 읽는 많은 사람이 진리를 버리고 선악지식을 좇아가게 되었다. 야웨 하나님의 새 창조의 계시가 창세기 3장부터 선악지식을 말하는 뱀의 책이 되어 버리자 성경은 아래에서 난 사람에게 종교를 말하고, 도덕을 말하고, 윤리를 말하고, 수양을 말하고, 사회정의를 말하고, 권세를 말하고, 기복을 말하는 멸망서가 되었다.

● 바하이 레올람(영존하리라)

야웨 하나님은 다시 두 사람이 선악지식을 좇아서 '생명들의 나무'로부터 그 실과를 따 먹고 영존하려 할 것을 아셨다. 야웨 하나님이 '보라' 하셨으니 우리는 영존과 영생이 무엇인지 보아야 할 것이다. 예나 오늘이나 사람들은 '영존'을 '영생'으로 오해하고 있다. 그것이 바로 선악지식이다.

이제 아담은 그 선악지식을 좇아 '생명들의 나무'의 실과를 따 먹고 영존하기를 원하게 되었다. 그러나 그 영존은 하나님께 대하여 죽은 자가 죽은 채 영원히 존재하는 것이니 그것은 하나님으로부터 영원한 분리요, 영원한 형벌이다.

아담이 그것을 알지 못하고 그의 욕심으로 영존하겠다 한다면 그것은 야웨 하나님이 주신 구원을 그가 또다시 무너뜨리는 것이다. 영생은 아담이 '산 혼의 실존'에서 '살려주는 영의 실존'이 되어 하나님과 하나 되는 그 생명이다. 아담이 하나님께 대하여 죽은 채로 영원히 존재하며 영벌 속에 있게 된다면 그것은 하나님의 기쁘신 뜻이 아니다.

오늘날 사람들 역시 아담이 오해한 것 같이 선악지식을 좇아서 '영원한 생명'을 '영원한 생존'으로 알고 그것을 소망하고 있다. 시공의 크로노스의 생존에서 시공 너머의 카이로스의 생명으로 옮기운 삶이 아닌 영존은 영생이 아니라 영벌이다. 선악지식으로 영존하려는 자는 죽을 것이 죽고, 살 것이 사는 부활의 생명을 알지 못한다. 이것이 선악지식의 무저갱이다. 야웨 하나님이 아담을 에덴의 동산에서 내어보내신 것은 그 스스로 영벌 속에 갇히지 않게 하시려는 하나님의 긍휼이다.

3.23 וַיְשַׁלְּחֵהוּ יְהוָה אֱלֹהִים מִגַּן־עֵדֶן לַעֲבֹד אֶת־הָאֲדָמָה אֲשֶׁר לֻקַּח מִשָּׁם׃

바예살레헤후 야웨 엘로힘 미간-에덴 라아보드 에트-하마다마 아세르 루카 밋샴

그리고 야웨 하나님이 에덴의 동산으로부터 그를 내어보내어 그가 거기에서 취해진 그 흙을 갈게 하셨다.

3.24 וַיְגָרֶשׁ אֶת-הָאָדָם וַיַּשְׁכֵּן מִקֶּדֶם לְגַן-עֵדֶן אֶת-הַכְּרֻבִים וְאֵת לַהַט
הַחֶרֶב הַמִּתְהַפֶּכֶת לִשְׁמֹר אֶת-דֶּרֶךְ עֵץ הַחַיִּים׃ ס

바예가레쉬 에트- 하아담 바야쉬켄 미케뎀 레간-에덴 에트-하케루빔 베에트 라하트 하헤레브 함미트하페케트 리쉬모르 에트-데레크 에츠 하하임

그리고 그가 그 사람을 쫓아내시고 그 생명들의 나무의 길을 지키게 하시려고 에덴의 동산 해 돋는 데로부터 그 그룹들과 두루 도는 그 화염검을 두셨다.

● **라아보드 에트 하아다마(그 흙을 갈도록)**

아담은 동산 안에서나 밖에서나 '흙(토지)'을 가는 자였다. 사람이 자신의 굳어진 '흙(마음)'을 부드럽게 갈지 아니하면 야웨 하나님은 그에게 생명의 씨를 뿌릴 수 없다. 아파르 상태의 부드러운 마음이 아니면 거기에 뿌려진 씨가 싹이 나서 자랄 수 없다. 아담의 마음 밭에는 이미 '선악지식(가시덤불)'과 '욕심(엉겅퀴)'이 자라고 있었다. 이제 그는 동산 밖에서 땅의 가시덤불과 엉겅퀴를 제거하며 농사를 지을 것이다. 그것은 징조다. 실상은 그가 자기 마음의 욕심과 선악지식을 제거하는 일이었다.

● **바예가레쉬 에트 하아담(그리고 그가 그 사람을 쫓아내셨다)**

야웨 하나님은 먼저 아담을 에덴의 동산 밖으로 내어보내어 흙을 갈게 하셨다. 그러고 나서 하나님은 그가 다시 동산에 들어와서 생명들의 나무로부터 먹고, 영원한 형벌에 처하지 않게 하기 위하여 동산으로부터 쫓아내셨다. 뱀은 원래 에덴의 동산과는 상관이 없는 존재임에도 절도와 강도가 되어 두 사람으로부터 동산을 빼앗아 점거하였다. 아담은 빼앗긴 동산을 다시 찾으려 할 것이요, 뱀은 그가 점거한 동산을 지키려 할 것이다. 여자의 씨와 뱀은 이 일 때문에 대대로 싸우게 될 것이다. 그러나 마침내 여자의 씨가 승리할 것이다.

● **하케루빔(그 그룹들)**

그룹은 과연 무엇인가. 그룹의 히브리어 어원은 알려져 있지 않다. 그러나 영과 생명의 흐름을 좇아서 에스겔서 28장을 읽으면 그 뜻이 매우 선명하게 드러난다. 에스겔서 28장 2절에 그룹에 대하여 '리브카 켈레브 엘로힘(네 마음이 하나님의 마음과 같은)'이란 말이 나온다. 영의 눈으로 바라 본 '겔레브(마음과 같은)'가 그룹의 어원이다. 즉 하나님의 마음을 닮은 생명은 그룹이요, 하나님의 마음 같은 체 하는 짐승은 뱀이다.

에덴의 동산에서 그 뱀은 여자에게 '선악을 아는 하나님처럼(켈로힘 오드에 토브 바라)' 되라 하였다. 사람이 뱀의 유혹을 따라 선악을 아는 하나님처럼 되는 것은 하나님의 마음 같은 체 하는 것이다. 그러나 하나님의 마음과 같은 마음은 사랑이요, 생명이요, 거룩이요, 초월이다. 이때로부터 두 마음이 하나님의 동산을 두고 싸우게 되었다. 하나는 수많은 사람이 가진 하나님의 마음인 체 하는 마음이요, 다른 하나는 하나님의 아들들이 가진 하나님의 마음을 닮은 마음이다. 가라지와 알곡이 다르고 염소와 양이 다르다.

시편에 '야웨 하나님은 그룹을 타고나신다'라고 하였다. 야웨 하나님은 그의 마음과 같이 된 영의 실존 안에서 그로 하여금 시공을 초월케 하신다. 즉 야웨 하나님은 그의 마음을 닮은 아들들 안에 계셔서 그들로 하나님의 초월에 동참케 하신다. 요한 계시록의 네 '생물(생명)'은 네 그룹이며 그들은 야웨 하나님의 새 창조로 말미암아 이루어지는 그의 아들들의 형상과 모양이다. 사자의 형상과 모양은 자기가 자기를 다스리는 왕이요, 송아지의 형상과 모양은 자기가 자기를 제물로 삼는 제사장이요, 사람의 얼굴의 형상과 모양은 자기가 자기의 삶을 예언하는 예언자요, 독수리의 형상과 모양은 마침내 아버지와 하나된 초월자이다.

야웨 하나님은 아담으로 하여금 이 그룹을 바라보면서 그 '그룹들의 형상과 모양(하나님의 아들의 실존)'을 소망케 하셨다. 그가 하나님의 아들의 실존을 이루려면 먼저 산 혼의 실존으로 돌아오고 다시 하나님의 마음을 닮은 존재가 되는 것 외에는 다른 길이 없었다. 그의 욕심과 선악지식이 자신의 화염검에 할례되고 불태움을 당하는 일이 있은 후에야 하나님의 마음을 닮은 실존이 되어 뱀과 싸워 이기고 그 동산으로 들어오게 될 것이다.

● 라하트 하헤레브(그 화염검)

'화염검'은 무엇인가. 그 화염검을 알게 하는 말씀이 창세기 22장 6절이다. 기록된 바, "이에 아브라함이 번제 나무를 취하여 그 아들 이삭에게 지우고 자기는 불과 칼을 손에 들고 두 사람이 동행하였다."라 하였다.

야웨 하나님이 아브라함에게 그 아들을 모리아 산에서 번제로 드리라 한 것은 이삭이 아브라함에게 야웨 하나님을 대신하는 '선악을 아는 나무'가 되지 않게 하려 함이다.

아브라함이 손에 들었던 칼은 그가 이삭에 대하여 가지고 있던 자신의 선악지식과 욕심을 단번에 베어버리는 성령의 검을 징조하고, 그 불은 마음을 다하고, 혼을 다하고, 뜻을 다하여 야웨 하나님을 사랑하는 아브라함의 사랑을 징조한다. 즉 그 불은 야웨 하나님이 아브라함을 사랑하는 것 같이 아브라함이 그를 사랑한 심벌이다. 아브라함이 들었던 칼과 불은 그가 육신의 욕심과 선악지식을 베어내고 불태우는 존재, 곧 야웨 하나님을 향하여 있던 그의 사랑의 실존을 드러낸다.

이삭을 번제로 드리라 하신 야웨 하나님의 말씀에 주저하지 않고 아브라함은 불과 칼을 들었다. 불과 칼을 든 아브라함의 마음은 실제로 이삭을 불살라 번제로 드리기 전에 이미 영과 생명 안에서 그 자신을 야웨 하나님께 온전한 제물로 드렸다.

야웨 하나님은 아브라함의 마음을 보고자 하셨다. 이로써 하나님은 그때 세상 사람들이 그들의 욕심과 선악지식을 이루기 위하여 아들이라도 불살라서 자기들의 우상에게 제사드리는 그 인육 제사를 심판하셨다. 그뿐 아니라 그때까지 이삭은 아브라함의 섬김을 받았으나 그 이후는 야웨 하나님께 섬김을 받았다. 아브라함은 그 일로써 이삭이 하나님의 섬김을 받는 존재가 되게 하였다.

세상의 신은 그 무엇보다도 인육 제사를 원한다. 그러나 생명의 하나님은 작은 자를 섬기고 또 그와 하나 되신다. 야웨 하나님이 이삭을 번제로 드리라 한 것은 외형상으로는 인육 제사를 닮았으나 그것은 사람들의 인육 제사를 심판하는 것이었다. 그 제사는 아브라함의 품에 있던 이삭이 알파의 때를 지나 야웨 하나님의 품에 있는 오메가에 이르게 하시는 하나님의 기쁘신 뜻이었다. 우리는 아브라함의 기사에서 무엇을 알아야 하는가. 아담이 그의 욕심과 선악지식을 베어내고 불태우지 아니하는 한 그가 에덴의 동산에 들어가고자 할 때에 화염검에 베임을 당하고 또 불타버릴 것을 알 수 있다.

그러므로 아담이 동산에 들어가 생명들의 나무의 실과를 먹으려면 먼저 그의 욕심과 선악지식을 베어내고 불태운 존재가 되어야 한다. 그것은 그가 부활의 실존이 되는 일이다. 동산 중앙에 있던 두 나무의 영적 실상은 아담의 범죄 후에는 화염검과 그룹으로 계시되었다. 이와 같이 아브라함은 아담 대신 믿음의 조상이 되었다.

창세기 4장

창세기 4장은 아담에게서 나온 선악의 계보와 생명의 계보를 기록하고 있다. 아담은 육신의 첫 사람의 계보에서 야웨 하나님께 처음 불러냄을 받아 생명의 실존을 이룰 자였다. 그러나 그와 그의 아내는 야웨 하나님의 뜻을 자신들의 뜻으로 품지 못하여 그 안에서 '생명의 씨'가 싹트고 자라나지 못하였다. 그때에 '세상의 신(우상)'이 되어 있던 뱀이 두 사람을 유혹하게 되었는데 그는 '선악의 씨'를 뿌리는 자였다.

진리에 미성숙한 아담과 여자가 뱀의 선악지식에 압도되어 그들 역시 선악지식을 좇는 자가 되었다. 그러나 야웨 하나님은 그의 긍휼로 말미암아 '여자의 씨'를 통하여 그들이 구원되게 하셨다. 그들은 동산 밖에서 카인과 하벨을 낳았다.

농부인 카인은 자기 선악지식을 좇아서 자기 선을 이루는 자였고 목자인 하벨은 믿음을 좇아서 야웨의 의를 이루는 자였다. 그러므로 야웨 하나님은 하벨과 그의 제물은 존중하셨으나 카인과 그의 제물은 존중하지 않으셨다. 그러므로 야웨 하나님께 카인의 자기 선은 거절되고 하벨의 믿음의 의는 세움을 입었다. 카인은 분하여 하벨을 죽였다. 카인으로부터 살인을 마다하지 않은 선악의 계보가 7대에 이르렀다.

그러나 야웨 하나님은 하와에게 다른 씨를 주셨다. 그가 세트이며 그도 아들을 낳아 에노스라 하였다. 이렇게 하여 야웨의 이름을 불러 '의뢰하는(call on)' 생명의 계보가 시작되었다. 이 두 계보는 사람이 생명의 길을 걷는 영의 둘째 사람과 선악의 길을 걷는 육신의 첫 사람으로 나누어지는 그 일을 계시하고 있다.

사람마다 그 삶을 통하여 '나의 나됨'을 이루고자 하지만 한편은 육신의 선악지식으로 '나의 나됨'을 이루려 하고 다른 한편은 야웨께 낳아진 속 사람이 겉 사람과 하나 되는 '나의 나됨'을 이루려 한다. 땅에 속한 삶에서는 선악의 계보에 속한 이들이 생명의 계보에 속한 이들보다 육신의 일에 대하여 더 지혜롭고, 크고, 높고, 강하고, 부유하다. 그러나 야웨 하나님은 첫 사람의 지혜와 큼과 높음과 강함과 부유함을 그의 말씀으로 폐하신다.

4.1 וְהָאָדָם יָדַע אֶת־חַוָּה אִשְׁתּוֹ וַתַּהַר וַתֵּלֶד אֶת־קַיִן וַתֹּאמֶר קָנִיתִי אִישׁ אֶת־יְהוָה׃

베하아담 야다 에트-하와 이쉬토 바타하르 바텔레드 에트-카인 바토메르 카니티 이쉬 에트-야웨

그 사람이 그의 아내 하와를 알았다. 그녀가 잉태하여 카인을 낳고 말하기를, "내가 야웨로 말미암아 남편을 얻었다."라고 하였다.

● 하나님의 이름

하나님은 창세기 1장에서는 '엘로힘'으로, 창세기 2장과 3장에서는 '야웨 엘로힘'으로, 4장에서는 '야웨'로, 그 이후에는 '엘로힘'과 '야웨'가 함께 쓰이고 있다. 여기서 우리는 하나님의 이름에 대하여 좀 더 깊이 살펴보아야 하겠다. 이스라엘 자손들은 오랜 세월 성경에 기록된 '야웨'를 '아도나이(主)'로 고쳐 읽어 왔다. 이런 일은 어떻게 생겨난 것일까. 그것은 기록된 바, "너는 너의 하나님 야웨의 이름을 헛된 것을 위하여(헛되이) 들어 올리지 말라 야웨는 그의 이름을 헛된 것을 위하여 들어 올리는 것을 죄 없다 하지 아니하리라."(신5: 11)라고 하였기 때문이다.

'야웨'는 전부터 계셔 왔고, 지금도 계시며, 오고 계신 분이다. 그는 겉 사람인 '나' 안에 속 사람인 '나'를 낳으시고 둘이 하나 되는 '나의 나됨'을 이루신다. '야웨'의 이름을 부르는 자가 하나님의 아들됨의 실존을 구하고, 찾고, 두드리지 아니하고 다른 것을 위하여 그의 이름을 부르면 그것이 무엇이든지 간에 그의 이름을 헛되이 들어 올리는 것이다.

그렇다면 이스라엘 자손들이 '야웨'를 '아도나이(主)'로 고쳐 부른 것은 '야웨'의 이름을 헛되이 부른 것이 아닌가, 그것이야말로 '야웨'의 이름을 헛되이 부른 본보기이다.

이스라엘 자손은 '야웨'의 이름을 헛된 것을 위하여 들어 올리지 않기 위하여 '야웨'를 '아도나이(주)'로 고쳐 불렀다. 그들은 '야웨'를 '주'라 고쳐 불렀으므로 표면적으로는 '야웨'의 이름을 헛되이 들어 올리지 않았다. 그러나 그 행위야말로 '야웨'의 이름을 헛되게 한 선악지식이다. 그들은 입술로는 '야웨'의 이름을 헛되이 들어 올리지 않았으나 '야웨'가 그들 안에 이루시고자 하는 영과 생명의 실존을 버렸다. 즉 야웨 하나님으로 말미암아 이루어지는 '나의 나됨'을 버렸으니 그것이야말로 야웨의 이름을 헛되게 한 것이다.

그러면 오늘날 사람들은 어떤가. 여기저기서 그들은 그들의 욕심과 선악지식을 좇아서 밤낮없이 하나님의 이름을 존함이라 고쳐 부르고 있다. 그것 역시 헛되다. 하나님의 이름을 부르는 자이건 부르지 않는 자이건 하나님의 아들됨의 실존을 버리고 있으니 예나 지금이나 사람들은 '야웨'의 이름을 헛되게 하고 있다.

- **카니티 이쉬 에트-야웨(내가 야웨로 말미암아 남편을 얻었다)**

여자가 뱀의 유혹에 넘어가 야웨 하나님이 먹지 말라 명한 그 나무의 실과를 따 먹었다. 아담도 그녀가 주는 것을 먹었다. 그리고 그들은 에덴의 동산에서 추방당했다. 아담은 그 실과를 먹은 것을 그의 선악지식을 좇아 여자 때문이라 말했다. 두 사람은 선악지식으로 말미암아 그들의 마음이 서로에게서 멀어지게 되었다. 그러므로 하와는 에덴의 동산과 남편을 함께 잃었다. 동산 밖에서 여자는 무엇보다도 그녀의 남편의 마음이 그녀에게로 돌아오기를 바라고 바랐을 것이다.

마침내 아담이 하와와 함께하게 되었고 그녀는 '카인(장인)'을 낳았다. 아마도 하와는 야웨께 감사하는 마음으로 그 아들의 이름을 '장인(匠人)'이라 하였을 것이다. 왜냐하면 카인은 두 사람이 불화하다가 화해되는 장인 노릇을 하였을 것이기 때문이다. 그러나 카인은 아담과 하와가 좇아간 선악지식을 좇아서 두 사람에게 큰 슬픔과 고통을 가져오는 자로 성장했다.

4.2 וַתֹּ֣סֶף לָלֶ֔דֶת אֶת־אָחִ֖יו אֶת־הָ֑בֶל וַֽיְהִי־הֶ֙בֶל֙ רֹ֣עֵה צֹ֔אן וְקַ֕יִן הָיָ֖ה עֹבֵ֥ד אֲדָמָֽה׃

바토세프 랄레데트 에트-아히브 에트-하벨 바예히- 헤벨 로에 쫀 베카인 하야 오베드 아다마

그녀가 다시 그의 아우 하벨을 낳았다. 하벨은 양 치는 자였고 카인은 농사하는 자였다.

● **카인과 하벨(장인과 헛됨)**

하와는 카인을 낳고 '내가 야웨로 말미암아 남편을 얻었다'고 기뻐하였다. 그러나 그것은 잠깐이요, 그 아들은 그녀에게 슬픔과 고통을 가져올 자였다. 그는 아담이 뿌린 선악지식의 농부로 성장했다. 아담과 그녀가 그 일을 알기까지는 세월이 흘러야 했다. 하와가 다시 카인의 아우 '하벨(헛됨)'을 낳았다. 그는 양치는 자였고, 카인은 농사하는 자였다.

하와가 둘째 아들의 이름을 하벨이라 한 것은 그녀가 좇아간 욕심과 선악지식이 참으로 헛되다는 것을 알았기 때문이다. 하벨 역시 그 이름이 말하는 바와 같이 헛된 욕심과 선악지식을 버리고 믿음으로 생명 지식 안에 거하였다.

4.3 וַֽיְהִ֖י מִקֵּ֣ץ יָמִ֑ים וַיָּבֵ֨א קַ֜יִן מִפְּרִ֧י הָֽאֲדָמָ֛ה מִנְחָ֖ה לַֽיהוָֽה׃

바예히 미케츠 야밈 바야베 카인 미페리 하아다마 민하 라이호와

날들이 흘렀다. 카인은 그 흙의 소산으로부터 제물을 야웨께 가져왔고

4.4 וְהֶ֨בֶל הֵבִ֥יא גַם־ה֛וּא מִבְּכֹר֥וֹת צֹאנ֖וֹ וּמֵֽחֶלְבֵהֶ֑ן וַיִּ֣שַׁע יְהוָ֔ה אֶל־הֶ֖בֶל וְאֶל־מִנְחָתֽוֹ׃

베헤벨 헤비 감 -후 미베코로트 쪼노 우메헬베헨 바이샤 야웨 엘-헤벨 베엘-민하토

하벨 그도 양의 첫 새끼들로부터 또 그 기름들로부터 가져왔다. 야웨는 하벨과 그 제물을 존중하셨다.

4.5 וְאֶל־קַיִן וְאֶל־מִנְחָתוֹ לֹא שָׁעָה וַיִּחַר לְקַיִן מְאֹד וַיִּפְּלוּ פָּנָיו׃

베엘-카인 베엘-민하토 로 샤아 바이하르 레카인 메오드 바이펠루 파나이브

그러나 카인과 그의 제물은 존중하지 않으셨다. 카인이 심히 분하여 그의 얼굴을 떨어뜨렸다.

- **바이샤 야웨 엘-헤벨 베엘-민하토(야웨는 하벨과 그의 제물을 존중하셨다)**

야웨께서 하벨과 그의 제물은 존중하셨으나 카인과 그의 제물은 존중하지 않으셨다. 그것은 무엇 때문인가. 야웨 하나님은 제물을 드리는 자와 그 제물에서 무엇을 보시는가. 야웨 하나님은 제물을 드리는 자의 '마음(믿음)'을 보신다. 하벨의 마음은 하나님의 뜻에 합치하였으나 카인은 그렇지 못했다. 그리하여 야웨 하나님은 하벨과 그의 제물은 존중하셨으나 카인과 그의 제물은 존중하지 않으셨다.

새 창조를 행하시는 야웨 하나님은 먼저 육신의 첫 사람의 '부드러운 마음'을 제물로 받으신다. 그리고 그 후에 그를 새롭게 지으셔서 영의 둘째 사람이 되게 하신다. 하벨과 그의 제물은 하벨의 속 사람과 겉 사람을 징조하고 카인과 그의 제물 역시 그의 속 사람과 겉 사람을 징조한다. 먼저 온 육신이 나중 되고 나중 온 영이 먼저 되어 둘이 하나를 이루게 하시는 것이 야웨의 새 창조다. 야웨 하나님은 두 사람이 가져온 제물에서 이것을 주목하여 보셨다. 하나님은 속 사람이 겉 사람을 제물로 드리고 있으면 그것을 존중하신다.

하벨이 양의 첫 새끼와 그 기름을 제물로 가져온 것은 그의 속 사람이 겉 사람과 그 욕심을 제물로 드리는 믿음을 드러내는 것이다. 그러나 카인이 흙의 소산 중에서 제물로 가져온 것은 그의 선악지식이다. 카인이 땅의 소산의 첫 것을 제물로 드렸다면 야웨 하나님은 그도 겉 사람을 야웨께 드리는 자로 보셨을 것이다. 그러나 그는 그렇지 못했다. 그래서 야웨 하나님은 그와 그의 제물을 존중하지 않으셨다. 카인은 야웨께 그의 겉 사람을 제물로 드린 것이 아니다. 그는 그의 겉 사람을 제물로 받아 새롭게 지으시는 야웨 하나님을 알지 못했다. 그는 무엇인가 땅에 속한 제물을 받고 기뻐하는 '세상의 신(우상)'에게 제물을 드리는 것 같이 드린 것이다.

하벨은 야웨 하나님께 산 제사를 드렸고 카인은 죽은 제사를 드렸다. 카인은 자기의 욕심과 선악지식과 생존의 애착을 좇아서 첫 것은 제 것으로 남기고 나머지를 야웨께 가져왔다. 그것은 세상의 신이나 기쁘게 받는 제물이다. 카인은 세상 사람들이 그들이 우상에게 하듯이 제물만 가져오면 그가 기쁘게 받으실 줄 알았다. 오늘날도 수많은 카인들이 그들의 제물을 하나님께 드리고 있다. 그러나 그들의 제사는 첫 사람과 그 욕심을 하나님께 드리는 것이 아니기 때문에 헛되다. 야웨 하나님은 아들의 마음으로 제사드리는 하벨들을 원하신다. 하벨의 제물은 예수 그리스도께서 하나님께 화목 제물이 되신 일의 그림자다. 카인은 장사꾼의 마음으로 제사하였다. 하와가 둘째 아들의 이름을 '헛것'이라 한 것처럼 자신의 육신을 움켜쥐면 헛것이 되는 것임을 아는 그는 그 육신이 헛것이 되지 않도록 그 육신을 하나님께 드려서 새롭게 지어지도록 하였다. 즉 그는 첫 사람과 함께 육신의 정욕, 안목의 정욕, 이생의 자랑, 선악지식을 제 것으로 움켜쥐지 않고 하나님께 제물로 드렸다.

4.6 וַיֹּאמֶר יְהוָה אֶל־קָיִן לָמָּה חָרָה לָךְ וְלָמָּה נָפְלוּ פָנֶיךָ׃

바요메르 야웨 엘-카인 람마 하라 라크 베람마 나펠루 파네카

야웨가 카인에게 말씀하시기를, "왜 너는 분하였고 왜 너는 얼굴을 떨어뜨렸느냐."

4.7 הֲלוֹא אִם־תֵּיטִיב שְׂאֵת וְאִם לֹא תֵיטִיב לַפֶּתַח חַטָּאת רֹבֵץ וְאֵלֶיךָ תְּשׁוּקָתוֹ וְאַתָּה תִּמְשָׁל־בּוֹ׃

할로 임-테티브 세에트 베임 로 테티브 라페타 하타트 로베츠 베엘레카 테슈카토 베아타 팀샬 보

"네가 좋은 것을 행하면 어떻게 얼굴을 들지 못하겠느냐. 좋은 것을 행하지 아니하면 죄가 그 문에 엎드려 있다. 그의 소원은 너를 향해 있으나 너는 그 안에서 다스릴 것이니라."라고 하셨다.

● 하로 임 테티브(네가 좋은 것을 행하면)

창세기 4장 7절에서 '토브(좋다)'는 처음으로 동사로 쓰였다. 카인은 하나님이 '좋다' 하시는 생명을 알지 못했다. 야웨 하나님은 첫 사람이 나중 되고, 나중 사람이 처음 되는 새 창조 안으로 들어오는 자를 보시고 '좋다' 하신다. 그러므로 하나님께 드리는 제물은 첫 사람이라야 한다. 첫 사람이 자신을 하나님께 드리지 않으면 하나님은 그를 새롭게 지을 수 없다.

카인과 하벨의 제사는 세상 사람들의 생각과 같이 양을 드렸느냐 땅의 소산을 드렸느냐를 말하는 것이 아니다. 누구든지 자신의 '처음 것(육체와 욕심과 선악지식)'을 야웨 하나님께 제물로 드려서 불태우고 다시는 그 처음 것을 좇지 않고 아버지의 기쁘신 뜻을 이루느냐 그렇지 못하냐 하는 믿음의 문제다.

한글 개역 성경은 '하로 임 테티브'를 '네가 선을 행치 아니하면'이라 하였다. 야웨 하나님의 새 창조는 육신의 시공에 갇힌 사람들이 그들의 욕심과 선악관을 좇아서 선을 행하고 악을 징치하게 하려 함이 아니다. 하나님이 예정하신 생명의 길을 좇아서 하나님의 아들들이 되게 하려 함이다. 많은 사람들의 성경을 읽는 눈이 처음부터 빗나가고 있다.

카인이 야웨 하나님을 선악의 신으로 오해하고 선악의 신에게 제물을 드린 것은 그로서는 선을 행한 것이다. 카인은 분명히 그의 선악관을 좇아서 선을 행했는데 야웨 하나님은 그것을 존중하지 않으셨다. 야웨 하나님은 인간들의 선을 원하는 것이 아니라 그들에게서 야웨 하나님의 모양을 이루는 믿음을 원하신다. 카인은 자신의 선이 야웨 하나님께 거절되자 분을 내었고 얼굴을 떨어뜨렸다.

창세기 3장 22절에서 '그것 중 하나'가 '우리 중 하나'로 번역되어 사람들이 성경을 읽으며 뱀의 말을 좇아가게 되었다. 그런데 4장 7절에서 다시 한번 하나님의 자녀들이 세상의 '선을 행하는 자'로 오역되었다. 창세기에서 야웨 하나님이 '좋다'

하신 것은 흑암에 빛이 비춰고, 혼돈에 질서가 오고, 공허에 충만이 오고, 깊음에서 건져냄을 받는 초월이다. 이 일을 전파하는 것이 '유앙겔리온(호음)'이다. 즉 하나님은 사람이 자기의 겉 사람과 욕심을 하나님께 드리고 다시 하나님으로부터 그의 생명과 사랑과 거룩과 초월을 영접할 때 그것을 '좋다' 하신다.

야웨 하나님은 사람이 육신의 정욕 대신 생명으로 살고, 안목의 정욕 대신 사랑으로 살고, 이생의 자랑 대신 거룩으로 살고, 육신에 갇힌 삶 대신 영적인 초월로 살게 될 때에 '좋다' 하신다. 하벨의 제물은 그 좋은 일을 드러내고 있다. 하나님이 '좋다' 하시는 것은 인간의 선악과는 하등의 상관이 없다. 이와 같이 성경은 생명의 '호음(좋은 소식)'을 말하고 있지만 그 호음 속에 뱀의 선악지식이 깊이 숨겨져 있어서 사람들을 넘어지게 하고 있다.

● 테슈카토(그의 소원)

'그의 소원'이란 도대체 누구의 소원인가, 히브리어에서 '죄'는 여성이다. 개역성경과 같이 '죄의 소원'이라 번역되려면 '그의 소원'이 아니라 '그녀의 소원'이 되어야 한다. 그러나 히브리어에서 '육체'는 남성이며, '나무'도 남성이며 '뱀'도 남성이다.

그러므로 그의 소원은 육체의 소원이며 뱀의 소원이며 선악을 아는 나무가 된 아담의 소원이다. 카인은 아담의 육체의 계보에 속하여 육체의 소원을 이루고자 하였다. 누구든지 육체의 소원을 다스리지 아니하면 죄가 문에 엎드려 있다가 일어나서 활동하기 시작한다. 아래서 난 자는 육체의 소원을 이루고자 하고, 위에서 난 자는 영의 소원을 이루고자 한다.

● **하타(죄; 하마르티아)**

창세기 4장 7절에서 처음으로 죄가 등장하였다.

'죄'란 과녁에서 빗나감이다. 그런즉 그 과녁이 무엇인지 알지 못하면 아무리 죄에 대하여 말한다 할지라도 듣는 자가 그 과녁을 향하여 돌이킬 수 없다. 카인은 겉 사람의 육체의 소원을 좇아서 야웨께 제물을 가져왔다. 세상의 모든 신들은 육체의 소원을 기원하는 제물을 기쁘게 받는다.

그것 외에는 세상의 신들이 받을 것이 없다. 그러나 그것은 야웨 하나님이 받으시는 제물이 아니다. 왜냐하면 그런 제물은 그 겉 사람의 생존의 애착과 욕심과 선악지식을 이루려는 것이기에 하나님의 새 창조를 거스른다. 카인은 야웨께서 그와 그의 제물을 존중하지 않은 것에 대하여 분내고 얼굴을 떨어뜨릴 것이 아니라 야웨 하나님이 왜 그와 그의 제물을 존중하지 않았는지를 깨닫고 돌이켜 좋은 것을 택했어야 한다. 육체의 소욕은 영을 거스르고 영의 소욕은 육체를 거스른다.

누구든지 하나님의 이름을 부르며 육체의 소원을 좇아서 행하는 것은 그것이 제물이건, 기도이건, 봉사이건, 구제이건, 무엇이건 간에 야웨 하나님께도 자신에게도 좋은 것이 되지 못한다. 그 모든 것은 야웨가 세우신 '과녁(하나님의 생각을 좇아서 그의 길을 걸으며 이루어지는 나의 나됨)'에서 빗나간 것이므로 죄다. 하나님이 인생들에게 원하시는 것은 선(善)이 아니라 그의 마음을 닮는 믿음이다. 야웨 하나님의 마음은 생명이요, 사랑이요, 거룩이요, 초월이다. 그 마음을 닮고자 하는 자는 그의 속 사람이 제사장이 되어 그의 겉 사람을 기쁘게 하나님께 제물로 드린다.

위로부터 난 자는 육신의 정욕, 안목의 정욕, 이생의 자랑, 선악지식을 그에게 드려서 십자가에 못 박는다. 왜냐하면 그는 하나님의 생명과 사랑과 거룩과 초월의 삶을 사는 존재이기 때문이다.

4.8 וַיֹּאמֶר קַיִן אֶל-הֶבֶל אָחִיו וַיְהִי בִּהְיוֹתָם
בַּשָּׂדֶה וַיָּקָם קַיִן אֶל-הֶבֶל אָחִיו וַיַּהַרְגֵהוּ׃

바요메르 카인 엘-헤벨 아히브 바예히 비흐요탐 밧샤데 바야캄 카인 엘-헤벨 아히브 바야하르게후

카인이 그의 아우 하벨에게 말했다. 그리고 저희가 그 들에 있을 때에 카인이 그의 아우 하벨을 향해 일어나 살해하였다.

● **형이 아우를 살해하다**

카인은 선악지식을 좇아서 아우를 죽였다. 왜냐하면 카인의 생각에 하벨이 그에게 손해(악)가 되었기 때문이다. 형이 아우를 죽이는 것은 겉 사람이 속 사람을 죽이는 징조다. 약육강식하는 육신의 세상에서는 힘센 자가 선이요, 약한 자가 악이다. 그래서 형은 아우를 죽이고 선을 행했다 말한다. 카인은 하벨을 죽이는 자기 선을 이루었으니 그는 양의 옷을 입은 이리요, 피 흘리는 곰이다. 형은 먼저 난 자요, 큰 자요, 높은 자요, 강한 자요, 부자요, 스스로 선한 자다. 그러나 그 선한 자들이 이루는 악한 세상은 흉포하고 잔인하기 그지없다.

생명의 세계는 형이 아우를 섬기면서 먼저 된 자가 나중 되고 나중 된 자가 먼저 되어 온전한 하나인 '나의 나됨'을 이룬다. 하늘에 속한 생명의 세계만이 온전한 화평을 이룬다. 각 사람의 나의 나됨 만이 나와 너와 그와 그녀와 우리와 너희와 그들이 함께 야웨 하나님 안에서 모두 하나된 화평을 이룬다.

제사 사건으로 인하여 카인은 노하여 하벨에게 말하지 않다가 어느 날 그에게 말했다. 그리고 그는 그 들에 있을 때에 아우 하벨을 살해하고 말았다. 카인의 선악지식은 자기를 선으로, 아우를 악으로 삼았다. 이와 같이 인간의 선악지식은 그 무엇이든지 사망을 일으킨다. 카인처럼 아우의 육체를 죽이는 일은 별 것이 아니다. 두렵고 무서운 것은 생명의 하나님께 불리운 사람들이 그들 자신의 선악

사상을 좇아 다른 예수, 다른 호음(好音), 다른 영을 영접하고 카인이 되어 작은 자를 죽이며 스스로 멸망하는 일이다.

스스로 멸망하는 일은 종교에서, 윤리에서, 도덕에서, 사회정의에서, 권세에서, 사업에서 그 무엇에서건 일어나고 있다. 기록된 바, "욕심이 잉태한즉 죄를 낳고 죄가 장성한즉 사망을 낳느니라."(약1:15)라고 하였다. 카인은 그 안에 잉태된 욕심으로 인하여 아우를 죽였으나 그는 그 자신의 속 사람을 영원히 죽였다. 하벨은 카인에게 그 육신이 죽임을 당하였으나 그는 믿음으로 하나님 안에서 영원히 산 자가 되었다.

4.9 וַיֹּאמֶר יְהוָה אֶל־קַיִן אֵי הֶבֶל אָחִיךָ וַיֹּאמֶר לֹא יָדַעְתִּי הֲשֹׁמֵר אָחִי אָנֹכִי׃

바요메르 예호와 엘-카인 에이 헤벨 아히카 바요메르 로 야다티 하쇼메르 아히 아노키

야웨가 카인에게 말씀하시기를, "네 아우 하벨이 어디 있느냐."고 하셨다. 그가 말하기를, "나는 알지 못합니다. 내가 내 아우를 지키는 자입니까."라고 하였다.

4.10 וַיֹּאמֶר מֶה עָשִׂיתָ קוֹל דְּמֵי אָחִיךָ צֹעֲקִים אֵלַי מִן־הָאֲדָמָה׃

바요메르 메 아시타 콜 데메 아히카 쪼아킴 엘라이 민-하아다마

그가 말씀하시기를, "네가 무엇을 하였느냐. 네 아우의 핏 소리가 그 흙으로부터 내게 부르짖고 있다."

- **에이 헤벨 아히카(네 아우 하벨이 어디 있느냐)**

야웨 하나님이 카인에게 "네 아우 하벨이 어디 있느냐."라고 물으신 것은 하벨이 어디 있는지 알지 못하여 묻는 말씀이 아니다. 카인은 그 물음이 무엇인지 도무지 알지 못했다. 그러면 그 물음은 무엇인가. 야웨 하나님은 카인에게 '너는 어떤 존재냐'라고 하신 것이다.

'너는 살인자가 아니냐'라고 하신 것이며, '너는 어찌하여 생명을 해하는 선악꾼이 되었느냐' 하는 질문이다. 그러나 카인은 하나님이 그의 마음을 들여다보고 하시는 말씀을 외면한 채 "나는 알지 못합니다. 내가 내 아우를 지키는 자입니까."라고 하였다. 그가 말한 대로 그는 그의 아우를 지키는 자가 아니다. 그러면 그의 말은 그가 무죄임을 말하는가 유죄임을 말하는가.

● 하쇼메르 아히 아노키(내가 내 아우를 지키는 자입니까)

카인이 속 사람과 겉 사람이 하나되어 있는 자였다면 분명 그의 속 사람은 겉 사람을 다스리는 자요, 겉 사람은 속 사람을 지키는 자다. 그렇다면 그는 또한 아우 하벨을 지키는 자이기도 하다. 그의 답변은 그가 선악지식 속에서 잃어진 존재임을 드러냈다. 육신의 관계성으로 보면 카인도 성장한 자요, 하벨도 성장한 자이므로 누가 누구를 지키는 관계가 아니다. 카인은 양의 옷을 입은 이리처럼 자신의 표면적 '결백(선)'을 주장하였다. 그러나 그것은 더욱 그의 악함을 드러낼 뿐이었다. 그는 마치 겉은 깨끗하나 속은 죽은 사람의 뼈와 더러운 것으로 가득한 회칠한 무덤 같았다. 카인은 거짓 선으로 자신의 악을 숨기며 그의 옳음을 주장하였다. 이와 같이 선악을 아는 나무 중 하나가 된 자는 누구든지 속의 악은 숨기고 겉의 선을 말하며 스스로 멸망에 이른다. 선악을 가리는 자는 누구든지 자신의 말로 자신을 정죄한다.

● 메 아시타(네가 무엇을 하였느냐)

카인은 야웨 하나님의 존재적 질문에 답변하지 않고 그 자신의 표면적 정당성에 대해 말했다. 그러므로 야웨 하나님은 더 이상 기다리지 않고 그의 행위 자체를 물으셨다. 야웨 하나님은 '카인에게 네 아우의 핏 소리가 내게 호소하고 있으니 네가 아무리 네 죄를 숨기려 해도 너는 아우를 죽인 살인자다.'라고 하셨다. 카인은 이때에 그의 아우를 죽였을 뿐 아니라 회개할 기회를 놓치고 자신의 속 사람마저 완전히 죽였다.

4.11 וְעַתָּה אָרוּר אָתָּה מִן-הָאֲדָמָה אֲשֶׁר פָּצְתָה אֶת-פִּיהָ לָקַחַת אֶת-דְּמֵי אָחִיךָ מִיָּדֶךָ׃

베아타 아루르 아타 민-하아다마 아셰르 파쩨타 에트-피하 라카하트 에트-데메 아히카 미야데카

"그 흙이 네 손으로부터 네 아우의 피를 받기 위하여 그 입을 벌렸으니 너는 그 흙으로부터 저주되었다."

4.12 כִּי תַעֲבֹד אֶת-הָאֲדָמָה לֹא-תֹסֵף תֵּת-כֹּחָהּ לָךְ נָע וָנָד תִּהְיֶה בָאָרֶץ׃

키 타아보드 에트- 하아다마 로-토세프 테트-코아흐 라크 나 바나드 티헤예 바아레츠

"이는 네가 그 흙은 갈아도 다시는 네게 그 힘을 주지 아니할 것이요 너는 그 땅에서 도망하며 방황하는 자가 될 것이기 때문이라."라고 하셨다.

- **아루르 아타 민-하아다마(너는 그 흙으로부터 저주되었다)**

아담이 저주된 것이나 카인이 저주된 것은 스스로 그들의 마음이 야웨 하나님을 향한 데서 부패하였기 때문이다. '하아다마(그 흙)'는 사람의 마음을 징조하고 있다. 카인이 그의 아우 하벨을 죽인 것은 그의 마음이 스스로 저주를 선택한 것이다. 이제 저주된 그가 그의 마음을 간다고 한들 그것이 생명의 씨를 키울 힘을 낼 수 없다.

씨를 밭에 뿌리면 그 씨에서 껍질과 씨젖이 죽고 씨눈이 살아난다. 카인에게서는 그 씨눈인 속 사람이 죽었으니 그에게서 살아날 것은 아무것도 없다. 그는 안으로 자기의 속 사람을 죽였고 밖으로 아우 하벨을 죽였다.

결국 카인은 밖으로 하벨을 죽이고 안으로는 자신을 죽인 이중 살인자가 되었다. 그러므로 카인은 자신으로부터 도망하고 또 세상으로부터 도망하지 않을 수 없었고 또 방황케 되었다. 그는 마치 바람에 불려가는 물 없는 구름같이, 죽고 또 죽어 뿌리까지 뽑힌 열매 없는 나무같이, 흑암으로부터 흑암으로 돌아갈 유리하는 별과 같이 되었다.

4.13 וַיֹּאמֶר קַיִן אֶל־יְהוָה גָּדוֹל עֲוֹנִי מִנְּשֹׂא׃

바요메르 카인 엘- 야웨 가돌 아보니 민네소

카인이 야웨께 말하기를, "내 죄벌이 커서 내가 감당할 수 없습니다."

4.14 הֵן גֵּרַשְׁתָּ אֹתִי הַיּוֹם מֵעַל פְּנֵי הָאֲדָמָה
וּמִפָּנֶיךָ אֶסָּתֵר וְהָיִיתִי נָע וָנָד בָּאָרֶץ וְהָיָה
כָל־מֹצְאִי יַהַרְגֵנִי׃

헨 게라쉬타 오티 하욤 메알 페네 하마다마 우미파네카 엣사테르 베하이티 나 바나드 바아레츠 베하야 콜-모쩨이 야하르게니

"보소서, 당신이 나를 오늘날 그 흙의 면전으로부터 쫓아내셨고 또 나는 당신의 얼굴로부터 감추 일 것이므로 나는 그 땅에서 도망자와 방황자가 될 것입니다. 나를 발견하는 자는 누구든지 나를 살해할 것입니다."라고 하였다.

- **메알 페네 하아다마(그 흙의 면전으로부터)**

카인은 농부였다. 그가 농사짓던 그 흙의 면전으로부터 쫓겨난다는 것은 더 이상 농사를 지을 수 없게 되었다는 뜻이다. 농사를 짓고 싶어도 그 흙이 효력을 주지 않을 것이기 때문에 그는 농부 노릇을 할 수 없게 되었다. 이것은 또한 그가 스스로 저주되어 그 마음 땅을 갈수 없는 자가 되었음을 말한다.

● **우미파네카 엣사테르(그리고 당신의 얼굴로부터 감추일 것이다)**

기록된 바, “너희 죄악이 너희와 너희 하나님 사이를 내었고 너희 죄가 너희로부터 그의 얼굴을 가려서 너희를 듣지 않으시게 한다.”(사 59:2)라고 하였다. 카인은 그의 죄악이 그와 하나님 사이를 내었고 그의 죄가 야웨 하나님의 얼굴을 가리게 된 것임에도 그는 거꾸로 야웨 하나님이 그를 쫓아내시기 때문이라 하였다.

카인의 말이 곧 그의 선악지식이다. 야웨 하나님의 얼굴을 마주하여 보는 자는 영의 속 사람이다. 그가 하벨을 죽일 때 자신의 속 사람도 죽였다. 그의 겉 사람은 자기의 선악관 속에서 영의 일을 알 수가 없었다. 아담이 선악지식을 좇아서 낳은 첫아들의 ‘모양(실존)’이 이러하였다.

4.15 וַיֹּאמֶר לוֹ יְהוָה לָכֵן כָּל-הֹרֵג קַיִן שִׁבְעָתַיִם יֻקָּם וַיָּשֶׂם יְהוָה לְקַיִן
אוֹת לְבִלְתִּי הַכּוֹת-אֹתוֹ כָּל-מֹצְאוֹ׃

바요메르 로 야웨 라켄 콜-호레그 카인 쉬브아타임 유캄 바야셈 야웨 레카인 오트 레빌티 하코트-오토 콜-모쩨오

야웨가 그에게 말씀하기를, “그러므로 카인을 죽이는 자는 누구든지 일곱 배로 보복될 것이다.”라고 하셨다. 그리고 야웨는 그를 발견하는 자는 누구든지 그를 죽이지 못하도록 카인에게 징조를 세우셨다.

● **바야셈 야웨 레카인 오트(야웨가 카인에게 징조를 세우셨다)**

야웨 하나님은 생명의 하나님이시다. 생명의 하나님은 카인이 비록 아우를 죽인 살인자가 되었을지라도 긍휼을 베푸시어 그를 살게 하셨고 또 그가 누구에게도 죽임을 당하는 것을 원하지도 않으셨다. 야웨 하나님의 눈은 생명을 ‘좋다’ 하시고 사망을 ‘나쁘다’ 하신다. 바로 그것이 ‘좋음과 나쁨을 아는 나무’가 드러내고 있는 하나님의 기쁘신 뜻이다. 야웨 하나님은 그것을 모든 사람이 알게 하려고 카인을 살리셨다.

그러나 사람의 선악지식을 좇아서 보면 카인이 아우를 죽인 것은 악이다. 악행한 자를 살려두면 그를 본받아 살인하는 자가 늘어나서 살 수 없는 세상이 될 것이다. 그러므로 살인한 자는 죽어야 마땅하다. 이런 선악지식을 좇아서 사람들은 권선징악 하기 위해서라도 카인을 죽이려 한다.

그러나 살인을 한 카인을 사람들이 죽이게 되면 그것은 선이 되는 것이 아니라 또 다른 악이 된다. 그 악은 거기에서 끝나지 아니하고 지속되어 '일곱 배(살육의 반복)'에 이르게 될 것이다. 그리되면 하나님이 세우신 생명의 법은 사라지고 뱀의 의도대로 모두가 사망의 법 아래에 있게 될 것이다. 야웨 하나님이 카인에게 긍휼을 베풀어 살게 하신 것은 알파요, 모든 사람이 카인으로 인하여 사망의 법에 갇히지 않게 하신 것은 오메가다.

야웨 하나님이 카인에게 세우신 징조는 무엇인가. 카인을 죽인 자는 일곱 배의 보복을 당하리라는 그 말씀이다. 이것은 야웨 하나님이 일곱 배의 보복을 행하신다는 것이 아니라 보복은 선악지식을 가진 사람들이 행하는 선이기 때문에 보복은 보복을 낳으며 그것이 계속된다는 말씀이다. 선악지식을 좇는 자라도 카인을 죽이면 사람에게서 일곱 배의 보복이 오기 때문에 그것이 두려워서 그를 살려둔다.

그러나 생명의 법을 좇는 자는 일곱 배의 보복이 두려워서가 아니라 야웨 하나님의 긍휼을 본받아서 카인을 해하지도 죽이지도 아니한다. 또한, 그는 부활의 믿음으로 육신의 죽음을 두려워하지 않고 죽을 자를 살리는 일을 행한다. 이와 같이 카인을 위하여 세우신 징조에서 하나님의 긍휼을 믿는 계보와 그것과 반대로 그 징조를 보복의 원리로 가진 계보가 아담으로부터 생기게 되었다.

하나는 선악의 법을 좇는 첫 사람의 계보요, 다른 하나는 '생명(긍휼)'의 법을 좇는 둘째 사람의 계보다. 유럽의 중세 기독교는 야웨 하나님의 긍휼의 법을 버리고 뱀의 선악의 법을 좇아서 많은 사람을 죽였다.

4.16 וַיֵּצֵא קַיִן מִלִּפְנֵי יְהוָה וַיֵּשֶׁב בְּאֶרֶץ־נוֹד קִדְמַת־עֵדֶן׃

바예쩨 카인 밀리프네 야웨 바예셰브 베에레츠-노드 키드마트-에덴

카인이 야웨의 얼굴을 향한 데로부터 떠나가 에덴의 동편 놋 땅에 거하였다.

4.17 וַיֵּדַע קַיִן אֶת־אִשְׁתּוֹ וַתַּהַר וַתֵּלֶד אֶת־חֲנוֹךְ וַיְהִי בֹּנֶה עִיר וַיִּקְרָא שֵׁם הָעִיר כְּשֵׁם בְּנוֹ חֲנוֹךְ׃

바예다 카인 에트- 이쉬토 바타하르 밧텔레드 에트-하노크 바예히 보네 이르 바이크라 솀 하이르 케솀 베노 하노크

카인이 그의 아내를 아니 그녀가 잉태하여 하노크를 낳았다. 그가 성을 쌓고 그 성의 이름을 그 아들의 이름과 같이 하노크라 하였다.

- **바예쩨 카인 밀리프네 야웨(카인이 야웨의 얼굴을 향한데서 떠났다)**

야웨 하나님은 아담을 에덴동산 밖으로 내쫓으셨다. 그러나 그는 거기 거하면서 다시 동산으로 돌아올 것을 바라고 야웨 하나님의 얼굴을 향하여 있었다. 그러나 카인은 야웨의 얼굴을 향한 데로부터 떠나가 에덴의 동편 놋 땅에 거하면서 생명의 하나님을 등지고 선악지식으로 그에게 대항하였다.

- **놋(방황)**

야웨 하나님은 에덴의 동산에 두 나무를 두셨다. 한 나무는 그 나무의 실과를 따 먹지 않는 것이 아담으로 '산 자'로 있게 하는 나무요, 또 한 나무는 아담이 그 나무의 실과를 따 먹고 '살리는 자'가 되는 나무다. 두 나무는 아담이 알파의 믿음에서 오메가의 믿음으로 옮기며 '나의 나됨'을 이루게 하시려고 하나님이 거기에 두셨다. 아담은 두 나무를 잃었으나 야웨 하나님은 그로 하여금 다시 돌아오도록 긍휼을 베푸셨다.

그러나 아우를 죽인 카인은 아담이 가졌던 소망도 잃고 다만 자신의 욕심과 선악지식을 좇아서 도망 다니며 '방황하는 자(길 잃은 자)'가 되었다. 그가 무엇을 하건 그것은 도망자와 길 잃은 자의 몸짓이었다. 그가 아내를 맞이하는 것도, 그가 아들을 낳는 것도, 성을 쌓는 것도, 그의 성을 아들의 이름을 따라 '하노크(봉헌)'라 하는 것도, 그 무엇을 하는 것도 생명으로부터 벗어난 그의 도망과 방황을 드러내는 것이었다.

오늘날 종교인들이 큰 집을 지으며 그것을 노아의 방주라 부르는 것도 카인이 성을 쌓고 '하노크'라 한 것과 조금도 다르지 않다. 오늘날 많은 사람이 카인처럼 선악지식을 좇아서 길을 잃고 도망자와 방황자가 되었다.

4.18 וַיִּוָּלֵ֤ד לַחֲנוֹךְ֙ אֶת-עִירָ֔ד וְעִירָ֕ד יָלַ֖ד אֶת-מְחוּיָיאֵ֑ל וּמְחִיָּיאֵ֗ל יָלַד֙
אֶת-מְת֣וּשָׁאֵ֔ל וּמְתוּשָׁאֵ֖ל יָלַ֥ד אֶת-לָֽמֶךְ׃

바이바레드 라하노크 에트-이라드 베이라드 얄라드 에트-메휴야엘 우메히야엘 얄라드 에트- 메투사엘 우메투샤엘 얄라드 에트- 라메크

하노크에게 이라드가 태어났고 이라드는 메후야엘을 낳았고 메후야엘은 메투샤엘을 낳았고 메투샤엘은 라메크를 낳았다.

● 카인의 계보

카인의 계보는 도망자와 방황자의 계보요, 선악지식의 계보다. 그들이 땅에서 무슨 선을 행하건 무슨 악을 행하건 야웨 하나님을 떠난 흑암 속의 방황이었다. 하와는 카인을 낳고 '내가 야웨로 말미암아 남편을 얻었다' 하였으나 카인은 하와가 육신의 아담으로부터 얻은 도망자요, 방황자다.

카인은 아들을 낳고 '봉헌자(하노크)'라 하였다. 그는 그 아들의 이름을 '하노크'라 하면서 그의 도망과 방황이 끝나기를 바랐을 것이다. 그것은 그의 생각일 뿐 그의 후손은 더욱더 야웨 하나님으로부터 멀어지기만 하였다. 카인은 성을 쌓고 그 육신은 정착하였으나 그의 실존은 변함없이 도망자요, 방황자였다.

하노크에게 선악을 노래하는 '이라드(노래하는 자)'가 태어났다. 육신의 노래를 하던 이라드는 '메후야엘(하나님께 맞은 자)'을 낳았고 메후야엘은 '메투샤엘(하나님의 사람)'을 낳았다. 메투샤엘의 하나님은 누구였을까. 그의 하나님은 야웨 하나님이 아니라 카인이 섬겼던 선악의 하나님이요, 복수의 하나님이었을 것이다. 그는 '라메크(강장한 청년)'를 낳았다.

4.19 וַיִּֽקַּֽח־ל֥וֹ לֶ֖מֶךְ שְׁתֵּ֣י נָשִׁ֑ים שֵׁ֤ם הָֽאַחַת֙ עָדָ֔ה וְשֵׁ֥ם הַשֵּׁנִ֖ית צִלָּֽה׃

바이카-로 레메크 셰테 나심 솀 하아하트 아다 베솀 핫셰니트 찔라

라메크가 자기를 위하여 두 아내를 취하였고 하나의 이름은 아다요 다른 하나의 이름은 찔라였다.

4.20 וַתֵּ֥לֶד עָדָ֖ה אֶת־יָבָ֑ל ה֣וּא הָיָ֔ה אֲבִ֕י יֹשֵׁ֥ב אֹ֖הֶל וּמִקְנֶֽה׃

바텔레드 아다 에트-야발 후 하야 아비 요셰브 오헬 우미크네

아다는 야발을 낳았는데 그는 장막에 거하며 육축을 소유한 자의 조상이 되었고

4.21 וְשֵׁ֥ם אָחִ֖יו יוּבָ֑ל ה֣וּא הָיָ֔ה אֲבִ֕י כָּל־תֹּפֵ֥שׂ כִּנּ֖וֹר וְעוּגָֽב׃

베솀 아히브 유발 후 하야 아비 콜-토페스 킨노르 베우가브

그 아우의 이름은 유발이며 그는 수금과 피리를 다루는 모든 자의 조상이 되었다.

4.22 וְצִלָּ֣ה גַם־הִ֗וא יָֽלְדָה֙ אֶת־תּ֣וּבַל קַ֔יִן לֹטֵ֕שׁ
כָּל־חֹרֵ֥שׁ נְחֹ֖שֶׁת וּבַרְזֶ֑ל וַאֲח֥וֹת תּֽוּבַל־קַ֖יִן נַעֲמָֽה׃

베찔라 감-히 얄레다 에트-투발 카인 로테쉬 콜-호레쉬 네호셰트 우바르젤 바아호트 투발-카인 나아마

찔라 그녀 또한 투발 카인을 낳았는데 그는 동과 철로 만드는 모든 기구들의 장인이였으며 투발 카인의 누이는 나아마였다.

● 바이카 로 레메크 셰테 나심(라메크가 자기를 위하여 두 아내를 취하였다)

선악지식을 좇아간 '아담(하아담)'으로부터 라메크는 7대째이다. 하나님은 그 창조의 일곱째 날에 그의 모든 일을 마치시고 안식하시고 그날을 거룩하게 하셨다. 그러나 선악지식은 좇아간 아담의 육신의 계보는 7대에 이르러 칠십 칠 배의 보복을 행하는 강포함을 선으로 삼았다. 라메크는 성경 상 처음으로 두 아내를 취한 자다. 선악지식은 크고, 높고, 강하고, 많은 것을 선으로 삼는다. 이제 방황자의 계보는 '폭력(강함)'과 많음을 실존으로 삼는 계보로 나아갔다.

● 야발 · 유발 · 투발카인 · 나아마

야발 · 유발 · 투발카인 · 나아마가 징조하는 바는 무엇인가. 그것을 찾아보자. 야발 · 유발 · 투발은 히브리어 '야발(흐르다, 데려오다, 운반하다, 인도하다)'에서 비롯되었다. '야발(데려오다)'은 그의 소유인 육축의 먹을거리를 찾아 그것들을 데리고 다니며 장막을 치는 자가 되었다. 그는 '배(육신의 정욕)'를 신으로 섬기는 자를 보여준다. 유발은 수금과 피리를 다루는 자의 조상이었으니 그는 사람의 귀를 즐겁게 하는 소리의 운반자였다. 그는 '가슴(안목의 정욕)'을 신으로 섬기는 자를 보여준다.

투발 카인은 그의 선조 카인의 선악지식을 본받아 동과 철로 모든 기구들을 만들었다. 그는 첫 사람의 욕심을 유리하고 편하게 달성하는 기구를 만드는 장인이었다. 그는 '머리(이생의 자랑)'를 신으로 섬기는 자를 보여준다. 첫 사람의 세상에서 사람들은 그들의 배와 가슴과 머리에서 나온 우상을 섬긴다. 그것이 그들의 '선(善)'이요, '기쁨(나아마)'이다.

4.23 וַיֹּאמֶר לֶמֶךְ לְנָשָׁיו עָדָה וְצִלָּה שְׁמַעַן קוֹלִי נְשֵׁי לֶמֶךְ הַאְזֵנָּה אִמְרָתִי
כִּי אִישׁ הָרַגְתִּי לְפִצְעִי וְיֶלֶד לְחַבֻּרָתִי׃

바요메르 레메크 레나샤이브 아다 베찔라 쉐마안 콜리 네쉐 레메크 하젠나 임라티 키 이쉬 하라그티 레피쯔이 베옐레드 레하브라티

라메크가 아내들에게 말하기를, "아다와 찔라여 내 소리를 들으라. 라메크의 아내들이여 내 말을 귀 기울여 들으라. 이는 내가 나의 상처를 인하여 사람을 죽였고 나의 매맞음을 인하여 젊은이를 죽였다."

4.24 כִּי שִׁבְעָתַיִם יֻקַּם־קָיִן וְלֶמֶךְ שִׁבְעִים וְשִׁבְעָה׃

키 쉬브아타임 유캄-카인 베레메크 쉬브임 베쉬브아

"카인이 일곱 배로 보복되었다면 라메크는 칠십 칠 배이다."라고 했다.

● **베레메크 쉬브임 베쉬브아(라메크는 칠십 칠 배다)**

라메크는 한 사람에게 상처를 입었는데 그것 때문에 그 사람을 죽였다. 라메크가 이렇게 보복하는 이유는 카인에게 허락된 일곱 배의 보복은 자기에게는 칠십 칠 배일 수밖에 없기 때문이라 하였다. 야웨 하나님이 카인을 살리시면서 말씀하신 일곱 배의 보복은 선악지식을 좇아서 이루어지는 살인을 방지하기 위한 긍휼의 조치이며 징조였다.

그러나 라메크는 그 말씀을 살인을 정당화하고 증폭시키는 보복의 원리로 삼았다. 라메크는 철저한 보복을 자신의 선으로 삼고 그에게 누가 손해를 입히면 그가 그것을 칠십 칠 배로 갚아야 그에게 정당한 것이라 하였다. 그는 그 증거로서 그에게 상처를 입힌 사람을 죽였고 또 그를 친 한 젊은이를 죽였다고 그 부인들에게 자랑했다. 선악지식이 아담으로부터 7대째에 이르자 그 강포함이 칠십 칠 배에 달했다. 라메크에겐 그가 누군가에게 상처를 입거나 매를 맞는 것은 조금도 용서할 수 없는 악이 되었다. 그 악한 행동을 행한 그를 죽이는 것이 그의 선이다.

그러나 그의 선이야말로 무엇과도 비교할 수 없는 무서운 악이다. 예나 지금이나 선악을 추구하는 자마다 라메크와 같이 철저한 보복과 살인을 빛으로 삼고 있다. 이로써 우리는 선악지식을 좇는 것이 왜 사망의 세계를 이루는지 분명히 알 수 있다. 또 하나님의 말씀을 선악지식으로 가지는 것이 얼마나 무서운 일인지도 알 수 있다.

4.25 וַיֵּדַע אָדָם עוֹד אֶת-אִשְׁתּוֹ וַתֵּלֶד בֵּן וַתִּקְרָא אֶת-שְׁמוֹ שֵׁת כִּי שָׁת-לִי
אֱלֹהִים זֶרַע אַחֵר תַּחַת הֶבֶל כִּי הֲרָגוֹ קָיִן׃

바예다 아담 오드 에트-이쉬토 바텔레드 벤 바티크라 에트-셰모 셰트 키 샤트-리 엘로힘 제라 아헤르 타하트 헤벨 키 하라고 카인

아담이 다시 그의 아내를 알았고 그녀가 아들을 낳아 그의 이름을 셰트라 하였으니 이는 하나님이 내게 카인이 죽인 하벨 대신에 다른 씨를 세우셨다 함이었다.

● **샤트 리 엘로힘 제라 아헤르(하나님이 내게 다른 씨를 세우셨다)**

하와는 카인을 낳고는 '내가 야웨로 말미암아 남편을 얻었다'라고 하였다. 그러나 하와는 셰트를 낳고는 '하나님이 내게 다른 씨를 세우셨다'라 하였다. 하와는 같은 야웨 하나님을 부르면서도 카인을 낳았을 때는 '야웨'라 하였고 셰트를 낳았을 때는 '엘로힘'이라 하였다.

하와는 이때에 비로소 '야웨 엘로힘'의 알파와 오메가를 알았다. 알파의 하나님은 육신의 '나'를 있게 하신 분이요, 오메가의 하나님은 영의 '나'가 있게 하시는 분이다. 육신의 부모가 아기를 낳는 것은 알파요, 기르는 것은 오메가인 것 같이 육신의 '셰트'를 낳게 하신 이는 첫 창조의 하나님이요, 그를 새롭게 지으시는 이는 새 창조의 야웨이시다.

하와는 비로소 엘로힘이 카인이 죽인 하벨 대신에 다른 씨를 세우신 것을 알았고 또 야웨가 그를 새로운 존재로 지으실 것도 알았다. 이 일은 두 하나님의 일이 아니라 한 하나님의 알파와 오메가다. 육신의 ‘나’를 세우시고 그 ‘나’ 안에 속 사람인 영의 ‘나’를 낳으시어 둘이 온전한 하나로서 ‘나의 나됨’을 이루시는 분이 ‘야웨 하나님’이시다. 하와는 야웨 하나님이 셰트를 세우시고 새로운 존재인 그의 아들이 되게 하실 것을 믿었다.

4.26 וּלְשֵׁת גַּם־הוּא יֻלַּד־בֵּן וַיִּקְרָא אֶת־שְׁמוֹ אֱנוֹשׁ אָז הוּחַל לִקְרֹא בְּשֵׁם יְהוָה׃ פ

우레셰트 감-후 율라드-벤 바이크라 에트-세모 에노쉬 아즈 후할 리크로 베솀 야웨

그리고 셰트에게도 아들이 태어났는데 그는 그의 이름을 에노쉬라고 하였고 그 때에 비로소 그는 야웨의 이름을 불러 의뢰하기 시작했다.

● **아즈 후할 리크로 비솀 야웨(그 때에 비로소 그는 야웨의 이름을 불러 의뢰하기 시작했다)**

하와가 아담으로 말미암아 낳은 아들들의 이름은 산 자의 어미인 하와가 지었다. 이는 야웨 하나님이 그녀에게 ‘여자의 씨’를 언약하셨기 때문이다. 하와는 그녀가 낳은 카인으로 말미암아 수고와 슬픔을 겪고 난 후 야웨 하나님과 생명의 관계성을 좇아 살게 되자 셰트를 낳았다. 셰트는 하벨 대신 세운 다른 씨의 삶을 살았다.

셰트는 105세에 아들을 낳고 그의 이름을 ‘에노쉬(죽을 자, mortal)’라 하였다. 이때에 비로소 아버지가 아들의 이름을 지었다. 셰트는 왜 아들의 이름을 ‘죽을 자’라 하였는가. 그때 사람들이 아무리 육신으로 천 년 가까이 살았을지라도 ‘네페쉬 하야’로서 땅을 향해서 살면서 하나님께 대하여는 죽어 있었고 그 육체 또한 반드시 죽을 것이었다. 셰트가 그 아들의 이름을 에노쉬라 한 것은 육신의 첫 사람은 누구나 죽을 자임을 안 그의 마음의 고백이다.

야웨 하나님을 향하여 낮아지고 부드러워진 마음의 존재가 된 셰트는 야웨 하나님의 이름을 불러 의뢰하는 삶 속에서 에노쉬를 낳았다. 이는 믿음으로 말미암아 셰트 안에 야웨로 말미암아 낳아진 영의 '나'가 있음을 말하는 것이다. '리크로 비셈 야웨'는 셰트가 종교인들처럼 단순히 야웨의 이름을 불렀다는 것이 아니라 아담과 하와에 의해서 단절되었던 야웨 하나님과 관계에서 셰트가 영이신 야웨를 믿어 그 하나님 안으로 들어왔음을 말한다.

만약 셰트가 단순히 야웨 하나님을 불렀다면 '리크로 비셈 야웨'가 아니라 '리크로 엘 셈 야웨'가 되었을 것이다. '비셈'은 '이름 안으로'이다. 즉 셰트는 야웨의 이름을 불렀을 뿐 만 아니라 그 이름이 계시하는 바의 영적 실존 안으로 들어갔다. 사람이 야웨의 이름을 선악지식을 좇아 부르는 것은 하나님의 이름을 불러 의뢰하는 '콜 온(to call on)'이 아니다. 그냥 입술로 하나님의 이름을 부르는 '콜(to call)'이다. 이것은 다만 '주여, 주여' 하는 것이다.

주의 이름을 불러 '의뢰하는 것(to call on)'이 믿음인 것에 대하여 바울은 다음과 같이 말하고 있다. 기록된 바, "한 주께서 모든 사람의 주가 되시어 '저를 부르는(에피칼레오마이; to call on)' 모든 사람에게 부요하시도다. 누구든지 주의 이름을 부르는 자는 구원되리라."(롬10:12-13)라고 하였다. 셰트는 믿음으로 말미암아 구원되는 자의 계보를 이루는 조상이 되었다. 아담으로 말미암아 잃어졌던 믿음이 셰트에 의하여 살아났다. 오늘날 이 일을 알지 못하는 종교인들을 '누구든지 주의 이름을 부르는 자는 구원되리라' 하였기 때문에 존재의 변화없이 다만 그들의 입술로 '주여, 주여' 하고 있다.

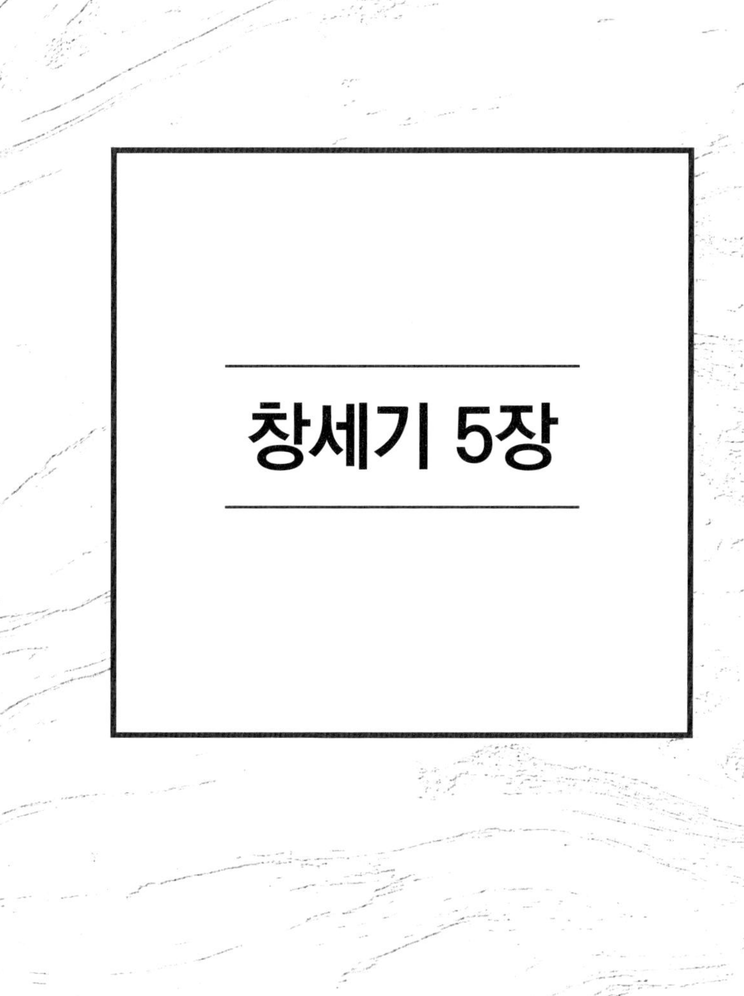

창세기 5장

창세기 5장은 아담으로부터 생겨난 영과 생명의 계보를 기록하고 있다. 아담으로부터 두 계보가 생겨났는데 하나는 욕심과 선악지식을 좇아간 카인의 계보요, 다른 하나는 영과 생명을 좇아간 셰트의 계보다. 셰트는 엘로힘이 하벨 대신에 세운 다른 씨이다.

셰트는 아담의 육신의 계보에 속한 자가 아니다. 아담은 창세기 2장에서 '레네페쉬 하야'로 되었다가 3장에서 '네페쉬 하야'로 돌아갔다. 그러나 야웨 하나님의 긍휼로 말미암아 그는 창세기 4장에서 '레네페쉬 하야'로 살아났다.

그가 산 자의 어미인 하와로 말미암아 셰트를 낳게 된 것은 그 때문이다. 그러나 '레네페쉬 하야'는 '살려주는 영'으로 되기 위한 알파이다. 창세기 5장은 아담-셰트-에노쉬로 이어지는 '산 자'의 계보를 기록하고 있다.

5.1 זֶה סֵפֶר תּוֹלְדֹת אָדָם בְּיוֹם בְּרֹא אֱלֹהִים אָדָם בִּדְמוּת אֱלֹהִים עָשָׂה אֹתוֹ׃

제 세페르 톨도트 아담 베욤 베로 엘로힘 아담 비드무트 엘로힘 아사 오토

이것은 하나님이 사람을 창조하신 때에 하나님의 모양 안에서 그를 지으신 사람의 자손들의 계보의 기록이다.

- **세페르 톨도트 아담(사람의 자손들의 계보의 기록)**

'톨도트(자손, 산출, 후예)'는 창세기 2장 4절에 처음 등장한 후 5장 1절에 두 번째 등장하였다. 2장 4절의 '톨도트 핫샤마임 베하아레츠 비히바레암(창조된 그 하늘들과 그 땅의 계보)'에 대하여는 앞에서 자세히 밝혔다.

- **비드무트 엘로힘 아사 오토(하나님의 모양 안에서 그를 지으셨다)**

'드무트(모양)'는 창세기 1장 26절에 처음 등장하고 5장 1절에 두 번째 등장한다.

창세기 1장 26절에서는 '키드무테누(우리의 모양과 같이)'이며 5장 1절에서는 '비드무트 엘로힘(하나님의 모양 안에서)'이다. 그러면 '키드무테누'와 '비트무트 엘로힘'은 무엇이 같고 무엇이 다른 것인가. 그것을 알아야 한다.

'비드무트 엘로힘'은 아담이 뱀의 유혹으로 '레네페쉬 하야'에서 '네페쉬 하야'가 되었다가 다시 '레네페쉬 하야'로 돌아온 것을 말한다. '비드무트 엘로힘'은 '키드무테누'의 알파다. 즉 '레네페쉬 하야'에서 '살려주는 영'의 실존이 되어야 온전한 '키드무테누'이다.

창세기 2장에서 '레네페쉬 하야'가 된 아담은 3장에서 믿음을 버리고 야웨 하나님께 대하여 죽었다가 4장에서 다시 살아나 야웨 하나님을 향하여 사는 '레네페쉬 하야'가 되었다. 그래서 그는 셰트를 낳게 되었다. 그러나 그는 '나의 나됨'인 '살려주는 영의 실존'을 이루지 못했다. 창세기 5장의 '비드무트 엘로힘'은 이 일을 말하고 있다.

우리는 여기서 다시 한 번 하나님의 형상과 모양을 살펴보아야 하겠다. 하나님은 첫 창조에서 사람에게 그의 형상을 주셨고 새 창조에서 그의 모양을 주신다. 그의 모양은 위로부터 남으로 이루어지는 것이다. 사람은 살았고 운동력 있는 말씀 안에 잠겨서 예수 그리스도를 본받아 '나의 나됨'을 이루고 하나님의 아들의 실존을 이룬다.

형상은 하나님이 사람에게 이미 주셨으며 모양(신성)은 믿는 자에게 야웨 하나님으로부터 나중에 온다. 그러므로 사람에게 오는 하나님의 형상과 모양은 영원하며 둘이 온전한 하나를 이룬다. 그 형상과 모양은 전부터 있어 왔고, 지금도 있으며, 또 오고 있다. 모든 사람은 하나님의 형상을 먼저 받지만 그 형상은 영원부터 있어 왔고, 지금도 있으며, 또 오고 있다. 또 그의 모양은 신됨의 믿음으로 나중에 받는다. 그 모양도 영원부터 있어 왔고, 지금도 있으며, 또 오고 있다. 그 영원한 형상과 모양으로 지어진 사람은 위로부터 났으며 하나님과 하나다.

5.2 זָכָ֥ר וּנְקֵבָ֖ה בְּרָאָ֑ם וַיְבָ֣רֶךְ אֹתָ֗ם וַיִּקְרָ֤א אֶת-שְׁמָם֙
אָדָ֔ם בְּי֖וֹם הִבָּֽרְאָֽם׃ ס

자카르 우네케바 베라암 바예바레크 오탐 바이크라 에트- 셰맘 아담 베욤 히바레암
그가 남성과 여성을 창조하셨고 그들이 창조된 날에 그들을 축복하셨고 그들의 이름을 사람이라 칭하셨다.

- **바이크라 에트-셰맘 아담(그들의 이름을 사람이라 칭하셨다)**

사람에게서 낳아지는 자는 누구나 사람이다. 그런즉 위로부터 하나님에게서 낳아지는 자는 누구나 '신(神)'이다. 기록된 바, "하나님의 말씀이 이루어진 그들을 신들이라 하였으니 그 성경은 폐해질 수 없다."(요10:35)라고 하였다. 하나님의 말씀은 그 말씀을 신됨의 믿음으로 받은 자 안에서 그의 '신됨'을 이룬다. 그러므로 '신됨'이 무엇인지 알아야 한다. 위로부터 난 모노게네스는 그 일을 안다. 그러나 종교인들은 그들이 가진 교리의 지식과 존재의 변화가 아닌 '몸짓의 변화(기도, 헌금, 봉사, 전도 등)'를 거듭남으로 알지만 그 모든 것은 아래에서 난 것을 말하고 있다.

5.3 וַיְחִ֣י אָדָ֗ם שְׁלֹשִׁ֤ים וּמְאַת֙ שָׁנָ֔ה וַיּ֥וֹלֶד בִּדְמוּת֖וֹ
כְּצַלְמ֑וֹ וַיִּקְרָ֥א אֶת-שְׁמ֖וֹ שֵֽׁת׃

바예히 아담 셸로심 우메아트 샤나 바욜레드 비드무토 케짤모 바이크라 에트 셰모 세트
아담이 일백 삼십세에 그의 모양 안에서 그의 형상과 같이 아들을 낳게 하여 그의 이름을 셰트라 하였다.

● **비드무토 케짤모(그의 모양 안에서, 그의 형상과 같이)**

사람의 육체의 형상은 하나님이 창조하신 그대로다. 그리고 아담은 범죄 후 '네페쉬 하야'가 되었다. 야웨 하나님의 긍휼로 말미암아 그는 다시 '레네페쉬 하야'로 돌아왔다. 아담의 모양이란 그가 '레네페쉬 하야'로 하나님을 향해 살게된 그 일을 말한다. 아담도 셰트도 그때에 '산 혼의 실존'에서 '살려주는 영'으로 나아가는 존재였다.

● **바욜레드(낳게 하다)**

여기 아담이 셰트를 낳은 것은 '얄라드(낳다)'의 사역형인 '낳게 하다'이다. 야웨 하나님은 그의 긍휼로 말마암아 '네페쉬 하야'가 된 아담을 다시 '레네페쉬 하야'가 되게 하셨다. 그와 같이 아담은 야웨 하나님의 긍휼과 기쁘신 뜻을 좇아서 그의 아들 셰트가 그의 모양을 닮은 '레네페쉬 하야'가 되도록 야웨 하나님께 맡겼다. 이는 그가 선악지식을 좇아서 육체에 속한 카인을 낳은 것이 얼마나 무서운 일인가를 알았기 때문이다. 창세기 5장은 사람이 육신의 자녀를 '낳는 것(얄라드)'과 하나님께 속한 자녀를 '낳게 하는 것(욜레드)'을 구분하고 있다.

5.4 וַיִּהְיוּ יְמֵי־אָדָם אַחֲרֵי הוֹלִידוֹ אֶת־שֵׁת שְׁמֹנֶה מֵאֹת שָׁנָה וַיּוֹלֶד בָּנִים וּבָנוֹת׃

바이헤우 예메-아담 아하레 홀리도 에트-셰트 셰모네 메오트 샤나 바욜레드 바님 우바노트

아담이 셰트를 낳게 한 후 아담의 날들은 팔백년이었고 또 그는 아들들과 딸들을 낳게 하였다.

5.5 וַיִּהְיוּ כָּל־יְמֵי אָדָם אֲשֶׁר־חַי תְּשַׁע מֵאוֹת שָׁנָה וּשְׁלֹשִׁים שָׁנָה וַיָּמֹת׃ ס

바이헤우 콜-예메 아담 아쉐르-하이 테샤 메오트 샤나 우셸로심 샤나 바야모트

아담이 생존한 모든 날들은 구백 삼십년었다. 그리고 그가 죽었다.

5.6 וַֽיְחִי־שֵׁ֕ת חָמֵ֥שׁ שָׁנִ֖ים וּמְאַ֣ת שָׁנָ֑ה וַיּ֖וֹלֶד אֶת־אֱנֽוֹשׁ׃

바예히-셰트 하메쉬 샤님 우메아트 샤나 바욜레드 에트-에노쉬

셰트는 일백 오세에 에노스를 낳게 하였다.

5.7 וַֽיְחִי־שֵׁ֗ת אַחֲרֵי֙ הוֹלִיד֣וֹ אֶת־אֱנ֔וֹשׁ שֶׁ֣בַע שָׁנִ֔ים
וּשְׁמֹנֶ֥ה מֵא֖וֹת שָׁנָ֑ה וַיּ֥וֹלֶד בָּנִ֖ים וּבָנֽוֹת׃

바예히-세트 아하레 홀리도 에트-에노쉬 셰바 샤님 우셰모네 메오트 샤나 바욜레드 바님 우바노트

세트는 에노쉬를 낳게 한 후 팔백 칠년을 살았으며 또 그는 아들들과 딸들을 낳게 하였다.

5.8 וַיִּֽהְיוּ֙ כָּל־יְמֵי־שֵׁ֔ת שְׁתֵּ֤ים עֶשְׂרֵה֙ שָׁנָ֔ה וּתְשַׁ֥ע מֵא֖וֹת שָׁנָ֑ה וַיָּמֹֽת׃ ס

바이헤후 콜-예메-셰트 셰템 에스레 샤나 우테샤 메오트 샤나 바야모트

셰트의 모든 날들은 구백 십이년이었다. 그리고 그가 죽었다.

5.9 וַיְחִ֥י אֱנ֖וֹשׁ תִּשְׁעִ֣ים שָׁנָ֑ה וַיּ֖וֹלֶד אֶת־קֵינָֽן׃

바예히 에노쉬 티쉬임 샤나 바욜레드 에트- 케난

에노쉬는 구십세에 케난을 낳게 하였다.

5.10 וַיְחִ֣י אֱנ֗וֹשׁ אַֽחֲרֵי֙ הוֹלִיד֣וֹ אֶת־קֵינָ֔ן חֲמֵ֤שׁ עֶשְׂרֵה֙
שָׁנָ֔ה וּשְׁמֹנֶ֥ה מֵא֖וֹת שָׁנָ֑ה וַיּ֥וֹלֶד בָּנִ֖ים וּבָנֽוֹת׃

바예히 에노쉬 아하레 홀리도 에트-케난 하메쉬 에스레 샤나 우셰모네 메오트 샤나 바욜레드 바님 우바노트

에노쉬는 케난을 낳게 한 후 팔백 십 오년을 살았으며 또 그는 아들들과 딸들을 낳게 하였다.

5.11 וַיִּהְיוּ֙ כָּל-יְמֵ֣י אֱנ֔וֹשׁ חָמֵ֣שׁ שָׁנִ֔ים וּתְשַׁ֖ע מֵא֣וֹת שָׁנָ֑ה וַיָּמֹֽת׃ ס

바이헤우 콜 -예메 에노쉬 하메쉬 샤님 우테샤 메오트 샤나 바야모트

에노쉬의 모든 날들은 구백 오년이었다. 그리고 그가 죽었다.

5.12 וַיְחִ֥י קֵינָ֖ן שִׁבְעִ֣ים שָׁנָ֑ה וַיּ֖וֹלֶד אֶת-מַֽהֲלַלְאֵֽל׃

바예히 케난 쉬브임 샤나 바욜레드 에트-마할랄렐

케난은 칠십세에 마할랄렐을 낳게 하였다.

5.13 וַיְחִ֣י קֵינָ֗ן אַחֲרֵי֙ הוֹלִיד֣וֹ אֶת-מַֽהֲלַלְאֵ֔ל אַרְבָּעִ֣ים
שָׁנָ֔ה וּשְׁמֹנֶ֥ה מֵא֖וֹת שָׁנָ֑ה וַיּ֥וֹלֶד בָּנִ֖ים וּבָנֽוֹת׃

바예히 케난 아하레 홀리도 에트-마할랄렐 아르바임 샤나 우셰모네 메오트 샤나 바욜레드 바님 우바노트

케난은 마할랄렐을 낳게 한 후 팔백 사십년을 살았으며 또 그는 아들들과 딸들을 낳게 하였다.

5.14 וַיִּהְיוּ֙ כָּל-יְמֵ֣י קֵינָ֔ן עֶ֣שֶׂר שָׁנִ֔ים וּתְשַׁ֥ע מֵא֖וֹת שָׁנָ֑ה וַיָּמֹֽת׃ ס

바이헤우 콜 -예메 케난 에셰르 샤님 우테샤 메오트 샤나 바야모트

케난의 모든 날들은 구백 십년이었다. 그리고 그가 죽었다.

5.15 וַיְחִ֣י מַֽהֲלַלְאֵ֔ל חָמֵ֥שׁ שָׁנִ֖ים וְשִׁשִּׁ֣ים שָׁנָ֑ה וַיּ֖וֹלֶד אֶת-יָֽרֶד׃

바예히 마할랄렐 하메쉬 샤님 베쉬쉼 샤나 바욜레드 에트-야레드

마할랄렐은 육십 오세에 예레드를 낳게 하였다.

5.16 וַיְחִי מַהֲלַלְאֵל אַחֲרֵי הוֹלִידוֹ אֶת־יֶרֶד שְׁלֹשִׁים
שָׁנָה וּשְׁמֹנֶה מֵאוֹת שָׁנָה וַיּוֹלֶד בָּנִים וּבָנוֹת׃

바예히 마할랄렐 아하레 홀리도 에트-예레드 쉘로쉽 샤나 우셰모네 메오트 샤나 바욜레드 바님 우바노트

마할랄렐은 예레드를 낳게 한 후 팔백 삼십년을 살았으며 또 그는 아들들과 딸들을 낳게 하였다.

5.17 וַיִּהְיוּ כָּל־יְמֵי מַהֲלַלְאֵל חָמֵשׁ וְתִשְׁעִים שָׁנָה וּשְׁמֹנֶה מֵאוֹת שָׁנָה וַיָּמֹת׃ ס

바이헤우 콜 -예메 마할랄렐 하메쉬 베티쉬임 샤나 우셰모네 메오트 샤나 바야모트

마할랄렐의 모든 날들은 팔백 구십 오년이었다. 그리고 그가 죽었다.

5.18 וַיְחִי־יֶרֶד שְׁתַּיִם וְשִׁשִּׁים שָׁנָה וּמְאַת שָׁנָה וַיּוֹלֶד אֶת־חֲנוֹךְ׃

바예히-예레드 셰타임 베쉬쉼 샤나 우메아트 샤나 바욜레드 에트-하노크

예레드는 일백 육십 이세에 하노크를 낳게 하였다.

5.19 וַיְחִי־יֶרֶד אַחֲרֵי הוֹלִידוֹ אֶת־חֲנוֹךְ שְׁמֹנֶה מֵאוֹת שָׁנָה וַיּוֹלֶד בָּנִים וּבָנוֹת׃

바예히-예레드 아하레 홀리도-에트 하노크 셰모네 메오트 샤나 바욜레드 바님 우바노트

예레드는 하노크를 낳게 한 후 팔백년을 살았으며 또 그는 아들들과 딸들을 낳게 하였다.

5.20 וַיִּהְיוּ כָּל־יְמֵי־יֶרֶד שְׁתַּיִם וְשִׁשִּׁים שָׁנָה וּתְשַׁע מֵאוֹת שָׁנָה וַיָּמֹת׃ פ

바이헤우 콜 -예메- 예레드 셰타임 베쉬쉼 샤나 우테샤 메오트 샤나 바야모트

예레드의 모든 날들은 구백 육십 이년이었다. 그리고 그가 죽었다.

5.21 וַיְחִי חֲנוֹךְ חָמֵשׁ וְשִׁשִּׁים שָׁנָה וַיּוֹלֶד אֶת-מְתוּשָׁלַח׃

바예히 하노크 하메쉬 베쉬쉼 샤나 바욜레드 에트-메투샬라

하노크는 육십 오세에 메투셀라를 낳게 하였다.

5.22 וַיִּתְהַלֵּךְ חֲנוֹךְ אֶת-הָאֱלֹהִים אַחֲרֵי הוֹלִידוֹ אֶת-מְתוּשֶׁלַח שְׁלֹשׁ
מֵאוֹת שָׁנָה וַיּוֹלֶד בָּנִים וּבָנוֹת׃

바이트할레크 하노크 에트- 하엘로힘 아하레 홀리도 에트-메투셸라 셸로쉬 메오트 샤나 바욜레드 바님 우바노트

하노크는 메투셀라를 낳게 한 후 삼백년을 그 하나님과 동행하였으며 또 그는 아들들과 딸들을 낳게 하였다.

5.23 וַיְהִי כָּל-יְמֵי חֲנוֹךְ חָמֵשׁ וְשִׁשִּׁים שָׁנָה וּשְׁלֹשׁ מֵאוֹת שָׁנָה׃

바예히 콜 -예메 하노크 하메쉬 베쉬쉼 샤나 우셸로쉬 메오트 샤나

하노크의 모든 날들은 삼백 육십 오년이었다.

5.24 וַיִּתְהַלֵּךְ חֲנוֹךְ אֶת-הָאֱלֹהִים וְאֵינֶנּוּ כִּי-לָקַח אֹתוֹ אֱלֹהִים׃ פ

바이트할레크 하노크 에트-하엘로힘 베에넨누 키-라카 오토 엘로힘

하노크가 그 하나님과 동행하였고 하나님이 그를 데려가시므로 세상에 있지 않았다.

5.25 וַיְחִי מְתוּשֶׁלַח שֶׁבַע וּשְׁמֹנִים שָׁנָה וּמְאַת שָׁנָה וַיּוֹלֶד אֶת-לָמֶךְ׃

바예히 메투셸라 셰바 우셰모님 샤나 우메아트 샤나 바욜레드 에트-라메크

메투셀라는 일백 팔십 칠세에 라메크를 낳게 했다.

5.26 וַֽיְחִ֣י מְתוּשֶׁ֗לַח אַחֲרֵי֙ הוֹלִיד֣וֹ אֶת־לֶ֔מֶךְ שְׁתַּ֤יִם וּשְׁמוֹנִים֙ שָׁנָ֔ה וּשְׁבַ֥ע
מֵא֖וֹת שָׁנָ֑ה וַיּ֥וֹלֶד בָּנִ֖ים וּבָנֽוֹת׃

바예히 메투셸라 아하레 홀리도 에트-레메크 셰타임 우셰모님 샤나 우셰바 메모트 샤나 바욜레드 바님 우바노트

메투셀라는 라메크를 낳게 한 후 칠백 팔십 이년을 살았으며 또 그는 아들들과 딸들을 낳게 했다.

5.27 וַיִּהְיוּ֙ כָּל־יְמֵ֣י מְתוּשֶׁ֔לַח תֵּ֤שַׁע וְשִׁשִּׁים֙ שָׁנָ֔ה וּתְשַׁ֥ע מֵא֖וֹת שָׁנָ֑ה וַיָּמֹֽת׃ פ

바이헤우 콜 -예메 메투셸라 테샤 베쉬쉼 샤나 우테사 메오트 샤나 바야모트

메투셀라의 모든 날들은 구백 육십 구년이었다. 그리고 그가 죽었다.

5.28 וַֽיְחִי־לֶ֕מֶךְ שְׁתַּ֥יִם וּשְׁמֹנִ֛ים שָׁנָ֖ה וּמְאַ֣ת שָׁנָ֑ה וַיּ֖וֹלֶד בֵּֽן׃

바예히- 레메크 셰타임 우셰모님 샤나 우메아트 샤나 바욜레드 벤

라메크는 일백 팔십 이세에 아들을 낳게 하였다.

5.29 וַיִּקְרָ֧א אֶת־שְׁמ֛וֹ נֹ֖חַ לֵאמֹ֑ר זֶ֞ה יְנַחֲמֵ֤נוּ מִֽמַּעֲשֵׂ֙נוּ֙
וּמֵעִצְּב֣וֹן יָדֵ֔ינוּ מִן־הָ֣אֲדָמָ֔ה אֲשֶׁ֥ר אֵרְרָ֖הּ יְהוָֽה׃

바이크라 에트-셰모 노아흐 레모르 제 예나하메누 밈마아세누 우메잇쯔본 야데누 민- 하아다마 아셰르 에르라흐 야웨

그가 그의 이름을 노아라 하며 말하기를, "이 아들이 야웨께서 저주하신 그 흙에 속한 우리의 일과 우리 손의 수고로부터 우리를 위로하리라."라고 하였다.

5.30 וַֽיְחִי־לֶ֗מֶךְ אַֽחֲרֵי֙ הוֹלִיד֣וֹ אֶת־נֹ֔חַ חָמֵ֤שׁ וְתִשְׁעִים֙
שָׁנָ֔ה וַחֲמֵ֖שׁ מֵאֹ֣ת שָׁנָ֑ה וַיּ֥וֹלֶד בָּנִ֖ים וּבָנֽוֹת׃

바예히-레메크 아하레 홀리도 에트-노아흐 하메쉬 베티셰임 샤나 바하메쉬 메오트 샤나 바욜레드 바님 우비노트

라메크가 노아를 낳게 한 후 오백 구십 오년을 살았으며 또 그는 아들들과 딸들을 낳게하였다.

5.31 וַֽיְהִי֙ כָּל־יְמֵי־לֶ֔מֶךְ שֶׁ֤בַע וְשִׁבְעִים֙ שָׁנָ֔ה וּשְׁבַ֖ע מֵא֣וֹת שָׁנָ֑ה וַיָּמֹֽת׃ ס

바예히 콜-예메 레메크 셰바 베쉬비임 샤나 우셰바 메오트 샤나 바야모트

라메크의 모든 날들은 칠백 칠십 칠년이었다. 그리고 그가 죽었다.

5.32 וַֽיְהִי־נֹ֕חַ בֶּן־חֲמֵ֥שׁ מֵא֖וֹת שָׁנָ֑ה וַיּ֣וֹלֶד נֹ֔חַ אֶת־שֵׁ֖ם אֶת־חָ֥ם וְאֶת־יָֽפֶת׃

바예히-노아흐 벤-하메쉬 메오트 샤나 바욜레드 노아흐 에트-셈 에트-함 베에트-야페트

노아가 오백세가 되었다. 그리고 노아는 셈과 함과 예페트를 낳게 하였다.

● 야웨 하나님을 향해 살았던 순례자들

창세기 5장은 '셰트(다른 씨)'의 계보다. 창세기 4장에 기록된 카인의 계보에 속한 이들은 언제 태어났으며 얼마나 살았는지 기록되지 않았다. 그러나 셰트의 계보에 속한 이들은 언제 태어났으며 얼마나 살았으며 또 그들이 아들들과 딸들을 낳게 한 것까지도 기록되었다.

히브리어에서 '낳다'는 '얄라드'이다. 카인의 계보에 속한 이들이 아들을 낳았을 때에는 단순히 칼 동사를 써서 '얄라드'라고 한데 비하여 셰트의 계보에 속한 이들이 자녀를 낳았을 때는 '낳다'의 사역형(낳게 하다)인 '홀리드'가 쓰였다. 무엇 때문에 창세기 5장에 '낳다'와 '낳게 하다'가 구별 되어 쓰인 것인가.

첫 사람은 육체로 남성이건 여성이건 상관없이 야웨 하나님께 하나님의 아들이 되는 생명의 씨를 뿌림 받아야 할 여자다. 카인의 계보에는 '생명(말씀)'에 속한 씨를 가진 자가 없었으므로 땅에 속한 사람을 낳았을 뿐이다. 그러나 셰트의 계보에 속한 사람들은 하나님께 속한 자들이었으므로 그들은 다만 육신의 자녀를 낳는 자들이 아니었다. 적어도 셰트의 직계 후손들은 자녀를 낳은 그들의 마음과 혼과 뜻이 하나님을 향해 있었다.

아담은 야웨 하나님께 대하여 죽었다가 다시 살아나서 야웨 하나님의 언약을 믿는 그 믿음으로 말미암아 셰트를 낳았다. 셰트는 그 언약의 씨를 다시 그의 마음에 뿌려서 '죽을 것(선악지식)'이 죽고 '살 것(레네페쉬 하야)'이 살면서 에노쉬를 낳았다. 에노쉬는 케난을 낳았는데 그것은 아파르가 된 그의 마음을 '산 자(레네페쉬 하야)'의 '둥지(케난)'가 되게 한 것이다. 그러자 케난을 둥지로 삼아서 하나님을 '찬양하는 자(마할랄렐)'가 태어났다.

마할랄렐은 하나님을 높이고 자기를 낮추는 자다. 그 마음의 겸손을 좇아서 '낮추는 자(예레드)'가 태어났다. 하나님은 자기를 낮추는 자 안에 속 사람을 낳으신다. 예레드는 그의 마음을 하나님께 온전히 드리면서 '하노크(봉헌된 자)'를 낳았다. 봉헌된 자는 그가 봉헌된 그 하나님과 함께 삼백 육십 오년을 1년의 삼백 육십 오일처럼 동행하였다. 하나님은 그를 데려 가셨다.

하나님이 하노크를 데려 가시기 전에 '보냄을 받은 자(메투셀라)'를 먼저 그에게 주셨다. 보냄을 받은 자는 '강장한 청년(라메크)'을 낳아 그로 하여금 하나님의 위로를 예비케 하였다. 라메크는 '노아(위로의 아들)'를 낳았다. 노아는 그의 삶속에서 카인의 계보로 말미암아 썩고 강포해진 그 세상을 멸하시는 심판과 함께 그를 통하여 새로운 시대를 여시는 하나님의 은혜를 발견하였다.

노아는 함과 셈과 에페트를 낳았다. 세 이름은 생명을 향하여 순례의 길을 걷는 모든 사람의 인생 여정의 표본이 되었다. 사람은 처음에 육체의 '뜨거움(함)' 속에 거하다가 거기서 떠나 하나님의 '이름(셈)' 안으로 들어오고 마침내 생명의 실존이 '열리는(에페트)' 순례의 길을 걷고 있다. 이 길은 전부터 있어 왔고 지금도 있으며 또 계속되고 있는 길이다.

이스라엘 자손을 애굽에서 인도해 낸 모세의 삶의 여정을 보면 사십년은 바로의 궁에서, 사십년은 광야에서, 사십년은 이스라엘 백성과 함께 하였다. 말하자면 그는 처음에 함의 삶을 살다가 그 다음에 셈의 삶을 살았고 마지막으로 에페트의 삶을 산 것과 같다.

● 두 하노크와 두 라메크

카인의 계보에도 하노크와 라메크가 있으며 셰트의 계보에도 하노크와 라메크가 있다. 카인의 계보의 하노크는 카인의 아들로서 방황하며 도망다니는 그의 아버지 카인을 뒤따르는 선악지식에 봉헌된 자이다.

셰트의 계보의 하노크는 아담으로부터 7대째인 사람이다. 그는 하나님께 봉헌되고 하나님과 동행하였으며 하나님이 그를 데려 가심으로 세상에 있지 않았다. 그는 365년을 마치 1년의 365일처럼 거룩하게 살다가 하나님이 그를 데려 가심으로 지성소에 들어갔다. 같은 이름으로 한 사람은 사망의 길을 걸었고 또 한 사람은 생명의 길을 걸었다.

카인 계보의 라메크는 카인의 선악지식을 복수의 원리가 되게 하였으며 그것을 육체의 삶에 깊이 뿌리내리게 하였다. 야웨 하나님은 사람들이 비록 선악지식을 좇아 살인한다 할지라도 살인이 또 다른 살인으로 이어지는 살인의 악순환에 갇히지 않게 하기 위하여 카인을 죽이는 자는 일곱 배의 벌을 받으리라 하셨다.

라메크는 이 긍휼의 법을 보복의 원리로 삼고 카인을 위하여 주어졌던 일곱 배의 벌을 칠십 칠 배의 보복이 되게 하였다. 그가 가진 보복의 법은 사람들이 육체로 천 년 가까이 살던 그 때의 세상을 돌이킬 수 없는 데까지 부패케 하였고 강포가 온 세상에 충만하였다.

셰트의 계보의 라메크는 흙에 속한 그들의 일과 수고로부터 그의 아들 노아가 그들을 위로할 것을 예언했다. 한 사람은 부패와 강포의 확산자요, 또 한 사람은 위로의 예언자였다. 이것은 무엇을 말함인가. 말씀을 받은 자 가운데 두 계보가 있게 될 것을 계시한다. 즉 하나님의 말씀을 선악지식으로 삼고 아래에서 낳아진 육신의 계보와 그 말씀을 생명의 언약으로 삼고 위로부터 낳아지는 영의 계보로 나누이게 된다. 그때에 그러하였고 오늘날도 그러하며 앞으로도 그러하다.

● 나무의 날들과 같이 오래 산 사람들

이사야 65장 22절에 기록되기를, “내 백성의 날들이 그 나무의 날들과 같으리라.” 라고 하였다. 이로 보건대 창세기 5장에 기록된 셰트 계보의 사람들의 날들은 알파요, 아사야서에 기록된 백성들의 날들은 오메가다. 또한 요한 계시록에는 첫째 부활에 참여한 사람들에게 주어진 천 년의 다스림이 계시되어 있다. 또 기록되기를, “주께는 하루가 천 년 같고 천 년은 하루 같다.”(벧후3:8)고 하였다. 이는 주와 함께 있는 자들에게 일어나는 시간의 초월이다. 사람은 누구나 부분적으로 알고 부분적으로 예언하고 있다. 온전한 것이 올 때에는 부분적으로 하던 예언이나 지식이 폐해진다.

● 라메크가 바라 본 야웨의 위로

야웨 하나님은 사람이 뿌린 대로 거두게 하신다. 선악지식의 씨를 뿌린 자는 사망으로 거두고 생명의 씨를 뿌리는 자는 살려주는 영의 실존으로 거둔다. 노아의 아버지 라메크가 말하기를, "이 아들이 야웨께서 저주하신 그 흙에 속한 우리의 일과 우리 손의 수고로부터 우리를 위로하리라."라고 하였다. 그러나 노아는 그가 바라 본 위로를 가져오지 않고 다른 위로를 가져왔다. 라메크의 예언 속에는 아직 선악지식이 남아 있었다.

하나님은 저주하시는 분이 아니다. 사람이 스스로 선악지식을 좇아서 저주를 선택하여 저주의 씨를 뿌리고 거둔다. 그럼에도 사람들은 자신들이 뿌리고 거둔 저주에 대하여 하나님이 저주하셨다 말한다. 성경을 읽는 자는 오직 깨어 있어서 선악지식과 생명지식을 분별할 수 있어야 한다.

라메크가 말하기를, "그 흙에 속한 우리의 일과 우리 손의 수고로부터 우리를 위로하리라."라고 하였다. 그러나 노아는 라메크가 속한 그 세대를 위로하는 자가 아니었다. 카인의 계보는 그 아담의 선악지식을 좇아서 그 세상을 부패케 하였고 강포케 하였고 셰트의 계보에 속한 자들도 그 부패와 강포를 이겨내지 못하고 거기에 빠져들었다.

그러므로 하나님은 노아와 노아의 아내 그리고 그의 세 아들과 그들의 아내들을 제외하고는 모두 홍수로 멸하셨다. 야웨 하나님이 부패하고 강포한 세대를 멸하고 새로운 세대를 여는 것이 사람과 만물을 향한 그의 위로다. 이 일은 하나님이 첫 사람의 육신의 정욕, 안목의 정욕, 이생의 자랑, 선악지식을 멸하고 생명과 사랑과 거룩과 초월의 둘째 사람을 일으키는 징조다.

노아의 홍수는 오늘날 우리에게 큰 경종을 울리고 있다. 왜냐하면 오늘날 성경을 읽고 있는 이들이 선악지식인 교리의 홍수 속에 죽어가고 있으면서 홍수인 줄 알지 못하고 있기 때문이다. 그들은 스스로 멸망의 홍수를 일으키고 있다.

창세기 6장

에덴의 동산에 들어온 아담은 육신의 첫 사람의 계보에 속했던 한 사람이다. 그는 야웨 하나님께 이끌려서 새 창조에 속한 첫 사람이 되었으니 '첫 사람 아담'이다. 그러므로 처음 창조된 육신의 첫 사람이 있고 '레네페쉬 하야'가 된 첫 사람이 있다.

야웨 하나님께 불리운 사람들은 육신의 첫 사람에서 하나님을 향해 사는 존재인 '레네페쉬 하야'의 첫 사람으로 유월한다. 그 첫 사람은 다시 '살려주는 영'의 둘째 사람으로 나아간다. 이 일은 마치 애굽을 떠난 이스라엘 백성이 가나안으로 들어가는 것과 같다.

아담은 두 계보의 근원이 되었다. 즉 그에게서 카인의 계보와 셰트의 계보가 생겨 나왔다. 카인의 계보는 아담이 원래 속해 있던 육신의 첫 사람 중에서도 특별히 선악지식을 좇는 계보를 이루었고 셰트는 새 창조의 계보를 이루었다. 그러나 셰트의 계보에 속했던 사람들은 카인의 계보와 그 이름이 알려지지 않은 수많은 다른 사람들의 부패와 강포를 이기지 못했다.

노아 때에 이르러 노아의 여덟 식구를 제외하고는 셰트의 계보에 속했던 사람들조차 다른 사람들과 함께 모두 홍수의 심판을 받을 수밖에 없는 상태에 이르렀다. 이 일은 오늘날 하나님의 이름을 부르는 많은 종교인들의 상태를 잘 드러내고 있다.

아담의 두 계보 중 셰트의 계보는 에노쉬, 케난, 마할랄렐, 예레드, 하노크, 메투셀라, 라메크, 노아, 함과 셈과 에페트로 이어졌다. 카인의 계보는 하노크, 이라드, 메후야엘, 메투사엘, 라메크, 야발과 유발과 투발가인으로 이어졌다.

노아 역시 홍수 후 두 계보의 근원이 되었다. 그의 세 아들 함과 셈과 에페트에 의해서 땅에 사람이 퍼졌다. 그들 가운데 야웨 하나님께 속한 계보와 그렇지 않은 계보로 나뉘었다. 이것은 아담에게서 카인의 계보와 셰트의 계보가 생겨나온 것과 같다. 이 일은 노아의 후손 아브라함 때에 이르러 더욱 확실해졌다.

노아의 기사는 창세기 6장에서 9장까지다. 창세기 6장에서 노아가 방주를 짓고, 7장에서는 노아와 모든 생물이 방주에 들어간 후 홍수가 일어났고, 8장에서는 홍수가 그치고 노아와 모든 생물이 방주에서 나왔고, 9장에서는 야웨 하나님이 노아에게 다시는 노아의 홍수와 같은 홍수로 사람을 멸하지 않겠다는 무지개 언약을 주셨다.

무지개 언약으로 약속된 나라는 사람의 에고비전을 좇아서 나온 종교 국가도, 도덕 국가도, 사회정의 국가도, 유토피아도 그 무엇도 아닌 영원한 하나님의 나라다.

그러나 오늘날 역시 사람들은 선악의 눈으로 그 약속을 읽으며 세상 나라를 구하고 찾고 두드리고 있다. 그러나 하루가 천년 같고 천년이 하루 같은 이제는 그리스도 예수 안에서 육체의 휘장 너머에 계신 아버지에게로 나아갈 때가 되었다. 노아의 홍수는 그때만 있었던 것이 아니다. 우리가 영의 눈으로 오늘을 바라보면 온 세상 사람이 선악지식의 홍수에 비명을 지르며 죽어가고 있음을 알 수 있다.

이 책의 주 대상은 창세기 1장에서 9장까지이다. 그럼에도 10장과 11장을 일부 포함했다. 그것은 10장과 11장에 모든 사람이 영의 눈으로 '호라오'해야 할 사건들이 기록되어 있기 때문이다.

6.1 וַיְהִי כִּי-הֵחֵל הָאָדָם לָרֹב עַל-פְּנֵי הָאֲדָמָה וּבָנוֹת יֻלְּדוּ לָהֶם׃

바예히 키- 헤헬 하아담 라로브 알-페네 하아다마 우바노트 율레두 라헴

그 아담이 그 흙의 표면 위에 번성하기 시작할 때에 그들에게 딸들이 태어났다.

6.2 וַיִּרְאוּ בְנֵי-הָאֱלֹהִים אֶת-בְּנוֹת הָאָדָם כִּי טֹבֹת
הֵנָּה וַיִּקְחוּ לָהֶם נָשִׁים מִכֹּל אֲשֶׁר בָּחָרוּ׃

바이레우 베네-하엘로힘 에트-베노트 하아담 키 토브 헨나 바이케후 라헴 나쉼 미콜 아셰르 바하루

그 하나님의 아들들이 그 사람의 딸들을 보니 그녀들이 아름다웠다. 그들은 그들 자신을 위하여 모두 가운데서 그들이 선택한 자를 아내로 삼았다.

● 하아담(그 사람)의 딸들

'하아담'은 선악지식을 좇아간 아담이다. 카인의 계보는 범죄한 '하아담'에게 속했고, 셰트는 돌아온 '아담'의 계보에 속했다. 셰트는 에노쉬를 낳고 야웨의 이름을 불러 의뢰하였다. 셰트의 계보에 속한 '레네페쉬 하야들'은 하나님을 아버지라 불렀다. 그러나 스스로 자신들을 하나님의 아들이라 자부하던 그들은 안목의 정욕에 빠져들어 갔다. 그들은 카인 계보에 속한 딸들의 아름다움을 보았다. '하아담'은 육신의 정욕을 좇아갔고 여기 하나님의 아들들은 안목의 정욕을 좇아갔다.

하나님의 아들은 그의 속 사람과 겉 사람이 영과 진리 안에서 온전히 하나 된다. 그리되면 그는 그 자신과 아내가 함께 하나님을 향해 사는 길을 기쁘게 걷는다. 그러나 그들은 그것과는 상관없이 여자의 아름다움만을 보고 아내를 취했다. 이와 같이 하나님의 아들들이 믿음 대신 육체의 아름다움에 빠져들었다. 그들은 '하아담'이 걸었던 그 길로 다시 돌아갔다.

'레네페쉬 하야'가 육체의 '아름다움(좋음)'을 취하면서 야웨 하나님을 향한 영적 실존을 버렸다. 많은 사람이 이 일을 타락한 천사의 일로 보고 있으나 그것은 성경이 계시하고 있는 인간의 실존과 생명의 흐름을 알지 못한 것이다.

6.3 וַיֹּאמֶר יְהוָה לֹא-יָדוֹן רוּחִי בָאָדָם לְעֹלָם בְּשַׁגַּם
הוּא בָשָׂר וְהָיוּ יָמָיו מֵאָה וְעֶשְׂרִים שָׁנָה׃

바요메르 야웨 로-야돈 루히 바아담 레올람 베샤감 후 바사르 베하이우 야마이브 메아 베에세림 샤나

야웨께서 말씀하시기를, "나의 영이 영원히 그 사람 안에서 판단하지 아니하리니 이는 그 역시 육체임이라. 그리고 그의 날들은 일백 이십 년이 되리라."라고 하셨다.

● **로 야돈 루히 바아담(나의 영이 그 사람 안에서 판단하지 아니하리라)**

야웨의 영은 사람 안에서 '레네페쉬 하야'가 '살려주는 영'이 되게 하려고 그의 생각과 길을 판단하신다. 그러나 자신들이 하나님의 아들이라 칭하던 그들이 믿음의 길을 떠나 육체의 길을 걸으며 동물처럼 '네페쉬 하야'가 되었다.

사람이 하나님을 향해 사는 '레네페쉬 하야'일 때에도 야웨의 영이 판단하시는 그 말씀이 잘 들리지 아니하고 그의 길이 잘 보이지 아니한다. 하물며 땅을 향해 사는 '네페쉬 하야'가 된 그들은 더 이상 하나님의 말씀을 들어도 듣지 못하고, 보아도 보지 못하고, 마음으로 생각지 못하게 되었다. 그들은 야웨의 영이 더 이상 판단할 것이 없는 육체가 되었다.

하나님이 새 창조의 처음에 '레네페쉬 하야'에 속한 사람들의 수한을 나무의 날들과 같게 하신 것은 그들 안에 생명의 씨를 뿌려서 하나님의 모양을 본받은 '살려주는 영'을 거두려 하심이었다. 그러나 그들은 육체로 오래 살게 하신 야웨 하나님의 은혜를 헛되게 하였다. 그들은 야웨께 속하기 전보다 더욱 부패하고 강포하게 되었다. 야웨 하나님은 그들의 날들을 줄이지 않으면 안 되었다. 그들은 육체로 천 년 가까운 크로노스의 날들을 살았으나 영과 진리 안에서 온전한 카이로스의 한 날을 이루지 못했다. 그들은 영원히 살 것처럼 생각하고 행동하면서 하나님으로부터 완전히 잃어졌다.

● **베하이우 야마이브 메아 베에세림 샤나(그리고 그들의 날들은 일백 이십년이 되리라)**

하나님은 그의 영이 하아담 안에서 판단하시는 일을 그치고 그들의 날들을 줄이기로 하셨다. 무엇 때문인가. 사람이 '네페쉬 하야'로서 땅에서 사는 것은 하나님께 대하여는 죽은 것이니 그 일이야말로 하나님의 기쁘신 뜻을 거스르는 것이다. 또한 그들이 오래 생존하면 할수록 육신과 선악지식을 따라 사는 그들의 수고와 고통과 땀 흘림과 부패와 강포는 증가하게 될 것이다.

오늘날도 사람들은 하나님이 예비한 영생이 무엇인지 알지 못하고 다만 육체로 영존하기를 바라고 있다. 참으로 인생은 육체의 영존을 추구하고 있으나 그 육체의 영존은 축복이 아니라 저주다. 사람이 육체만을 위하여 사는 것은 하나님께 대하여 죽은 것이니 하나님은 그것을 '나쁘다' 하신다.

그런데 육체인 사람들은 욕심과 선악지식을 따라 사는 그 일이 '나쁘다'는 야웨의 영의 판단조차 듣지 아니한다. 그러므로 야웨 하나님은 어거할 수 없는 노새같이 된 사람들의 날들을 줄이기로 하셨다.

6.4 הַנְּפִלִים הָיוּ בָאָרֶץ בַּיָּמִים הָהֵם וְגַם אַחֲרֵי־כֵן
אֲשֶׁר יָבֹאוּ בְּנֵי הָאֱלֹהִים אֶל־בְּנוֹת הָאָדָם וְיָלְדוּ
לָהֶם הֵמָּה הַגִּבֹּרִים אֲשֶׁר מֵעוֹלָם אַנְשֵׁי הַשֵּׁם׃ פ

한네필림 하이우 바아레츠 바야밈 하헴 베감 아하레-켄 아셰르 야보우 베네 하엘로힘 엘-베노트 하아담 베얄두 라헴 헤마 하기보림 아셰르 메올람 아네셰 핫셈

그 당시에 그 땅에 그 네필림들이 있었다. 그리고 그 후에도 하나님의 아들들이 그 아담의 딸들에게로 들어갔고 그녀들이 그들에게 자식을 낳았는데 그들은 그 용사들, 고대로부터 유명한 사람들이었다.

● **한네필림 하이우 바아레츠 바야밈(그 당시에 그 땅에 그 네필림들이 있었다)**

'네필림'은 오늘날 '거인'으로 이해되고 있다. 그런데 그 '네필림'은 히브리어 '나팔'에서 유래되었다. 나팔은 '떨어지다, 던지다, 죽다, 실패하다' 등의 뜻을 가지고 있다. '한네필림(그 떨어진 자들)'은 과연 누구인가. 관사 '하(그)'가 붙어 있으니 오늘날의 우리는 잘 알지 못할지라도 그때 사람들은 다 알고 있던 자들이다.

아담은 선악지식을 좇아서 거인이 되고자 생명에서 생존으로 떨어졌다. 하나님의 아들들이 안목의 정욕을 좇아서 육체의 아름다움을 좇아가자 그들은 '바사르(육체)'로 떨어졌다. 그들이 그 네필림들이다. 그들은 땅에서 크고, 높고, 강하고, 부유한 거인이 되기 위하여 하나님에게서 떨어졌다. 사실 크고, 높고, 강하고, 부유한 거인들은 영이 아니기 때문에 비록 하늘에 올라갔다 할지라도 거기에 거하지 못하고 땅으로 떨어져 내린다. 그들은 야웨께 대하여 죽은 자들이요, 하나님의 새 창조로부터 떨어져서 땅으로 돌아간 자들이다.

오늘날도 여전히 작은 자들로 부름을 받은 자들이 하늘에서 떨어져 땅에서 큰 자가 되어 있다. 예나 지금이나 바빌론은 그들이 건설하는 성이다. 하나님께 부름을 받은 사람이 육신의 정욕, 안목의 정욕, 이생의 자랑을 좇아서 크고, 높고, 강하고, 부유한 것들을 추구하게 되면 그는 이미 하나님께 대하여는 죽은 자이지만 세상에서는 큰 자가 되고 만다. 마귀가 성전 꼭대기에서 예수에게 땅으로 떨어져 내리라 한 것은 그로 하여금 세상이 높이 받드는 '네필림'이 되라는 유혹이었다. 오늘날도 여기저기서 하늘에서 떨어진 네필림들이 땅에서 세력을 떨치고 있다.

● 하게보림 야셰르 메올람(고대로부터의 그 용사들)

'네필림'은 하아담의 딸들을 그들의 아내로 취하였다. 솔로몬도 그러했다. 그 용사들은 믿음을 버린 하나님의 아들들이 하아담의 딸들로 말미암아 아래에서 낳은 자들이다. 그들은 입술로는 하나님의 이름을 부르지만 하나님과는 상관없는 우상숭배자들이며 양의 옷을 입은 이리들이다.

영과 진리로부터 떨어져 내린 사람들이 '네필림'들이며 영웅들이다. 이들이 온 땅을 부패시키고 강포로 그 땅에 충만케 하였다. 이들은 입술로는 하나님의 이름을 불렀으나 마음은 도리어 땅에 속한 자들보다 더욱 부패하고 강포하였다. 오늘날 기독교가 사람들에게 개독교로 불리는 이유가 무엇인지 여기서 잘 알 수 있다.

하나님의 말씀을 선악지식으로 좇는 곳에서는 예나 오늘이나 이 일은 변함없이 일어나고 있다. 자기 주변을 한 번 둘러보는 것만으로도 하나님의 이름을 부르는 큰 자들로 말미암아 부패와 강포가 온 땅에 충만해 있음을 알 수 있을 것이다.

6.5 וַיַּרְא יְהוָה כִּי רַבָּה רָעַת הָאָדָם בָּאָרֶץ וְכָל־יֵצֶר
מַחְשְׁבֹת לִבּוֹ רַק רַע כָּל־הַיּוֹם׃

바야르 야웨 키 라바 라아트 하아담 바아레츠 베콜-예쩨르 마셰보트 리보 라크 라 콜-하욤

야웨께서 그 땅에 그 사람의 나쁨이 가득하고 그 마음으로 생각하는 모든 상상이 그 모든 날에 나쁠 뿐임을 보시고

6.6 וַיִּנָּחֶם יְהוָה כִּי־עָשָׂה אֶת־הָאָדָם בָּאָרֶץ וַיִּתְעַצֵּב אֶל־לִבּוֹ׃

바인나헴 야웨 키 아사 에트-하아담 바아레츠 바이트앗쩨브 엘-리보

야웨께서 그 땅 위에 그 사람을 지으셨음을 탄식하시고 또 그 마음이 비통하셨다.

- **바인나헴 야웨 키 아사 에트 하아담**
  (야웨가 그 땅 위에 그 사람을 지으셨음을 탄식하셨다)

야웨 하나님이 탄식하신 것은 '아담(사람)'을 창조하신 것이 아니라 선악지식을 좇아간 그 '사람(하아담)'을 지으신 것을 탄식하셨다. 야웨 하나님은 '하아담 아파르'를 빚으시고 그의 코에 생명들의 숨을 불어 넣어 '레네페쉬 하야'가 되게 하셨다.

이는 그로 하여금 살려주는 영의 실존이 되게 하려 함이었다. 그럼에도 그는 선악을 아는 하나님처럼 되고자 하였다. 그는 하나님이 그를 위하여 세우신 폿대에서 벗어났다. 큰 자가 되고자 한 그의 후손들은 땅에 사망으로 가득하게 했다.

또 그들의 마음은 하나님이 기뻐하시는 생명을 생각하지 아니하고 언제나 '폿대(생명)'에서 빗나간 육신의 생존만을 생각했다. 사람이 선악지식을 좇아서 생각하며 사는 것은 야웨 하나님이 보시기에 좋은 생명세계를 이루는 것이 아니라 사망세계를 이루는 것이다.

6.7 וַיֹּאמֶר יְהוָה אֶמְחֶה אֶת-הָאָדָם אֲשֶׁר-בָּרָאתִי
מֵעַל פְּנֵי הָאֲדָמָה מֵאָדָם עַד-בְּהֵמָה עַד-רֶמֶשׂ
וְעַד-עוֹף הַשָּׁמַיִם כִּי נִחַמְתִּי כִּי עֲשִׂיתִם׃

바요메르 야웨 엠헤 에트-하아담 아셰르-바라티 메알 페네 하아다마 메아담 아드-베헤마 아드-레메스 베아드-오프 핫샤마임 키 니함티 키 아시팀

야웨께서 말씀하시기를, "내가 창조한 그 사람을 내가 그 흙의 표면 위로부터 도말하되 사람으로부터 육축과 기는 것과 하늘들의 새까지니 내가 그것들을 지었음을 탄식함이라."라고 하셨다.

6.8 וְנֹחַ מָצָא חֵן בְּעֵינֵי יְהוָה׃ פ

베노아흐 마짜 헨 베에네 야웨

그러나 노아는 야웨의 눈 속에서 은혜를 발견하였다.

- **베노아흐 마짜 헨 베에네 야웨(노아는 야웨의 눈 속에서 은혜를 발견하였다)**

기록된 바, "하나님이 그 해를 악인과 선인에게 비취게 하시며 비를 의로운 자와 불의한 자에게 내리우신다."(마5:45)라고 하였다. 노아는 그 시대에 선악지식을 좇아 사는 사람들과는 달리 야웨 하나님의 온전하신 생명의 은혜 가운데 거한 사람이었다. 하나님이 그 해를 악인과 선인에게 비취게 하는 것과 비를 의로운 자와 불의한 자에게 내리는 것은 모든 사람이 그의 생명의 법 안으로 들어오게 하려 함이다.

그러나 노아 이외에는 아무도 그 일을 알지 못했다. 노아만이 야웨 하나님의 생명의 눈 속에서 자기를 향하여 있는 하나님의 은혜를 발견하였다. 은혜를 은혜 되게 하지 못하는 것이 인간의 욕심과 선악지식이다. 사람의 눈에 선한 것이나 악한 것이나 의로운 것이나 불의한 것이나 가릴 것 없이 그것들은 하나님이 예비하신 생명을 벗어난 것이다.

6.9 אֵלֶּה תּוֹלְדֹת נֹחַ נֹחַ אִישׁ צַדִּיק תָּמִים הָיָה בְּדֹרֹתָיו אֶת־הָאֱלֹהִים הִתְהַלֶּךְ־נֹחַ׃

엘레 톨도트 노아흐 노아흐 이쉬 짜디크 타밈 하야 베도로타이브 에트-하엘로힘 히트할레크 노아흐

이것들은 노아의 행적이다. 노아는 의인이었으며 그의 세대에서 온전하였고 노아는 그 하나님과 동행하였다.

● **엘레 톨도트 노아흐(이것들은 노아의 행적이다)**

창세기에서 '톨도트'가 세 번째 등장하였다. 첫 번째는 창세기 2장 4절에서 이미 창조된 그 하늘들과 그 땅의 후속으로서의 '돌도트'인 땅과 하늘들이다. 두 번째는 5장 1절에서 아담의 후손들인 '돌도트'이며, 세 번째인 6장 9절은 노아의 행적과 그의 후손들인 '돌도트'다.

노아는 '그 하나님(하엘로힘)'과 동행하였다. 그 하나님은 선악지식의 하나님이 아니라 생명의 하나님인 야웨다. 그는 그 시대 사람들이 좇아간 선악의 '엘로힘(우상)'을 좇지 아니했다. 그는 야웨의 눈 속에서 은혜를 발견한 사람이다.

그가 의롭고 온전하였던 것은 은혜의 하나님을 믿었으며 그와 동행하였기 때문이다. 그의 의는 세상 사람들이 말하는 정의도 공의도 선도 아니다. 그의 의는 생명의 하나님과 함께한 그의 삶이다.

6.10 וַיּ֥וֹלֶד נֹ֖חַ שְׁלֹשָׁ֣ה בָנִ֑ים אֶת-שֵׁ֖ם אֶת-חָ֥ם וְאֶת-יָֽפֶת׃

바욜레드 노아흐 셸로샤 바님 에트-셈 에트-함 베에트-야페트

노아는 세 아들 셈과 함과 에페트를 낳게 했다.

6.11 וַתִּשָּׁחֵ֥ת הָאָ֖רֶץ לִפְנֵ֣י הָֽאֱלֹהִ֑ים וַתִּמָּלֵ֥א הָאָ֖רֶץ חָמָֽס׃

바티샤헤트 하아레츠 리프네 하엘로힘 바팀말레 하아레츠 하마스

그리고 그 땅은 그 하나님 앞에서 부패되었고 또 그 땅은 강포로 채워졌다.

● **부패와 강포**

네필림과 용사들은 크고, 높고, 강하고, 많은 것을 선으로 여기기 때문에 작은 자, 낮은 자, 약한 자, 가난한 자를 억압하고 강탈하며 죽인다. 그 땅은 그들에 의해서 부패되었고, 또 그들은 그 땅을 폭력으로 가득하게 했다. 즉 그들은 선악지식을 좇아서 끝없이 부패하였고 또 폭력의 세상을 만들어 내었다.

인간의 선과 악은 마음의 부패를 가져오고 그 부패는 폭력을 일으킨다. 인류의 역사는 선악지식을 좇는 영웅들과 그들을 따라간 무리들이 만들어낸 부패와 폭력의 기록이다. 예나 오늘이나 이런 일들은 여전히 계속되고 있다.

6.12 וַיַּ֧רְא אֱלֹהִ֛ים אֶת-הָאָ֖רֶץ וְהִנֵּ֣ה נִשְׁחָ֑תָה

כִּֽי-הִשְׁחִ֧ית כָּל-בָּשָׂ֛ר אֶת-דַּרְכּ֖וֹ עַל-הָאָֽרֶץ׃ ס

바야르 엘로힘 에트-하아레츠 베힌네 니쉬하타 키-히쉬티트 콜-바사르 에트-다르코 알-하아레츠

하나님이 그 땅을 보셨다. 보라, 그것이 부패되었으니 이는 모든 육체가 그의 길을 부패케 하였기 때문이다.

● **힌네(보라)**

'보라' 할 때에 보아야 하며 볼 수 있어야 한다. 그 땅이 부패되었는데 그것은 모든 육체가 그의 길을 부패케 하였기 때문이다. 사람이 자기 생각을 따라 자기 길을 걷는 것이 죄인데 이때의 사람들은 그들의 길을 심히 부패케 하였다. 하나님께 속한 사람의 육체는 속 사람을 위한 성전이다. 모든 사람이 성전이 되어야 할 그 육체를 부패케 하였으니 이는 그 마음이 부패하였기 때문이다. 땅을 다스리는 사람의 부패는 땅의 부패를 가져 왔고 땅과 사람이 함께 멸망될 수밖에 없는 사망세계를 이루고 있었다.

6.13 וַיֹּאמֶר אֱלֹהִים לְנֹחַ קֵץ כָּל־בָּשָׂר בָּא לְפָנַי כִּי־מָלְאָה הָאָרֶץ חָמָס
מִפְּנֵיהֶם וְהִנְנִי מַשְׁחִיתָם אֶת־הָאָרֶץ׃

바요메르 엘로힘 레노아흐 케츠 콜-바사르 바 레파나이 키-말레아 하아레츠 하마스 미프네헴 베힌니 마쉬히탐 에트-하아레츠

하나님이 노아에게 말씀하시기를, "모든 육체의 끝이 내 앞으로 다가오고 있으니 이는 그들의 얼굴로부터 그 땅에 강포가 가득하게 되었음이라. 그 땅과 함께 그들을 멸하는 나를 보라."

● **레파나이(내 얼굴 앞으로, 내 앞으로)와 미페네헴(그들의 얼굴로부터)**

사람들이 부패와 강포 속에서 살다 보니 아예 그것들이 그들의 얼굴에 배었다. 즉 그들의 얼굴에 강포를 즐기며, 조장하며, 증폭시키는 일이 드러나고 있다. 그러므로 그들의 얼굴이 그들의 끝 날이 이르렀음을 하나님께 직고하고 있다. 하나님은 노아에게 "그 땅과 그들을 멸하는 나를 보라."라고 하셨다. 오늘날 사람들의 강포 또한 그들의 얼굴에 드러내고 있다.

즉 그들의 얼굴 노릇을 하고 있는 몸짓이나 말이나 설교나 욕설이나 연설이나 신문이나 티브이(TV)나 컴퓨터나 인터넷이나 현수막이나 간판 등에 잘 드러나고 있다. 예수 그리스도의 속량을 통하여 구원된 우리 각 사람이 나의 나됨으로 나아가지 않으면 하나님의 은혜를 색욕거리로 만들며 우리 스스로 부패하며 강포함에 이른다.

6.14 עֲשֵׂה לְךָ תֵּבַת עֲצֵי־גֹפֶר קִנִּים תַּעֲשֶׂה
אֶת־הַתֵּבָה וְכָפַרְתָּ אֹתָהּ מִבַּיִת וּמִחוּץ בַּכֹּפֶר׃

아세 레카 테바트 아쩨 고페르 킨님 타아세 에트-하테바 베카파르타 오타 미바이트 우미후쯔 바코페르

"너는 너를 위하여 잣나무 방주를 짓되 그 방주에 둥지들을 만들라. 그리고 그것을 역청으로 안팎에 덮으라."

● **카파르(덮다, 용서하다, 화해하다)와 코페르(역청, 몸 값, 속전)**

노아가 방주를 짓는 것은 그 자신을 위하고 또 거기에 들어오는 모든 동물을 위한 것이므로 물이 새지 않도록 해야 한다. 그러므로 역청으로 안팎에 덮지 않으면 안 된다. 역청을 안에만 덮으면 밖에서 물이 스며들 것이요. 밖에만 덮으면 안에서 물이 새어나갈 것이다.

방주는 성전을 징조하고 있으며 성전은 사람의 몸이다. 세상의 부패와 강포가 홍수를 이룰 때 성전은 하나님의 의로 안과 밖이 덮여 있어야 한다. 기록된 바, "세상이 나를 향하여 못 박히고 나 또한 세상을 향하여 그러하다."(갈6:14) 함과 같이 예수 그리스도의 의가 우리의 안과 밖을 지키도록 해야 한다.

성전의 지성소에 있는 언약궤의 뚜껑은 '카포레트(시은좌, 속죄소)'라 불리웠다. '카포레트'는 '카파르'에서 비롯되었다. '카포레트'는 순금으로 만들어졌다. 우리의 믿음이 예수 그리스도의 믿음과 하나된 믿음이면 순금 같은 믿음이다.

하나님이 노아에게 방주를 짓게 하신 것은 무엇 때문인가. 그것은 노아 자신이 모든 생물을 살리는 방주인 까닭이다. 노아가 지은 방주는 징조요, 그림자이며 노아 자신이 그 실상이다. 성전은 휘장으로 성소와 지성소로 나뉘어 있다. 지성소에는 하나님이 계시고 성소에는 사람이 있다. 예수 그리스도는 그의 십자가로 그 휘장을 찢고 하나님께로 나아가는 길을 열어 놓으셨다.

방주는 성전이다. 그 성전은 아래에서 난 사람들이 그들의 손으로 지은 집이 아니라 구원된 자의 몸이요, 그리스도의 지체요, 에클레시아다. 노아가 멸망될 세상에서 불러냄을 받은(에크칼레오; call out) 실존이었던 것과 같이 에클레시아 또한 그러하다.

에클레시아는 선악의 세상으로부터 생명의 나라로 불러냄을 받은 이들의 세상을 이기는 거룩한 실존이다. 사람의 손으로 지은 집은 사람들이 편리하게 모이는 집일뿐이다. 성전은 하나님의 손으로 지은 사람의 몸이다. 아래에서 난 자는 사람의 손으로 지은 집을 성전으로 삼고 위에서 난 자는 하나님의 형상으로 창조된 자기 몸을 성전으로 삼는다.

6.15 וְזֶ֕ה אֲשֶׁ֥ר תַּעֲשֶׂ֖ה אֹתָ֑הּ שְׁלֹ֨שׁ מֵא֥וֹת אַמָּ֛ה אֹ֥רֶךְ הַתֵּבָ֖ה חֲמִשִּׁ֤ים
אַמָּה֙ רָחְבָּ֔הּ וּשְׁלֹשִׁ֥ים אַמָּ֖ה קוֹמָתָֽהּ׃

베제 아셰르 타아세 오타 셸로쉬 메오트 암마 오레크 하테바 하미쉼 암마 로헤바 우셸로쉼 암마 코마타흐

"이것은 네가 그것을 짓는 방식이다. 그 방주의 길이는 삼백 큐빗, 그것의 넓이는 오십 큐빗, 그것의 높이는 삼십 큐빗이다."

6.16 צֹהַר ׀ תַּעֲשֶׂה לַתֵּבָה וְאֶל-אַמָּה תְּכַלֶּנָּה מִלְמַעְלָה וּפֶתַח הַתֵּבָה
בְּצִדָּהּ תָּשִׂים תַּחְתִּיִּם שְׁנִיִּם וּשְׁלִשִׁים תַּעֲשֶׂהָ׃

쪼하르 타아세 라테바 베엘-암마 테칼렌나 밀말라 우페타 하테바 베찌다흐 타심 타팀 셰님 우셸리쉼 타아셰하

"너는 방주에 지붕을 만들되 위에서부터 한 큐빗에 마치고 그 방주의 문은 옆면에 두고 하층, 이층, 삼층으로 그것을 만들라."

● 방주를 짓는 방식

방주의 길이와 넓이와 높이는 각각 300 큐빗, 50 큐빗, 30 큐빗이므로 30:5:3이다. 길이는 넓이의 6배이며 높이의 10배이다.

이것은 방주가 물 위에 온전히 떠다닐 수 있는 수치일 것이다. 또 방주는 하층, 이층, 삼층으로 되었으니 하층에 기는 것들, 이층에 짐승들, 삼층에 새들을 두기 위함이었을 것이다. 사람의 몸은 아래에 배가 있고, 가운데에 가슴이 있고, 가장 위에 머리가 있다.

머리는 지식이요, 가슴은 마음이요, 배는 생존이다. 이와 같이 하나님과 동행한 노아의 몸은 존재적으로 땅에 사는 모든 동물들의 방주였다. 하나님이 사람에게 생물들 안에서 다스리게 하신 것은 그 모든 생물들이 둘째 사람의 영광의 자유에 이르게 하려는 것이다.

오늘날 아래에서 난 사람들이 자기들의 손으로 큰 집을 지으며 그것을 노아의 방주라 하나 참 방주는 위로부터 난 둘째 사람 자신이다. 위로부터 난 자는 누구든지 '생명(배)'과 '사랑(가슴)'과 '거룩(머리)'과 '초월(영)'의 방주다. 노아를 닮은 둘째 사람은 그 자신뿐 아니라 그 안에 들어온 모든 생명을 살리는 방주다.

6.17 וַאֲנִי הִנְנִי מֵבִיא אֶת-הַמַּבּוּל מַיִם עַל-הָאָרֶץ לְשַׁחֵת כָּל-בָּשָׂר
אֲשֶׁר-בּוֹ רוּחַ חַיִּים מִתַּחַת הַשָּׁמָיִם כֹּל אֲשֶׁר-בָּאָרֶץ יִגְוָע׃

바아니 힌니 메비 에트- 함마불 마임 알-하아레츠 레샤헤트 콜- 바사르 아셰르 -보 루아흐 하임 미타하트 핫샤마임 콜 아셰르-바아레츠 이그바

"그리고 내가, 나를 보라, 그 하늘들 아래에서 그 안에 생명들의 영이 있는 모든 육체를 멸절하기 위하여 그 땅 위에 홍수를 일으키리니 그 땅에 있는 모두가 죽으리라."

● **콜 바사르 아셰르 보 루아흐 하임(그 안에 생명들의 영이 있는 모든 육체)**

하나님은 무엇 때문에 '그 안에 생명들의 영이 있는 모든 육체'를 멸하시겠다고 하셨는가. 또 그 안에 생명들의 영이 있는 육체란 무엇인가. 우리가 노아의 홍수 기록을 영의 눈으로 읽지 못하고 이 말씀에서 빗나가면 노아도 하나님도 알 수 없게 된다.

창세기 6장 4절에서 하나님의 아들들이 육체인 '네필림(떨어진 자들)'이 되었다. 또 하나님의 아들들이 사람의 딸들을 취하여 육체의 용사들을 낳았다. 그들은 하나님께 속한 영과 생명의 실존을 이루어야 할 자들이었다. 그러나 그들은 선악지식과 욕심을 좇아서 육체가 되었다. 이 일은 더 이상 영원한 생명의 씨가 사람의 마음에 떨어져 싹이 나고 자라서 결실할 수 없는 마음의 부패를 말한다. 그 일이 하나님의 아들들이라 칭하던 자들로 말미암은 것이었다.

어떻게 생명들의 영을 받은 자들이 육체가 되어버리는가. 예나 오늘이나 그 일은 공공연하게 일어나고 있다. 오늘날 어떤 이들이 말하기를, '구원된 것은 영이니 육체는 아무래도 좋다'라고 한다. 또 어떤 이는 말하기를, '우리 형님인 예수가 우리의 모든 죄를 지시고 십자가에서 죽으시고 우리를 구원하셨으니 우리는 이 땅에서 잘 먹고 잘 살다가 천국 가면 된다'고 한다.

이런 사람들은 생명의 말씀을 받았으나 그 자신의 육체의 유익을 위하여 그 말씀을 땅의 선악지식으로 바꾸었으므로 위로부터 아래로 떨어졌다. 그러므로 그들은 나를 나 되게 하는 야웨 하나님의 새 창조를 헛되게 하면서 많은 무리를 부패케 하고 있다. 그들은 아버지를 버리고 다만 우상을 좇아서 '세상(종교계)'에서 성공하려 한다. 생명의 말씀이 그들 안에서 사망의 선악지식으로 바뀌었다.

우리가 알아야 할 것은 노아 홍수의 근본적 대상은 생명들의 '영(말씀)'을 육체 안에 가두고 소멸시키면서 육체가 되어버린 그들이다. 다른 육체들은 그들의 부패에 동참하였기 때문에 그들과 함께 멸망된 것이며 모든 동물들은 사람의 다스림 아래에 있기 때문에 멸망된 것이다. 하나님의 자녀로 부름을 받은 이들이 욕심과 선악지식을 좇아서 부패하고 강포해져서 육체가 되면 인류를 멸망시키는 가공할 대 재앙을 가져오게 된다. 오늘날 우리 주변을 살펴보면 이런 일이 도처에서 일어나고 있는 것을 금방 알 수 있다. 누구든지 위로부터 낳아진 하나님의 자녀는 노아의 홍수에서 오늘날의 홍수를 '호라오'할 수 있어야 한다.

첫 창조에서는 만물이 먼저 창조되었다. 그러나 새 창조에 있어서는 생명의 말씀으로 사람이 먼저 새롭게 지어진다. 이 순서는 바뀌지 아니하며 바꿀 수도 없다. 그럼에도 아래에서 낳아진 사람들은 욕심과 선악지식을 좇아 자신들은 전혀 새로워지지 아니하고 새 하늘과 새 땅이 창조되면 거기에 들어가려 하고 있다.

그러나 그들이 바라는 대로 하나님은 그들에게 새 하늘과 새 땅을 주실 수 없다. 왜냐하면 새 하늘과 새 땅은 그들 안에 이루어져야 하기 때문이다. 가령 새로운 존재가 아닌 이들이 새 하늘과 새 땅에 들어간다 할지라도 그들은 그곳을 순식간에 음부가 되게 할 것이다.

창세기에 기록된 네필림과 용사들은 하나님이 지으시고 '심히 좋다' 하신 그 땅을 부패케 하였다. 세상에서 커지고, 높아지고, 강해지고 부자가 되려는 자들은 하나님이 '심히 좋다' 하신 것을 '심히 나쁘게' 만들고 있다.

하나님이 그 하늘들 아래에서 그 땅 위에 홍수를 일으키는 것은 생명들의 영을 육체 안에 가두고 질식시키고 있는 그 육체를 멸하시고 그의 기쁘신 뜻을 좇아 새 하늘과 새 땅을 지으려 하심이다. 하나님이 노아에게 방주를 짓게 하신 것은 노아로 말미암아 새로운 영의 계보를 일으키려 함이다. 만약 노아의 후손들이 하나님의 기쁘신 뜻을 버리고 그 일에 실패한다고 하면 그는 또 다른 계보를 일으키실 것이다.

● 샤하트(부패하다, 파괴하다, 죽이다)의 알파와 오메가

하나님은 인생들이 무엇을 뿌리든지 그것을 거두게 하신다. 뿌리는 것은 알파요, 거두는 것은 오메가다. 창세기 6장 11절에 그 땅은 그 하나님 앞에서 '부패되었고' 할 때에는 '샤하트' 동사의 수동형 '바티샤헤트'이다. 그리고 12절에서 이는 모든 육체가 그 땅 위에서 그의 길을 '부패케 하였다' 할 때에는 '샤하트' 동사의 사역형 '히쉬히트'이며 17절에서 하나님이 모든 육체를 멸하시는 것은 '샤하트' 동사의 강의형 '레샤헤트'이다. 하나님은 농부시다. 농부는 그가 농사하는 농작물과 밭이 썩고 부패하면 그 밭을 갈아엎어 밭을 새롭게 한 후에 다시 씨를 뿌린다.

6.18 וַהֲקִמֹתִ֥י אֶת־בְּרִיתִ֖י אִתָּ֑ךְ וּבָאתָ֙ אֶל־הַתֵּבָ֔ה אַתָּ֕ה וּבָנֶ֛יךָ וְאִשְׁתְּךָ֥ וּנְשֵֽׁי־בָנֶ֖יךָ אִתָּֽךְ׃

바하키모티 에트-베리티 이타크 우바타 엘-하테바 아타 우바네카 베이쉬테카 우네셰 바네카 이타크

"그러나 내가 너와는 나의 언약을 세우리니 너는 네 아들들과 네 아내와 네 아들들의 아내들과 함께 그 방주로 들어가고"

6.19 וּמִכָּל־הָ֠חַי מִֽכָּל־בָּשָׂ֞ר שְׁנַ֧יִם מִכֹּ֛ל תָּבִ֥יא אֶל־הַתֵּבָ֖ה לְהַחֲיֹ֣ת אִתָּ֑ךְ זָכָ֥ר וּנְקֵבָ֖ה יִהְיֽוּ׃

우미콜-하하이 미콜-바사르 셰나임 미콜 타비 엘-하테바 레하하요트 이타크 자카르 우네케바 이혜우

"그리고 너는 모든 생물로부터 모든 육체로부터 각기 둘씩 그들이 너와 함께 살아 있게 하기 위하여 그 방주로 이끌어 들이되 수컷과 암컷이 되게 하고"

6.20 מֵהָעוֹף לְמִינֵהוּ וּמִן־הַבְּהֵמָה לְמִינָהּ מִכֹּל רֶמֶשׂ הָאֲדָמָה לְמִינֵהוּ
שְׁנַיִם מִכֹּל יָבֹאוּ אֵלֶיךָ לְהַחֲיוֹת׃

메하오프 레미네후 우민-하브헤마 레미나흐 미콜-레메스 하아다마 레미네후 셰나임 미콜 야보우 엘레카 레하하요트

"그 새가 그 종류대로, 그 육축이 그 종류대로, 그 흙에 기는 모든 것이 그 종류대로 각기 둘씩 살아 있기 위하여 네게로 나아올 것이다."

6.21 וְאַתָּה קַח־לְךָ מִכָּל־מַאֲכָל אֲשֶׁר יֵאָכֵל וְאָסַפְתָּ אֵלֶיךָ וְהָיָה לְךָ וְלָהֶם לְאָכְלָה׃

베아타 카-레가 미콜-마아칼 아셰르 예아켈 베아사프타 엘레카 베하야 레카 베라헴 레오클라

"너는 먹을 모든 식물로부터 네게로 가져오라. 그리고 그것을 네게로 모으라. 그것이 너와 그들에게 식물이 될 것이다."라고 하셨다.

6.22 וַיַּעַשׂ נֹחַ כְּכֹל אֲשֶׁר צִוָּה אֹתוֹ אֱלֹהִים כֵּן עָשָׂה׃ ס

바야아스 노아흐 케콜 아셰르 찜바 오토 엘로힘 켄 아사

노아가 하나님이 그에게 명하신 모든 것을 좇아서 행하면서 그대로 행하였다.

● 아사(만들다, 행하다, 성취하다)의 알파와 오메가

노아는 하나님의 명을 좇아서 행했다. 그것은 알파의 의다. 그는 그 모든 것을 명받은 것과 같이 온전히 성취하였다. 그것은 오메가의 의다. 아담은 '레네페쉬 하야'가 되어 에덴의 동산에 들어왔다. 그것은 그의 알파의 의다. 그러나 그는 거기서 야웨 하나님의 명을 좇지 아니하고 뱀의 선악지식을 좇아서 불의를 이루었다. 그러자 그의 알파의 의는 유실되었고 그는 불의한 자가 되었다.

예수 그리스도를 믿지 않던 사람들이 예수 그리스도를 믿는 것은 알파의 의다. 그러나 그들은 자기 욕심을 이루고자 하는 종교인이 되어 버린다. 그때에 그들의 알파의 의는 유실되고 그들은 선악지식을 좇아 불의한 자가 되고 만다. 그들은 자신들의 종교적 선악지식을 좇아서 그들의 마음대로 살 자와 죽을 자를 판단하며 자신들을 정통이라 다른 이를 이단이라 정죄한다. 이와 같이 그들은 종주를 따라서 스스로 그 마음 땅을 부패시킨다.

아담의 마음을 부패케 한 뱀은 다른 데 있지 않고 모든 사람 안에 욕심과 선악지식으로 먼저 와 있다. 그래서 예수께서 말씀하시기를, "나보다 먼저 온 자는 절도요, 강도라."라고 하였다. 그 절도와 강도는 다른 것이 아니라 육신의 정욕이요, 안목의 정욕이요, 이생의 자랑이요, 선악지식이다. 하나님의 자녀로 부름을 받은 자들로 아버지의 뜻을 이루지 않고 육신의 자기 뜻을 이루게 하고 있는 자가 자신 안에 있는 뱀이다. 그 뱀을 이긴 자는 구원의 방주가 되어 죽은 자를 살린다.

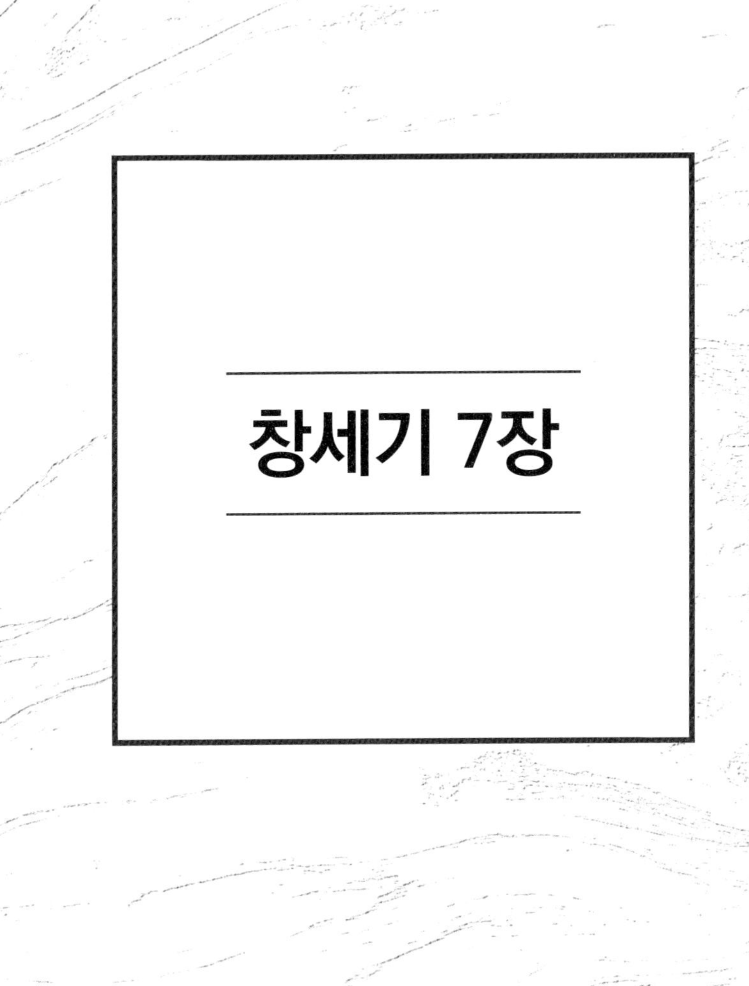

창세기 7장

7.1 וַיֹּאמֶר יְהוָה לְנֹחַ בֹּא־אַתָּה וְכָל־בֵּיתְךָ אֶל־הַתֵּבָה כִּי־אֹתְךָ רָאִיתִי צַדִּיק לְפָנַי בַּדּוֹר הַזֶּה׃

바요메르 야웨 레노아흐 보-아타 베콜-베테카 엘-하테바 키-오트카 라이티 짜디크 레파나이 바도르 핫제

야웨께서 노아에게 말씀하시기를, "너와 네 온 집은 그 방주로 들어가라. 이는 내가 이 세대에서 네가 내 앞에서 의로운 것을 보았기 때문이다."

● **레파나이(내 앞에서, 내 얼굴을 향하여)**

야웨 하나님이 노아를 보시니 의로웠다. 이것은 노아가 스스로 의로웠다는 것이 아니다. 야웨 하나님이 그를 의롭게 보신 것은 그가 그 세대에서 하나님의 얼굴을 향해 있었기 때문이다. 그는 보이지 아니하는 야웨 하나님의 얼굴을 향해 있었고 하나님은 그를 보고 계셨다.

노아는 그의 얼굴을 그 세대를 향해 있지 않았다. 그는 그의 세대에게 감추인 자였다. 야웨 하나님이 노아를 보시니 의로웠다 하는 것은 그가 야웨 하나님 안에서 '나의 나됨'을 이루었기 때문이다. 하나님이 어느 누구를 보시고 의롭다 하는 것은 그의 '인자 됨'을 보고하시는 말씀이다. 그러나 아래에서 난 사람들은 자기의 선악지식을 좇아서 스스로 의롭다고 한다. 욕심과 선악지식으로 부패하고 강포를 행하는 자들은 자신들을 옳다고 판단하며 하나님의 의와는 아무런 관련이 없는 그들 자신의 정의와 공의를 부르짖는다.

기록된 바, "십자가의 도가 멸망하는 사람들에게는 미련한 것이요 구원을 얻는 우리에게는 하나님의 능력이라."(고전1:18)라고 하였다. 노아는 그 당시 보지도 못했고, 듣지도 못했고, 생각지도 못한 홍수를 대비하기 위하여 믿음으로 보이지 아니하는 야웨의 명을 좇아 방주를 지었다.

그 방주는 대략 길이가 150미터, 넓이가 25미터, 높이가 15미터였다. 그 거대한 방주를 짓는 그에게서 그 세대 사람들은 무엇을 보았을까. 아마도 그들은 그 세상에서 가장 어리석은 자를 보았을 것이다. 그 어리석은 자가 하는 일이나 말에 그들이 주의를 기울일 리 없었다. 오늘날 또한 그러하다. 오늘날 그리스도 예수 안에 있는 사람이 '나의 나됨'을 이루는 일은 노아가 방주를 지었던 일과 조금도 다르지 아니하다.

야웨 하나님은 노아가 그의 명을 좇아서 방주를 온전하게 지은 후에 그를 보시고 "이 세대에서 내 얼굴을 향하여 있는 너를 보니 의롭다."라고 하셨다.

기록된 바, "믿음으로 노아는 아직 보지 못하는 일에 경고하심을 받아 경외함으로 방주를 예비하여 그 집을 구원하였으니 이로 말미암아 세상을 정죄하고 믿음을 좇는 의의 후사가 되었다."(히11:7)라고 하였다. 노아는 그 세대 사람들이 보는 육체의 일을 보지 않고 그들이 보지 못하는 영의 일을 보았다.

7.2 מִכֹּ֣ל ׀ הַבְּהֵמָ֣ה הַטְּהוֹרָ֗ה תִּֽקַּח־לְךָ֛ שִׁבְעָ֥ה שִׁבְעָ֖ה אִ֣ישׁ וְאִשְׁתּ֑וֹ
וּמִן־הַבְּהֵמָ֡ה אֲ֠שֶׁר לֹ֣א טְהֹרָ֥ה הִ֛וא שְׁנַ֖יִם אִ֥ישׁ וְאִשְׁתּֽוֹ׃

미콜 하브헤마 핫트호라 티카-레카 쉬브아 쉬브아 이쉬 베이쉬토 우민-하브헤마 아셰르 로 테호라 히 셰나밈 이쉬 베이쉬토

"너는 모든 정결한 육축으로부터 수컷과 암컷을 일곱씩, 정결하지 아니한 것은 수컷과 암컷 둘씩 네게로 취하고"

7.3 גַּ֣ם מֵע֧וֹף הַשָּׁמַ֛יִם שִׁבְעָ֥ה שִׁבְעָ֖ה זָכָ֣ר וּנְקֵבָ֑ה לְחַיּ֥וֹת זֶ֖רַע עַל־פְּנֵ֥י כָל־הָאָֽרֶץ׃

감 메오프 핫샤마임 쉬브아 쉬브아 자카르 우네카바 레하요트 제라 알-페네 콜-하아레츠

"그 온 지면 위에 씨를 보전하기 위하여 역시 그 하늘들의 새로부터 수컷과 암컷 일곱 씩을 취하라."

● 엘-하테바(그 방주로)와 레카(네게로)

창세기 6장 19절에 하나님이 노아에게 말씀하시기를, "너는 모든 생물로부터 모든 육체로부터 각기 둘씩 그들이 너와 함께 살아 있게 하기 위하여 그 방주로 이끌어 들이되 수컷과 암컷이 되게 하라."라고 하셨다. 그리고 6장 22절에 "노아가 하나님이 그에게 명하신 모든 것을 좇아서 행하면서 그대로 행하였다."라고 하였다.

그런데 창세기 7장 2절에서 다시 "너는 모든 정결한 육축으로부터 수컷과 암컷을 일곱씩, 정결하지 아니한 것은 수컷과 암컷 둘씩 네게로 취하라."라고 하셨고, 7장 3절에서 "그 온 지면 위에 씨를 보전하기 위하여 역시 그 하늘들의 새로부터 수컷과 암컷 일곱씩을 취하라."라고 하셨다. 그리고 7장 5절에서 "노아가 야웨께서 그에게 명한 모든 것과 같이 행하였다."라 하였다. 창세기 1장과 2장이 중복 기사가 아닌 것 같이 창세기 6장과 7장도 중복 기사가 아니다.

6장의 말씀은 새가 그 종류대로, 육축이 그 종류대로, 모든 기는 것이 그 종류대로, 노아에게 나아오고 노아는 그것들을 방주로 이끌어 들였다. 그러나 7장의 말씀은 모든 정결한 육축으로부터 수컷과 암컷 일곱씩, 정결하지 않은 것은 수컷과 암컷 둘씩 '노아에게로(네게로)' 취하고 또 그 하늘들의 새로부터(모든 새로부터가 아니다) 수컷과 암컷 일곱씩을 노아에게로 취하는 일이었다.

즉 야웨께서 노아에게 '네게로 취하라'라고 명하신 육축과 새는 노아에게 주신 육축과 새였다. 즉 그것들은 노아의 다스림 아래에 두어졌다. 스스로 노아에게 나아와서 방주에 들어간 모든 생물은 홍수가 끝나면 스스로 그들이 살 곳을 찾아갈 것이다. 그러나 노아가 취한 육축과 새들은 노아가 보살피며 다스릴 것들이었다. 이것은 무엇을 말하는가.

새는 사람의 지식을 징조하고 육축은 마음을 징조한다. 누구든지 자기의 지식과 마음은 자기가 다스려야 한다. 그럴 수밖에 없는 것은 그 지식과 마음은 자기 안에 있기 때문이다. 그럼에도 오늘날 많은 사람이 자기의 마음과 지식을 자기가 다스리지 않고 하나님의 종이라 불리는 이들(그들 중 많은 사람이 아래에서 났다)에게 맡기고 동물처럼 살고 있다. 스스로 노아에게 나아와서 방주에 들어왔다가 홍수가 지나가면 그 스스로의 길을 가야 할 수많은 생물은 노아가 다스리거나 지배할 수 없다. 노아는 다만 자기에게 속한 육축과 새를 보살피며 다스릴 뿐이다.

인자의 기도에서 "우리가 우리에게 빚진 자를 자유케 한 것 같이 우리의 빚을 자유케 하옵소서."라 하였다. 방주로 들어온 모든 생물은 야웨 하나님의 은혜로 말미암아 노아의 방주로 들어왔다. 또, 노아 자신도 하나님의 은혜로 말미암아 방주를 지었다.

노아도 모든 생물도 근원적으로 야웨 하나님께 빚을 지고 있다. 그런데 그때에 노아가 "너희들은 모두 방주에 들어와서 살게 되었으니 나에게 빚을 졌다. 그 빚을 갚지 않는 한 놓아 보낼 수 없다."라고 하였다면, 야웨 하나님 역시 노아에게 "너도 내게 빚을 졌으니 그 빚을 한 호리라도 다 갚지 아니하고는 놓아 줄 수 없다."라고 하셨을 것이다.

생존의 관계성은 서로 빚짐의 관계이다. 누구도 남에게 빚지지 아니하고는 생존할 수 없다. 그들이 서로 빚지고 살 수밖에 없는 것은 그들이 먹이 사슬에 매여 있기 때문이다. 어느 생물도 다른 것에게 빚지지 않는 것이 없다. 그런데 오직 사람만이 '공짜 점심은 없다'라며 '빚을 갚으라' 또는 '너는 내게 빚졌다' 하면서 빚 갚음을 재촉한다. 그러나 그들은 그 점심의 재료가 누구에게서 온 것인지 조금도 생각지 아니한다.

'빚을 졌다' 또는 '빚을 주었다' 하는 것 자체가 첫 사람의 선악지식에서 나온 것이다. 그러므로 둘째 사람으로 새롭게 지어지는 카이로스의 실존은 빚진 자를 자유케 하면서 하나님으로부터 자유함을 얻는다. 첫 사람이 둘째 사람이 되면 첫 사람의 생존의 양식이 되었던 생물들은 그 둘째 사람의 영광의 자유에 참여한다. 하나님은 그 아들들의 빚짐을 생물들에게 하늘의 영광으로 갚아주신다.

7.4 כִּי לְיָמִים עוֹד שִׁבְעָה אָנֹכִי מַמְטִיר עַל-הָאָרֶץ
אַרְבָּעִים יוֹם וְאַרְבָּעִים לָיְלָה וּמָחִיתִי
אֶת-כָּל-הַיְקוּם אֲשֶׁר עָשִׂיתִי מֵעַל פְּנֵי הָאֲדָמָה׃

키 레야밈 오드 쉬브아 아노키 맘티르 알-하아레츠 아르바임 욤 베아르바임 랴옐라 우마히티 에트-콜- 하예쿰 아셰르 아시티 메알 페네 하아다마

“왜냐하면 지금부터 칠일이면 내가 마흔 낮 마흔 밤 그 땅에 비를 내리게 하여 내가 지은 그 모든 산 것을 그 흙의 표면으로부터 도말할 것이기 때문이라.”고 하셨다.

7.5 וַיַּעַשׂ נֹחַ כְּכֹל אֲשֶׁר-צִוָּהוּ יְהוָה׃

바야아스 노아흐 케콜 아셰르- 찝바후 야웨

노아가 야웨께서 그에게 명하신 모든 것과 같이 행하였다.

7.6 וְנֹחַ בֶּן-שֵׁשׁ מֵאוֹת שָׁנָה וְהַמַּבּוּל הָיָה מַיִם עַל-הָאָרֶץ׃

베노아흐 벤-셰쉬 메오트 샤나 베함마블 하야 알-아레츠

노아가 육백세였고 그때에 그 홍수가 그 땅 위에 있었다.

7.7 וַיָּבֹא נֹחַ וּבָנָיו וְאִשְׁתּוֹ וּנְשֵׁי-בָנָיו אִתּוֹ אֶל-הַתֵּבָה מִפְּנֵי מֵי הַמַּבּוּל׃

바야보 노아흐 우바나이브 베이쉬토 우네쉐- 바나이브 이토 엘-하테바 미프네 메 함바블

노아가 그의 아들들과 그의 아내와 그 아들들의 아내들과 함께 그 홍수를 피하여 방주에 들어갔고

7.8 מִן־הַבְּהֵמָה הַטְּהוֹרָה וּמִן־הַבְּהֵמָה אֲשֶׁר אֵינֶנָּה
טְהֹרָה וּמִן־הָעוֹף וְכֹל אֲשֶׁר־רֹמֵשׂ עַל־הָאֲדָמָה׃

민-하브헤마 핫트호라 우민-하브헤마 아셰르 에넨나 테호라 우민-하오프 베콜 아셰르- 로메스 알-하아다마

정결한 육축으로부터와 정결하지 아니한 육축으로부터와 새와 그 흙에 기는 모든 것이

7.9 שְׁנַיִם שְׁנַיִם בָּאוּ אֶל־נֹחַ אֶל־הַתֵּבָה זָכָר וּנְקֵבָה כַּאֲשֶׁר צִוָּה אֱלֹהִים אֶת־נֹחַ׃

셰나임 셰나임 바우 엘-노아흐 엘-하테바 자카르 우네케바 카아셰르 찝바 엘로힘 에트- 노아흐

하나님이 노아에게 명하신 것과 같이 둘씩 둘씩 수컷과 암컷이 노아에게 나아와 그 방주로 들어갔다.

7.10 וַיְהִי לְשִׁבְעַת הַיָּמִים וּמֵי הַמַּבּוּל הָיוּ עַל־הָאָרֶץ׃

바예히 레쉬브아트 하야밈 우메 함바블 하이우 알 -하레츠

칠일 후에 그 홍수가 그 땅 위에 있었다.

7.11 בִּשְׁנַת שֵׁשׁ־מֵאוֹת שָׁנָה לְחַיֵּי־נֹחַ בַּחֹדֶשׁ הַשֵּׁנִי
בְּשִׁבְעָה־עָשָׂר יוֹם לַחֹדֶשׁ בַּיּוֹם הַזֶּה נִבְקְעוּ
כָּל־מַעְיְנֹת תְּהוֹם רַבָּה וַאֲרֻבֹּת הַשָּׁמַיִם נִפְתָּחוּ׃

비쉬나트 셰쉬 메오트 샤나 레하예 -노아흐 바호데쉬 핫셰니 베쉬브아-아사르 욤 라호데쉬 바욤 핫제 니브케우 콜-마예노트 테홈 라바 바아루보트 핫샤마임 니프타후

노아의 삶으로 육백세 되던 해 그 이월 십칠일이라. 그달 그날에 큰 깊음의 모든 샘들이 터지며 그 하늘들의 문들이 열렸다.

● 그 홍수가 있던 해와 달과 날

그 홍수가 있던 날은 노아가 600세 되던 해의 2월 17일이었다. 노아는 7일 전에 그 방주에 들어갔다. 그날을 기점으로 하여 노아는 350년을 더 살았다. 6은 사람의 숫자요, 7은 하나님의 숫자다. 노아의 나이 600세를 기점으로 하여 야웨 하나님은 부패한 세대를 멸망시키고 새로운 세대를 열어 주셨다.

노아의 아들들이 그것을 알았다면 좋았을 것이다. 그 하늘들의 문들이 열려 비가 내리고 큰 깊음의 샘들이 터져 물이 솟아 나온 것은 그때의 부패하고 강포한 세상을 멸하기 위함이었다. 그리하여 하늘 위의 물과 땅속의 물이 연합하여 야웨 하나님의 뜻을 이루었다. 이 일은 살았고 운동력 있는 말씀이 하늘에서 비같이 내리고 '땅(마음)'에서 샘같이 솟을 때 아래에서 난 첫 사람의 선악 세상이 멸망되어 사라지게 됨을 징조하고 있다.

7.12 וַיְהִי הַגֶּשֶׁם עַל-הָאָרֶץ אַרְבָּעִים יוֹם וְאַרְבָּעִים לָיְלָה׃

바예히 하게셈 알-하아레츠 아르바임 욤 베아르바임 라옐라

그 비가 마흔 낮과 마흔 밤 땅 위에 내렸다.

7.13 בְּעֶצֶם הַיּוֹם הַזֶּה בָּא נֹחַ וְשֵׁם-וְחָם וָיֶפֶת בְּנֵי-נֹחַ
וְאֵשֶׁת נֹחַ וּשְׁלֹשֶׁת נְשֵׁי-בָנָיו אִתָּם אֶל-הַתֵּבָה׃

베에쩸 하욤 핫제 바 노아흐 베셈-베함 바에페트 베네- 노아흐 베에셰트 노아흐 우셸로셰트 네셰 -바나이브 이탐 엘-하테바

그 동일한 날에 노아와 그의 아들들 셈과 함과 에페트와 노아의 아내와 그의 아들들의 세 아내가 그들과 함께 그 방주로 들어갔고

7.14 הֵ֜מָּה וְכָל־הַחַיָּ֣ה לְמִינָ֗הּ וְכָל־הַבְּהֵמָה֙ לְמִינָ֔הּ וְכָל־הָרֶ֛מֶשׂ הָֽרֹמֵ֥שׂ
עַל־הָאָ֖רֶץ לְמִינֵ֑הוּ וְכָל־הָע֣וֹף לְמִינֵ֔הוּ כֹּ֖ל צִפּ֥וֹר כָּל־כָּנָֽף׃

헴마 베콜-하하야 레미나흐 베콜-하브헤마 레미나흐 베콜-하레메스 하로메스 알-하아레츠 레미네후 베콜-하오프 레미네후 콜 찌포르 콜-카나프

그들과 그 모든 들짐승이 그 종류대로, 모든 육축이 그 종류대로, 그 땅 위에 기는 그 모든 것이 그 종류대로, 그 모든 새가 그 종류대로 즉 각종의 모든 새가

7.15 וַיָּבֹ֥אוּ אֶל־נֹ֖חַ אֶל־הַתֵּבָ֑ה שְׁנַ֤יִם שְׁנַ֙יִם֙ מִכָּל־הַבָּשָׂ֔ר אֲשֶׁר־בּ֖וֹ ר֥וּחַ חַיִּֽים׃

바야보우 엘-노아흐 엘-하테바 셰나임 셰나임 미콜-하바사르 아셰르-보 루아흐 하임

둘씩 둘씩 노아에게 나아와 방주로 들어갔으니 그 안에 생명들의 영이 있는 모든 육체로부터다.

7.16 וְהַבָּאִ֗ים זָכָ֨ר וּנְקֵבָ֤ה מִכָּל־בָּשָׂר֙ בָּ֔אוּ כַּאֲשֶׁ֛ר צִוָּ֥ה אֹת֖וֹ אֱלֹהִ֑ים וַיִּסְגֹּ֥ר יְהוָ֖ה בַּעֲדֽוֹ׃

베하바임 자카르 우네케바 미콜-바사르 바우 카아셰르 찝바 오토 엘로힘 바이세고르 야웨 바아도

들어간 것들은 모든 육체의 수컷과 암컷이며 그들이 하나님이 그에게 명하신 것과 같이 들어가자 야웨께서 그를 닫아 넣으셨다.

● **바이세고르 야웨 바아도(그리고 야웨가 그를 닫아 넣으셨다)**

야웨가 노아를 닫아 넣으셨다. 이는 홍수가 지나가기까지 방주의 문을 열지 못하게 함이다. 야웨가 닫은 것을 사람들이 열면 홍수가 넘쳐 들어와 방주가 전복되고 거기 있는 생물들이 다 죽을 것이다. 아무리 바깥 사정을 알고 싶더라도 '방주(성전)' 안에 들어온 자는 홍수가 지나가기까지 그 안에 머물러 있어야 한다.

● **미콜-하바사르 아셰르 보 루아흐 하임**
(그 안에 생명들의 영이 있는 모든 육체로부터)

창세기 6장 17절에서 하나님이 말씀하시기를, "그 안에 생명들의 영이 있는 모든 육체를 멸절하리라."라고 하셨다. 그런데 창세기 7장 15절에서는 "그 안에 생명들의 영이 있는 모든 육체로부터 둘씩 둘씩 노아에게 나아와 방주로 들어갔다."라고 하였다.

6장은 그 안에 생명들의 영이 있는 모든 육체가 멸절되는 것이요, 7장은 생명들의 영이 있는 모든 육체가 사는 것이다. '여기 생명들의 영(루아흐 하임)'은 단순히 '숨(breath)'을 말하는 것이 아니다. 계시된 말씀과 같이 생명들의 영이다.

노아에게 나아와 방주로 들어간 짐승들은 생명들의 영의 인도함을 받았다. 그렇지 않고서는 그들이 스스로 노아에게 나올 수 없다. 기록된 바, "피조물의 고대하는 바는 하나님의 아들들의 나타나기를 기다림이니 피조물이 허무한데 굴복하는 것은 자기 뜻이 아니요 오직 굴복게 하시는 이로 말미암음이라. 그 바라는 것은 피조물도 썩어짐의 종노릇 한 데서 해방되어 하나님의 자녀들의 영광의 자유에 이르는 것이니라. 피조물이 다 이제까지 함께 탄식하며 고통스러워 하는 것을 우리가 아느니라."(롬8:19-22)라고 하였다.

하나님이 홍수를 일으키실 때에 노아에게 방주를 짓게 하시고 들짐승과 육축과 기는 것과 새가 노아에게 스스로 나아오게 하셨다. 짐승들은 사람보다 그 본능으로 자연 재앙을 먼저 알아차린다. 그렇다고 노아가 방주를 짓는 것을 알고 그리로 올 수는 없는 것이다.

그럼에도 짐승들은 노아에게 나아와 방주에 들어갔다. 이 놀라운 일은 무엇을 말함인가. 노아가 야웨 하나님과 생명의 관계성 속에 있었기 때문이다. 즉 노아 안에 생명들의 영이 있었기 때문에 하나님은 짐승들 안에도 생명들의 영으로 역사하게 하여 그에게로 나아오게 하셨다. 그렇지 않았다면 그 많은 짐승들이 어떻게 홍수가 임할 것을 알고 노아에게로 나아왔겠는가.

이와 같이 야웨 하나님과 동행한 노아 한 사람으로 말미암아 멸망케 되었던 많은 피조물이 썩어짐의 종 노릇한데서 해방되었다. 이것은 한 사람 예수 그리스도로 말미암아 멸망케 되었던 많은 사람이 하나님의 아들들이 될 뿐 아니라 피조물과 함께 한 사람 안에서도 그 육신이 가진 수많은 동물의 속성들이 '나의 나됨' 안에서 하나님의 아들들이 영광의 자유에 이르게 되는 것을 말한다. 속 사람도 겉 사람도 생명들의 영에 의해 인도함을 받는 이들은 참 성전이다.

● 들어가는 방주와 나오는 방주

노아와 노아의 식구들과 동물들이 방주에 들어간 것은 홍수가 지난 후 거기서 나오려 함이었다. 그 방주는 들어가는 방주인 동시에 나오는 방주이다. 그 방주는 영원히 거할 곳이 아니니다. 그럼에도 오늘날 사람들이 노아의 방주라 부르는 큰 건물을 지으며 거기에 계속 머물려 하고 있다.

종주들은 거기에 사람들을 모아 가두고 임금노릇하려 한다. 도대체 왜 이런 일이 벌어지고 있는가. 그것은 방주를 짓는다고 하는 이들이 아래에서 난 자들이기 때문이다. 그들은 선악지식을 좇아서 노아의 기사를 읽고 있다. 그들은 성전이 된 자신들의 새로운 카이로스의 실존 안에 머물지 아니하고 모세 이전, 아브라함 이전, 노아 때의 크로노스의 생존 시대로 돌아가서 거기에 머물고 있다.

하나님의 심판에도 알파와 오메가가 있어서 알파는 물의 심판이요, 오메가는 불의 심판이다. 물의 심판은 지나갔다. 그런데 사람의 손으로 방주를 짓고 거기에 머물러 있으면 불의 심판 때에 방주와 함께 불탈 것이다. 그들은 불타버릴 건물을 방주라 부르며 열심히 짓고 있다. 그러나 노아의 방주는 하나님의 자녀의 실존이 된 각 사람의 '나의 나됨'을 징조하고 있다.

자기 몸이 성전임을 알지 못하고 사람의 손으로 지은 건물을 성전이라 부르면서 그 건물에 많은 사람이 모이고 있으나 불의 심판을 피할 수 없을 것이다. 그러므로 육신의 정욕, 안목의 정욕, 이생의 자랑을 좇아서 사람의 손으로 방주를 지을 것이 아니라 눈에 보이지 아니하는 하나님의 자녀의 실존을 이루어 하늘로부터 내려오는 새 예루살렘 성안으로 들어와야 할 것이다.

믿음에도 알파의 때가 있고 오메가의 때가 있다. 기록된 바, "내가 어렸을 때에는 말하는 것이 어린아이와 같고 깨닫는 것이 어린아이와 같고 생각하는 것이 어린아이와 같다가 장성한 사람이 되어서는 어린아이의 일을 버렸노라."(고전13:11) 하였다. 눈에 보이는 방주를 짓는 일은 어린아이 때의 일이다. 장성한 어른은 불의 심판을 견디는 '나의 나됨'을 이룬다.

그것이 곧 성전된 나의 실존이다. 많은 사람이 크로노스의 어린아이 시대가 지나간 지 오래건만 카이로스의 장성한 자의 영과 진리의 시대로 유월하지 못하고 있다. 성전의 유월은 그리스도 예수 안에 있는 사람에게 이루어지는 천지개벽의 시작이다.

7.17 וַיְהִי הַמַּבּוּל אַרְבָּעִים יוֹם עַל-הָאָרֶץ וַיִּרְבּוּ הַמַּיִם
וַיִּשְׂאוּ אֶת-הַתֵּבָה וַתָּרָם מֵעַל הָאָרֶץ׃

바예히 함마불 아르바임 욤 알-하아레츠 바이레부 함마임 바이스우 에트-하테바 바타람 메알 하아레츠

그 홍수가 사십일을 그 땅 위에 있었으며 그 물들이 많아져 그 방주를 들어 올렸고 그것은 그 땅으로부터 떠올랐다.

7.18 וַיִּגְבְּרוּ הַמַּיִם וַיִּרְבּוּ מְאֹד עַל-הָאָרֶץ וַתֵּלֶךְ הַתֵּבָה עַל-פְּנֵי הַמָּיִם׃

바이게브루 함마임 바이르부 메오트 알-하아레츠 바텔레크 하테바 알-페네 함마임

그 물들이 범람하고 그 땅 위에 더욱 많아져 그 방주가 그 물들의 표면 위에 떠 다녔다.

7.19 וְהַמַּיִם גָּבְרוּ מְאֹד מְאֹד עַל־הָאָרֶץ וַיְכֻסּוּ
כָּל־הֶהָרִים הַגְּבֹהִים אֲשֶׁר־תַּחַת כָּל־הַשָּׁמָיִם׃

베함마임 가베루 메오드 메오드 알-하아레츠 바이쿳수 콜-헤하림 하게보힘 아셰르-타하트 콜-핫샤마임

그 물들이 그 땅 위에 더욱 더욱 범람하여 그 온 하늘들 아래의 그 모든 높은 산들이 덮였다.

7.20 חֲמֵשׁ עֶשְׂרֵה אַמָּה מִלְמַעְלָה גָּבְרוּ הַמָּיִם וַיְכֻסּוּ הֶהָרִים׃

하메쉬 에스레 아마 밀말라 가베루 함마임 바이쿳수 헤하림

그 물들이 범람하여 위로 십오 큐빗이 오르자 그 산들이 덮였다.

7.21 וַיִּגְוַע כָּל־בָּשָׂר הָרֹמֵשׂ עַל־הָאָרֶץ בָּעוֹף וּבַבְּהֵמָה וּבַחַיָּה
וּבְכָל־הַשֶּׁרֶץ הַשֹּׁרֵץ עַל־הָאָרֶץ וְכֹל הָאָדָם׃

바이게바 콜-바사르 하로메스 알-하아레츠 바오프 우바브헤마 우바하야 우베콜-핫셰레츠 핫쇼레츠 알-하아레츠 베콜 하아담

그 땅 위에 움직이는 모든 육체가 죽었다. 그 새와 그 육축과 그 들짐승과 그 땅 위에 기는 모든 것과 그 모든 사람이다.

7.22 כֹּל אֲשֶׁר נִשְׁמַת־רוּחַ חַיִּים בְּאַפָּיו מִכֹּל אֲשֶׁר בֶּחָרָבָה מֵתוּ׃

콜 아셰르 니쉬마트-루아흐 하임 베아파이브 미콜 아셰르 베하라바 메투

그 육지에 있는 모든 것 중에 그 코에 생명들의 영의 숨이 있는 모든 자가 죽었다.

● **니쉬마트 루아흐 하임 베아파이브(그 코에 생명들의 영의 숨이 있는 자)**

'그 코에 생명들의 영의 숨이 있는 모든 자'는 아담 이후 선악지식을 좇아 부패되어 땅에 떨어진 사람들이다. 여기 창세기 7장 22절은 생물들을 가리키는 말씀이 아니다. 영의 말씀을 선악지식이 되게 하여 그 땅을 부패케 하고 강포를 그 땅에 충만케 한 그 사람들이 홍수로 다 멸망했다. 다른 동물들은 사람의 다스림 아래 있었기 때문에 그들과 함께 죽었다. 이 일은 예수 그리스도 안에서 그의 말씀으로 우리의 육체의 선악지식이 조금도 남김없이 멸망될 것임을 징조하고 있다. 그 일이 위로부터 나는 일과 짝이 되어 있다. 예수 그리스도의 십자가는 그 일을 이루었다.

7.23 וַיִּמַח אֶת-כָּל-הַיְקוּם ׀ אֲשֶׁר ׀ עַל-פְּנֵי הָאֲדָמָה מֵאָדָם עַד-בְּהֵמָה
עַד-רֶמֶשׂ וְעַד-עוֹף הַשָּׁמַיִם וַיִּמָּחוּ מִן-הָאָרֶץ וַיִּשָּׁאֶר אַךְ-נֹחַ וַאֲשֶׁר
אִתּוֹ בַּתֵּבָה׃

바이마 에트-콜-하예쿰 아셰르 알-페네 하아다마 메아담 아드-베헤마 아드-레메스 베아드-오프 핫샤마임 바임마후 민-하아레츠 바잇샤에르 아크-노아흐 바아셰르 이토 바테바

그 흙의 표면 위에 있는 그 모든 산 것 즉 사람으로부터 육축까지 기는 것까지 그 하늘들의 새까지도 멸하셨다. 그것들은 그 땅에서 도말되었으나 다만 노아와 그와 함께 방주에 있던 자들이 남았다.

7.24 וַיִּגְבְּרוּ הַמַּיִם עַל-הָאָרֶץ חֲמִשִּׁים וּמְאַת יוֹם׃

바이게브루 함마임 알-하아레츠 하밋쉼 우메아트 욤

그 물들이 그 땅 위에 일백오십일을 범람하였다.

● **물과 말씀**

물은 말씀을 징조한다. 기록된 바, "사람이 물과 영으로 나지 아니하면 하나님 나라에 들어갈 수 없느니라."라고 하였다. 야웨 하나님은 물로 지면의 모든 산 것을 도말하시면서 살아야 할 것은 구원하셨다. 사람이 물로 거듭난다는 것은 겉 사람의 욕심과 선악지식과 생존의 애착이 말씀 안에 침지(沈漬)되어(잠겨) 온전히 죽고 말씀 안의 사랑과 거룩과 생명으로 다시 부활하는 것이다. 그 후에 하나님은 그의 영을 보내시어 그 마음을 새롭게 창조하신다.

창세기 1장 2절의 물과 창세기 7장 23절의 물은 바로 이 일을 징조하고 있다. 우리의 거듭남에도 알파와 오메가가 있으니 알파는 말씀 안에서 '옛 사람이 죽는 것(옛 사람을 벗는 것)'이요, 오메가는 영 안에서 '새 사람이 사는 것(새 사람을 입는 것)'이다. 노아의 홍수는 '레네페쉬 하야'가 말씀 안에 잠겨서 그의 육신의 정욕, 안목의 정욕, 이생의 자랑, 선악지식에서 죽고 부활하여 '살려주는 영'이 되는 그 일을 가리키고 있다.

창세기 8장

8.1 וַיִּזְכֹּר אֱלֹהִים אֶת-נֹחַ וְאֵת כָּל-הַחַיָּה וְאֶת-כָּל-הַבְּהֵמָה אֲשֶׁר אִתּוֹ
בַּתֵּבָה וַיַּעֲבֵר אֱלֹהִים רוּחַ עַל-הָאָרֶץ וַיָּשֹׁכּוּ הַמָּיִם׃

바이제코르 엘로힘 에트- 노아흐 베에트 콜-하하야 베에트 콜-하브헤마 아셰르 이토 바테바 바야아베르 엘로힘 루아흐 알- 하아레츠 바야쇼크 함마임

하나님이 노아와 그와 함께 그 방주에 있는 그 모든 들짐승과 그 모든 육축을 기억하시고 하나님이 그 땅 위에 바람이 불게 하시니 그 물들이 누그러졌다.

● **물과 바람**

그 땅의 모든 산 것들이 홍수로 말미암아 죽자 하나님은 바람을 그 땅 위에 불게 하셨다. 그 바람은 하나님의 영을 징조한다. 기록된 바, "(야웨께서) 당신의 영을 보내시니 저희가 창조되며 또 흙의 표면을 새롭게 하신다."(시140:30)라고 하였다. 하나님은 물로써 죽을 것을 죽게 하시고 영으로써 살 것을 살리신다. 물과 바람으로 땅이 새롭게 되는 것은 말씀과 영으로 사람이 위로부터 거듭나는 일을 징조하고 있다.

8.2 וַיִּסָּכְרוּ מַעְיְנֹת תְּהוֹם וַאֲרֻבֹּת הַשָּׁמָיִם וַיִּכָּלֵא הַגֶּשֶׁם מִן-הַשָּׁמָיִם׃

바잇사케루 마예노트 테홈 바아루보트 핫샤마임 바이칼레 하게셈 민-핫샤마임

그리고 깊음의 샘들과 그 하늘들의 문들이 닫히고 그 하늘들로부터 비가 그쳤다.

8.3 וַיָּשֻׁבוּ הַמַּיִם מֵעַל הָאָרֶץ הָלוֹךְ וָשׁוֹב וַיַּחְסְרוּ
הַמַּיִם מִקְצֵה חֲמִשִּׁים וּמְאַת יוֹם׃

바야슈브 함마임 메알 하아레츠 할로크 바쇼브 바야세루 함마임 미크쩨 하밋쉼 우메아트 욤

그 물들이 그 땅에서 물러가고 점점 물러가서 일백오십일 후에 그 물들이 감소하였다.

8.4 וַתָּנַח הַתֵּבָה בַּחֹדֶשׁ הַשְּׁבִיעִי בְּשִׁבְעָה-עָשָׂר יוֹם לַחֹדֶשׁ עַל הָרֵי אֲרָרָט׃

바타나 하테바 바호데쉬 핫쉬비이 베쉬브아- 아사르 욤 라호데쉬 알 하레 아라라트

방주가 칠월 곧 그달 십 칠일에 아라라트 산들 위에 머물렀다.

8.5 וְהַמַּיִם הָיוּ הָלוֹךְ וְחָסוֹר עַד הַחֹדֶשׁ הָעֲשִׂירִי
בָּעֲשִׂירִי בְּאֶחָד לַחֹדֶשׁ נִרְאוּ רָאשֵׁי הֶהָרִים׃

베함마임 하이우 할로크 베하소르 아드 하호데쉬 하아시리 바아시리 베에하드 라호데쉬 니르우 로셰 헤하림

그 물들이 시월에 이르기까지 점점 감하여 시월 그달 일일에 산들의 봉우리들이 보였다.

8.6 וַיְהִי מִקֵּץ אַרְבָּעִים יוֹם וַיִּפְתַּח נֹחַ אֶת-חַלּוֹן הַתֵּבָה אֲשֶׁר עָשָׂה׃

바예히 미케츠 아르바임 욤 바이페타 노아흐 에트-할론 하테바 아셰르 아사

사십일을 지나서 노아가 그 방주에 지은 창을 열었다.

8.7 וַיְשַׁלַּח אֶת-הָעֹרֵב וַיֵּצֵא יָצוֹא וָשׁוֹב עַד-יְבֹשֶׁת הַמַּיִם מֵעַל הָאָרֶץ׃

바예살라 에트-하오레브 바예쩨 야쪼 바쇼브 아드- 예보셰트 함마임 메알 하아레츠

그리고 까마귀를 내보냈더니 그것이 그 흙의 표면 위에서 그 물들이 마르기까지 왕래하였다.

● **바타나 하테바 알 하레 아라라트(방주가 아라라트 산들 위에 머물렀다)**

노아의 홍수 과정을 자세히 살펴보면 방주가 칠월 십칠일에 아라라트 산들 위에 머물렀다. 그러나 그것은 방주가 거기에 멈추어 서서 움직이지 않았다는 말이 아니다. 노아의 방주가 잠시 아라라트 산들 위에 머문 때에 사십 일간 물은 더욱 불어서 높은 산들이 다 덮였다.

그 후에 그 물들이 시월에 이르기까지 점점 감하며 산들의 봉우리가 보였다. 즉 방주는 아라라트 산들 위에 잠시 머물렀을 뿐 방주는 여전히 불어난 물 위를 떠다녔다. 방주가 마지막 멈춘 곳은 아라라트 산들이 아니라 그 흙의 표면이다.

만약 방주가 아라라트 산들 위에 멈춰 섰고 노아가 거기서 나왔다면 산에서 내려와야 했을 것이다. 그러나 노아가 방주 뚜껑을 열고 본 것은 마른 지면이었다.

8.8 וַיְשַׁלַּח אֶת־הַיּוֹנָה מֵאִתּוֹ לִרְאוֹת הֲקַלּוּ הַמַּיִם מֵעַל פְּנֵי הָאֲדָמָה׃

바예샬라 에트-하요나 메이토 릴오트 하칼루 함마님 메알 페네 하아다마

그가 또 그 흙의 표면 위로부터 그 물들이 감하였는지를 보기 위하여 그에게서 그 비둘기를 내어보냈다.

8.9 וְלֹא־מָצְאָה הַיּוֹנָה מָנוֹחַ לְכַף־רַגְלָהּ וַתָּשָׁב אֵלָיו אֶל־הַתֵּבָה כִּי־מַיִם
עַל־פְּנֵי כָל־הָאָרֶץ וַיִּשְׁלַח יָדוֹ וַיִּקָּחֶהָ וַיָּבֵא אֹתָהּ אֵלָיו אֶל־הַתֵּבָה׃

베로 마쯔아 하요나 마노아흐 레카프-라글라흐 바타샤브 엘라이브 엘-하테바 키-마임 알 페네 콜- 하아레츠 바이쉴라 야도 바이카헤하 바야베 오타 엘라이브 엘 -하테바

그러나 그 온 땅의 표면에 물들이 있으므로 그 비둘기가 접족하여 쉴 곳을 찾지 못하고 그에게로 그 방주로 돌아왔다. 그가 그의 손을 내밀어 그것을 잡아 그에게로 그 방주 안으로 들였다.

8.10 וַיָּ֣חֶל ע֔וֹד שִׁבְעַ֥ת יָמִ֖ים אֲחֵרִ֑ים וַיֹּ֛סֶף שַׁלַּ֥ח אֶת־הַיּוֹנָ֖ה מִן־הַתֵּבָֽה׃

바야헬 오드 쉬브아트 야밈 아헤림 바요세프 샬라흐 에트-하요나 민-하테바

또 그가 다른 칠일을 기다려 다시 그 비둘기를 그 방주로부터 내어보냈다.

8.11 וַתָּבֹ֨א אֵלָ֤יו הַיּוֹנָה֙ לְעֵ֣ת עֶ֔רֶב וְהִנֵּ֥ה עֲלֵה־זַ֖יִת
טָרָ֣ף בְּפִ֑יהָ וַיֵּ֣דַע נֹ֔חַ כִּי־קַ֥לּוּ הַמַּ֖יִם מֵעַ֥ל הָאָֽרֶץ׃

바타보 엘라이브 하요나 레에트 에레브 베힌네 알레-자이트 타라프 베피하 바예다 노아흐 키-칼루 함마임 메알 하아레츠

저녁때에 그 비둘기가 그에게로 돌아왔다. 그리고 보라. 그 입에 뜯어낸 감람 잎사귀가 있었다. 그래서 노아가 그 땅에서 그 물들이 감한 줄 알았다.

8.12 וַיִּיָּ֣חֶל ע֔וֹד שִׁבְעַ֥ת יָמִ֖ים אֲחֵרִ֑ים וַיְשַׁלַּח֙ אֶת־הַיּוֹנָ֔ה וְלֹא־יָסְפָ֥ה שׁוּב־אֵלָ֖יו עֽוֹד׃

바이야헬 오드 쉬브아트 야밈 아헤림 바예샬라 에트-하요나 베로-야세파 슈브-엘라이 오드

또 그가 칠일을 기다려 그 비둘기를 내어보내니 다시는 그에게로 돌아오지 않았다.

8.13 וַ֠יְהִי בְּאַחַ֨ת וְשֵׁשׁ־מֵא֜וֹת שָׁנָ֗ה בָּרִאשׁוֹן֙ בְּאֶחָ֣ד לַחֹ֔דֶשׁ חָרְב֥וּ הַמַּ֖יִם
מֵעַ֣ל הָאָ֑רֶץ וַיָּ֤סַר נֹ֨חַ֙ אֶת־מִכְסֵ֣ה הַתֵּבָ֔ה וַיַּ֕רְא וְהִנֵּ֥ה חָרְב֖וּ פְּנֵ֥י
הָֽאֲדָמָֽה׃

바예히 베아하트 베셰쉬-메오트 샤나 바리숀 베에하드 라호데쉬 하레부 함마임 메알 하아레츠 바야싸르 노아흐 에트-미크쎄 하테바 바야르 베힌네 하레부 페네 하아다마

육백일 년 일월 그 달 일일에 그 물들이 그 땅에서 걷혔다. 노아가 그 방주의 뚜껑을 제치고 보았다. 보라. 그 흙의 표면에서 물이 걷혔다.

8.14 וּבַחֹ֙דֶשׁ֙ הַשֵּׁנִ֔י בְּשִׁבְעָ֧ה וְעֶשְׂרִ֛ים י֖וֹם לַחֹ֑דֶשׁ יָבְשָׁ֖ה הָאָֽרֶץ׃ ס

우바호데쉬 핫셰니 베쉬브아 베에쉬림 욤 라호데쉬 야베샤 하아레츠

이월 그 달 이십 칠일에 그 땅이 말랐다.

● 노아의 홍수 일지

노아의 나이 600세 되던 2월 17일에 홍수가 시작되었다. 40일 후 3월 28일에 깊음의 샘들과 하늘의 문들이 닫히고 비가 그쳤다. 홍수로부터 150일이 되는 7월 17일에 방주가 아라라트 산들 위에 머물렀다. 그 후 40일간 물이 더욱 불어서 8월 28일에는 모든 산들이 물에 덮였다. 그 이후로 물이 감하여 10월 1일에 산들의 봉우리가 보였다. 40일이 지나 노아가 까마귀를 내어보냈고 그것은 물이 땅에서 마르기까지 왕래하였다. 7일 후 비둘기를 내어보냈으나 돌아왔고 다시 7일 후 비둘기를 내어보내었더니 새로 뜯은 감람 잎사귀를 물고 돌아왔다. 다시 7일 후 11월 30일에 비둘기를 내어보내자 돌아오지 않았다.

노아는 601세가 되는 해 1월 1일에 방주 뚜껑을 제치고 그 흙의 표면에서 물이 걷힌 것을 보았다. 그로부터 60일 후 601년 2월 27일, 노아는 하나님의 명을 좇아 방주에서 나왔다. 노아는 홍수가 잦아드는 것을 자세히 지켜보았다. 이는 방주에서 나가게 될 때를 예비하기 위함이었다. 노아가 방주에서 나갈 때를 예비하고 있지 않았다면 야웨 하나님이 그에게 방주에서 나오라 할지라도 준비되지 못한 상태로 있다가 거기서 나오지 못했을 것이다.

● 되어짐과 될 대로 되라

되어짐은 될 대로 되라고 내버려 두는 것이 아니다. 되어짐의 존재는 항상 깨어 있어서 되어지는 그때를 놓치지 않는다. 노아는 방주에서 만사 '될 대로 되라' 하지 않았다. 그는 깨어서 홍수가 어떻게 되어 가는지를 살피면서 '되어짐'에 자신을 맡겼다. 하나님의 부르심을 좇아서 성전이 되어진 자는 깨어 있어서 하나님이 그를 어떻게 지어 가시는지 살피면서 그의 부르심에 즉시 응답한다.

누구든지 깨어 있지 아니하면 때가 되어 하나님이 부르실지라도 준비되어 있지 않아서 응답할 수가 없다. 하나님의 자녀들은 그들이 영과 생명 안에서 깨어 있을 때 하나님의 새 창조에 온전히 동참할 수 있다. 노아는 홍수가 줄어드는 것을 자세히 살피면서 거기서 나갈 때를 위하여 미리 예비하였다. 그가 방주에 들어온 것은 나가기 위함이었기 때문이다.

● 까마귀와 비둘기

많은 사람들이 '될 대로 되라' 하는 것을 하나님의 자녀들의 자유로 잘못 알고 있다. 그 자유는 까마귀의 형상이다. 까마귀는 까마귀의 방식대로 사는 것이 분명하므로 그것도 그것의 자유임이 분명하다. 그러나 그것은 새 창조 안으로 들어온 하나님의 자녀의 자유가 아니다.

자유란 말은 같으나 하나는 자기의 에고비전 곧 그의 선악지식을 좇는 사망의 길이요, 다른 하나는 말씀의 로고비전 곧 계시를 좇는 생명의 길이다. 비둘기는 노아에게 그가 알고자 하는 소식을 가져왔으나 까마귀는 자신의 자유만 누렸다. '나의 나됨'의 존재는 하나님과 마주하여 있는 '단독자(모노게네스)'다. 비둘기가 노아와 마주하여 있었던 것 같이 노아 또한 하나님과 마주하여 있었다.

하나님의 자녀는 아무것이나 자유롭게 먹는 탐식자가 아니다. 이미 그 탐식의 자유는 방종이요, 그는 자유를 누리는 것이 아니라 자유라는 선악지식에 갇혔다. 까마귀가 방주로 돌아오지 않은 것은 밖에 그것이 먹을 수 있는 먹을거리가 많았기 때문이다.

그러나 비둘기는 까마귀의 먹을거리를 자기의 먹을거리로 삼지 않는다. 그것은 까마귀가 알지 못하는 자유다. 사람이 무엇을 먹을거리로 삼느냐에 따라서 그 자유가 생명에 속한 것이냐 사망에 속한 것이냐를 알 수 있다. 아래에서 난 자는 까마귀와 같고 위로부터 난 자는 비둘기와 같다.

아무것이나 먹는 자는 아무것이나 먹는 그것이 그의 자유요, 먹을거리를 가려서 먹는 자는 먹을거리를 가려서 먹는 것이 그의 자유다. 동물은 푸른 풀을 먹고 사람은 씨 맺는 채소와 씨가 있는 열매를 먹는다. 아무것이나 먹는 자는 먹을 것과 먹지 않을 것을 구분하여 먹는 자 보다 겉으로 더욱 큰 자유를 누리는 것 같이 보이나 그는 야웨 하나님 앞에서 동물이 되어 있다.

그러므로 자유의 영으로 말미암아 거듭나지 아니한 자는 '나의 나됨'을 벗어나는 헛된 자유를 누리며 '나는 자유자다'라고 외치지만 결국 멸망에 이른다. 기록된 바, "형제들아 너희가 자유를 위하여 부르심은 입었으나 그러나 그 자유를 다만 육체를 향한 기회로 쓰지 말고 도리어 사랑으로 말미암아 서로 종노릇 하라."(갈 5:13)라고 하였다. 사랑으로 말미암아 서로 종노릇하는 자유를 가진 자, 그가 '나의 나됨'의 존재다. 예수 그리스도는 우리에게 섬김의 자유를 주셨다.

8.15 וַיְדַבֵּר אֱלֹהִים אֶל-נֹחַ לֵאמֹר׃

바예다베르 엘로힘 엘- 노아흐 레모르

하나님이 노아에게 명하여 말씀하시기를,

8.16 צֵא מִן-הַתֵּבָה אַתָּה וְאִשְׁתְּךָ וּבָנֶיךָ וּנְשֵׁי-בָנֶיךָ אִתָּךְ׃

쩨 민-하테바 아타 베이쉬테카 우바네카 우네셰- 바네카 이타크

"너는 네 아내와 네 아들들과 네 아들들의 아내들과 함께 그 방주로부터 나오고"

8.17 כָּל־הַחַיָּה אֲשֶׁר־אִתְּךָ מִכָּל־בָּשָׂר בָּעוֹף וּבַבְּהֵמָה
וּבְכָל־הָרֶמֶשׂ הָרֹמֵשׂ עַל־הָאָרֶץ הוצא הַיְצֵא אִתָּךְ
וְשָׁרְצוּ בָאָרֶץ וּפָרוּ וְרָבוּ עַל־הָאָרֶץ׃

콜-하하야 아셰르- 이트카 미콜- 바사르 바오프 우바브헤마 우베콜- 하레메스 하로메스 알- 하아레츠 호쩨 이타크 베샤레쭈 바아레츠 우파루 베라부 알-하아레츠

"모든 육체로부터 너와 함께 한 모든 생물들 곧 그 새와 그 육축과 그리고 그 땅 위에 기는 모든 기는 것들을 너와 함께 이끌어 내라. 그것들이 그 땅에서 퍼지고 또 그 땅 위에서 생육하고 번성하리라."라고 하셨다.

● **생육 번성의 알파와 오메가**

방주에서 나온 각 종류의 생물들이 먼저 땅에서 퍼지는 것은 알파다. 그리고 그것들의 후손들이 땅 위에서 생육하고 번성하는 것은 오메가다. 이것은 무엇을 말하는가. 기록된 바, "한 알의 밀이 땅에 떨어져 죽지 아니하면 한 알 그대로 있고 죽으면 많은 열매를 맺느니라."라고 하였다. 한 알의 밀이 땅에 떨어져 열매 맺는 것은 알파요, 그 열매들이 다시 땅에 떨어져 열매 맺고 번성하는 것은 오메가다.

8.18 וַיֵּצֵא־נֹחַ וּבָנָיו וְאִשְׁתּוֹ וּנְשֵׁי־בָנָיו אִתּוֹ׃

바예쩨- 노아흐 우바나이브 베이쉬토 우네셰 바나이브 이토

노아가 그 아들들과 그 아내와 그 아들들의 아내들과 함께 나왔고

8,19 כָּל־הַֽחַיָּ֗ה כָּל־הָרֶ֙מֶשׂ֙ וְכָל־הָע֔וֹף כֹּ֖ל רוֹמֵ֣שׂ
עַל־הָאָ֑רֶץ לְמִשְׁפְּחֹ֣תֵיהֶ֔ם יָֽצְא֖וּ מִן־הַתֵּבָֽה׃

콜-하하야 콜-하레메스 베콜-하오프 콜 로메스 알-하아레츠 레미쉬페호테헴 야쩨우 민 -하테바

모든 짐승들과 모든 기는 것과 모든 새와 그 땅에 기는 모든 것이 그들의 종족대로 그 방주로부터 나왔다.

- **레미쉬페호테헴(그들의 종족대로)**

모든 짐승이 그들의 종족대로, 모든 기는 것이 그들의 종족대로, 모든 새가 그들의 종족대로, 땅에 기는 모든 것이 그들의 종족대로 그 방주로부터 나왔다. 모든 동물이 그들의 종족대로 방주로부터 질서 있게 나온 것은 서로에게 해를 입히거나 해를 입는 일이 없도록 하기 위함이다. 그래야만 하나님의 뜻을 좇아 그들이 생육하고 번성할 것이다.

8.20 וַיִּ֥בֶן נֹ֛חַ מִזְבֵּ֖חַ לַֽיהוָ֑ה וַיִּקַּ֞ח מִכֹּ֣ל ׀ הַבְּהֵמָ֣ה
הַטְּהוֹרָ֗ה וּמִכֹּל֙ הָע֣וֹף הַטָּהֹ֔ר וַיַּ֥עַל עֹלֹ֖ת בַּמִּזְבֵּֽחַ׃

바이벤 노아흐 미즈베아흐 라이호와 바이카 미콜 하브헤마 하트호라 우미콜 하오프 하타호르 바야알 올로트 밤미즈베아흐

노아가 야웨를 향하여 단을 쌓고 모든 정결한 육축으로부터 그리고 모든 정결한 새로부터 취하여 그 단에서 번제를 드렸다.

- **노아의 번제**

노아의 번제를 이해하지 못하는 이들이 노아의 번제에 대하여 홍수에서 겨우 살아난 동물을 번제로 드렸다고 그들의 선악지식으로 노아를 심판하고 있다. 노아는 번제를 야웨께 드렸다. 그러나 그 번제는 야웨를 위한 것이 아니라 노아와 노아의 가족과 모든 생물을 위한 것이다. 무슨 제사든 그 제사는 하나님을 위한 것이 아니라 사람을 위한 것이다.

하나님이 제사를 원하시는 것은 그 제사를 통하여 사람이 하나님과 소통되게 하려 함이다. 그러나 선악지식을 좇는 사람들은 그들의 제사로 자신들의 우상인 하나님을 달래어 무엇인가 얻으려 한다. 그것이 카인의 제사였음을 이미 살펴보았다.

야웨께서 원하는 제사는 하나님이 그것을 통해서 사람들이 그에게 가까이 오게 하시고 또 그들을 달래시어 그를 닮게 하시고자 함이다. 이것을 이해하지 못하는 모든 종교인들은 그들이 드리는 제사의 대가를 하나님이 주실 것을 요구한다. 카인의 제사가 그와 같았다.

노아가 번제물로 쓴 정결한 육축과 정결한 새는 야웨 하나님이 노아에게 따로 주신 것이다. 노아는 하나님이 '네게로 취하라' 하신 것들 중에서 취해 번제를 드렸다. 이것은 노아의 속 사람은 제사장이 되고 그 겉 사람은 제물이 된 것을 징조한다. 즉 노아의 번제는 그가 겉 사람의 육신의 정욕, 안목의 정욕, 이생의 자랑을 야웨께 드리는 일이다. 이 제사를 모르는 모든 제사는 살생이며 살인이다.

여기서 다시 한번 번역상의 문제를 살펴보자 '바이벤 노아흐 미즈베아흐 라이호와'는 '노아가 야웨를 향하여 단을 쌓았다(세웠다)'이다. 이 말씀을 아무도 '노아가 단으로 야웨를 만들었다' 하지 않는다. 그럼에도 같은 문장 구조인 창세기 2장 22절(바이벤 야웨 엘로힘 에트- 핫쩰라 아셰르-라카 민-하아담 레잇샤)은 '여호와 하나님이 아담에게서 취하신 갈빗대로 여자를 만드셨다'로 번역되었다.

그러나 그 말씀은 '야웨 하나님이 아담에게서 취하신 갈빗대를 여자를 향해 세우셨다'이다. 창세기 2장에서 자세히 살펴본 말씀이기 때문에 더 이상 말하지 않아도 독자들은 잘 이해할 것이다.

8.21 וַיָּרַח יְהוָה אֶת־רֵיחַ הַנִּיחֹחַ וַיֹּאמֶר יְהוָה אֶל־לִבּוֹ לֹא־אֹסִף לְקַלֵּל
עוֹד אֶת־הָאֲדָמָה בַּעֲבוּר הָאָדָם כִּי יֵצֶר לֵב הָאָדָם רַע מִנְּעֻרָיו
וְלֹא־אֹסִף עוֹד לְהַכּוֹת אֶת־כָּל־חַי כַּאֲשֶׁר עָשִׂיתִי׃

바야라 야웨 에트-레아흐 한니호아흐 바요메르 야웨 엘-리보 로-오씨프 레칼렐 오드 에트-하아다마 바아부르 하아담 키 예쩨르 레브 하아담 라 민우라이브 베로-오씨프 오드 레하코트 에트- 콜- 하이 카아셰르 아시티

야웨께서 그 향기를 맡으셨다. 그리고 야웨께서 그의 마음에 말씀하시기를, "내가 다시는 그 사람으로 인하며 그 흙을 뒤엎지 아니하리라. 이는 그 사람의 마음의 상상이 어려서부터 나쁘기 때문이다. 내가 다시는 모든 산 것을 내가 행한 것 같이 멸하지 아니하리라."

● **로 오씨프 레칼렐 에트- 하아다마(내가 다시는 그 흙을 뒤엎지 아니하리라)**

야웨께서 노아의 제물을 받으시고 그 마음에 말씀하시기를, "그 사람으로 인하여 다시는 그 흙(지구가 아니다)을 뒤엎지 아니하리라."라고 하셨다. 그 이유는 그 사람의 마음의 상상이 어려서부터 나쁘기 때문이라 하셨다. 이것은 인생들에게 참으로 슬픈 일이 아닐 수 없다. 그러면 이제부터는 '하아담'이 땅을 부패케 하고 강포로 땅을 충만케 해도 좋다는 말씀인가.

만약 그렇다면 처음부터 '하아담'을 멸하실 이유가 없다. 그러면 무엇인가. 야웨 하나님은 이미 하아담을 멸하시기 전에 사람이 하나님 안에서 살 새로운 길을 예비하여 두셨기 때문이다. 마치 노아가 방주를 예비하고 그와 그의 온 가족과 모든 생물들이 그 방주 안에서 구원된 것과 같이 하나님은 전 인류를 구원하실 거룩하고 온전한 생명의 길을 예비하셨다.

노아의 방주는 멸망 중에 구원되는 자의 실존을 드러내고 있다. 사람은 왜 어려서부터 그 마음의 상상이 나쁜가. 그것은 육신의 세상에서 생존 경쟁을 하도록 사람이 어려서부터 어머니의 욕심과 아버지의 선악지식을 좇아서 살도록 길러지며 가르침을 받기 때문이다.

사람은 태어날 때부터 시공에 갇혀 있어서 시공 너머의 근원 안에 하나님이 예비하신 좋은 것으로부터 단절되어 있다. 때문에 야웨 하나님은 사람이 그 시공의 생존의 길에서 근원의 생명의 길로 옮겨오도록 은혜를 베푸신다. 하나님이 그 흙을 뒤엎은 것은 한 번으로 족하였다. 이것은 위로부터 나는 자는 한 번 그의 육신의 마음이 뒤엎임을 당하는 것을 징조하고 있다. 야웨 하나님은 홍수로 그 흙을 단번에 뒤엎으시고 살 자를 살게 하신 것과 같이 인간의 죄를 단번에 사하시고 그들을 살게 하는 예수 그리스로의 십자가와 부활을 예비하셨다.

8.22 עֹ֖ד כָּל־יְמֵ֣י הָאָ֑רֶץ זֶ֡רַע וְ֠קָצִיר וְקֹ֨ר וָחֹ֜ם וְקַ֧יִץ וָחֹ֛רֶף וְי֥וֹם וָלַ֖יְלָה לֹ֥א יִשְׁבֹּֽתוּ׃

오드 콜-예메 하아레츠 제라 베카찌르 베코르 바홈 베카이츠 바호레프 베욤 바라일라 로 이쉬보투

"그 땅의 모든 날에 다시 심음과 거둠과 추위와 더위와 여름과 겨울과 낮과 밤이 쉬지 아니하리라."라고 하셨다.

- **오드(다시)**

야웨 하나님이 홍수로 모든 육체를 멸하시고 말씀하신 것은 땅 위에서 심음과 거둠과 추위와 더위와 여름과 겨울과 낮과 밤이 쉬지 않고 다시 계속되리라 한 것이지 개역 성경과 같이 '땅이 있을 동안'이란 종말을 말한 것이 아니다. 하나님은 전혀 땅이 없어질 것을 말씀하지 않았다. '오드'가 번역 성경들에서 '땅이 있을 동안에'라 오해된 것은 사람들이 그 욕심 가운데서 선악지식을 좇아서 스스로 땅의 종말을 고대하고 있기 때문이다.

야웨 하나님은 홍수로 말미암아 선악지식을 좇는 그 육체를 멸하고 새로운 시대를 열고자 하셨다. 성경에 처음 하늘과 처음 땅이 사라진다는 것은 선악지식을 좇는 육신의 첫 사람이 이룬 '그들의 세상(첫 사람의 하늘과 땅)'이 사라지는 것이다. 노아의 홍수가 징조하는 바는 첫 사람의 세상이 예수 그리스도 안에서 사라지고 영과 생명 안에서 새 하늘과 새 땅이 인자들 안에 창조되는 그 알파와 오메가를 말하고 있다.

땅은 사람의 마음을 징조한다. 사람은 그 마음에 사망의 씨를 심고 사망의 열매를 거두는 자와 생명의 씨를 심어 생명의 열매를 거두는 자로 나누인다.

첫 사람에게도 심음과 거둠과 추위와 더위와 여름과 겨울과 낮과 밤이 있으니 그것은 크로노스요, 둘째 사람에게도 그러하니 그것은 카이로스다. 야웨 하나님은 누구든지 크로노스에서 카이로스 옮겨 와서 '나의 나됨'을 이루시기 원하신다.

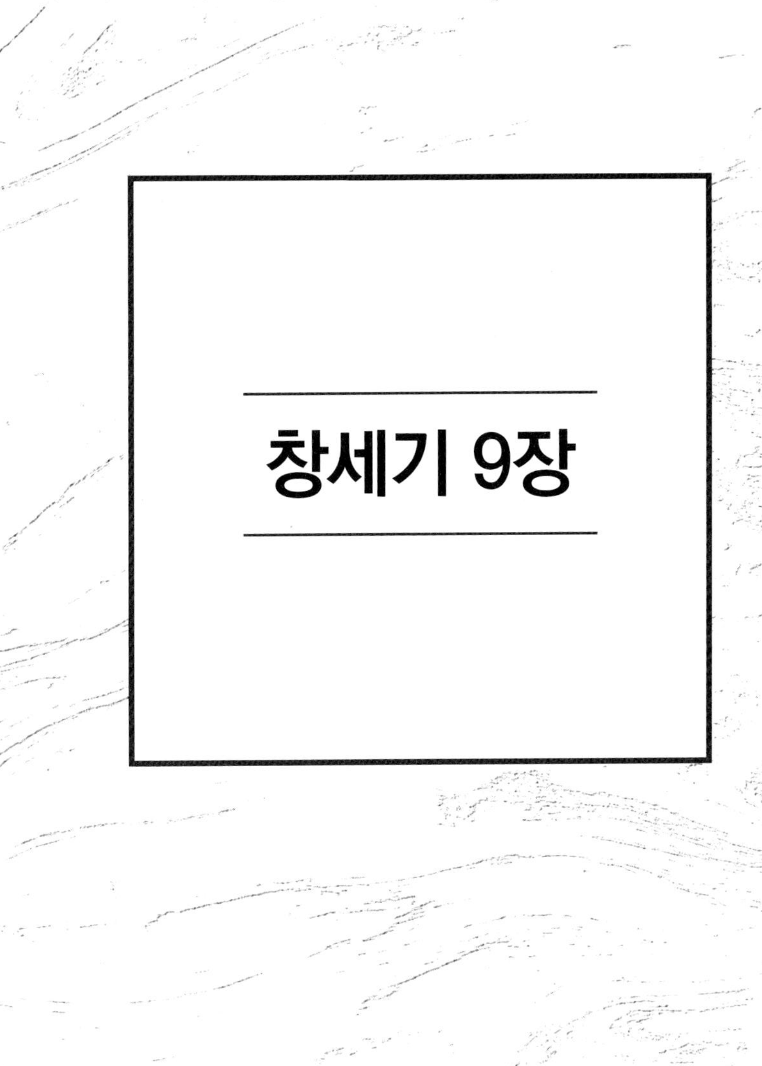

창세기 9장

9.1 וַיְבָרֶךְ אֱלֹהִים אֶת־נֹחַ וְאֶת־בָּנָיו וַיֹּאמֶר לָהֶם פְּרוּ וּרְבוּ וּמִלְאוּ אֶת־הָאָרֶץ׃

바예바레크 엘로힘 에트–노아흐 베에트–바나이브 바요메르 라헴 페루 우레브 우밀우 에트– 하아레츠

하나님이 노아와 그의 아들들을 축복하셨다. 그리고 그들에게 말씀하시기를, "생육하라 번성하라 그 땅을 채우라."

● **축복과 생육 · 번성 · 충만**

하나님은 노아와 그의 아들들을 복된 존재가 되도록 축복하셨다. 다시 말하면 하나님은 노아와 그의 아들들 자신들이 복된 실존이 되도록 축복하신 것이지 그들에게 무슨 복을 주어서 그것을 소유케 하신 것이 아니다. 하나님은 그들이 하나님을 향하여 복된 존재가 되게 하기 위하여 열매 맺고 번성하고 그 땅을 채우도록 축복하셨다.

육신이 열매 맺고 번성하고 그 땅을 채우는 것은 축복의 알파요, 영이 열매 맺고 번성하고 마음 땅을 채우는 것은 오메가다. 알파는 오메가를 위하여 있고 오메가는 알파를 온전케 하면서 둘이 하나를 이룬다. 알파는 있었으나 오메가가 없으면 유실된 자다.

하나님은 노아의 홍수를 통해서 알파는 있으나 오메가 없는 유실된 자들을 그 땅으로부터 사라지게 하셨다. 하나님이 노아와 그의 아들들을 축복하신 그 축복은 알파에서 오메가에 이르는 그들 자신의 실존이다. 노아의 홍수를 통하여 그의 아들들의 눈과 귀와 마음이 하나님의 기쁘신 뜻을 향하여 열렸더라면 그들은 참으로 복된 자들이 되었을 것이다. 그러나 그들은 야웨 하나님의 축복을 '호라오' 하지 못했다.

9.2 וּמוֹרַאֲכֶם וְחִתְּכֶם יִהְיֶה עַל כָּל־חַיַּת הָאָרֶץ וְעַל כָּל־עוֹף הַשָּׁמָיִם
בְּכֹל אֲשֶׁר תִּרְמֹשׂ הָאֲדָמָה וּבְכָל־דְּגֵי הַיָּם בְּיֶדְכֶם נִתָּנוּ׃

우모라아켐 베히테켐 이헤예 알 콜-하야트 하아레츠 베알 콜-오프 핫샤마임 베콜 아세르 티르모스 하아다마 우베콜-데게 하얌 베예드켐 니타누

"그 땅의 모든 짐승 위에 그 하늘들의 모든 새 위에 그 흙에 기는 모든 것 안에 바다의 모든 물고기 안에 너희를 두려워함과 너희를 무서워함이 있을 것이며 그들은 너희 손에 주어졌다."

● **모라아켐 베히테켐(너희의 두려움과 너희의 무서움)**

노아와 노아의 식구들은 하나님의 은혜로 말미암아 그 홍수에서 살아났다. 그러므로 그들은 하나님이 얼마나 두려우신 분이며 또 죽음이 얼마나 무서운 것인지도 알았다. 홍수로 말미암아 그들은 하나님을 두려워하게 되었다. 한편 방주 안에서 살아난 그 땅의 모든 짐승과 그 하늘들의 모든 새와 그 흙에 기는 모든 것과 바다의 모든 물고기들은 그들의 눈에 보이는 사람을 두려워하고 무서워하게 되었다.

바다의 모든 물고기들은 노아의 방주와는 상관없이 살았다. 그것들은 그 땅 위의 모든 짐승이나 그 하늘들의 모든 새나 그 흙에 기는 모든 것이 사람에 대하여 가지는 두려움과 무서움과는 상관이 없었다. 그러나 하나님은 물고기들을 그들의 손에 주시어 그것들 역시 두려워할 자와 무서워할 자를 알게 하셨다.

기록된 바, "야웨를 경외하는 것(두려워하는 것)이 지식의 근원이라."라고 하였다. 노아는 야웨를 경외하는 것이 그의 지식의 근원이었다. 그 한 사람으로 말미암아 그의 가족과 그 땅의 모든 짐승들이 홍수의 심판으로부터 살아났다. 야웨를 경외하는 것이 사람에게 지식의 근원인 것과 같이 사람을 경외하는 것이 동물들에게 지식의 근원이 되었다.

야웨를 경외하는 자만이 이처럼 그 생명의 지식으로 죽을 자를 살린다. 야웨를 경외하는 것은 오늘날 많은 사람들이 행하는 것처럼 자기들의 선악지식을 좇아서 하나님을 지고지선의 자리에 앉혀 놓고 예배하며 찬송하며 박수치며 큰 집을 지으며 많은 사람과 돈을 모으는 그런 육체의 일이 아니다. 야웨를 경외하는 자마다 노아처럼 영과 진리 안에서 그 하나님과 동행한다.

9.3 כָּל־רֶמֶשׂ אֲשֶׁר הוּא־חַי לָכֶם יִהְיֶה לְאָכְלָה כְּיֶרֶק עֵשֶׂב נָתַתִּי לָכֶם אֶת־כֹּל׃

콜-레메스 아셰르 후-하이 라켐 이혜예 레오클라 케예레크 에세브 나타티 라켐 에트-콜

"살아서 움직이는 모든 것은 너희에게 먹을 것이 될 것이다. 내가 푸른 채소같이 모든 것을 너희에게 주었다."

- **케예레크 에세브(푸른 채소같이)**

하나님은 노아와 그 아들들에게 살아서 움직이는 모든 것을 푸른 채소와 같이 먹을거리로 주셨다. 창세기 1장 29절에서 하나님이 사람에게 먹을거리로 주신 것은 씨 맺는 모든 채소와 그 안에 씨가 있는 열매 맺는 모든 나무였다.

그리고 짐승과 새와 땅에 기는 것들에게 주신 것은 푸른 풀이었다. 여기서 하나님은 노아와 그의 아들들에게 살아서 움직이는 모든 것을 먹을거리로 주셨는데 그것들은 '푸른 채소와 같이' 주신다 하였다. 즉 살아서 움직이는 모든 것을 먹을거리로 삼는 것은 씨 없는 채소를 먹는 것과 같게 하셨다. 그것들은 육신의 양식이 될 뿐 하나님의 아들이 되는 '씨'를 얻는 양식이 아니다.

9.4 אַךְ־בָּשָׂר בְּנַפְשׁוֹ דָמוֹ לֹא תֹאכֵלוּ׃

아크-바사르 베나프쇼 다모 로 토켈루

"다만 그 생물의 육체만을 먹고 피를 먹지 말라."

● **아크 바사르 베나프쇼(다만 그 생물의 육체만을)**

창세기 1장 20절 이후 '네페쉬 하야'는 '생물'로 번역되었다. 여기서 '생물'로 번역된 '네페쉬'는 '네페쉬 하야'이다. 하나님은 사람에게 생물의 육체는 먹되 피는 먹지 말라 하셨다. 생물을 채소처럼 먹는 것은 그 육체만을 먹는 것이기 때문이다. 생물을 피 채 먹으면 사람이 하나님의 명을 거스르며 짐승이 되는 일이다. 이것은 징조다. 이 말씀은 동물의 씨를 네 안에 뿌리지 말라는 영의 일을 가리키고 있다.

● **다모 로 토켈루(너희는 피를 먹지 말라)**

피를 마시는 것에 대하여 오늘날 우리는 큰 혼란에 처하여 있다. 야웨 하나님은 창세기에서 피를 마시지 말라고 하셨는데 예수께서는 '내 살을 먹고 내 피를 마시라' 하셨다. 육신의 눈으로 보면 두 말씀은 상반되고 있다. 기록된 바, "내 살을 먹고 내 피를 마시는 자는 영생을 가지고 있으며 내가 그를 나중 날에 일으키리라."(요6:54)라고 하였다.

창세기에는 짐승의 피도 먹지 말라 하셨는데 예수께서는 '내 살을 먹고 내 피를 마시라'라고 하셨으니 이것은 도대체 무엇을 말씀하신 것인가. 이 말씀은 선악지식을 좇아서는 감추이지만 영과 생명 안에서는 분명히 드러난다.

하나님은 왜 '네페쉬 하야'의 피를 먹지 말라 하신 것인가. 사람도 짐승도 '네페쉬 하야'다. 그런데 땅을 향해 살고 있는 '네페쉬 하야'는 비록 그 육체로는 살아 있다 해도 그 혼은 하나님을 향해 죽어 있다. 그 죽어 있는 존재가 하나님으로부터 오는 생명들의 숨으로 살아나면 그는 비로소 하나님을 향해 사는 '레네페쉬 하야'다.

그러므로 사람이 사람의 피를 흘리면 '레네페쉬 하야'로 살 자를 죽이는 일이요, 짐승의 피를 마시면 사람이 자신 안에 짐승의 씨를 뿌리고 짐승이 되는 일이다.

하나님은 사람에게 생물 안에서 다스리라고 하셨다. 사람이 짐승의 피를 마시고 짐승이 되면 그 짐승 안에서 '다스리는(섬기는)' 존재일 수 없다.

그러나 예수 그리스도는 살려주는 영이시다. 그 영은 영원한 생명이기 때문에 그의 살을 먹고 그의 피를 마신 자 안에서 그 영원한 생명이 역사하여 육체로 살고 있던 그 사람을 하나님을 향해 살게 하고 또 그를 거듭나게 하여 하나님의 자녀가 되게 한다. 살려주는 영은 그 안에 씨가 있는 열매와 같아서 그를 먹는 자 안에 생명의 씨가 떨어져 그를 살린다.

영의 눈으로 바라보는 짐승의 피는 무엇인가. 그것은 곧 육신의 정욕, 안목의 정욕, 이생의 자랑, 선악지식이다. 그것들을 먹으면 먹을수록 사람은 더욱 짐승이 되어갈 뿐이다. 사람에게 두 길이 있으니 하나는 하나님의 뜻을 좇아 하나님의 아들이 되는 것이요, 다른 하나는 육신의 소욕을 좇아 짐승이 되는 것이다.

9.5 וְאַךְ אֶת־דִּמְכֶם לְנַפְשֹׁתֵיכֶם אֶדְרֹשׁ מִיַּד כָּל־חַיָּה אֶדְרְשֶׁנּוּ וּמִיַּד
הָאָדָם מִיַּד אִישׁ אָחִיו אֶדְרֹשׁ אֶת־נֶפֶשׁ הָאָדָם׃

베아크 에트-딤켐 레나페쇼테켐 에드로쉬 미야드 콜-하야 에드레셴누 우미야드 하아담 미야드 이쉬 아히브 에드로쉬 네페쉬 하아담

"너희 혼들을 위하여 반드시 너희의 피를 내가 찾으리라. 모든 짐승의 손으로부터 찾을 것이며, 또 사람의 손으로부터 그것을 찾으리라. 사람의 형제의 손으로부터는 그 사람의 혼을 찾으리라."

9.6 שֹׁפֵךְ דַּם הָאָדָם בָּאָדָם דָּמוֹ יִשָּׁפֵךְ כִּי בְּצֶלֶם אֱלֹהִים עָשָׂה אֶת־הָאָדָם׃

쇼페크 담 하아담 바아담 다모 잇샤페크 키 베쩰렘 엘로힘 아사 에트- 하아담

"그 사람에 의하여 그 사람의 피를 흘리면 그의 피가 흘리울 것이다. 이는 하나님이 자기 형상 안에서 그 사람을 지으셨기 때문이다."

● 다모 잇샤페크(그의 피가 흘리울 것이다)

창세기 9장 6절은 생명의 법인가 복수의 법인가. 이 말씀을 선악의 눈으로 읽으면 복수의 법이요, 영의 눈으로 읽으면 생명의 법이다.

'그 사람(하아담)'은 하나님의 형상 안에서 창조되고 그의 모양을 닮도록 되어진 자다. 사람이 사람의 '피를 흘리는 것(죽이는 것)'은 그 사람이 하나님의 모양으로 거듭나서 둘째 사람이 되는 영원한 생명을 빼앗는 일이다. 하나님의 생명의 법을 좇아서 사는 사람은 다른 사람의 피를 흘리지 아니한다. 사람이 사람의 피를 흘리는 일은 선악 싸움에서 강한 자가 약한 자를 죽이는 일이다. 이것은 하나님이 모든 사람을 위하여 예비하신 생명과 사랑의 법을 무너뜨리는 일이다. 그러므로 하나님은 피 흘린(살인한) 그 사람의 피를 요구하신다.

피 흘린 사람의 피를 하나님이 요구하시는 것은 복수의 법이 아니다. 하나님을 경외하는 자로 하여금 자신의 피를 흘리게 되는 경우라도 다른 사람의 피를 흘리지 않게 하시는 생명의 법이며 부활의 법이다. 욕심과 선악지식을 좇는 자는 하나님의 생명의 법에 상관없이 자신의 뜻대로 피 흘리는 일을 행한다.

그러므로 하나님은 피 흘린 자의 피를 요구한다. 하나님이 피 흘림을 금지한 것은 모든 사람이 믿음으로 하나님이 예비한 생명 안으로 들어오게 하려 함이다. 그러면 수혈은 무엇인가. 이는 피 흘림이 아니라 피를 나누어 사람을 살리는 일이다.

그러나 수혈은 육신을 살리는 일이며 영원한 생명을 주는 일은 아니다. 오직 부활과 생명이신 예수 그리스도만이 우리에게 영원한 생명을 주신다. 예수 그리스도는 그의 살과 피를 모든 사람의 양식과 음료로 주셨으니 이는 그가 살려주는 영이시기 때문이다.

9.7 וְאַתֶּ֖ם פְּר֣וּ וּרְב֑וּ שִׁרְצ֥וּ בָאָ֖רֶץ וּרְבוּ-בָֽהּ׃ ס

베아템 페루 우레부 쉬레츠 바아레츠 우레부 바흐

“너희는 생육하라, 번성하라, 그 땅에 널리 퍼지고 그 안에서 번성하라.”라고 하셨다.

9.8 וַיֹּ֣אמֶר אֱלֹהִים֙ אֶל-נֹ֔חַ וְאֶל-בָּנָ֥יו אִתּ֖וֹ לֵאמֹֽר׃

바요메르 엘로힘 엘-노아흐 베엘-바나이브 이토 레모르

하나님이 노아와 그와 함께한 그의 아들들에게 말씀하시기를,

9.9 וַאֲנִ֕י הִנְנִ֥י מֵקִ֛ים אֶת-בְּרִיתִ֖י אִתְּכֶ֑ם וְאֶֽת-זַרְעֲכֶ֖ם אַחֲרֵיכֶֽם׃

바아니 힌니 메킴 에트 베리티 이트켐 베에트 자르아켐 아하레켐

“내가, 나를 보라, 내 언약을 너희와 너희 이후의 너희 씨와”

9.10 וְאֵ֨ת כָּל-נֶ֤פֶשׁ הַֽחַיָּה֙ אֲשֶׁ֣ר אִתְּכֶ֔ם בָּע֧וֹף בַּבְּהֵמָ֛ה וּֽבְכָל-חַיַּ֥ת הָאָ֖רֶץ
אִתְּכֶ֑ם מִכֹּל֙ יֹצְאֵ֣י הַתֵּבָ֔ה לְכֹ֖ל חַיַּ֥ת הָאָֽרֶץ׃

베에트 콜-네페쉬 하하야 아셰르 이트켐 바오프 바브헤마 우베콜-하야트 하아레츠 이트켐 미콜 오쯔에 하테바 레콜 하야트 하아레츠

“너희와 함께 한 모든 생물 곧 너희와 함께 한 모든 새와 모든 육축과 그 땅의 모든 짐승에게 세우노니 그 방주에서 나온 모든 것 곧 그 땅의 모든 짐승에게니라.”

9.11 וַהֲקִמֹתִי אֶת־בְּרִיתִי אִתְּכֶם וְלֹא־יִכָּרֵת כָּל־בָּשָׂר עוֹד מִמֵּי הַמַּבּוּל
וְלֹא־יִהְיֶה עוֹד מַבּוּל לְשַׁחֵת הָאָרֶץ׃

바하키모티 에트-베리티 이트켐 베로-이카레트 콜-바사르 오드 밈메 함마불 베로-이헤예 오드 마불 레샤헤트 하아레츠

"내가 너희와 내 언약을 세우리니 다시는 모든 육체가 그 홍수로 끊어지지 아니할 것이라. 다시는 그 땅을 뒤엎을 홍수가 있지 아니하리라."라고 하셨다.

● 힌니(나를 보라)

하나님은 그의 언약을 노아와 그의 아들들과 그들의 씨와 그들과 함께 한 모든 '네페쉬 하야'에게 세우시면서 '나를 보라'라고 하셨다. 즉 그들이 바라보는 진실하신 하나님은 그의 사심을 두고 언약하시면서 그 언약을 변개치 아니하고 지키시겠다 하셨다.

하나님은 창세기 9장 5절에서 짐승의 육체는 먹되 그 피는 먹지 말라 하셨고, 6절에서 사람이 사람의 피를 흘리면 그의 피가 흘리울 것이라 하시면서 사람이 사람을 죽이는 일을 금지하셨다. 이것은 사람이 그 땅에서 짐승처럼 되지 않고 생육하고 번성하는 기초다. 그리고 하나님은 그 기초 위에 그들에게 생육하고 번성하여 그 땅을 채우라 하셨다.

사람도 짐승도 하나님이 창조하신 네페쉬 하야이다. 그런즉 하나님은 그가 창조하신 사람이 다른 사람을 죽이거나 다른 '네페쉬 하야(짐승)'의 피를 마시지 말라 하셨다. 네페쉬 하야를 보존하거나 멸하거나 구원하는 것은 그것들을 창조하신 하나님의 권세다. 그럼에도 오늘날 사람들의 욕심 때문에 많은 네페쉬 하야가 멸종되었고 또 많은 생물들이 사라져 가고 있다. 이 일 하나만으로도 첫 사람은 하나님의 생각과 길에서 멀리 벗어나 있다.

하나님이 '나를 보라' 하실 때 그를 보는 자는 하나님의 권세가 무엇이며 언약이 무엇인지 안다. 그러나 하나님이 '나를 보라' 하실 때 하나님을 보지 아니하고 자기의 선악지식을 보는 자는 그것을 좇아서 자기의 뜻대로 사람을 죽이며 네페쉬 하야의 씨를 말리며 하나님을 거스려 대항한다. 사람마다 '나의 나됨'을 이루려 하지만 사람이 하나님의 아들이 되는 생명의 길과 짐승이 되는 사망의 길은 분명히 나뉘어 있다.

● 쿰(세우는) 언약과 카라트(베는) 언약

하나님은 '쿰 언약'을 노아와 그의 아들들과 방주에서 나온 모든 '네페쉬 하야'에게 세우셨다. 이것은 은혜의 언약이다. 쿰 언약은 하나님이 은혜로써 그들에게 주신 '생존의 언약'이다. 하나님이 쿰 언약을 세우신 것은 카라트 언약을 맺기 위함이다.

'카라트 언약'은 하나님이 아브라함과 더불어 맺으셨다. 카라트 언약은 생명의 언약이며 진리의 언약이다. 카라트 언약은 할례의 언약이다. 카라트 언약은 쿰 언약의 생존에 속해 있는 자가 그 첫 사람의 욕심과 선악지식과 생존의 애착을 할례하고 살려주는 영의 실존을 이루는 새 창조의 언약이다.

하나님이 아브라함에게 명했던 할례는 징조요, 예수 그리스도의 십자가의 도는 그 실상이다. 두 언약은 처음과 나중으로서 온전한 하나를 이룬다. 처음 언약은 나중 언약을 위하여 있고 나중 언약은 처음 언약을 온전케 한다. 누구든지 처음 언약에서 나중 언약으로 유월되지 아니하면 처음은 있었으나 나중이 없는 잃어진 자다.

쿰 언약은 예수 그리스도의 속량을 징조하고, 카라트 언약은 각 사람이 욕심과 선악지식을 할례하는 자기 속량을 징조한다. 이 일은 '레네페쉬 하야'로부터 '살려주는 영'이 되는 일의 계시다.

● **하나님의 두려움과 홍수의 무서움**

노아와 그의 아들들과 방주에서 나온 모든 '네페쉬 하야'는 하나님의 두려움과 홍수의 무서움을 너무나 잘 알게 됐다. 그러므로 하나님은 노아와 그 아들들에게 '나를 보라'고 하셨다. 나는 선악지식을 좇는 자에게는 두려운 존재지만 내 안에 있는 너희와 모든 네페쉬 하야에게는 긍휼을 베푸는 하나님이라 함이다.

아무리 하나님이 그들을 축복하시면서 생육하고 번성하여 그 땅을 채우라 하셨을지라도 그들은 그들이 겪었던 홍수와 그것이 다시 일어나면 어쩌나 하는 그 공포에서 벗어나지 못하고 있었다, 그러므로 하나님은 그들에게 언약하시기를 다시는 모든 육체가 홍수로 멸절되지 아니할 것이며 땅을 뒤엎을 홍수도 다시 있지 아니하리라 하셨다.

9.12 וַיֹּ֣אמֶר אֱלֹהִ֗ים זֹ֤את אֽוֹת-הַבְּרִית֙ אֲשֶׁר-אֲנִ֣י נֹתֵ֗ן בֵּינִי֙ וּבֵ֣ינֵיכֶ֔ם וּבֵ֛ין
כָּל-נֶ֥פֶשׁ חַיָּ֖ה אֲשֶׁ֣ר אִתְּכֶ֑ם לְדֹרֹ֖ת עוֹלָֽם׃

바요메르 엘로힘 조트 오트 하베리트 아셰르-아니 노텐 베니 우베네켐 우벤 콜-네페쉬 하야 아셰르 이트켐 레도로트 올람

하나님이 말씀하시기를, "내가 나와 너희 사이와 너희와 함께하는 모든 생물 사이에 영세에 이르도록 주는 언약의 징조는 이것이라."

9.13 אֶת-קַשְׁתִּ֕י נָתַ֖תִּי בֶּֽעָנָ֑ן וְהָֽיְתָה֙ לְא֣וֹת בְּרִ֔ית בֵּינִ֖י וּבֵ֥ין הָאָֽרֶץ׃

에트 카쉬티 나타티 베아난 베하예타 레오트 베리트 베니 우벤 하아레츠

"내가 내 무지개를 구름 속에 두었으니 그것이 나와 그 땅 사이의 언약의 징조로 있으리라."

9.14 וְהָיָה בְּעַנְנִי עָנָן עַל-הָאָרֶץ וְנִרְאֲתָה הַקֶּשֶׁת בֶּעָנָן׃

베하야 베안니 아난 알-하아레츠 베니르아타 하케쉐트 베아난

"내가 구름으로 그 땅 위를 덮을 때에 그 구름 속에 그 무지개가 보일 것이다."

9.15 וְזָכַרְתִּי אֶת-בְּרִיתִי אֲשֶׁר בֵּינִי וּבֵינֵיכֶם וּבֵין כָּל-נֶפֶשׁ חַיָּה בְּכָל-בָּשָׂר
וְלֹא-יִהְיֶה עוֹד הַמַּיִם לְמַבּוּל לְשַׁחֵת כָּל-בָּשָׂר׃

베자카르티 에트-베리티 아셰르 베니 우베네켐 우벤 콜-네페쉬 하야 베콜-바사르 베로 - 이헤예 오드 함마임 레마불 레샤헤트 콜-바사르

"그리고 나는 나와 너희 사이와 모든 육체에 속한 모든 생물 사이의 내 언약을 기억할 것이며 다시는 그 물들이 모든 육체를 멸하는 홍수가 되지 아니할 것이다."

9.16 וְהָיְתָה הַקֶּשֶׁת בֶּעָנָן וּרְאִיתִיהָ לִזְכֹּר בְּרִית עוֹלָם בֵּין אֱלֹהִים וּבֵין
כָּל-נֶפֶשׁ חַיָּה בְּכָל-בָּשָׂר אֲשֶׁר עַל-הָאָרֶץ׃

베하예타 하케셰트 베아난 우레이티하 리즈코르 베리트 올람 벤엘로힘 우벤 콜-네페쉬 하야 베콜-바사르 아셰르 알-하라레츠

"그 무지개가 그 구름 속에 있을 것이며 내가 그것을 보고 하나님과 그 땅 위의 모든 육체에 속한 모든 생물 사이의 영원한 언약을 기억하리라."라고 하셨다.

9.17 וַיֹּאמֶר אֱלֹהִים אֶל-נֹחַ זֹאת אוֹת-הַבְּרִית אֲשֶׁר
הֲקִמֹתִי בֵּינִי וּבֵין כָּל-בָּשָׂר אֲשֶׁר עַל-הָאָרֶץ׃ פ

바요메르 엘로힘 엘-노아흐 조트 오트 하베리트 아셰르 하키모티 베니 우벤 콜-바사르 아셰르 알-하아레츠

그리고 하나님이 노아에게 말씀하시기를, "내가 나와 모든 육체 사이에 세운 그 언약의 징조가 이것이니라."라고 하셨다.

● 에트 카쉬티 나타티 베아난(내가 내 무지개를 구름 속에 두었다)

홍수 후에 하나님은 모든 네페쉬 하야에게 영세에 이르는 그 무지개 언약을 주셨다. 구름 속의 무지개는 야웨 하나님이 인생들에게 베푸시는 징조 중의 징조다. 노아는 하나님이 그에게 무지개 언약을 세우실 때에 하나님은 이미 홍수 전에 그의 무지개 언약을 예비하셨음을 알았다. 왜냐하면 홍수는 구름과 같았고 방주는 무지개와 같았기 때문이다.

또한 모든 사람의 육체는 구름과 같았고 그 안에 네페쉬 하야는 무지개와 같았다. 하나님은 특별히 노아로 하여금 이 언약을 깨닫고 그의 마음에 새기게 하기 위하여 창세기 9장 17절에서는 노아에게 따로 말씀하셨다. 방주에 들어온 모든 생물은 구름과 같고, 노아는 무지개와 같으며 좋음과 나쁨을 아는 나무는 구름과 같고 생명들의 나무는 무지개와 같다. 구름 속의 무지개는 참으로 놀라운 징조들을 보여주고 있다. 첫 창조는 구름과 같고 새 창조는 무지개와 같다. 구름과 무지개는 흑암과 빛, 혼돈과 질서, 공허와 충만을 징조하고 있으며 은혜와 진리, 고난과 영광, 생존과 생명, 처음과 나중, 선악지식과 생명지식, 옛 사람과 새 사람을 징조하고 있다.

이 구름과 무지개는 마침내 요한 계시록 14장 14절에서 흰 구름 위에 앉으신 '사람의 아들과 같은 이'로 계시되고 있다. 구름과 무지개는 성소와 지성소, '레네페쉬 하야'와 '살려주는 영'의 관계를 가리켜 보이고 있다. 하나님은 홍수 후에 그가 행하실 모든 새 창조의 일을 구름 속에 두신 그의 무지개로서 계시하였다. 그러므로 하나님은 '내 무지개'를 구름 속에 두었다 하셨다. 아래에서 난 자는 구름이요, 위로부터 난 자는 무지개다.

● 무지개와 활

그러나 이 무지개를 선악지식의 눈으로 바라보게 되면 그것은 곧 활로 변하고 만다. 히브리어 '케쉐트'는 무지개인 동시에 활이다, 활은 무지개를 닮았으나 그것은 네페쉬 하야를 죽이는데 쓰인다. 요한 계시록 6장 2절에 "흰말을 탄 자가 활을 가졌고 또 그에게 면류관이 주어졌고 나가서 이기고 또 이기려 하였다."라고 하였다.

흰말을 탄 자는 하나님을 지고지선의 자리에 올려놓고 평화의 옷을 입은 육체의 세력이다. 그 세력은 평화의 옷을 입고 그 활로 사람의 영과 혼을 노린다. 양의 옷을 입은 이리와 같이 하나님께 부름을 받은 사람들을 아래에서 나게 하는 종교의 역사는 평화를 말하고 있으나 살인과 전쟁의 역사다.

종교는 흰말을 타고 활을 가진 선악지식의 세계다. 누구든지 아래에서 나서 선악 심판의 하나님을 좇으면 이와 같이 된다. 사람은 자기에게 유리한 것을 선이라 하고 불리한 것을 악이라 한다. 아무리 고차원의 선악 논쟁을 한다 한들 아래에서 난 사람은 자기 욕심을 벗어나지 못한다. 그러나 그 선악지식을 좇는 자들 안에도 무지개는 두어져 있다. 그들의 검은 구름이 떠나갈 때 무지개가 선명히 떠오른다.

- **베니르아타 하케셰트 베아난(그 구름 속에 그 무지개가 보일 것이다)**

아래에서 난 자는 검은 구름과 같아서 자신 속에 있는 무지개를 볼 수 없다. 첫 사람의 육신의 눈으로 볼 수 있는 것은 검은 구름, 곧 육신의 정욕, 안목의 정욕, 이생의 자랑뿐이다. 영과 생명의 눈으로 육신을 투시할 때 구름 속에 두어진 무지개를 '호라오'할 수 있다.

자기 속에 두어져 있는 생명의 '무지개(속 사람)'를 '호라오'하는 자만이 검은 구름을 할례하고 그 너머에 희고 빛난 구름 위에 앉으신 야웨 하나님을 향해 나아간다.

성소와 지성소를 나누는 것은 휘장, 곧 육체다. 예수 그리스도는 그 휘장을 찢고 지성소에 계신 아버지에게로 나아가는 새롭고 산 길을 열어 놓으셨다. 생명을 얻기 원하는 사람은 누구든지 육신의 '초막(검은 구름)' 너머에 계신 야웨 하나님의 영원한 언약에 참여하게 된다. 노아는 구름 속의 무지개를 보면서 야웨 하나님으로부터 들려오는 말씀을 좇아 생존에서 생명으로 유월하는 영의 계보가 그로 말미암아 다시 시작될 것을 알았다.

9.18 וַיִּהְיוּ בְנֵי-נֹחַ הַיֹּצְאִים מִן-הַתֵּבָה שֵׁם וְחָם וָיָפֶת וְחָם הוּא אֲבִי כְנָעַן׃

바이헤우 베네 노아흐 하요쯔임 민-하테바 셈 베함 바야페트 베함 후 아비 케나안

그 방주에서 나온 노아의 아들들은 셈과 함과 에페트이며 함 그는 케나안의 아버지다.

● 베함 후 아비 케나안(함 그는 케나안의 아버지다)

노아의 세 아들 중 함이 케나안의 아버지라 불리운 것은 무엇을 말함인가. 케나안은 함의 첫째 아들도 아닌 넷째 아들이다. 유다도 야곱의 넷째 아들이다. 함이 케나안의 아버지라 불리운 것은 그가 무엇인가 다른 아들들 보다 더 부각될 이유가 있었기 때문일 것이다. 세상 사람들은 성공한 아들의 이름으로 그 아비를 부르곤 한다. 그러면 케나안은 무엇으로 다른 아들들보다 더 두각을 나타내었을까. 아마도 그의 이름 '케나안(상인)'이 말해주는 것 같다. 그는 성공한 장사꾼으로서 아비를 기쁘게 하였을 것이다.

상인은 물건을 사고팔면서 이익을 낸다. 그런즉 케나안이 추구한 선(善)은 많은 이익이다. 많은 이익을 좇는 그것은 검은 구름이다. 케나안이 가져온 많은 이익은 아비를 부유하게 하고 기쁘게 하였을 것이다. 함은 그런 아들의 아버지로 호칭되는 것을 좋아했을 터이다. 케나안이 함의 욕심을 이루는 자였으므로 그의 아버지는 그 일을 자랑스럽게 생각했을 것이다.

그러나 함과 케나안의 육체에 속한 이러한 일들은 하나님과 동행하는 노아로부터는 멀어지는 일이었다. 그들의 구름이 짙어지고 두터워질수록 그 속의 무지개는 보이지 않았을 것이다. 노아의 눈에는 이 일이 잘 드러나 보였을 것이다. 노아에게 그것은 육과 생존이냐 영과 생명이냐를 가름하는 문제였다. 노아는 그의 세 아들을 포함한 후손들에게 야웨 하나님이 그들에게 주신 무지개 언약이 무엇인지를 분명히 밝혀야 하였다. 그는 그때를 기다리고 있었다.

9.19 שְׁלֹשָׁה אֵלֶּה בְּנֵי-נֹחַ וּמֵאֵלֶּה נָפְצָה כָל-הָאָרֶץ׃

셸로샤 엘레 베네-노아흐 우메엘레 나페차 콜-하아레츠

이들은 노아의 세 아들들이었고 그들로부터 사람이 온 땅에 퍼졌다.

9.20 וַיָּחֶל נֹחַ אִישׁ הָאֲדָמָה וַיִּטַּע כָּרֶם׃

바야헬 노아흐 이쉬 하아다마 바이타 카렘

노아가 그 흙의 사람이 되기 시작하여 포도원을 창설하였다.

9.21 וַיֵּשְׁתְּ מִן-הַיַּיִן וַיִּשְׁכָּר וַיִּתְגַּל בְּתוֹךְ אהלה אָהֳלוֹ׃

바예셰트 민-하야인 바이쉬카르 바이트갈 베토크 오홀로

그가 그 포도주로부터 마시고 취하여 그의 장막 안에서 벌거벗었다.

9.22 וַיַּרְא חָם אֲבִי כְנַעַן אֵת עֶרְוַת אָבִיו וַיַּגֵּד לִשְׁנֵי-אֶחָיו בַּחוּץ׃

바야르 함 아비 케나안 에트 에르바트 아비브 바야게드 리쉬네 에하이브 바후츠

케나안의 아버지 함이 그 아버지의 벌거벗음을 보고 그 밖에 있는 두 형제에게 알려 주었다.

9.23 וַיִּקַּח שֵׁם וָיֶפֶת אֶת-הַשִּׂמְלָה וַיָּשִׂימוּ עַל-שְׁכֶם
שְׁנֵיהֶם וַיֵּלְכוּ אֲחֹרַנִּית וַיְכַסּוּ אֵת עֶרְוַת אֲבִיהֶם
וּפְנֵיהֶם אֲחֹרַנִּית וְעֶרְוַת אֲבִיהֶם לֹא רָאוּ׃

바이카 셈 바예페트 에트-핫심라 바야시무 알-셰켐 셰네헴 바옐레쿠 아호란니트 바예카수 에트 에르바트 아비헴 우페네헴 아호란니트 베에르바트 아비헴 로 라우

셈과 에페트가 그 옷을 취하여 그 두 사람의 어깨에 메고 뒤돌아 들어가서 그들의 아버지의 벌거벗음을 덮었다. 그리고 그들은 그들의 얼굴을 돌이키고 그들의 아버지의 벌거벗음을 보지 아니하였다.

● **바이타 카렘(그가 포도원을 창설하였다)**

노아는 왜 '이쉬 하아다마(그 흙의 사람, 농부)'가 되었고 포도원을 창설했는가. '아다마'는 사람의 마음을 징조하기 때문이다. 그는 하나님의 언약 속에서 마음을 갈고 마음의 열매를 먹는 자가 되고자 했다. 흙 속에 심은 포도나무는 구름 속의 무지개와 같았다. 또 이는 하나님의 형상인 육신 안에 하나님의 영의 모양을 이루는 것과 같았다. 또 말씀이 육신이 되는 것과도 같았다. 그리하여 그는 육과 영이 하나되는 '나의 나됨'을 그의 자녀들과 후손들에게 보여주고자 했다.

노아가 '이쉬 하아다마'가 된 것은 야웨 하나님이 에덴의 동산에 '레네페쉬 하야'가 된 아담을 두시고 그 동산을 갈고 지키게 한 것을 알고 있었기 때문이다. 노아가 흙 속에 심은 포도나무는 에덴의 동산에 두어진 아담과 같았고, 구름 속의 무지개와 같았다. 또한 '하아담 아파르'가 생명들의 숨을 불어넣음을 받아 '레네페쉬 하야'된 것과 같았다.

노아는 야웨 하나님이 구름 속에 두신 무지개를 통하여 노아에게 무엇을 계시하는지 잘 알았기 때문에 그는 야웨 하나님이 그에게 원하시는 삶을 살면서 그 삶이 그의 아들들과 후손들에게 생명의 징조가 되기를 원했다. 하늘에 있는 구름 속의 무지개와 흙 속의 포도나무가 하나의 짝이 되어 있었다.

노아는 창세기 2장과 3장에 계시된 하나님의 사람이 되고자 했다. 이 포도나무에 대하여 예수 말씀하시기를, "내가 참 포도나무요 내 아버지는 그 농부라 무릇 내게 있어 과실을 맺지 아니하는 가지는 아버지께서 이를 제해 버리시고 무릇 과실을 맺는 가지는 더 과실을 맺게 하려 하여 그것을 깨끗하게 하신다."(요 15:1-2)라고 하였다. 노아는 야웨 하나님이 일으킨 홍수가 새 포도원을 세우기 위한 것임을 알았다. 아버지 하나님은 농부요, 포도원의 포도나무는 노아요, 그 가지들은 그의 아들들이다. 노아의 포도원은 그것을 징조하였다.

● **바예셰트 민-하야인(그가 그 포도주로부터 마셨다)**

노아가 포도주를 마신 것은 세상 사람이 포도주를 마신 것과 같지 아니하다. 노아에 대한 모든 오해가 여기서 비롯되고 있다. 노아가 마신 포도주는 '영(무지개)'이신 예수그리스도의 피를 징조한다.

하나님은 창세기 9장 4절에서 네페쉬 하야의 '육체(살)'는 먹되 그 피는 먹지 말라 하셨다. 6절에서는 사람이 사람의 피를 흘리면 피 흘린 자의 피도 흘리울 것이라 하셨다. 이것은 네페쉬 하야가 네페쉬 하야의 피를 흘리거나 마시는 것은 그 자신이 죽는 일이요, 또한 상대방을 죽이는 일이기 때문이다.

그러나 노아는 무지개 언약을 통하여 죽은 자가 살려주는 영, 곧 하나님의 아들의 피를 마시고 '살아나는 때(카이로스)'가 올 것을 알았다. 그는 인자의 때를 바라보며 그 인자가 주는 피를 마시는 자가 살아나는 것을 그의 영의 눈으로 '호라오' 했기 때문에 그것을 징조하기 위하여 포도주를 마셨다. 이것은 노아가 그의 아들들이 그의 삶을 본받게 하는 일이었고 또 '오고 계신 분(호 에르코메노스)'에 대한 예언이었다.

그러나 그의 아들들은 그 일을 알지 못했다. 이것은 오늘날 종교인들이 예수 그리스도의 십자가(구름속의 무지개)를 보아도 보지 못하고, 들어도 듣지 못하고, 마음으로 생각해도 깨닫지 못하는 것과 같다. 십자가의 도가 신됨의 능력임을 아는 자 참으로 적다.

● **바이쉬카르 바이트갈 베토크 오홀로(그가 취하여 그의 장막 안에서 벌거벗었다)**

하나님의 창조의 근원 안에서는 누구든지 그의 '옛 옷(옛 사람)'을 벗지 아니하고는 '새 옷(새 사람)'을 입을 수 없다. 하나님의 아들의 거룩한 피에 흠뻑 취한 자만이 그의 육신의 정욕, 안욕의 정욕, 이생의 자랑과 선악지식의 옛 옷을 벗어 버린다.

하나님 앞에서 '옛 사람(노인)'을 존재적으로 벗어버린 자는 누구든지 더 이상 노인이 아니라 벌거벗은 어린아이다. 이렇게 벗음은 새 생명으로 입고자 함이다. 노아가 장막 안에서 벌거벗은 것 또한 구름 속에 두어진 무지개를 징조한다. 노아가 그의 옷을 벗었으므로 장막이 그의 옷을 대신하고 있다. 그러므로 노아는 무지개요, 장막은 구름이다. 사람은 옛 사람을 이중 삼중으로 입고 있어서 그 안의 '생명(무지개)'이 좀처럼 드러나지 아니한다.

노아가 벌거벗은 것은 밖이 아니라 그의 '장막(구름)' 안에서다. 그는 그가 홍수를 통하여 이룬 인간적 권위와 권세와 영광의 옛 옷을 다 벗어버리고 하나님의 '장막(근원)' 안에 있었다. 장막 안에서 '벌거벗은(계시된)' 노아는 생명의 무지개다. 유대인들은 십자가에 못 박힌 '예수(유대인들은 검은 구름이요, 예수는 무지개다)'를 바라보며 모독하였듯이 함 역시 아버지로부터 나오는 생명의 계시를 알지 못했다.

노아는 근원 안에서 참 생명을 입은 아기와 같았다. 하나님 앞에서 아기가 아닌 자 없다. 성소와 지성소를 나누고 있는 '휘장(육체의 옷)'을 찢는 것은 선악지식의 노인을 벗고 진리의 아버지께 순결한 어린아이가 되는 일이다. '함(노인)'은 노아가 아기가 된 것이 무엇인지 알지 못했다.

취함에는 두 가지가 있다. 하나는 위로부터 난 자가 예수 그리스도의 생명의 피에 취하는 것이요, 다른 하나는 아래에서 난 자가 뱀의 선악지식에 취하는 것이다. 사도행전에 유대인들이 예수의 제자들에게 '새 술에 취하였다'라고 하였다.

그러나 베드로는 그들이 술에 취한 것이 아니라 성령의 일이라 하였다. 성령 안에 있는 자는 취한 자와 같이 어린아이의 새 생명으로 약동한다. 히브리어 '갈라'는 '벌거벗다'이기도 하고 '계시하다'이기도 하다. 노아는 노인을 벗고 위로부터 난 어린아이의 생명을 계시하였으나 함은 그것을 노인의 눈으로 보고 어리석고 수치스러운 것으로 여겼다. 함의 눈은 십자가에 못 박히신 예수를 비웃는 유대인들의 눈과 같았다.

욕심과 선악지식과 생존의 애착으로 사는 '노인(육체)'의 눈은 구름 속의 무지개를 보아도 보지 못하기 때문에 그것을 어리석고 수치스러운 것으로 여긴다.

- **바야게드 리쉬네 에하이브 바후쯔(그 밖에 있는 두 형제에게 알려주었다)**

두 형제는 노아의 장막 밖에 있었다. 이것은 아마도 세 형제가 아버지의 부름을 받고 왔던지 아니면 무슨 중대한 일로 아버지에게 오게 되었을 것이다.

상인은 항상 정보에 신속하다. 오늘날 종교인들 역시 마찬가지다. 정보에 신속한 '케나안(상인)'을 아들로 둔 함은 두 형제보다 먼저 아버지의 장막으로 들어갔다가 아버지의 벌거벗음을 보았다. 이것은 너무나 엄청난 정보다. 홍수를 거치면서 권위와 두려움의 대상이 된 아버지는 그 누구도 무엇으로도 대항할 수 없는 큰 자였다.

그러나 노아가 큰 자가 된 것은 그가 원했던 것이 아니었다. 다만 노아가 하나님의 명을 좇아 방주를 지었고 거기에 들어간 모든 네페쉬 하야를 살게 하려다가 되어진 일이다. 함에게는 그런 아버지가 술에 취하여 벌거벗고 있다니 도무지 알 수 없는 부끄러운 일이었다. 사람이 선악의 눈으로 무엇을 본다는 것은 이렇게 생명을 보지 못하는 것이다.

오늘날도 많은 함들이 예수의 십자가를 다만 육체의 이익을 얻는 선악지식의 정보로 팔아먹으며 아래에서 나는 일을 말하고 있다. 함은 벌거벗은 아버지를 제일 먼저 본 그것이 큰 자랑이었다. 그래서 그는 밖에 있는 두 형제에게 알려주었다. 이것은 그가 선악지식의 정보를 자랑으로 여기고 두 형제에게 팔아넘긴 것이다. 그가 벌거벗은 아버지를 본 것도 선악지식이요, 그 정보를 두 형제에게 알린 것도 선악지식이다. 생명의 계시가 선악지식으로 바뀌면 욕심을 좇아서 신속히 전파된다. 먼저 아는 것이 힘이기 때문이다.

징조는 해석을 필요로 한다. 징조를 주시는 하나님은 해석을 별도로 주시지 않는다. 징조의 해석은 믿음으로 그것을 보는 자의 몫이다. 누구든지 선악지식을 좇아서 징조를 보면 온통 장사거리이다. 그 징조를 사고팔면서 얼마든지 이익을 남길 수 있다. 그것은 케나안에 속한 이들이 하는 일이다. 그러나 영과 생명의 눈으로 징조를 보면 그 징조 너머에 하나님의 언약의 무지개가 있다.

그 무지개를 믿음으로 바라보는 자는 구름 속에 감추인 무지개, 밭에 감추인 보화, 하나님의 형상 안에서 이루어지는 그의 모양, 레네페쉬 하야 안에서 이루어지는 살려주는 영을 향하여 온유한 마음이 되지 아니할 수 없다. 그는 위로부터 나서 두 발로 땅을 딛고 서는 생명의 단독자가 되지 않을 수 없다.

첫 사람 가운데 욕심과 선악지식과 생존의 애착을 좇아 사는 노인의 옷을 벗고 어린아이가 되어 하나님이 입혀주는 사랑과 생명과 거룩과 초월의 옷을 입는 자가 하나님의 아들이다. 이익거리에 밝은 '함(노인)'의 눈에 드러난 '노아(어린아이)'는 너무나 초라하고 무력하고 수치스러웠다. 함은 자기의 수치를 아버지의 수치로 잘못 알았다. 빛을 흑암으로 삼고 흑암을 빛으로 삼는 것이 함의 선악지식이다. 아래에서 난 자마다 다 이러하다.

- **바옐레쿠 아호란니트(그들이 뒤돌아 들어갔다)**

노아는 구름 속에서 생명의 빛을 비추고 있는데 그 아들들은 그것을 알지 못했다. 벌거벗은 노아는 '노인(육신의 선악지식에 밝은 자)'이 아기가 되어 지성소로 나아가는 일을 보여주고 있다. 즉 노인의 처소인 성소와 하나님의 아들의 처소인 지성소를 나누고 있는 그 '휘장(노인의 옷)'이 찢어져야(할례되어야) 아버지에게로 나아갈 수 있다. 함은 낮아지고, 약해지고, 작아지고, 가난해진 아버지를 보아도 보지 못했다. 그는 다만 벌거벗은 노인을 보았다.

노아가 입고 있던 옷은 육체를 징조하고 있다. 그가 예수 그리스도의 피를 징조하는 포도주를 마시고 취하여 그 옷을 벗은 것은 육체의 휘장이 찢어지는 징조다. 그는 그의 아들들이 그것을 보기 원했다. 그러나 그들은 그렇지 못했다.

노아의 옷은 선악지식을 좇는 그의 아들들에게는 좋은 것, 큰 것, 강한 것, 부유한 것, 두려운 것이었다. 그런데 그 옷을 벗었으니 노아는 낮은 것, 작은 것, 약한 것, 가난한 것, 경멸할 것이 됐다. 오늘날 사람들도 노아의 기사를 읽으면서 '그 위대한 사람이 왜 옷을 벗었을까' 하며 노아의 아들들과 동일한 생각을 하고 있다.

셈과 에페트는 함의 말을 듣고 노아의 옷을 어깨에 메고 뒤돌아 들어가서 벌거벗은 아버지를 덮었다. 그들은 그 아버지의 벌거벗음을 보지 않았다. 그런즉 그들은 함의 말을 듣고 그들의 아버지가 벌거벗고 있다고 알았을 뿐 정작 노아의 벗음이 무엇인지 알지 못하고 어린아이가 되는 그 벗음에 동참하지 않았다.

그들이 아버지의 벌거벗음을 영의 눈으로 '호라오' 했다면 즉시 그들도 벗고 아버지와 같이 되었을 것이다. 이는 그들 역시 무지개 언약을 듣기는 했으나 그것이 무엇인지 알지 못했기 때문이다.

예수 그리스도는 구름과 함께 오신다. 그런데 많은 사람들은 구름 타고 오시는 예수를 기다리고 있다. 그리고 그와 함께 구름 타고 하늘에 올라가려 한다. 그러나 그 구름은 그를 둘러선 많은 부활의 증인들이다. 육신을 할례한 '이들(어린아이들)'이 구름이다. 그 구름 가운데 무지개이신 예수 그리스도가 계시다.

구름과 무지개는 그 징조함이 풍성하다. 예수 그리스도의 경우 예수는 구름이요, 그리스도는 무지개다. 모든 사람에게 겉 사람과 속 사람이 있는데 겉 사람은 구름이요, 속 사람은 무지개다. 욕심은 구름이요, 사랑은 무지개이며, 육신은 구름이요, 영은 무지개이다. 처음은 구름이요, 나중은 무지개다. 구름은 무지개를 감추고 있으며 무지개는 마침내 구름을 제치고 그 모습을 드러낸다. 구름 타고 하늘에 오르려는 사람들은 자신들이 구름이 되어야 하는 것을 알지 못하니 아래에서 난 자들이다.

셈과 에페트가 벌거벗은 아버지를 보는 것을 원치 않았기 때문에 노아의 옷을 어깨에 메고 뒷걸음으로 들어가 그를 덮었다. 그들은 아버지가 벌거벗은 것도 옳지 않다고 생각했고 자신들이 벌거벗은 아버지를 보는 것도 옳지 않다고 생각했다. 이것이 그들의 선악지식이다. 그들은 함처럼 아버지의 벌거벗음을 말하고 다니지는 않았으나 노아의 벌거벗음을 알지 못하기는 마찬가지였다. 노아가 주는 계시를 함은 수치로 여겼고 두 아들은 그것이 옳지 않다고 여겼다.

징조에 대한 영과 생명의 해석은 욕심과 선악지식을 좇는 '옛 해석(옷)'을 송두리째 벗겨버린다. 그리되면 많은 함들은 옛 것을 벗어버린 그들을 보고 그것을 수치로 여기고 여기저기 소문을 퍼뜨린다. 오늘날 십자가에 못 박히신 예수는 벌거벗은 노아처럼 되어 있다. 많은 함들은 예수와 함께 십자가에 못 박히지 아니하고 그의 벌거벗음을 이익거리로 여기고 떠벌리고 다닐 뿐이다. 또 셈들과 에페트들은 그가 모든 사람의 육신의 정욕, 안목의 정욕, 이생의 자랑, 선악지식을 대신해 벌거벗은 자 되었음에도 다시 그에게 선악지식의 옷을 입히느라 분주하다.

함과 셈과 에페트 또한 징조하는 바가 있다. 함은 '배(belly)'의 욕망을 좇는 자요, 셈은 '가슴(마음)'의 욕망을 좇는 자요, 에페트는 '머리(지식)'의 욕망을 좇는 자다. 이 모든 것이 한 사람 안에 다 들어 있다. 노아는 함이 생존에서 생명으로, 셈이 욕심에서 사랑으로, 에페트가 선악지식에서 진리로 옮겨오는 징조의 삶을 살기 원하였다.

예수 그리스도를 믿는 자는 함처럼 생명의 계시를 수치로 여기는 자도 아니요, 셈과 에페트처럼 계시된 징조를 뒷걸음으로 들어가 다시 덮어버리는 자도 아니다. 세 아들이 장막 안으로 들어가 그들의 옷을 벗어 버리고 아버지와 함께 하였다면 생명과 사랑과 거룩과 초월의 계시가 일찍이 창세기 9장에서 드러났을 것이다.

셈과 에페트는 벌거벗은 아버지를 그 옷으로 덮기 위하여 뒷걸음으로 갔으니 그것은 그들의 수고이며 두 어깨에 노아의 옷을 메고 갔으니 그들의 짐이다. 수고와 짐을 벗으라는 노아의 계시가 도리어 그들에게는 수고와 짐이 되었다.

오늘날 예수 그리스도를 믿는 이들이 예수의 벌거벗음이 무엇인지 알지 못하고 그가 벗은 옷을 사방으로 나누어 가지고 "이것이 예수의 '의'다."라고 하며 각각의 종파를 만든다. 그리고 그에게는 온갖 영광의 옷을 입혀 세상 임금으로 둔갑시키고 있다. 예수께서 이천 년 전에 죄인들을 위하여 벗은 옛 사람의 옷을 다시 그에게 입히고 있으니 이것은 보통 뒷걸음질이 아니다.

노아는 케나안이 그의 형제들보다 앞서 그 아버지 함의 마음을 좇아서 육체의 길을 함께 가고 있는 것을 알았다. 케나안은 아버지 함의 속 사람을 징조하고 있다. 즉 함과 케나안은 겉 사람과 속 사람이 함께 선악지식을 좇아 누구보다도 앞서 육신의 이익을 추구하는 자가 되어 있었다. 그것은 하나님의 새 창조로부터 떨어진 자임을 드러낸다. 그 떨어짐이 노아가 말하는 저주다. 그러나 그것은 케나안에게는 저주가 아니라 그가 택한 육신의 복이다. 오늘날 육신의 소욕을 좇아 복을 구하는 이들에게 그것은 복이 아니라 저주라고 말할지라도 그들은 전혀 알아듣지 못한다.

육신의 이익을 복으로 여기는 이들에게 하나님의 아들의 실존에 이르는 것이 하나님이 약속하신 복이라고 말할지라도 그들은 들으려 하지 않고 무슨 헛소리냐 반문한다. 만약 함과 케나안이 노아의 말을 알아듣는 귀가 있었다면 노아가 케나안에게 '저주되었다' 할 때에 크게 놀라거나 항의하거나 했을 것이다. 그러나 그들은 그러지 않았다. 왜냐하면 노아가 '저주되었다'라 말한 것은 그들에게는 복이었기 때문이다.

육신의 이익을 추구하는 자는 그에게 이익이 되는 것이면 무엇이든지 복이다. 가룟 유다처럼 자신의 선생도 은 삼십에 팔아먹는다. 그러나 그 복은 저주인 것이 마침내 드러난다. 셈은 '이름'이다. 셈은 육신의 '이름(명성)'을 좇아 살 수도 있고 '영의 이름(하나님의 아들의 실존)'을 좇아 살 수도 있다.

셈의 복은 육신의 이름을 좇는 데서 돌이켜 영의 이름을 좇게 되는 데 있다. 그런데 케나안은 셈이 복된 길을 걷든 아니든 상관없이 셈이 그에게 이익을 주는 한 그를 섬긴다. 노아가 '케나안은 셈에게 종이 되리라' 한 것은 그가 셈의 육체적 노예가 된다는 것이 아니다.

케나안은 셈이 그에게 무엇인가 이익을 주는 한 그를 섬긴다. 오늘의 케나안들도 그들에게 이익을 주는 자이면 그가 누구이건 그를 섬긴다. 케나안은 이익을 선으로 움켜쥔 모든 종교인을 가리키고 있다.

에페트는 '열다, 넓히다'의 뜻이다. 에페트는 지식의 세상에 살고 있다. 그의 복은 그가 선악지식을 넓히는 데서 '생명지식(진리)'을 넓히는 데로 옮겨 오는데 있다. 그런데 케나안은 에페트가 선악지식을 넓히건 생명지식을 넓히건 상관없이 그가 이익을 주는 한 그를 섬긴다.

케나안이야 말로 그 형제 중 누구보다 자기가 선택한 복을 누릴 기회가 많다. 그러나 그가 선택한 그 복이 야웨 하나님 앞에서 그가 저주된 자가 되게 한다. 케나안은 저주를 복으로 삼았으니 그것은 그가 택한 삶의 몫이니 아무도 그것을 말리거나 금지할 수 없다. 노아는 불꽃 같은 눈으로 함의 복인 케나안을 보면서 예언하였다. 오늘날 우리의 삶을 보면 인생들에 대한 시공을 초월하는 노아의 예언은 조금도 어긋남 없이 이루어지고 있다.

9.24 וַיִּיקֶץ נֹחַ מִיֵּינוֹ וַיֵּדַע אֵת אֲשֶׁר־עָשָׂה־לוֹ בְּנוֹ הַקָּטָן׃

바이케츠 노아흐 미예노 바예다 에트 아셰르 -아사- 로 베노 하카톤

노아가 포도주로부터 깨어 그 작은 아들이 그에게 행한 일을 알았다.

9.25 וַיֹּאמֶר אָרוּר כְּנָעַן עֶבֶד עֲבָדִים יִהְיֶה לְאֶחָיו׃

바요메르 아루르 케나안 에베드 아바딤 이헤예 레에하이브

그리고 그가 말하기를, "케나안이 저주되어 그 형제들의 종들의 종이 되리라."라고 하였다.

9.26 וַיֹּאמֶר בָּרוּךְ יְהוָה אֱלֹהֵי שֵׁם וִיהִי כְנַעַן עֶבֶד לָמוֹ׃

바요메르 바루크 야웨 엘로헤 셈 비히 케나안 에베드 라모

또 말하기를, "셈의 야웨 하나님이 복되시다. 케나안은 그에게 종이 되리라."

9.27 יַפְתְּ אֱלֹהִים לְיֶפֶת וְיִשְׁכֹּן בְּאָהֳלֵי־שֵׁם וִיהִי כְנַעַן עֶבֶד לָמוֹ׃

야페트 엘로힘 레에페트 베이쉬콘 베오홀레-셈 비히 케나안 에베트 라모

"하나님이 에페트에게 넓히시어 그가 셈의 장막에 거할 것이며 케나안은 그에게 종이 되리라."라고 하였다.

● 복과 저주

기록된 바, "내가 오늘날 복과 저주를 너희 앞에 둔다."(신11:26)라 하였다. 사람은 누구나 복을 원하지 저주를 원하지 아니한다. 그럼에도 축복된 자가 있고 저주된 자가 있다. 그것은 사람이 무엇을 복으로 여기느냐에 달렸기 때문이다. 하나님이 아무리 너는 복을 취하라 하실지라도 그가 저주를 복으로 알고 "이것이 내게 복입니다."라 하면 더 이상 무엇이라 말씀하시지 않으시고 "네가 믿는 대로 되리라."라고 하신다. 사람은 누구든지 심은 대로 거둔다.

하나님은 이때 복을 내리고 저 때 저주를 내리는 분이 아니다. 그는 사람 앞에 하나님의 자녀가 되는 복을 두시고 그것이 네가 취할 복이라 하시고 그렇지 않은 것이 저주라 하신다. 그러므로 누구든지 위로부터 나서 하나님 안에 거하는 것이 복이요, 아래에서 나서 하나님 밖에 거하는 것이 저주다. 이 일은 하나님이 모든 사람에게 분명히 알게 하신 일이다.

'케나안이 저주되어'란 노아가 케나안에게 저주를 내린 것이 아니라 케나인이 스스로 저주된 것을 말한 것이다. 그러면 왜 함이 저주되지 않고 케나안이 저주된 것인가. 그것은 함이 케나안을 복으로 삼고 있었기 때문이다. 함이 케나안의 아버지라 한 것은 케나안은 함이 가진 복이라 함이다. 그의 복은 복이 아니라 저주인 것이다.

노아는 셈이 야웨 하나님의 이름 안으로 들어올 것임을 알았다. 그러므로 '셈의 야웨 하나님이 복되시다'라고 하였다. 복은 육신의 소욕을 좇아서 무엇인가 받아서 그것을 소유하는 것이 아니다. 야웨 하나님의 이름 안에서 하나님의 아들의 실존을 이루는 것이 노아가 말하는 복이다. 하나님과 함께 하는 실존, 그것이 복이다. 왜냐하면 하나님은 자신을 모두의 복이 되게 하셨기 때문이다.

노아는 셈의 야웨 하나님이 에페트에게도 그의 복을 넓히실 것을 알았다. 왜냐하면 에페트는 인간의 지식을 넓히다가 생명을 넓히는 셈의 장막 안에 거하게 될 것이기 때문이다. 하나님이 에페트를 넓히시어 셈의 장막에 거하게 하는 것은 에페트가 셈을 정복하는 일을 말하는 것이 아니다.

그것은 에페트가 셈과 하나 되어 복되신 하나님 안에서 생명을 넓히는 일이다. 이 일은 우리의 마음과 지식이 예수 그리스도 안에서 하나 되는 일이다. 노아는 이와 같이 그의 세 아들 함과 셈과 에페트와 그들의 후손들이 무엇을 복으로 여기며 무엇을 저주로 여길지에 대하여 알고 예언하였다.

● 세 형제와 세 우상

인생은 누구든지 그 안에 세 우상을 가지고 있다. 누구든지 크로노스의 때에 그것들을 섬기다가 카이로스로 옮겨와서 야웨 하나님의 새 창조 안으로 들어온다. 첫째는 배의 우상이다. 사람은 생존의 애착을 좇아서 배를 충족시켜주는 신을 섬긴다. 이것은 함의 우상이다.

둘째는 가슴의 우상이다. 사람은 그 가슴에서 일어나는 욕심을 충족시켜주는 신을 섬긴다. 그가 섬기는 신의 이름이 무엇이든 그가 가슴에 품고 있는 신은 그의 욕심 자체다. 이것은 셈의 우상이다. 셋째는 머리의 우상이다. 에페트는 인간의 지식을 좇아 정의로운 세상을 구축하려 한다. 그에게는 아는 것이 힘이기 때문에 왕성하게 지식을 추구하며 축적한다. 이것은 에페트의 우상이다.

누구나 육신에 속한 사람은 큰 자이든 작은 자이든 이 세 우상을 섬긴다. 그러나 하나님의 새 창조의 근원 안에서 우리는 생존에서 생명으로, 욕심에서 사랑으로, 선악지식에서 진리로 새롭게 지음을 받는다. 복과 저주는 이와 같이 나누인다. 첫 사람의 때를 사는 자는 그가 복이라고 구하고 있는 것이 저주임을 알지 못한다. 그가 믿음으로 둘째 사람의 때를 살게 될 때에 비로소 그것이 저주임을 안다.

9.28 וַֽיְחִי־נֹ֖חַ אַחַ֣ר הַמַּבּ֑וּל שְׁלֹ֤שׁ מֵאוֹת֙ שָׁנָ֔ה וַחֲמִשִּׁ֖ים שָׁנָֽה׃

바예히- 노아흐 아하르 함마불 셸로쉬 메오트 샤나 바하미쉼 샤나

그 홍수 후에 노아가 삼백오십 년을 살았다.

9.29 וַֽיְהִי֙ כָּל־יְמֵי־נֹ֔חַ תְּשַׁ֤ע מֵאוֹת֙ שָׁנָ֔ה וַחֲמִשִּׁ֖ים שָׁנָ֑ה וַיָּמֹֽת׃ פ

바이헤우 콜-예메 노아흐 테샤 메오트 샤나 바하미쉼 샤나 바야모트

노아의 모든 날들은 구백오십 년이었다. 그리고 그가 죽었다.

하나님이 노아에게 주신 무지개의 언약은 징조요, 예수 그리스도의 언약은 실상이다. 징조는 실상을 위하여 있고 실상은 징조를 온전케 하면서 둘은 하나를 이룬다. 야웨 하나님이 노아에게 주셨던 무지개 언약은 마침내 아브라함에 의하여 새로운 전기를 맞아 이스라엘 백성을 이룬다. 그 이스라엘 백성은 구름과 같고 예수 그리스도는 무지개와 같다.

하와에게 언약된 그 씨는 구름 속의 무지개와 짝을 이루고 있다. 하와는 구름이요, 그 씨는 무지개와 같다. 그리하여 야웨 하나님은 알파와 오메가, 처음과 나중, 근원과 궁극이 되어 계신다. 하나님이 노아에게 주신 무지개 언약은 요한 계시록에 그 장엄한 실상이 드러나고 있다.

창세기 10장

10.8 וְכ֖וּשׁ יָלַ֣ד אֶת־נִמְרֹ֑ד ה֣וּא הֵחֵ֔ל לִהְי֥וֹת גִּבֹּ֖ר בָּאָֽרֶץ׃

베쿠쉬 얄라드 에트 님로드 후 헤헬 리히요트 기보르 바아레츠

쿠쉬가 또 니므롯을 낳았는데 그는 그 땅에서 처음 용사였다.

10.9 הֽוּא־הָיָ֥ה גִבֹּר־צַ֖יִד לִפְנֵ֣י יְהוָ֑ה עַל־כֵּן֙ יֵֽאָמַ֔ר כְּנִמְרֹ֛ד גִּבּ֥וֹר צַ֖יִד לִפְנֵ֥י יְהוָֽה׃

후-하야 기보르-짜이드 리페네 야웨 알-켄 예아마르 케님로드 기보르 짜이드 리페네 야웨

그는 야웨의 얼굴을 향해 있는 용맹한 사냥꾼이었다. 그러므로 아무는 야웨의 얼굴을 향해 있는 니므롯 같은 용맹한 사냥꾼이라 칭함을 받았다.

● **기보르 짜이드 리페네 야웨(야웨의 얼굴을 향해 있는 사냥꾼)**

쿠쉬는 함의 아들이니 니므롯은 함의 손자다. 함의 계보는 생존에 강하다. 니므롯은 그 땅에서 처음 용사였다. 그는 야웨 하나님의 얼굴을 향하여 싸우는 첫 사냥꾼이었다. 그는 야웨 하나님이 노아에게 베푸신 '구름 속의 무지개(생명)'를 '활(사망)'로 바꾼 처음 사냥꾼이다. 그는 육체의 생존 너머에 있는 생명의 언약을 육체의 생존의 살육으로 바꾸었다.

히브리어 '케셰트'는 무지개이며 활이다. 영의 눈은 '케셰트'에서 생명의 언약을 바라보지만 육신의 눈은 그것에서 생존의 살육을 바라본다. 요한 계시록 6장 2절에 흰말을 탄자가 활을 가졌다. 그에게 면류관이 주어졌으며 나가서 이기고 또 이기려고 하였다. 니므롯은 약육강식하는 첫 사람의 세상에서 활을 들고 육체를 겨냥하면서 평화를 내세우며 그 세상을 정복한다. 그는 사람들로 굴종이냐 죽음이냐를 선택케 한다.

세상은 니므롯 같은 힘센 자를 용사라 영웅이라 칭한다. '배(먹을거리, 생존, 경제의 우상)'를 섬기는 자는 '활(살생 수단)'을 든 자를 경배하며 섬긴다. 오늘날 참으로 많은 사람들이 도처에서 예수 그리스도를 믿으라 전하고 있다. 그들의 입은 예수를 말하고 있으나 그들의 마음은 하나님의 '언약(무지개)'과는 상관없는 '활(선악의 교리)'을 든 사냥꾼이 되어 있다. 왜냐하면 예수 그리스도는 그들에겐 용사요, 영웅이요, 세상 임금이기 때문이다. 그들은 큰 자, 높은 자, 강한 자, 부자가 되려는 육신의 자기 믿음으로 살고 있다.

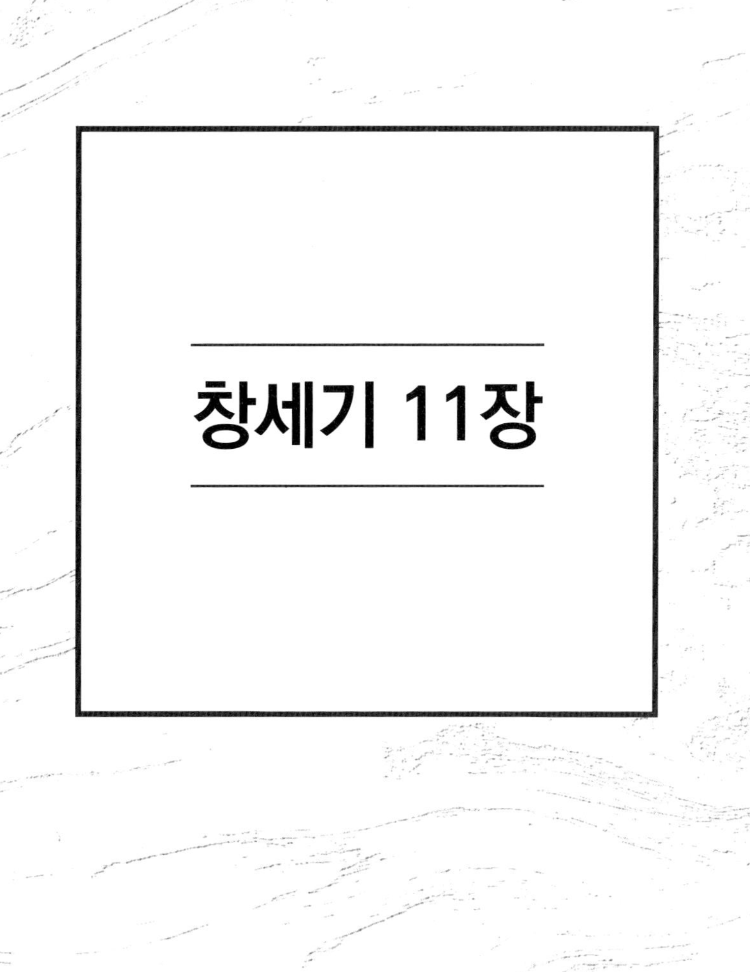

창세기 11장

11.1 וַיְהִי כָל-הָאָרֶץ שָׂפָה אֶחָת וּדְבָרִים אֲחָדִים׃

바에히 콜-하아레츠 사파 에하트 우데바림 아하딤

그리고 온 땅이 언어는 하나요 말들은 각각이었다.

● **사파(입술, 입, 언어)**

언어가 하나일지라도 사람들이 땅에 흩어져 살게 되면 삶의 환경이 바뀌고 또한 그들의 삶 자체도 변화하기 때문에 시간이 흐를수록 그들이 쓰는 말이 바뀌게 마련이다. 그리하여 한 언어 안에 많은 방언들이 생겨난다. 노아의 후손들이 각처에 흩어져 살게 되자 그들은 각자 그들의 말로써 그들의 삶을 표현하게 되었다.

함의 계보에서는 생존의 언어가 발달하였을 것이요, 셈의 계보에서는 마음의 언어가 발달하였을 것이며 에페트의 계보에서는 지식의 언어가 발달하였을 것이다. 언어가 하나일지라도 그 표현의 욕구에 따라서 말의 의미가 세분화되고 또 새로운 말이 등장할 수밖에 없다. 한 말씀을 가지고도 사람마다 보고 듣고 깨닫는 것이 달라서 각기 이해하는 바가 다르다. 육체의 말을 하는 자가 있는가 하면 영의 말을 하는 자가 있다. 같은 '케셰트'이지만 한 사람은 활을 말하고 다른 사람은 무지개를 말한다.

11.2 וַיְהִי בְּנָסְעָם מִקֶּדֶם וַיִּמְצְאוּ בִקְעָה בְּאֶרֶץ שִׁנְעָר וַיֵּשְׁבוּ שָׁם׃

바예히 베나쎄암 미케뎀 바임쩨우 비크아 베에레츠 쉰아르 바예셰브 샴

이에 그들이 해 돋는 곳으로부터 옮기다가 시날 땅에서 평지를 발견하고 거기에 거하였다.

● **미케뎀(해 돋는 곳으로부터, 동쪽으로부터)**

마음에 품은 것이 밖으로 드러난다. 노아의 후손들은 노아가 무지개를 통하여 드러낸 영의 빛으로부터 멀어져서 육신의 빛 가운데서 그들이 살기에 편리한 곳을 찾아 나섰다. 그들은 시날 땅에서 평지를 발견하고 거기에 거하였다. 그들은 영의 빛 가운데서 퍼져나간 것이 아니라 육신의 빛 가운데서 퍼져나갔다.

11.3 וַיֹּאמְר֞וּ אִ֣ישׁ אֶל־רֵעֵ֗הוּ הָ֚בָה נִלְבְּנָ֣ה לְבֵנִ֔ים וְנִשְׂרְפָ֖ה לִשְׂרֵפָ֑ה וַתְּהִ֨י
לָהֶ֤ם הַלְּבֵנָה֙ לְאָ֔בֶן וְהַ֣חֵמָ֔ר הָיָ֥ה לָהֶ֖ם לַחֹֽמֶר׃

바요메르 이쉬 엘-레에후 하바 닐베나 레베님 베니시레파 리스레파 바트히 라헴 할레베나 레아벤 베하헤마르 하야 라헴 라호메르

그리고 서로 말하기를, "가서 벽들을 만들어 견고히 굽자."라 하고 이에 그들이 벽돌로 돌을 대신하고 또 그들은 역청으로 진흙을 대신하였다.

11.4 וַיֹּאמְר֞וּ הָ֣בָה ׀ נִבְנֶה־לָּ֣נוּ עִ֗יר וּמִגְדָּל֙ וְרֹאשׁ֣וֹ בַשָּׁמַ֔יִם וְנַֽעֲשֶׂה־לָּ֖נוּ שֵׁ֑ם
פֶּן־נָפ֖וּץ עַל־פְּנֵ֥י כָל־הָאָֽרֶץ׃

바요메르 하바 니브네-라누 이르 우믹달 베로쇼 밧샤마임 베나아셰-라누 솀 펜-나푸쯔 알-페네 콜-하아레츠

그들이 또 말하기를, "가서 우리를 위하여 성과 탑을 쌓아 그 꼭대기를 그 하늘들 안에 있게 하고 그 온 땅의 표면에 흩어지지 않게 하기 위하여 우리 자신을 위하여 이름을 짓자."라고 하였다.

● **니브네-라누 이르 우믹달 베로쇼 밧샤마임**
(우리를 위하여 성과 탑을 쌓아 그 꼭대기를 그 하늘들 안에 있게 하자)

선악지식은 인공지식(人工知識)이다. 그들이 시날 땅의 평지에 거하기 시작하자 인지가 발달하여 벽돌을 구워 돌을 대신하고 역청으로 진흙을 대신하였다. 그들이

'인지(人知)'를 크게 발휘하게 된 것은 야웨 하나님의 계시를 떠났기 때문이다. 그들은 육신의 정욕을 좇아서 시날 땅에 거했고 안목의 정욕을 좇아서 벽돌로 돌을 대신하고 또 역청으로 진흙을 대신하였고 이생의 자랑을 좇아서 성과 탑을 쌓았다.

육체의 시공에 갇힌 그들은 그 시공 속에서 높아지고, 커지고, 강해지고 부유해지는 길을 택했다. 이렇게 그들은 노아의 하나님께 맹렬히 도전했다. 그들은 노아로 말미암아 계시된 영적 생명을 철저히 육적 생존으로 바꾸어 가졌다. 그들은 성(城)으로 구름을 대신했고 탑으로 무지개를 대신했다. 이것은 오늘날 사람들이 성전이라 부르는 큰 집을 짓고 십자가로 그 꼭대기를 높이는 일로 이어지고 있다.

하나님은 노아에게 주신 구름 속의 무지개를 통하여 사람들이 하나님의 '신성(神性)' 곧 그의 모양을 이룰 것을 소망케 하셨다. 구름은 육체다. '이 시공의 휘장을 찢는 자에게 하늘의 문'(창28:17, 계4:1)이 열린다. 그 문은 영안에서 낮아지고, 작아지고, 약해지고, 가난해진 사람의 마음 하늘에 열린다. 그러나 육신을 좇는 자의 신의 '문(바벨)'은 욕심의 문이요, 선악지식의 문이요, 생존 애착의 문이다. 육체의 문은 첫 사람의 것이요, 영의 문은 둘째 사람의 것이다. 육체의 문은 혼돈과 공허와 흑암으로 인도하는 넓은 문이다. 노아의 후손들은 육체의 문을 넓혀 가고 있었다.

11.5 וַיֵּרֶד יְהוָה לִרְאֹת אֶת-הָעִיר וְאֶת-הַמִּגְדָּל אֲשֶׁר בָּנוּ בְּנֵי הָאָדָם׃

바예레드 야웨 리로트 에트-하이르 베에트-함믹달 아셰르 바노 베네 하아담

야웨가 사람의 아들들이 쌓는 성과 탑을 보시려고 내려오셨다.

11.6 וַיֹּאמֶר יְהוָה הֵן עַם אֶחָד וְשָׂפָה אַחַת לְכֻלָּם וְזֶה הַחִלָּם לַעֲשׂוֹת
וְעַתָּה לֹא-יִבָּצֵר מֵהֶם כֹּל אֲשֶׁר יָזְמוּ לַעֲשׂוֹת׃

바요메르 야웨 헨 암 에하드 베사파 아하트 레쿨람 베제 하힐람 라아소트 베아타 로-이바쩨르 메헴 콜 아셰르 야즈무 라아소트

야웨가 말씀하시기를, “보라, 이들이 한 족속이요 또 그들 모두에게 언어도 하나다. 이것은 저희가 하고자 하는 것의 시작일 뿐이다. 이제 그들이 하고자 도모하는 것은 아무것도 금지될 수 없으리라.”

11.7 הָבָה נֵרְדָה וְנָבְלָה שָׁם שְׂפָתָם אֲשֶׁר לֹא יִשְׁמְעוּ אִישׁ שְׂפַת רֵעֵהוּ׃

하바 네르다 베나벨라 샴 세파탐 아셰르 로 이쉬메우 이쉬 세파트 레예후

“오라, 우리가 내려가서 거기서 그들이 서로의 언어를 알아듣지 못하도록 그들의 언어를 혼란케 하자.”라고 하시고

11.8 וַיָּפֶץ יְהוָה אֹתָם מִשָּׁם עַל-פְּנֵי כָל-הָאָרֶץ וַיַּחְדְּלוּ לִבְנֹת הָעִיר׃

바야페즈 야웨 오탐 밋샴 알-페네 콜-하아레츠 바야헤들루 리브노트 하이르

야웨가 거기서 그들을 그 온 땅의 표면 위에 흩으셨으므로 그들이 그 성 쌓기를 그쳤다.

11.9 עַל-כֵּן קָרָא שְׁמָהּ בָּבֶל כִּי-שָׁם בָּלַל יְהוָה שְׂפַת כָּל-הָאָרֶץ וּמִשָּׁם
הֱפִיצָם יְהוָה עַל-פְּנֵי כָּל-הָאָרֶץ׃ פ

알-켄 카라 셰마 바벨 키-샴 발랄 야웨 셰파트 콜-하아레츠 우밋샴 헤피짬 야웨 알-페네 콜-하아레츠

그러므로 그 이름을 바벨이라 하니 이는 야웨가 거기서 그 온 땅의 언어를 혼란하게 하셨기 때문이다. 그리고 야웨가 거기서 그들을 그 온 땅의 표면 위에 흩으셨다.

● **발랄 야웨 셰파트 콜-하아레츠(야웨가 그 온 땅의 언어를 혼란케 하셨다)**

성경은 말씀하시되, "귀 가진 자는 들으라."고 하신다. 또 말씀하시되, "성령이 에클레시아들에게 무엇을 말씀하시는지 들으라."라고 하신다. 듣는 것에는 알파와 오메가가 있다. 듣고자 하는 귀로 듣는 것은 알파요, 들을 귀로 듣고 믿고 순종하는 것은 오메가다. 누구든지 생명의 말씀을 듣고자 하지 아니하면 그 말씀을 들을 수도 믿을 수도 이해할 수도 순종할 수도 없다. 육신의 귀는 욕심과 선악과 생존의 소리를 듣고 영의 귀는 사랑과 거룩과 생명과 진리의 소리를 듣는다. 여기 바벨탑 사건은 그때 그곳에서 일어난 유일한 사건이 아니라 사람들 가운데서 언제나 일어나고 있는 사건들의 원형이다.

오늘날 많은 사람들이 한 성경을 읽고 있으나 그들은 영과 생명의 계시를 듣고자 하지 아니하고 자기의 육신과 생존의 소리를 듣고자 한다. 영과 생명의 소리를 듣는 자와 육과 생존의 소리를 듣는 자는 비록 같은 언어를 보고 듣고 같은 언어로 말하지만 말하는 바가 전혀 다르다. 그래서 서로에 대하여 들을 수도 없고 듣고자 하지도 아니한다.

육과 생존의 소리를 듣고 말하는 자는 아래에서 났기 때문에 그들의 에고비전을 말하는 것이요, 영과 생명의 소리를 듣고 말하는 자는 위로부터 났기 때문에 로고비전(말씀이 말씀 자신을 드러내는 새 창조의 실상)을 말하는 것이다. 수많은 교파와 교리는 에고비전의 산물이다. 그래서 서로가 같은 언어로 말을 하지만 무슨 말을 하고 있는지 알아듣지 못한다.

바벨탑 사건은 한 언어로 말하고 듣는 자들 중에 일어난 혼란이다. 서로가 서로에게 들으라 말하지만 상대방이 무엇을 말하든지 듣지 아니하고 자기의 생각과 주장만을 말하게 된 사건이다. 같은 언어를 쓰지만 생각하고 말하는 것이 전혀 달라서 더 이상 그들이 함께 성과 탑을 쌓을 수 없게 된 것이다.

야웨 하나님이 일으킨 언어의 혼란은 같은 말을 쓰는 이들의 생각의 혼란이요, 깨달음의 혼란이요, 뜻의 혼란이다. 각 사람이 자신의 에고비전을 좇아서 그 귀로 듣고 생각하고 깨닫고 뜻하는 바가 달라져서 도무지 서로 소통되지 않게 되었다. 이 사건은 갑자기 언어가 바뀐 사건이 아니다.

처음에 그들은 성과 탑을 쌓고 이름을 짓고 그 온 땅에 흩어지지 말자 하였다. 그런데 야웨로 인하여 성과 탑을 쌓는 일이나 이름을 짓는 일이나 모이는 일이나 각기 생각이 다르고 주장이 다르게 되었으니 더 이상 함께 일을 진행할 수 없게 되었다. 그들이 성과 탑 쌓기를 그치자 더 이상 무리 지어 있을 필요가 없었다. 그리하여 그들은 그 온 땅의 표면에 흩어졌다. 이것은 무엇을 징조하는가.

오늘날 사람들도 한 성경을 읽으며 각처에서 무리 지어 크고 작은 바벨탑을 쌓고 있다. 그 바벨탑은 하나님이 열어 두신 '하늘의 문'이 아니라 사람들이 욕심과 선악지식을 좇아서 쌓는 '신(우상)의 문'이다. 이 탑을 쌓는 일은 '지금도 계시며, 전부터 계셔 왔으며, 오고 계신 이'이신 야웨 하나님이 그들 안에 계시될 때에 비로소 중지된다.

야웨 하나님이 바벨탑을 쌓는 일을 중지시키는 것은 그들이 땅에서 육체에 속한 신의 문을 쌓는 대신 영과 진리를 따라 그들에게 '하늘의 문'이 열리게 하고자 함이다. 노아의 세 아들이 노아의 생명의 계시를 거꾸로 받아들이고 덮어버린 그 일은 바벨탑을 쌓고 언어의 혼란을 일으키는 데까지 이르렀다. 바벨탑과 언어의 혼란은 옛 사건이 아니라 오늘날 우리의 삶 속에서 매일 일어나고 있다.

하나님은 바벨탑 사건을 통하여 인간에게 반복되어 일어나고 있는 그 일이 무엇인지 보여주시며 우리로 영과 생명 안에서 깨어 있게 하신다. 성경에 무엇이 기록되어 있으며 그것을 어떻게 읽느냐가 영원한 생명에 직결되고 있음이 계시되었다. 사람들은 한국의 교회가 세계에 유례없는 성장을 하였으며 아직도 성장하고 있다고 스스로 자랑하고 있다. 그러나 그것이 바벨탑을 쌓는 일임이 서서히 드러나고 있어서 그 탑을 쌓는 이들 간에 소통되지 않기 시작했다. 머지않아 그들이 흩어질 것이며 그들이 흩어질 때 각 사람들은 '단독자(모노게네스)'로서 하나님을 향하여 서게 될 것이다.